李中華　注譯
潘栢世　校閱

新譯禪林寶訓

三民書局　印行

國家圖書館出版品預行編目資料

新譯禪林寶訓／李中華注譯；潘栢世校閱．——初版三刷．——臺北市：三民，2019
面；　公分．——(古籍今注新譯叢書)

ISBN 978-957-14-3843-6　(平裝)

1. 禪宗—語錄

226.65　　　　93001541

© 新譯禪林寶訓

注譯者	李中華
校閱者	潘栢世
發行人	劉振強
著作財產權人	三民書局股份有限公司
發行所	三民書局股份有限公司 地址　臺北市復興北路386號 電話　(02)25006600 郵撥帳號　0009998-5
門市部	(復北店) 臺北市復興北路386號 (重南店) 臺北市重慶南路一段61號
出版日期	初版一刷　2004年3月 初版三刷　2019年10月
編號	S 032320

行政院新聞局登記證局版臺業字第〇二〇〇號

ISBN　978-957-14-3843-6　(平裝)

http://www.sanmin.com.tw　三民網路書店

刊印古籍今注新譯叢書緣起

劉振強

人類歷史發展，每至偏執一端，往而不返的關頭，總有一股新興的反本運動繼起，要求回顧過往的源頭，從中汲取新生的創造力量。孔子所謂的述而不作，溫故知新，以及西方文藝復興所強調的再生精神，都體現了創造源頭這股日新不竭的力量。古典之所以重要，古籍之所以不可不讀，正在這層尋本與啟示的意義上。處於現代世界而倡言讀古書，並不是迷信傳統，更不是故步自封；而是當我們愈懂得聆聽來自根源的聲音，我們就愈懂得如何向歷史追問，也就愈能夠清醒正對當世的苦厄。要擴大心量，冥契古今心靈，會通宇宙精神，不能不由學會讀古書這一層根本的工夫做起。

基於這樣的想法，本局自草創以來，即懷著注譯傳統重要典籍的理想，由第一部的四書做起，希望藉由文字障礙的掃除，幫助有心的讀者，打開禁錮於古老話語中的豐沛寶藏。我們工作的原則是「兼取諸家，直注明解」。一方面熔鑄眾說，擇善而從；一方面也力求明白可喻，達到學術普及化的要求。叢書自陸續出刊以來，頗受各界的喜愛，使我們得到很大的鼓勵，也有信心繼續推廣這項工作。隨著海峽兩岸的交流，我們注譯的成員，也由臺灣各大學的教授，擴及大陸各有專長的學者。陣容的充實，使我們有更多的資源，整理更多樣化的古籍。兼採經、史、子、集四部的要典，重拾對通才器識的重視，將是我們進一步工作的目標。

古籍的注譯，固然是一件繁難的工作，但其實也只是整個工作的開端而已，最後的完成與意義的賦予，全賴讀者的閱讀與自得自證。我們期望這項工作能有助於為世界文化的未來匯流，注入一股源頭活水；也希望各界博雅君子不吝指正，讓我們的步伐能夠更堅穩地走下去。

新譯禪林寶訓　目次

卷二

卷三

卷四

導讀

作為佛門初學入道之書，《禪林寶訓》問世迄今已經有了八百多年的歷史。該書載錄宋代數十位著名高僧大德的嘉言懿行以訓導後學，不僅立意正大，而且獨標一格。故出世以來，一直受到佛門叢林的高度重視，流傳不絕。明清之後，更是廣泛傳布，被譽為「釋門之龜鑑」、「入道之寶筏」。

該書的編輯正當南宋初期，社會危難頻仍之際，禪門之內也是人心浮動、弊端叢生。從這一意義上說，《禪林寶訓》可謂一部拯弊濟難之書。

一、《禪林寶訓》的編輯與成書

《禪林寶訓》的初次編輯，大約是在南宋高宗建炎末、紹興初年之間。它是宋代著名禪師大慧宗杲、竹庵士珪合作的產物。

宗杲（西元一〇八九～一一六三年），俗姓奚，字曇晦，號妙喜，宣州寧國（今安徽宣城）人。他是宋代最富於激情與最具號召力的禪師之一。宗杲為人重視道德節操，富有意氣，雖然皈依佛門，卻對社會時局表示了殷切的關懷。當時國步維艱、朝政多故，宗杲在與士大夫交游中縱論國事，抨擊權奸。他後來被貶逐荒野，長期遭受迫害，而大節凜然，未曾稍屈。他曾經說：「予雖學佛者，然愛君憂國之心，與忠義士大夫等。」當時之名臣張浚讚揚他說：「師雖為方外士而義篤君親，每及時事，愛君憂時，見之詞氣。……使為吾儒，豈不為名士，而其學佛亦卓然自立於當世。」所以宗杲是一位關心社會、忠君憂國的和尚。

士珪（西元一〇八三～一一四六年），俗姓史，成都人。他是佛眼清遠的嗣法弟子。靖康亂中，他退居江西分寧之西峰，結庵叢竹之間，因號竹庵。曾有偈曰：「種竹百餘箇，結茅三兩間。才通溪上路，不礙屋頭山。黃葉水去住，白雲風往還。平生只如此，道者少機關！」他曾住持天寧、褒禪、東林、鼓山諸寺，又奉詔遷雁蕩山能仁寺，平生與朝臣賢士廣泛交游。僧傳讚揚士珪：「學兼內外，談論衮衮……書楷遒媚，尺牘所傳，人以為寶，其所為禪家四六及五字句，皆精絕自成一體。」又推許他說：「近代宗師涉世交公卿大夫，言行相副，全節自高，弘法有體，由靈源、佛鑒而後，竹庵其賢哉！」士珪的格調風範，於此可以想見。

據《僧寶正續傳．鼓山珪傳》卷六載云：

圓悟劇稱杲妙喜，師（指士珪）恨未之識。俄避地造仰山，適妙喜亦至。遂相與定臨濟宗旨。偕還南康之雲門庵。……遂取古人公案一百一十則，各為之頌，發明蘊奧。

同書〈徑山杲傳〉亦載云：

會世擾攘，入雲居之西，結庵於古雲門寺基，因以為名。閱二年，避地湖湘，轉仰山，邂逅竹庵珪禪師，相與還雲門，著頌古百餘篇。

《禪林寶訓》一書的編選，當即在此時。其間宗杲、士珪禪師所從事的工作，主要在兩個方面：一是定臨濟宗旨，撰頌古若干篇；二是意圖整頓禪風，故編輯《禪林寶訓》。初編的《禪林寶訓》似乎已經成稿，但是未曾印行。據《宗統編年》卷二三「庚戌四年」下載云：

庚戌四年，妙喜杲、竹庵珪，集《禪林寶訓》。

庚戌四年（西元一一三〇年），即宋徽宗建炎四年。此後不久，二位禪師便分途弘道。《禪林寶訓》的初編稿後來落到一位名叫祖庵的禪師手中。據淨善在〈禪林寶訓序〉中說：

《寶訓》者，昔妙喜、竹庵誅茅江西雲門時共集。予淳熙間游雲居，得之老僧祖安。

此之祖安，當即「嶽山祖庵主」。他的事蹟略見於《五燈會元》卷十八。祖庵得法於青原惟信，屬南嶽下十四世。他隱居衡嶽間三十餘年，沒沒無聞。偶有偈曰：「小鍋煮菜上蒸飯，菜熟飯香人正饑。一補饑瘡了無事，明朝依樣畫貓兒。」衲僧聞此偈，乃紛紛披榛尋路前往參扣。無盡居士張商英得知，促請祖庵出山弘法，不從。祖庵後來復隱雲居山十餘載而終。

然而祖庵所保存的初編本，已經殘缺不完。此殘本經僧人淨善重新整理、編輯、補充，成為後世所傳的《禪林寶訓》。淨善在〈禪林寶訓序〉中，記其事云：

惜其（指初編本）年深蠹損，首尾不完。後來或見于語錄傳記中，積之十年，僅五十篇餘。仍取黃龍（慧南）、下至佛照（德光）、簡堂（行機）諸老遺語，節葺類三百篇。其所得有先後，而不以古今為詮次。

淨善自稱「東吳沙門」，一說乃「蒲姑之高僧」。他在宋孝宗淳熙年間得到初編本，已是殘損大半。此時上距妙喜、竹庵編書雲門已經半個多世紀了。淨善又經過十年以上的整理輯補，便將重新編定的《禪林寶訓》刊印出版。淨善並歸納該書的宗旨是：

大概使學者削勢利、人我，趨道德仁義而已。其文理優游平易，無高誕荒邈詭異之跡，實可以助入道之遠猷也。

到了明末清初時，該書受到了叢林更大的關注。僧人如祐在重版序言中寫道：

> 此書盛行於江北，大著於吳中。而閩粵師僧，十有八九莫之見聞。欲其禪林之振、法道之隆，詎可得乎？……是集始自明教老人，終于懶庵大師，於中三百篇皆從諸老苦心中流出。而其語言光明正大，直截簡切，真為萬世師法。然則會易而行之誠難也。貴乎翦華取實，急救像季之流弊；摧邪扶正，恢復上古之真宗。澆漓之風既息，渾樸之道已全。而口耳傳流之弊，悖逆無根之說，曷繇而興？故余每欲刊行，與眾共之。

在此前後，為《禪林寶訓》注音釋義之書也在禪林悄然流行。保存於世的有自稱梁溪比丘大建的《禪林寶訓音義》。該書序言中說：

> 《寶訓》一書，昔妙喜、竹庵二師，慮末法之澆漓、叢林之衰替，於是摭古德之嘉言善行，會萃成編，冀欲挽回佛日，重振頹綱。使凡庸之輩，因言企行，德業惟新者也。然編集雖成，未遑流布，蓋法運有時，待緣方顯。嗣有東吳淨善師者，遊歷雲居，獲殘編於祖庵師，忻其所遇，朌浹于懷。第恨首尾不全，難成教義，是以重加纂集，廣搜先德之言，積累三百餘篇。斯《寶訓》所繇出也。

大建又自述為該書作注釋之緣起云：

間有音義，傳寫未刊。遞誤成訛，參差魚魯。……今也山中多冊，擇其簡要者，以為定本。復于內外經書參互考證，繼晷焚膏，日以積月，讐校方成。

在此之後，又有《禪林寶訓合註》（清武林淨慧居士張文嘉、仲嘉著）、《禪林寶訓拈頌》（清僧行盛著）、《禪林寶訓順硃》（清僧德玉著）、《禪林寶訓筆說》（清僧智祥著），相繼問世。該書受到禪林內外日益廣泛的重視。

二、佛法流行與禪門宗派

為了釐清《禪林寶訓》一書產生的思想文化背景，有必要對禪在中國的傳布與流變作一簡要回顧。

自從東漢明帝求法以後，作為異域文化的佛教典籍大量地被翻譯介紹到中國，促使中國文化發生劇烈的震盪與變異。從宏觀意義上說，漢魏佛學可以說有兩大系統：一為禪學，一為般若❶。禪的梵文是Dhyana，巴利文作Jhana，音譯為「禪那」，意譯為靜慮、思惟修，省

❶ 此用湯用彤說，見〈漢魏佛學的兩大系統〉。

稱則為禪。禪在亞洲的傳布中，逐漸成為影響東方人的心靈世界、進而影響整個東方文明的最重要的文化現象之一種，其過程繁複而漫長，表現亦紛紜多端。作為小乘禪法，它與定（音譯三摩地，意譯三昧）結合，成為禪定，別名止觀。最初的禪定需要專人指點教授，帶有秘密方術的性質。發展到後來，禪與般若學說逐漸融合，成為一種佛光普照下的生命智慧。它教導人從自心中領悟人生的意義，解脫世俗的束縛，追求人生向上的光明，故又稱禪悟。自從所傳菩提達摩航海東渡、授衣傳法以來，禪又與中國固有之儒道思想相互滲透、結合，逐漸形成佛門中新的宗派，即禪宗。其中六祖慧能所開創的南宗禪，尤其對於唐宋時期的中國文化產生了至為巨大而深遠的影響。

如果將漢末以來之翻譯禪經、提倡小乘禪數作為禪進入中國的第一個階段；將南朝劉宋時期達摩東來、奠立禪宗基礎以下為禪在中國的第二個階段，那麼初唐武后朝慧能在曹溪宣講南宗禪便開創了禪在中國的第三個階段了。

禪進入中國的第一個階段，大批包含禪法的佛教典籍被介紹到東土。這時興起的是小乘禪數學，亦即止觀法門。安世高是佛經漢譯的第一人，也是小乘禪數學的開創者。他所翻譯包蘊禪法的佛教典籍有《安般守意經》、大小《十二門經》等。《安般守意經》講述「通過數入息出息使心意集中，進入禪觀的方法和程序」❷，即小乘禪法著名的數息觀。這種禪法與中國道家的專氣、心齋、守一之術頗為相似。《老子》中提倡「綿綿若存，用之不勤」、「專

❷ 楊曾文《唐五代禪宗史》第一章。

氣致柔」。《莊子・人間世》中云：「若一志，無聽之以耳，而聽之以心。無聽之以心，而聽之以氣」，「氣也者，虛而待物者也，唯道集虛。虛者心齋也。」〈大宗師〉中亦云：「真人之息以踵，眾人之息以喉。」這些論說中都蘊涵著調息養生的思想，是故安般數息禪法最容易為中土人士所接受。安世高的弟子有南陽韓林、潁川皮業、會稽陳慧等人，其再傳弟子中有康居國來華的康僧會。康僧會曾協助陳慧注釋《安般守意經》，辭趣雅贍，義旨微密，為後世所重❸。這種小乘禪數學主張遁世、禁欲、苦行，對於禪林風氣有著深入的影響。

與安世高同時或稍後，月支國僧人支婁迦讖來到洛陽，翻譯佛經。支婁迦讖所譯幾乎全屬大乘經典，大乘禪法亦由此傳入中國。大乘禪法繼承了小乘禪法的某些內容，又以般若學說為主導糅和了大乘義理，更具佛法氣象。支婁迦讖翻譯介紹了《道行般若經》、《般舟三昧經》、《首楞嚴三昧經》等，倡導新的禪的理念與修習法。《道行般若經》宣傳般若智慧在六度中最為尊貴，說「般若波羅蜜亦無所不至，亦無所不入」，「入于一切有形，亦入一切無形」❹。主張般若智慧貫穿於禪定之中，才能成就一切智，達到佛的境界。「般舟三昧」意譯為「佛現前定」，修煉時要誠心念佛，想像十方諸佛悉在前立。「首楞嚴三昧」意譯為「健相定」、「勇伏定」，又名「金剛三昧」、「獅子吼三昧」，修習時要堅固對佛法的信念，則諸魔皆不能破壞，可具備一切神通。後來避難來到東吳的僧人支謙重譯了《道行》、《首楞嚴》二經，還

❸ 參見《出三藏記集・康僧會傳》。

❹ 《道行經・曇無竭品》。

翻譯了《維摩詰經》。維摩詰主張坐禪不一定要靜坐不動，認為「直心是菩薩淨土」，「隨其心淨，則佛土淨」。該書〈弟子品〉中批評小乘固定的「宴坐」形式，主張「不捨道法而現凡夫事，是為宴坐；心不住內，亦不在外，是為宴坐；于諸見不動，而修行三十七品，是為宴坐；不斷煩惱而入涅槃，是為宴坐。若能如是坐者，佛所印可」。書中描寫了維摩詰的種種不可思議的表現，也都是禪力的神通。《維摩詰經》對於東土禪風的演變，施加了重大的影響。這一時期的佛經中，還提到無諍三昧、德藏三昧、寶印三昧、妙月三昧、獅子遊戲三昧等等，引導世人不拘一途體悟佛法的精神，同時也開拓了禪的表現領域。

東晉時期，佛教勢力勃然興起，習禪之風漸盛。名僧與名士交遊，成為時代之風氣。小乘、大乘禪法的流行，加速了禪與般若學說的融合，同時也促使其內部發生了深刻的變化。

禪流行中國的第二個階段，是以菩提達摩來到中國傳衣授法為標誌的。據禪宗燈錄說，菩提達摩是南印度人，出生婆羅門種姓，是南天竺國香至王第三子，本名菩提多羅。唐代道宣《續高僧傳・菩提達摩傳》記他「初達宋境南越，末又北度至魏，隨其所止，誨以禪教」。他曾在嵩山少林寺「面壁而坐，終日默然」，被人稱為「壁觀婆羅門」。壁觀有二說：一是面壁觀想，專注一境；二是教人無所執著，「心如牆壁，可以入道」。前者是實說，後者是比喻。所據經典，則推崇四卷《楞伽經》。達摩曾對弟子說：「我觀漢地唯有此經，仁者依行，自得度世。」其旨歸是提倡如來藏清淨心，破除妄想執著，顯示真如實相。具體修行，則以「二入四行」為綱要。二入者：一是理入，二是行入。理入是由體悟佛理而入禪，也就是深信無論凡聖「含生同一真性」，若能「捨偽歸真，凝住壁觀，無自無他，凡聖等一，堅住不移，不隨他教，與道冥符，寂然無為」，就能由悟理而與真如契合，此為「藉教悟宗」之法❺。行入又稱「發行」，是由實際修行而入禪。有四行：一是報怨行，即用因果報應的思想消解現世的苦難與怨尤；二是隨緣行，即以眾生無我、一切苦樂皆從緣生來調適心情，確立得失隨緣的人生態度；三是無所求行，即認識到「有求皆苦，無求乃樂」，以佛法智慧的甘泉澆滅世俗貪求之心；四是稱法行，即一切順應佛理，保持自性清淨，無染著，一切遵循佛法而行。總之，達摩禪已從靜坐調息轉為注重安心明性，故被視為「大乘安心之法」。「二入四行」是達摩禪的精髓，它確立了中國禪宗的基本原則，奠定了其理論基礎。達摩禪雖然不廢言教，但是更強調真實的心悟與實際的修行。這就為後來禪宗強調不立文字、教外別傳種下了契機。

「不立文字，教外別傳」之語，出自釋迦牟尼在靈山法會上拈花微笑這一著名的傳說。該傳說最早見於唐代智矩所著《寶林傳》，此前佛門典冊均未見記載。此後眾多的禪宗書籍，也都是取材於此。據載：宋代王安石曾稱他見過一部《大梵天王問佛決疑經》，其中記載世尊拈花之事甚詳❻。然而該佛經不見於歷代經錄，或許是東土僧人編寫亦未可知。儘管出處有欠詳審，這一傳說還是迅速被佛門內外所接受。其中佛祖所說「正法眼藏，涅槃妙心，實相無相，微妙法門，不立文字，教外別傳」的一段法語，也就成為了對於禪的法脈緣起、宗

❺《續高僧傳・菩提達摩傳》。
❻《人天眼目》卷五。

風特色的經典闡述。在後出的禪宗燈錄中，禪這一微妙法門由釋迦牟尼佛親自交付給大迦葉尊者，在西天傳二十八祖，後由菩提達摩傳到東土。菩提達摩在中國弘揚禪法，經慧可（二祖）、僧璨（三祖）而傳到四祖道信，此時中國的歷史進入了唐代。

唐代在思想文化上展現出新的氣象，這是一個人類精神自然舒張、自由揮灑的時代。人的創造力與想像力乘時滋長發揚，得到蓬勃的表現。禪林感染時代風氣，亦因之而門庭闊大，氣象一新。此前的禪門祖師，從達摩到僧燦都是修頭陀行，一缽一杖，隨緣去留，如同雲水飄遊不定，從不聚徒長住一地。四祖道信則長期住蘄州雙峰山傳法，門下徒眾五百餘人。據載道信「入山三十餘載，諸州學道，無遠不至」❼。僧徒一方面坐禪修道，同時農耕勞作以自給。道信傳衣於弘忍。弘忍住持黃梅以東之馮茂山，開東山法門，是為禪宗五祖。五祖弘忍門下僧眾多達千人，道場更為闊大。道信、弘忍的禪法，大致仍是藉教悟宗，兼容並包。他們既強調以心傳心、一行三昧，又指示攝心守一、坐為根本。因此，在弘忍去世後，其門徒中便發生了分歧，形成不同的宗派。

六祖慧能開創南宗禪，使禪在中國的發展進入第三個階段。這是禪宗「一花開五葉」，達到極度繁盛的時期，又是禪加速本土化，與中國文化及文人生活完全融為一體的時期。慧能本是一個識字不多的僧人，初唐武后朝前後在嶺南韶州曹溪宣講禪法。由於他把握了佛教思想演化的脈搏，整合了佛教內部的不同學說，並且汲納了中國傳統文化的營養，以最簡潔

❼《續高僧傳・道信傳》。

的語言與實踐總攝了大乘禪法的精髓，提出了一套新的禪理與禪法，影響日益擴大。據王維〈六祖慧能碑銘〉記載：「則天太后、孝和皇帝，並敕書勸諭，徵赴京城」，竟不奉詔。慧能的禪學思想見於其弟子法海集記並整理的《六祖壇經》，這是中國禪僧說法中唯一被尊稱為經的作品。此後南宗禪的勢力不斷壯大，到中晚唐時，天下說禪便皆歸之為曹溪了。

六祖慧能在韶州曹溪宣講禪法數十年，門徒眾多。在他去世後，南宗禪內部形成了南嶽、青原兩個系統。由南嶽懷讓——馬祖道一——百丈懷海一系發展出溈仰宗、臨濟宗；由青原行思——石頭希遷一系發展出曹洞宗、雲門宗、法眼宗。這就是所謂「一花開五葉，結果自然成」，一花指達摩禪，五葉指五宗分燈禪。

五宗分燈禪都屬於南宗禪。但是由於時際境況的不同，而形成不同的宗風。溈仰宗由溈山靈祐（西元七七一～八五三年）及其弟子仰山慧寂（西元八〇七～八八三年）所創立，在中晚唐時活躍於今湖南、江西等地區。靈祐是百丈懷海的弟子。據載：懷海有次要靈祐察看爐中是否有火，靈祐隨便撥了一下便回答：「無火。」懷海親自細細地撥，發現仍有小火，懷海便說：「這不是火嗎？」靈祐由此發悟。懷海又引佛經對他說：「欲識佛性義，當觀時節因緣。時節既至，如迷忽悟，如忘忽憶，方省己物不從他得。」靈祐對待弟子，也繼承了這種作風，他循循善誘，如同父子一家，以待機緣成熟。慧寂則喜歡畫圓相示意，以此接引學人。所以後人評曰：「溈仰宗風，父子一家。師資唱和，語默不露。明暗交馳，體用雙彰。無舌人為宗，圓相明之。」❽這是一種圓融不迫的禪風。曹洞宗由洞山良价（西元八〇七～

八六九年）、曹山本寂（西元八四〇～九〇一年）師徒所創立。後人評曰：「曹洞宗者，家風細密。言行相應，隨機利物，就語接人。」❾曹洞宗經常從理與事、心與物、體與用關係上作辨析，以顯示禪機。有「君臣五位」、「偏正五位」、「四賓主」、「三種墮」等門庭施設，其作風有如老農稼穡，精耕細作。雲門宗由文偃禪師（西元八六四～九四九年）開創。五代十國時，文偃住持廣東韶州雲門山光泰禪院弘法，自成一家宗風，故稱雲門文偃。文偃接引學人時，語句簡潔明快，每含格外玄機，有一字禪、雲門三句之說，後學難以應對回答。故後人評曰：「雲門宗旨，截斷眾流，不容擬議，凡聖無路，情解不通」，「直是劍峰有路，鐵壁無門，打翻路布葛藤，剪卻常情見解，烈焰寧容湊泊，迅雷不及思量」❿。這種禪風，一般人自然難以領會。故流傳數百年，得法者甚少，成就一代宗師者尤其寥寥無幾，至元代便法脈中斷。法眼宗是由五代時南唐禪師清涼文益（西元八八五～九五八年）所開創。由於文益去世後，受謚號曰大法眼禪師，故世稱法眼宗。文益為了糾正禪林出現的種種弊端，作《宗門十規論》，以禪教不二、三界唯心、理事圓融、一切現成為宗旨。接引後學時，他強調以般若智慧觀察事物，透過法眼認識世界，而不為肉眼所蒙蔽，大抵「對病施藥，相身裁縫，隨其器量，掃除情解」⓫。

❽ 清性統編《五家宗旨纂要》。
❾《人天眼目》卷三。
❿《人天眼目》卷二。

禪門五宗之中，臨濟宗的歷史最為悠久，影響最為廣大。臨濟宗崛起於中晚唐之際，開創者是義玄禪師（西元七八七～八六七年）。義玄是百丈懷海的再傳弟子，他曾在河北鎮州（今河北正定）臨濟弘揚禪法，一時學侶雲集，形成宗派，故稱臨濟義玄。臨濟宗風峻烈，化導後學時棒喝並施，成為特色。後人形容說，臨濟禪師接引學人如同「青天轟霹靂，陸地起波濤」，「大機大用，脫羅籠，出窠臼，虎驟龍奔，星馳雷激，轉天關，斡地軸，負衝天意氣，用格外提持，卷舒擒縱，殺活自在」⓬。到五代北宋時，臨濟宗枝葉繁盛，門庭廣大。北宋仁宗、神宗年間，臨濟七世宗師門下出了慧南、方會兩個著名禪僧。他們分別在江西隆興黃龍山、袁州楊岐山傳授禪法，盛極一時，形成臨濟宗下的黃龍派與楊岐派。黃龍慧南曾道：「黃龍出世，時當末運，擊將頹之法鼓，整已墜之玄綱」，「後來子孫不肖，祖父田園，不耕不種，一時荒廢，向外馳求。縱有些少知解，盡是浮財不實。」黃龍禪風端肅嚴重，稍失於深晦。慧南以「黃龍三關」勘辨學人，方式亦嫌雷同。比較之下，楊岐方會則注重隨方就圓以啟發學人，倡導「立處即真，者裏須會，當處發生，隨處解脫」，接機方式則「善入游戲三昧，喜勘驗衲子，有古尊宿之遺風」⓭。黃龍派數傳之後，便法脈衰竭，而楊岐方會門下龍象濟濟。所以臨濟宗後期的歷史，大致可以視為楊岐派的歷史。上述禪宗五家加上黃

⓫《人天眼目》卷四。
⓬《人天眼目》卷二。
⓭《禪林僧寶傳》卷二八。

龍、楊岐兩派，又總稱為「五家七派」。

總體上說，五家七派都繼承了達摩禪的精髓，直承慧能南宗禪的法脈。用元代中峰明本禪師的話說：「達摩單傳直指之道，為何分為五家宗派？所謂五家宗派者，五家其人，非五其道。」也就是說，各宗派所奉的禪道是共同相通的，只是弘法手段、語言機緣因人有異而已。具體而論，禪門宗派的形成有以下三個方面的原因：一、時代與地域的差別。如潙仰宗興起於中晚唐之際，地域在湖南寧鄉、江西宜春一帶，入宋後失傳；法眼宗崛起於五代之南唐，僅傳三世即法脈衰微；雲門宗勃興於五代南漢國所轄韶州的雲門山，到南宋時逐漸沒落，入元後法系不明。曹洞宗興起於江西，而臨濟宗奠基於河北。從時間與地域看，五宗的發展不是平行並進的，而是隨機生滅的。二、各宗派禪學思想的側重不盡相同。五宗雖然思想上同一本源，然而切入處不同，造成不同的話題。潙仰宗主張以自然無事、淡泊澄清的人生態度擺脫世俗塵勞。曹洞宗主張「心不附物，是真修行」，教人「行鳥道」，有隱逸出世的情結。雲門宗主張「東西南北，七縱八橫，朝到西天，暮歸唐土」，一切皆是佛法，修行的目的是體悟自己腳跟下「各各有一段光明，輝騰今古」。臨濟宗指示各人自身「赤肉團上有一位無位真人」，以激發禪者的自悟自信，達到生死不染、去住自由的境地。法眼宗則主張理事圓融、物我一體，「三界唯心，萬法唯識」。從南宗禪理的意義上說，上述各家之論都是相通一致的，只是闡說時各有所選擇、側重而已。三、不同宗派的門庭施設、接引手段各具特色。臨濟宗以棒喝手段接引學人，雲門宗以非常言語截斷眾流，潙仰宗用圓相顯示禪機，曹洞宗以叮嚀說理誘導來學，法眼宗則對症發藥、即事明理，表現了圓融無礙的禪風。

因此，「五宗七派」皆本於曹溪，各得「曹源一滴水」。

三、禪風普及與禪弊漫衍

宋代是禪風盛極而衰的時期。

在佛教輸入中國之後，歷史上發生過幾次大的反佛毀佛的舉動。北魏太武帝、北周武帝、唐武宗，都曾經禁毀佛法，勒令僧尼還俗，被稱為「三武法難」。最後的一次是在五代後周時，當朝君主周世宗詔令廢除私建佛寺、毀滅佛像、禁止私自出家為僧，然而為時甚短。趙宋王朝興起後，佛教又「如枯木之再逢春，新生命得見恢復。就中禪林，尤呈隆昌之色，達於枝葉繁茂之盛況」⓮。宋太祖趙匡胤頗結佛緣，民間甚至傳說他是「定光佛後身」⓯。他屢建佛寺，歲度僧人，奠立了趙宋王朝護法的基礎。宋太宗趙光義曾度僧尼十餘萬，又不惜巨資興建佛寺寶塔。宋仁宗親近禪僧，愛好佛法。他賞賜給大覺懷璉禪師御書偈頌甚多，所受禪風薰陶可以想見。南宋孝宗尤其欽仰佛法，他多次召禪師進入皇宮內殿，詢問佛法大意。宋孝宗還親自撰寫〈原道辯〉，其中云：「(釋氏)主戒，曰不殺、不淫、不盜、不飲酒、不

⓮ 日人忽滑谷快天《中國禪學思想史》第四編，朱謙之譯本。

⓯ 《宋人軼事匯編》卷一引《曲洧舊聞》。

妄語。夫不殺，仁也；不淫，禮也；不盜，義也；不飲酒，知也；不妄語，信也。如此，于仲尼夫何遠乎？」以佛教之五戒與儒家之五常相通而並提，其中傳達的信息是明白無誤的。

宋代士大夫普遍受到禪風的薰染，多以居士自命。歐陽修對待佛教態度的轉變最為意味深長。歐陽修初時以儒學復興為己任，鑒於佛教「攻之暫破而愈堅，撲之未滅而愈熾，遂至於無可奈何」的局面，他主張「修其本以勝之」。然而在與圓通居訥、華嚴修顒等禪師交談後，他自己也對佛教產生興趣，晚年以「六一居士」為號。王安石曾經是一位氣質剛毅、用世抱負宏大的政治家，歸休之後與禪師蔣山贊元、真淨克文交游，一起談論佛經義理。他又上書朝廷，請求以所居園屋施為僧舍，即金陵半山報寧禪寺是也。又據《佛祖統紀》卷四五載云：

> 荊公王安石問文定張方平曰：「孔子去世百年生孟子，後絕無人，或有之而非醇儒。」方平曰：「豈為無人？亦有過孟子者。」安石曰：「何人？」方平曰：「馬祖、汾陽、雪峰、巖頭、丹霞、雲門。」安石意未解，方平曰：「儒門淡薄，收拾不住，皆歸釋氏。」安石欣然歎服。後以語張商英，撫几賞之曰：「至哉，此論也！」

此事又載於宋陳善撰《捫蝨新話》⑯。張方平，字安道，號樂全居士，累官參知政事。他任

---

⑯《宋人軼事匯編》卷九引《捫蝨新話》。

滁州知州時，曾經手抄《楞嚴經》。他所謂「儒門淡薄」云云，指出了當時士大夫中的一種思想趨勢，即由於儒家影響力的減弱，人心紛紛歸向禪門。引文中提到的張商英，字天覺，號無盡居士。張商英也是當時著名的大臣，開始也是堅持儒家的立場，還準備寫〈無佛論〉排斥佛教，後讀《維摩詰經》，轉而皈依佛門。宋代受到禪宗思想影響的朝臣，還有富弼（仁宗朝曾拜相）、楊億（曾為翰林學士）、張九成（官至刑部侍郎）、李邴（曾任翰林學士、參知政事）、李綱（曾任兵部侍郎）、張孝祥（曾任建康留守）等多人。朝廷士大夫與禪師交游請益，成為流行的時代風氣。

宋代之學者棲心佛籍、沉耽禪說，影響及於他們的學術思想，促進儒道釋的融合，更是宋代不容忽視的文化現象。理學家從禪學中汲取思想的資源，其例不勝枚舉。禪宗史學者有云：「禪宗之思想深浸潤民心，名賢之參禪加以碩儒之私淑禪，周敦頤、程顥、程頤等以儒禪為經緯，組織道學。宋學之淵源發於此，是禪法爛熟之結果也。」⑰周敦頤是宋代理學的開創者。他字茂叔，因建濂溪書堂於廬山之麓，學者稱濂溪先生。據《佛法金湯編》、《居士分燈錄》等書記載，他曾向佛印了元、晦堂祖心、東林常總等禪師問道。他獻偈了元曰：「昔本不迷今不悟，心融境會豁幽潛。草深窗外松當道，盡日令人看不厭。」又獻偈常總曰：「書堂兀坐萬機休，日暖風和草自幽。誰道二千年遠事，而今只在眼睛頭。」二偈皆獲印可。因此周敦頤歎息說：「吾此妙心，實啟迪於黃龍（祖心），發明於佛印（了元）。然易理廓達，

⑰ 日人忽滑谷快天《中國禪學思想史》第四編，朱謙之譯本。

自非東林（常總）開遮拂拭，無絲表裏洞然。」周敦頤與禪學的關係，由此可以明其大略。程顥，人稱明道先生。程頤，人稱伊川先生。二程是宋代理學的奠基者，他們少年時曾拜周敦頤為師。據程顥回憶說：他在聽周敦頤論道後，「未知其要，泛濫於諸家，出入於老釋者幾十年」。故有人稱許：「先儒惟明道先生看得禪書透，識得禪弊真。」⑱又據《佛法金湯編》記載：程顥因讀《華嚴合論》，悟得「自心光明，便能教化得人；光照無盡世界，只在聖人一心之明」。又曾訪問定林寺，看見眾僧入堂時，「周旋步武，威儀濟濟，伐鼓敲鐘，外內肅靜，一坐一起，並準清規。公（指程顥）歎曰：三代禮樂，盡在是矣！」而程頤亦曾問道於靈源惟清（見本書卷二），又凡「見人靜坐，便歎其善學」。另一位理學大師張載年輕時曾研讀釋老之書十餘年，亦曾與東林常總禪師討論性理，他後來雖然力排佛老，而未掩其跡。朱熹曾說：「今之不為禪學者，只是未曾到那深處。才到那深處，定走入禪去也。」⑲這反映了宋代理學家對於禪學思維認同的傾向。

宋代文人中，蘇軾、黃庭堅皆以好禪而聞名於世。蘇軾，字子瞻，號東坡居士。其父蘇洵曾與雲門宗高僧圓通居訥交游，其母程氏亦虔誠奉佛。蘇軾妻王潤之、妾朝雲皆皈依佛門，他曾經出錢三十萬刻印《楞伽經》。蘇軾一生與禪僧交游極廣，頌揚佛法、表彰僧人的作品不勝枚舉。他自己曾說：「吳越名僧與余善者十九。」在遭遇烏臺詩案、謫居黃州以後，蘇

⑱《宋元學案》卷十四〈明道學案〉。
⑲《朱子語類》卷十八。

軾杜門深居，「讀釋氏書，深悟實相，參之孔老，博辯無礙，浩然不見其涯也」⑳。

蘇軾曾遊韶州之曹溪，有〈南華寺〉詩曰：

我本修行人，三世積精練。
中間一念失，受此百年譴。
摳衣禮真相，感動淚雨霰。
借師錫端泉，洗我綺語硯。

南華寺是唐代六祖慧能弘法之地，是南宗禪的祖庭。蘇軾說自己本是積三世修行人，隱然以高僧轉世自比，他對於禪宗的態度便可知了。元符三年（西元一一〇〇年），蘇軾北歸途中寄友人詩又云：

水香知是曹溪口，眼淨同看古佛衣。
不向南華結香火，此生何處是真依？

蘇軾既藉佛禪以安頓心靈，同時又出入佛禪以為遊戲。他用遊戲化解人生的執著，同時用文

⑳ 蘇轍《欒城後集》卷二二〈亡兄子瞻端明墓誌銘〉。

學詮釋著生命的意義。故黃山谷云：「此老于般若橫說豎說，了無剩語，非其筆端有舌，安能吐此不傳之妙乎？」❷❶

比較起來，黃庭堅對於禪宗的態度顯得更專一執著。黃庭堅，字魯直，號山谷道人，在《五燈會元》卷十七中，他被列名為晦堂祖心的法嗣。黃庭堅一生參謁問道的禪師，還有圓通法秀、死心悟新、靈源惟清等多人。據載：黃庭堅一度好作艷詞，法秀禪師當面指責他「以艷語動天下人淫心」，他悚然悔謝，從此絕筆。他還著〈發願文〉，痛戒酒色肉食之屬，每日朝粥午飯而已。黃庭堅貶官黔南後，依舊參悟禪法不止。嘗自述曰：「似僧有髮，似俗無塵，作夢中夢，見身外身。」禪的情懷與思緒，籠罩了黃庭堅的一生。

宋代文人受禪風濡染者甚眾。文人在與禪師交往中，下轉語、鬥機鋒、逞辯才，或以詩偈韻語應答酬唱，這加速了文學與禪的融合。在文學思想上，提倡妙悟、活法、以禪喻詩，催生了前所未見的新的詩界景觀：

> 學詩渾似學參禪，竹榻蒲團不計年。
> 直待自家都了得，等閒拈出便超然。
> （宋）吳可〈學詩〉
> 學詩當如初學禪，未悟且遍參諸方。

❷❶《苕溪漁隱叢話・前集》卷三九引《冷齋夜話》。

一旦悟罷正法眼，信手拈出皆成章。

（宋）韓駒〈贈趙伯魚〉

學詩渾似學參禪，悟了方知歲是年。

點鐵成金猶是妄，高山流水自依然。

（宋）龔相〈學詩〉

學詩渾似學參禪，要保心傳與耳傳。

秋菊春蘭寧易地，清風明月本同天。

（宋）趙蕃〈學詩〉

這是以禪理喻詩理，以證悟禪法比擬體悟詩法。至於將禪意融入詩境，更是對於宋詩的氣質與風度施加了重大的內在影響。如下列詩篇：

終日看山不厭山，買山終待老山間。

山花落盡山長在，山水空流山自閑。

王安石〈遊鍾山〉

橫看成嶺側成峰，遠近高低各不同。

不識廬山真面目，只緣身在此山中。

海風吹落楞伽山，四海禪徒著眼看。
一把柳絲扶不得，和煙搭在玉欄干。

蘇軾〈題西林壁〉

半畝方塘一鑒開，天光雲影共徘徊。
問渠那得清如許？為有源頭活水來。

黃庭堅〈弔祖心偈〉

朱熹〈觀書有感〉

總之，宋代士大夫文人在文化碰撞與化合中逐漸地接受了禪，接受了禪的思想、意趣與情思。禪風普及，官員士大夫與禪僧廣泛交游，禪思與詩思的融合使得禪的輻射力達於文化的每一個領域。然而在此蓬勃極盛之中，禪宗由表及裏均發生了深刻的異化。從本質意義上說，這是一個禪風世俗化的過程。般若禪學本是一種超越世俗的人生智慧，是教人從心性上解脫世俗束縛的正法眼藏、微妙法門。達摩禪——南宗禪有著強烈獨立的文化個性，甚至可以說有著濃重的民間色彩。從達摩到僧燦都隱在民間，多受迫害，六祖慧能曾受朝廷徵召而辭不赴京，以後歷代宗師亦多隱在深山。曹洞宗師曹山本寂多次謝絕南平郡王鍾傳的迎請，乃至答以偈曰：「摧殘枯木倚寒林，幾度逢春不變心。樵客見之猶不採，郢人何事苦搜尋？」㉒可見這一傳統或顯或隱地保持著。然而到了宋代，禪林阿師卻忍耐不住寂寞，大踏步地走向了世俗權勢之門。禪學思想成為主流意識形態的一個部分，叢林禪院成了世俗名利場的一個分區。這加劇了禪門內部的腐化，導致禪林積弊叢生。

五代南唐法眼文益禪師曾著〈宗門十規論〉，揭示當時禪林存在的十項弊病。這些弊病是：一、禪師雖入叢林，而懶於參求，自己心地未明，卻貪圖虛名，妄為人師；二、禪門各宗派之間，分歧多多，相互攻擊，以爭鬥為神通，是非不休，人我山高；三、自稱善知識，而剽竊人言，埋沒宗旨，主奴不分，真偽不辨，血脈不明，將學人導引入歧途；四、禪門各宗派接引學人，各有特色。近代禪師不辨綱目，不看時節，棒喝亂施，圓相互出，誑謔群小，欺昧聖賢；五、禪師說法，妄作談論，偏正滯於回互，體用混於自然，理事相違，不分濁淨；六、對於佛門義旨，未曾刻苦參學，不經淘汰，臆斷古今，無異於未學劍而強舞太阿；七、禪僧專守師門，記持公案語錄，鼓吻搖唇，自詡妙解；八、舉揚宗門義旨教典，既不明佛祖意，又不契宗師心，隨意引證，自取譏誚；九、禪師不明聲律，好作偈頌，脫口而出，率意便成，有如俗語，識者覽之嗤笑；十、禪院住持妄自尊大，護己之短，毀人之長，破佛禁戒，棄僧威儀，敗壞了風氣。透過〈宗門十規論〉，可以想像當時禪林的亂象與弊端。

到了宋代，禪林中的弊病又有了新的發展。這主要表現在以下幾個方面：一是叢林住持長老的生活趨於貴族化。禪的生活方式，本是二三素心者相求於空閑寂寞之濱，以青山白雲、清風流泉為佳侶，棲心禪寂，味道自娛，過一種簡樸高潔的生活。然而宋代的有些住持長老，

㉒此為大梅法常〈山居頌〉，本寂抄錄以明志，事載《禪林僧寶傳》卷一。

卻安於「高堂廣廈，美衣豐食，頤指如意」的享受，這自然容易滋生貪慾，造成腐化。佛門本以平等為懷，現在將世俗上下尊卑的一套搬進來，這是禪門世俗化重要的一步。二是禪僧道德人格的普遍滑落。佛門重視內心的超越，禪林歷來被視作清淨之地。然而隨著世俗風氣的入侵，叢林寺院之間、禪寺上下之間演化成了又一個勾心鬥角的戰場，相互窺伺猜忌，爭權奪利。某些禪師為了一己的榮名物利，紛紛放棄自己獨立的人格，對權貴者阿諛奉承、行賄請託，無所不為。正如本書卷二所痛斥的：「專事諛媚，曲求進顯，凡以住持薦名為長老者，往往書刺以稱門僧，奉前人為恩府，取招提之物苞苴獻佞，識者憫笑，而恬不知恥。」禪林上層與世俗官場，已經略無二致了。三是禪師接引後學，逐漸形成一套僵化的模式。南宗禪本來不拘形跡，廣開方便之門，其宗旨全在於啟發學人自悟，從而建立人格的自尊與自信。後世捨本逐末，或漸趨僵化，或流於怪誕。僵化者恆設一字或數字為關隘，阻斷後學入道之門。怪誕者脫去常理，以瞠眉努目、側耳點頭、指東劃西、胡棒亂喝為禪，悟道之門機關重重。前代祖師自然渾融之禪風，變而瑣碎怪異，蛻為戲論矣。四是文字禪的興起與泛濫。宋代的文字禪，泛指當時一切假藉語言文字為媒介以說禪、參禪、悟禪的行為及其相關的作品。它包括：一、燈錄及語錄的編纂；二、公案及法語的講解；三、偈頌、拈古的製作；四、以詩文創作寄託禪思等。宋代禪宗傳燈錄有道原編《景德傳燈錄》、李遵勗編《天聖廣燈錄》、惟白集《建中靖國續燈錄》、悟明《聯燈會要》，後由普濟總成《五燈會元》。又有《嘉泰普燈錄》、《禪林僧寶傳》、《僧寶正續傳》、《佛祖統紀》等僧傳僧史多種。宋代著名禪師幾乎都有語錄傳世，還留下大量的偈頌、頌古、拈古之作。禪僧要閱讀記誦大量的禪宗語錄史料，還要旁及儒家經史諸子的著作，往往淹沒在文字知解的海洋裏。至此，標榜以心印心、不立文字之南宗禪便蛻變為記誦知解、不離文字的文字禪了。五是禪門法規廢弛，禪僧不修梵行，不持定慧，不遵戒律，人心浮躁，作風鄙俗。如本書卷三所說：「叢林所至，邪說熾然，乃云戒律不必持、定慧不必習、道德不必修、嗜慾不必去。又引《維摩》、《圓覺》為證，贊貪、瞋、癡、殺、盜、淫為梵行……真法門萬世之害也！」滄海橫流，滔滔不返，禪林之弊，於斯亟矣。

以上便是《禪林寶訓》一書所由產生的社會及文化背景。

四、《禪林寶訓》中的人生教訓

針對禪林所表現出的弊端，《禪林寶訓》強調禪本來的意義，指示實現禪悟的正確途徑，並警告後學提防禪修中的歧途與陷阱。禪是什麼，其本來意義何在？這是一個意味深長的話題。當年六祖慧能設壇弘法，講說禪的意義有二：一曰禪定，二曰禪悟。《六祖壇經》中云：「外離相即禪，內不亂即定，外禪內定，是為禪定。」又說：「善知識！我於忍和尚處，一聞言下便悟，頓見真如本性。」是為禪悟。後世禪師方便說法，提出了許多答案——

問：「如何是禪？」（石頭希遷）師曰：「碌磚。」

問：「如何是禪？」（清平令遵）師曰：「猢孫上樹尾連顛。」

問：「如何是禪？」（黃山良匡）師曰：「三界綿綿。」

問：「如何是禪？」（鹿門處真）師曰：「鸞鳳入雞籠。」

問：「如何是禪？」（益州崇真）師曰：「澄潭釣玉兔。」

問：「如何是禪？」（保福殊）師曰：「秋風臨古渡，落日不堪聞。」

（保福殊）師曰：「你問那箇禪？」曰：「祖師禪。」師曰：「南華塔外松陰裏，飲露吟風又更多。」

這些回答，或就眼前事物，或就一段景色，表達生命對禪的不同感受，讓僧眾自己去摸索、體會。其實修禪的本義在於明心，明心是為了證悟佛法，證悟佛法是為了利樂有情、改善人生。是故改善人生的品質，達到佛法真實、清淨自然的境界，是禪門的根本宗旨。

《禪林寶訓》所傳達的人生教訓，既是為著克服禪弊、振興叢林的宗教目的，推廣來說也是為著提升社會普遍的人生品質。它的主要內容，約有以下幾個方面。

一、禪者應當講究道德、誠信、淡泊榮利，反對趨附權勢、諂媚世俗，要堅定地做一個品格高尚的佛門子弟。

書中載云：

祖師已前無住持事。其後應世行道，迫不得已。然居則蓬華，取蔽風雨；食則麤糲，取充饑餒。卒苦憔悴，有不堪其憂，而王公大人，至有願見而不可得者。故其所建立，皆磊磊落落，驚天動地。（卷四〈尤袤侍郎〉）

又載云：

古人學道，于外物淡然，無所嗜好，以至忘勢位、去聲色，似不勉而能。今之學者，做盡伎倆，終不奈何！（卷三〈雪堂道行禪師〉）

這裏標舉古代高僧為榜樣。遠離權勢之門，以道德人格的自尊對抗世俗富貴，這是古代高僧得以建立偉業的根本所在。然而這種傳統後來便被破壞了。書中一再指出：

比見叢林凋喪，學者不顧道德，少節義，無廉恥。識淳素為鄙朴，獎囂浮為俊敏。（卷三〈大慧宗杲禪師〉）

比見叢林衰替，學者貴通才，賤守節，尚浮華，薄真素。日滋月浸，漸入澆漓。（卷四〈月堂道昌禪師〉）

然而問題的關鍵並不在一般的僧眾，風氣的敗壞是由主法者的貪心私欲引起的。書中形容道：

今之踞方丈者，非特刮眾人鉢盂中物以恣口腹，且將以追陪自己，非泛人情。又其甚則剜去搜買珍奇，廣作人情，冀遷大剎。（卷二〈東山慧空禪師〉）

又形容那些賣身投靠者的無恥嘴臉道：

破法比丘，魔氣所鍾，誑誕自若，詐現知識身相。指禪林大老為之師承，媚當路貴人為之宗屬。申不請之敬，啟壞法之端。白衣登床，膜拜其下，曲違聖制，大辱宗風。吾道之衰，極至於此！（卷二〈歸雲如本禪師〉）

正是有激於當時禪林風氣的淪喪，所以該書大力倡導道德節操，想要磨去禪者心靈中的塵垢，啟發本有的智慧與光明。書中表彰操行高尚的典型，如天台山禪僧德貫：

有德貫首座，隱景星巖三十載，影不出山。龍學耿公為郡，特以瑞巖迎之。貫辭以偈曰：「三十年來獨掩關，使符那得到青山？休將瑣末人間事，換我一生林下閒。」使命再至，終不就。……彼有老僧能記其語者，乃曰：不體道本，沒溺死生，觸境生心，隨情動念，狼心狐意，諂行誑人，附勢阿容，徇名苟利，乖真逐妄，背覺合塵，林下道人終不為也。

（卷三〈雪堂道行禪師〉）

又如簡堂行機隱在筦山而有慈善之行：

簡堂機和尚住番陽筦山，僅二十載，羹藜飯黍，若絕意於榮達。嘗下山，聞路旁哀泣聲，簡堂惻然。逮詢之，一家寒疾，僅亡兩口。貧無斂具，特就市貸棺葬之，鄉人感歎不已。

（卷四〈簡堂行機禪師〉）

正如前人所指出的：《禪林寶訓》所載諸高僧大德之嘉言善行，都是為了教導後學者「泯利慾之心，去人我之見，而造乎道德之域」㉓。這是本書首尾一以貫之的宗旨。

二、禪林要認真執行百丈懷海所訂立的清規，應遵循禮法，任用賢者，重視公論，寬以服人，促成佛門興盛和諧的局面。

《禪門規式》是由唐代百丈懷海禪師所創立的規範。它使得禪林有了制度，僧人修行有了準繩，後學有了榜樣。這些儀規之中，包括著一些重要的修行原則，是禪僧必須遵守的。

㉓ 見行盛《禪林寶訓合註》書末按語。

然而隨著禪門世俗化的加劇，制度成為空文，禪風陵遲不振。書中載云：

未見住持弛縱而能使衲子服從，法度陵遲而欲禁叢林暴慢。昔育王諶遣首座，仰山偉貶侍僧，載於典文，足為令範。今則各狥私欲，大隳百丈規繩。懈於夙興，多缺參會禮法。或縱貪饕而無忌憚，或緣利養而致喧爭。至於便僻醜惡，靡所不有。烏乎，望法門之興、宗教之盛，詎可得邪？（卷二〈高庵善悟禪師〉）

禪門清規的廢弛，責任首先在於住持長老。一是住持不能以身作則，率先破壞了制度，書中引圓通法秀的話說：「自不能正而欲正他人者，謂之失德；自不能恭而欲恭他人者，謂之悖禮。夫為善知識，失德悖禮，將何以垂範後乎？」（卷三〈死心悟新禪師〉）其二，住持長老統領事務，要重視公論，通達下情，而不能任心自專、偏聽偏信，書中引靈源惟清的話說：「善住持者，以眾人心為心，未嘗私其心；以眾人耳目為耳目，未嘗私其耳目。」如此就能「與眾同欲，無所偏私，故眾人莫不歸心（卷二〈靈源惟清禪師〉）」。書中特別提出要重視人情公論，「天下惟公論不可廢」。住持若是不通上下之情，「自持聰明之資，好執偏見，不通物情，捨僉議而重己權，廢公論而行私惠」，就好像卻行（後退）而求前，是不可能的（卷三〈草堂善清禪師〉）。

書中提倡住持統領僧眾，應以寬服人，路徑開闊，不要把眾人都逼到狹窄險隘的小路上。

書中寫道：

用事寧失於寬，勿失於急；寧失於略，勿失於詳。……當持之於中道，待之以含緩，庶幾為臨眾行事之法也。（卷二〈靈源惟清禪師〉）

務合中道，勿使偏頗。若倉卒暴用，鮮克有濟。……惟有德者以寬服人。（卷三〈雪堂道行禪師〉）

聖賢之意，含緩而理明，優游而事顯。所用之事，不期以速成，而許以持久；不許以必進，而許以庶幾。（卷四〈拙庵德光禪師〉）

這些教誡，主張長期堅持正道，持之以恆，以優游漸進的辦法不斷地改良人心物情，用和緩的手段實現既定的目的。這些，都是仁者之言、經驗之談。

三、禪者修行的關鍵，是要放下俗累，追求向上一路，以提升精神的境界與品質。

佛門常言「放下」，其中包含著實在的人生內容。宋代禪師死心悟新曾經說法道：

你諸人，要參禪麼？須是放下著。放下過什麼？放下四大、五蘊，放下無量劫來許多業識，向自己腳跟下推窮看，是什麼道理？推來推去，忽然心花發明，照十方剎，可謂得之於心，應之於手。

本書中亦反覆告誡說：

節儉、放下，最是入道捷徑。（卷三〈死心悟新禪師〉）

節儉放下，乃修身之基，入道之要。歷觀古人，鮮有不節儉放下者。（卷三〈大慧宗杲禪師〉）

放下什麼呢？要放下一切世俗享受的欲望，放下虛榮佔有的心念，放下貪、瞋、癡三毒，放下人我與執著，放下無量劫來堆積的業識。總之要徹底放下，兩手空空，來去翛然，自由自在，做一個無沾無著、光明磊落的人。這就是自己的立身之基，是本來面目、真我之所在。

禪者鄙棄物質享受，崇尚自然簡樸的生活。本書卷二記載：方會禪師初住楊岐山時，老屋破椽，僅蔽風雨，歲暮寒冬，霰雪滿床。僧徒要求重新整修，方會不同意，並作偈曰：「楊岐乍住屋壁疎，滿床盡撒雪珍珠。縮卻項，暗嗟吁，翻憶古人樹下居。」又卷二載云：有人擬為高庵善悟修臥龍庵，作養老休閒之地。高庵回答說：「林下人苟有道義之樂，形骸可外。……且西山廬阜，林泉相屬，皆予逸老之地，何必有諸己然後可樂邪？」二位禪師的言行，表現了寬闊坦蕩的襟懷與超逸脫俗的節操。這種高尚的品德在日常細微處同樣顯示出來：

佛鑒曰：先師（指五祖法演）節儉，一鉢囊鞋袋，百綴千補，猶不忍棄置。……有泉南悟上座送褐布裰，自言得之海外，冬服則溫，夏服則涼。先師曰：「老僧寒有柴炭紙衾，熱

有松風，蓄此奚為？」終卻之。（卷二〈佛鑒慧懃禪師〉）

雪堂生富貴之室，無驕倨之態，處躬節儉，雅不事物。住烏巨山，衲子有獻鐵鏡者，雪堂曰：「溪流清泚，毛髮可鑑，蓄此何為？」終卻之。（卷三〈雪堂道行禪師〉）

在禪者心目中，追求奢華、貪圖享受，既浪費自然的資源，又滋長了虛榮心，對於社會與個人都純害無益。禪者只有將物欲俗累、虛妄心識完全放下，才能不為塵壤囂浮者所動，將身心融入禪的愉悅之中，也才能在精神的向上超越中進入澄清、靈明之境。

四、學者參禪修行，是要實現人生的妙悟。妙悟是機緣純熟時當下感悟佛性的真實，把握住人世的真諦，從而實現在心理上對世俗的超越。

就人的存在而言，人總是在尋求對世界的認知，在追求智慧理性。由於人、歷史、萬有的豐富性、無限性，這種智慧理性常常不能通過邏輯歸納去完成。從有限對無限、個體對萬有的把握而論，它可能是一次心靈的妙悟。本書引浮山法遠的話說：

心為一身之主，萬行之本。心不妙悟，妄情自生。妄情既生，見理不明。見理不明，是非謬亂。所以治心須求妙悟。悟則神和氣靜，容敬色莊。妄想情慮，皆融為真心矣。（卷一〈浮山法遠禪師〉）

心靈妙悟不同於文字知解。在禪宗看來，文字知解是支離的、表面的、性空的，而妙悟是整體的、本質的、真實的；知解只能由語言文字邏輯演繹而來，而妙悟是超越語言邏輯、隨機實現的；文字知解可以展現為一個辨析說明的過程，而妙悟只能是即心即悟、不可言說的。宋代文字禪大起，加之參學示機趨於神祕化，逐漸催生出一個以語言文字、面部表情、肢體動作交互使用，兼有比興、暗示、象徵意味的特殊的禪語系統。寓意隱約、設象示機、不犯正位，是它的特色。一般學人在這個系統面前，困於知解，如墮五里霧中。本書分析說：

蓋文字之學，不能洞當人之性源，徒與後學障先佛之智眼。病在依他作解，塞自悟門。資口舌則可勝淺聞，廓神機終難極妙證。故於行解，多致參差。（卷二〈靈源惟清禪師〉）

學者不可泥於文字語言，蓋文字語言，依他作解，障自悟門，不能出言象之表。……當求妙悟。超則超卓傑立，不乘言，不滯句，如師子王吼哮，百獸震駭。迴觀文字之學，何啻以什較百、以千較萬也。（卷二〈佛眼清遠禪師〉）

禪宗認為沉耽文字之學障蔽了學者的自悟之門。然而這並非要人不讀書，而是說讀書應有一個正確的態度。《禪林寶訓》對此有兩則立意不同的記述：

湛堂準和尚初參真淨，常炙燈帳中看讀。真淨呵曰：所謂學者，求治心也。學雖多而心不治，縱學而奚益？而況百家異學，如山之高、海之深。子若為盡之？今棄本逐末，如賤使貴，恐妨道業。直須杜絕諸緣，當求妙悟。……湛堂即時屏去所習，專注禪觀。一日，聽衲子讀諸葛孔明〈出師表〉，豁然開悟，凝滯頓滯。（卷二〈湛堂文準禪師〉）

靈源好閱經史，食息未嘗少憩，僅能背諷乃止。晦堂因呵之，靈源曰：「嘗聞用力多者，收功遠。」故黃太史魯直曰：「清兄好學，如饑渴之嗜飲食，視利養紛華若惡臭。蓋其誠心自然，非特爾也。」（卷二〈湛堂文準禪師〉）

可知讀書不當，可能成為習禪的妨礙；若是讀書得當，則可以成為悟道的資糧。倘若湛堂文準當年不讀書，則聽人讀孔明〈出師表〉時懵然不解，何得開悟？倘若只是埋頭讀死書，心地不明，只能成為「書簏」，何益覺悟？只有既勤奮讀書，又努力證悟佛法，二者結合起來，才是禪者正確的態度。

五、禪者尊奉佛法，應是真修實證，行解相應，持之不懈，將般若智慧與正知正見貫穿落實在日常行為之中。

實修實證是佛祖倡導的行為準則。實修是要將佛法精神落到實處，貫穿於生命表現的各個層面，而不能有絲毫的浮泛與假藉。本書中寫道：

學道，悟之為難；既悟，守之為難；既守，行之為難。今當行時，其難又過於悟守。蓋悟守者，精進堅卓，勉在己躬而已。惟行者必等心死誓，以損己益他為任。若心不等、誓不堅，則損益倒置，便墮為流俗阿師，是宜祇畏。（卷二〈靈源惟清禪師〉）

又記黃龍晦堂祖心嘗云：

余初入道，自恃甚易。逮見黃龍先師後，退思日用與理矛盾者極多，遂力行之三年。雖祁寒溽暑，確志不移，然後方得事事如理。（卷一〈晦堂祖心禪師〉）

實修是要將佛法的每一項原則皆身體力行之。這種實修不只在於一時一事，而應終生堅持不懈，如同宋代禪師舜老夫的所言所行：

舜老夫曰：傳持此道，所貴一切真實。……不存其實，徒銜虛名，無益於理。是故人之操履，惟要誠實。苟執之不渝，雖夷險可以一致。（卷一〈雲居曉舜禪師〉）

舜老夫賦性簡直，不識權衡貨殖等事。日有定課，曾不少易。雖炙燈掃地，皆躬為之。嘗曰：「古人有一日不作、一日不食之戒，予何人也！」雖垂老，其志益堅。（卷一〈雲居曉舜禪師〉）

然而末法之世，風氣浮薄，僧徒中一些人失去持守、心旌飄蕩，於是篤力實修蛻為唇舌之辯，行解相應化作口是心非。禪修厚重真實之風，消弭於無形之間。本書以剴切之言警示世人云：

> 遊宴中有鴆毒，談笑中有戈矛，堂奧中有虎豹，鄰巷中有戎狄。自非聖賢絕之於未萌，防之於禮法，則其為害也，不亦甚乎！（卷一〈明教契嵩禪師〉）
>
> 金隄千里，潰於蟻壤；白璧之美，離於瑕玷。況無上妙道，非特金隄白璧也；而貪慾瞋恚，非特蟻壤瑕玷也。要在志之端謹、行之精進、守之堅確、修之完美，然後可以自利而利他也。（卷三〈雲堂道行禪師〉）

與實修相配合，實證則求諸心靈的了悟。實證的精義，是要將佛法要妙之旨、般若無上智慧浸潤於生命的深處，使心靈與佛法完全契合一致。本書記載慕喆禪師夜參之事云：

> 昔喆侍者夜坐不睡，以圓木為枕，小睡則枕轉，覺而復起，安坐如故，率以為常。或謂用心太過，喆曰：「我於般若緣分素薄，若不刻苦勵志，恐為妄習所牽。況夢幻不真，安得為久長計？」（卷一〈寶峰洪英禪師〉）

又引瞎堂慧遠之語道：

佛祖之教，由內及外，自近至遠。聲色惑於外，四肢之疾也。妄情發於內，心腹之疾也。……善學道者，先治內以敵外，不貪外以害內。故導物要在清心，正人固先正己。心正己立，而萬物不從化者，未之有也。（卷四〈瞎堂慧遠禪師〉）

意思說得清清楚楚：學習佛道要從正心開始，而正心必須實證。內心不正，為妄塵所染，而希望成就佛道，則無異於夢中說夢也。

六、修煉禪悟的目的，就個體生命而言，是為了超脫生死輪迴，在精神上達到自由永恆的境界，這是參禪悟道的一件大事。

生之與死，這是每一個人都不容迴避、必須面對的問題。個體生命是如此短暫，洞悉生死、避免輪迴就顯得更為急迫。《六祖壇經・機緣品》記載：永嘉玄覺禪師參謁慧能時，繞師三匝，振錫而立，說道：「生死事大，無常迅速。」此後禪林遂以悟得佛法、超越輪迴為生死大事。近人楊度（虎禪師）〈菩提三偈序〉中云：「禪家所謂末後一關，即為生死之關。一切佛子不度此關，不成佛道。」能否了卻這件大事，是生命禪修的一大關鍵。本書記慈明往依汾陽善昭時夜參之事云：

河東苦寒，眾人憚之。惟慈明志在於道，曉夕不怠。夜坐欲睡，引錐自刺，歎曰：「古人為生死事大，不食不寢。我何人哉，而縱荒逸，生無益於時，死無聞於後，是自棄也。」（卷四〈水庵師一禪師〉）

書中又引萬庵教訓僧徒之語云：

汝等既念生死事大，而相求於寂寞之濵，當思道業未辦、去聖時遙，詎可朝夕事貪饕耶？（卷三〈萬庵道顏禪師〉）

參悟生死的要旨，是認識到個體生命的虛幻無憑，平靜地對待生死，進而將個體的小生命融入佛法的大生命之中。這個過程一點也不能馬虎，稍有世俗之念未盡，即不能洞悉生死。即使一時頓悟，還是要繼續修煉，不斷地清洗長期積澱的不良習氣。書中寫道：

學道人當以悟為期，求真善知識決擇之。絲頭情見不盡，即是生死根本。……今時人雖從緣得一念頓悟自理，猶有無始習氣未能頓盡。須教渠淨除現業流識，即是修也。（卷四〈懶庵道樞禪師〉）

概而言之，禪修應是整個生命的歷程。它要求參學者從心理上擺脫世俗的束縛，忘懷勢利，推崇道德，明察心性，養育人格，行解一致，真誠待人。這其間容不得浮言巧辯，容不得故作姿態。它要求的是真實的證悟，是終生篤力的履行。然後才能超脫生死，達於與佛法契合的心靈境界。

這就是佛法的根蒂，它指示人們珍重自身的慧命。它鍥入生命的深處，一切從根本處觀照，一切從根本處啟示，一切從根本處建立。於是，禪修成為了對於人類靈性的揭示，成為了對於人生意義的探詢，成為了一種生活方式。佛法試圖以此來拯救沉溺於無窮鬥爭與無限私欲之中而迷失本性的芸芸眾生。歲月滄桑，陵谷變遷。然而人性中的貪瞋癡、無始習氣、無明流識未能盡除，人類在生命層面所遭遇的痛苦、煩惱、困惑未能減輕。因此，當人們在繁忙的現代生活的餘暇，捧讀這本八百多年前留下的禪林舊籍，依然能夠感到陣陣清風拂面而來。

茲著承蒙潘栢世先生校閱。潘教授講授《禪林寶訓》多年，校閱時對於書中【題解】及部分原典所涉及詩偈要義闡發精微，別具會心，流惠後學，裨益良多。書中俱以【校注】的形式附載之，覽者幸察焉。

李中華

二〇〇四年元月六日謹識

卷一

明教契嵩禪師

【題解】契嵩禪師（西元一〇〇七～一〇七二年），俗姓李，字仲靈，自號潛子，藤州鐔津（今廣西藤縣）人。他於七歲出家，十三歲落髮為僧，十四歲受具足戒，十九歲時開始遊方，乃下江湘、陟衡廬，遍參高僧大德，而得法於雲門宗的洞山曉聰禪師。所以從禪宗譜系上講，契嵩是雲門宗僧人，屬青原下第十世。

宋仁宗慶曆年間，契嵩來到杭州靈隱寺永安蘭若，遍讀佛學典籍，並潛心著述。當時朝野上下排斥佛教的風氣高漲，「天下之士學為古文，慕韓退之排佛而尊孔子」。而契嵩的態度則是調和分歧，會通儒佛。嘉祐六年（西元一〇六一年），契嵩將所著之《禪門定祖圖》、《傳法正宗記》、《輔教篇》等獻上朝廷，宋仁宗覽後為之歎賞，下詔褒獎，並且賜號為「明教大師」。

契嵩的思想，在於融合佛、儒、道三教。他在《輔教篇・原教》中說：「古之有聖人焉，曰佛、曰老、曰儒，其心則一，其跡則異。……天下不可無儒，不可無老，不可無佛。」在〈寂子解〉中又說：「儒、佛者，聖人之教也。其所出雖不同，而同歸乎治。儒者，聖人之大有為者也。佛者，聖人之大無為者也。有為者以治世，無為者以治心。」正是在這種思想背景下，契嵩將儒家的仁義道德、義利之辨與佛門心性的修養結合起來，作為立身之本來加以提倡。

契嵩一生著述甚豐。南宋紹興四年（西元一一三四年），僧人懷悟編輯為《鐔津集》，收入《大正藏》卷五二，又收入《四庫全書》第一〇九一冊。有關契嵩禪師的生平事蹟，還可參見《禪林僧寶傳》（卷二七）、《五燈會元》（卷十五）等書。

【校注】「有為者以治世，無為者以治心。」這話的意思，應表示儒家所面對的，乃是世間規律，是倫常的事情，而佛家所面對的，則是出世間的智慧，是解脫的事情。由於禪門佛法往往把解脫智慧等同於「心」，因此說言佛法無為以治心。《佛遺教經》說：實智慧者，是伐煩惱之利斧。

明教嵩和尚曰：「尊莫尊乎道，美莫美乎德❶。道德之所存，雖匹夫非窮也❷。道德之所不存，雖王天下非通也❸。伯夷、叔齊❹，昔之餓夫也，今以其人而比之，而人皆喜❺。桀、紂、幽、厲❻，昔之人主也，今以其人而比之，而人皆怒❼。是故學者❽患道德之不充乎身，不患勢

位之不在乎己。」（《鐔津集》❾）

【章　旨】奉佛習禪者要將佛性修養放在首位，而不必追求權勢與地位。

【注　釋】❶尊莫尊乎道二句　意謂人生在世，應以道為至尊，以德為至貴，亦即尊崇、提倡道德之意。儒家以仁義為道德，佛家以佛性為道德，道家以萬物本源與作用為道德，此處乃貫通三家之說而泛言之。❷道德之所存二句　意謂有道德者，即使身為普通百姓，其精神亦不會窮困。窮，此指精神、心性而言。不失自身佛性，故不為窮困。❸道德之所不存二句　意謂無道德者，即使貴為君王，其心性亦不為通達。自身佛性受遮蔽，故不通達。❹伯夷叔齊　為商末孤竹君之二子。相互辭讓君位，俱投奔周王朝。周武王伐紂時，二人叩馬諫阻。後來避往首陽山，不食周粟，饑餓而死。❺今以其人而比之二句　意謂若將當今某人比作伯夷、叔齊，則被比者會為之高興。《後漢書・左雄傳》：「桀紂貴為天子，而庸僕羞與為比者，以其無義也；夷齊賤為匹夫，而王侯爭與為伍者，以其有德也。」❻桀紂幽厲　夏桀、商紂、周幽王、周厲王，都是古代有名的暴君、昏君。❼今以其人而比之二句　意謂若將今人比作夏桀、商紂、幽王、厲王之流，被比者就會為之發怒。《莊子・盜跖》：「昔者桀紂貴為天子，富有天下，今謂臧聚曰『汝行如桀紂』，則有怍色，有不服之心者，小人所賤也。」❽學者　指奉佛、學禪者。《四庫全書》本《鐔津集》作「大人」。❾鐔津集　此則出自《鐔津集》卷十〈論原・道德〉。

【語　譯】明教契嵩和尚說：「世上沒有比道更尊貴的，沒有比德更美好的。如果一個人保有道德，即使他身為普通百姓，在精神上也不為窮困。如果一個人身無道德，即使他貴為君王，在心性上也不為通達。伯夷、叔齊是古代饑餓而死的寒士，若是將今天某人比作伯夷、叔齊，被比者都會為之高興。夏桀、商紂、周幽王、周厲王都是古代的君王，若是用他們比擬當今某人，被比擬者都會為之憤怒。所以奉佛習禪者應該憂慮的是自身不具備完善的道德，而不必憂慮自己沒有權勢與地位。」

【校　注】「尊莫尊乎道，美莫美乎德。道德之所存，雖匹夫非窮也。」道家與佛法所云之「道」及「德」，基本上和孔孟所云之道德，並不相同。老子以「有」、「無」、「玄」、「反」來講明於「道」，或者以「大」、「逝」、「遠」、「反」來稱言於「道」。至於「德」，老子以「下德」和「上德」來講明，若下德而至於「不失德」，則是幾同於「無德」，若上德而至於「玄德」，則是優近於「道」。孔孟則是明明以仁義禮智信來講明道德。

佛法所云之「道」，則是以中土本有的字詞，來指稱於佛法之「空性」、「法界」、「真如」，乃至相應佛法般若波羅蜜之一切正修，而佛法所云「智慧功德」者，中土則往往以本有之「道德」代稱之。

明教曰：「聖賢之學，非一日之具❶。日不足，繼之以夜。積之歲月，自然可成❷。故曰：『學以聚之，問以辯之❸。』斯言學非辯問，無以發明❹。今學者所至，罕有發一言問辯於人者，不知將何以裨助性地❺，成日新之益❻乎！」（《九峰集》）

【章旨】修習聖賢之學，應該虛心求學問道，日積月累，才能有所補益。

【注釋】❶聖賢之學二句　意謂修習聖賢之學，非短期所能成就。儒家以具備道德、教化天下為聖，以德才兼善為賢。佛門以斷除疑惑、證得正道為聖，鄰於聖為賢。此則融合釋儒之說而泛言之。具，完備。❷積之歲月二句　日積月累，所學自然成功。《詩・周頌・敬之》云：「日就月將，學有緝熙於光明。」與此意通。❸學以聚之二句　學問之事，需要不斷地積累知識，思辨請益，以明白是非。古人云：「心下未了，則博古覽今以萃聚之；心中有疑，則扣問明師以分辨之。」與此同意。辯，通「辨」。《易・文言》：「君子學以聚之，問以辯之，寬以居之，仁以行之。」❹發明　啟發智慧，開闊胸懷。❺裨助性地　補益、增進性情之修煉。裨，補益。性地，指心性、性情。❻日新之益　謂學者進德修業，每天都能滌除舊日的污染，而有新的進步。《大學》云：「湯之盤銘曰：苟日新，日日新，又日新。」

【語譯】明教契嵩禪師說：「修習聖賢之學，的確不是一朝一夕之功所能具備的。若是能夠做到日以繼夜，堅持不懈，經過成年累月的積累，自然可以有所成就。所以說：君子『學習以積聚知識，問學以辨明是非』。這話意思說學習中若不虛心向人求教，便不能啟發智慧，開拓心地。當今學者所到之處，很少有向人發言求教，以分辨事理的。不知這些人如何做到補益性情，使得道德學業每天都有新的進步的哩！」

明教曰：「太史公❶讀《孟子》，至梁惠王問『何以利吾國』，不覺置卷長歎❷：嗟乎！利誠亂之始❸也。故夫子罕言利❹，常防其原❺也。

原者，始也。尊崇貧賤❻好利之弊，何以別焉？夫在公者❼取利不公則法亂，在私者❽以欺取利則事亂。事亂則人爭不平，法亂則民怨不伏❾。其悖戾鬭諍❿，不顧死亡者，自此發矣。是不亦利誠亂之始也！且聖賢深戒去利，尊先仁義⓫，而後世尚有恃利相欺、傷風敗教者何限？況復公然張其征利之道⓬而行之，欲天下風俗正而不澆不薄⓭，其可得乎？」

（《鐔津集》）

【章　旨】追求私利是導致社會動亂的根源，所以要大力提倡仁義，克服私慾。

【注　釋】❶太史公　漢代司馬談、司馬遷父子相繼為太史令，又稱太史公。《史記》有〈太史公自序〉，其中稱「(司馬)談為太史公」，又曰「七年而太史公遭李陵之禍」，則二人皆可稱太史公。❷至梁惠王問二句　梁惠王名罃，戰國魏之國君。梁惠王招攬賢者，孟子往見。梁惠王問曰：「叟不遠千里而來，亦將有以利吾國乎？」孟子回答曰：「王何必曰利，亦有仁義而已矣。」見《孟子・梁惠王上》。《史記・孟子荀卿列傳》載云：「太史公曰：余讀孟子書，至梁惠王問『何以利吾國』，未嘗不廢書而歎也。」二句本此。❸利誠亂之始　意謂爭奪私利是釀成社會動亂之根源。孟子回答梁惠王曰「上下交征利而國危矣」，「苟為後義而先利，不奪不饜」，即此語所本。❹夫子罕言利　孔子恐學者沉溺於利，貪利害義，故少言利。《論語・子罕》曰：「子罕言利與命與仁。」❺常防其原　經常從根源上加以預防。以計利害義為墮落之始，動亂之源，故云。❻尊崇貧賤　上則地位尊崇的帝王、朝官，下則處境貧賤的庶民百姓。《史記・孟子荀卿列傳》此句作「自天子至於庶人」。❼在公者　指在朝擔任公職的官員。《詩・召南・小星》：「夙夜在公。」❽在私者　指貧賤百姓而言。❾法亂則民怨不伏　執法不公正，民眾就有怨言。《論語・里仁》：「放於利而行，多怨。」❿悖戾鬬諍　指叛變、暴亂、爭鬥之行為。悖，謀反。戾，暴行；罪惡。諍，言辭爭吵。⓫聖賢深戒去利二句　古之賢哲諄諄告誡人們要克服私慾，推崇仁義。《荀子・榮辱》曰：「先義而後利者榮，先利而後義者辱。」⓬張其征利之道　提倡追求私利之說。張，宣傳；提倡。征利，求取物質利益。⓭風俗正而不澆不薄　風俗淳厚，不致浮薄。澆，浮薄。

【語譯】明教契嵩禪師說：「太史公讀《孟子》之書，到梁惠王問『何以利吾國』時，不覺放下書卷而長長歎息說：唉，私利真是禍亂之源頭啊！所以孔子很少言利，就是為了經常防止引動禍亂的本原。本原，就是禍亂的開端。上至尊貴的王公大臣，下至貧賤的庶民百姓，追求私利的禍害又有何區別呢？那些擔任公職的官員，如果他們謀取利益有失公正就會導致法綱紊亂；那些普通百姓，如果相互欺詐攫取私利就會使得事務混亂。社會上事務混亂，民眾就會因不服而相爭。執法紊亂，民眾就會因不服而心懷怨恨。於是謀反、暴亂、爭鬥，甚至不顧性命的事情，從此就發生了。這不就說明了私利確實是禍亂之源嗎？再說前代聖賢殷切告誡要人們克服利慾之心，提倡仁義道德，而後世還是有無數的依仗財利、相互欺騙、危害風俗、敗壞聖教的事情發生。況且公然宣揚追逐私利的理論，並且推行這一套做法。如此而想天下風俗端正，不致敗壞而浮薄，那又怎麼可能呢？」

明教曰：「凡人所為之惡，有有形者，有無形者❶。無形之惡，害人者也❷。有形之惡，殺人者也。殺人之惡小，害人之惡大❸。所以遊宴中有鴆毒❹，談笑中有戈矛❺，堂奧中有虎豹❻，鄰巷中有戎狄❼。自非聖賢絕之於未萌，防之於禮法，則其為害也，不亦甚乎？」（《西湖廣記》）

【章旨】無形之惡毒害人的身心，造成的危害超過了有形之惡，所以要在日常行為中嚴加防範。

【注釋】❶凡人所為之惡三句　《鐔津集》卷七〈論原・善惡〉云：「有形之惡小也，不形之惡大也。有名之善次也，無名之善至也。有名之善，教而後仁者也；無名之善，非教而仁者也。有形之惡，殺人者也；不形之惡，讒人者也。讒人之惡存其心，殺人之惡存其事。事可辨，而心不可見也。」是為此段議論所本。❷無形之惡二句　「無形之惡」所指有二端：一乃毒害人心，使人喪失本性；二乃背後讒毀，致人於死地。❸殺人之惡小二句　殺人之事，世人皆知為惡，故為禍較小。無形之害人，為惡不易覺察，故禍患大。《禪林寶訓音義》云：「有形之惡，其來有方，其敵可禦；無形之惡，其來不測，其害非細故。所以殺人之惡小，害人之惡大。殺人者以跡言之，害人者以心言之。跡雖殺人，其過可恕；忍心害理，其殃極甚。」❹遊宴中有鴆毒　遊戲、宴飲之中，無形間受到毒害。鴆毒，傳說鴆鳥羽毛有劇毒，飲鴆羽之酒則立死。❺談笑中有戈矛　談笑之間，或有讒人生暗害之意，或以言辭激起貪慾、嗔怒之心，戕害人之本性，其為害同於戈矛利器。❻堂奧中有虎豹　堂屋深處，有食人之虎豹。中堂曰堂，幽深曰奧。虎豹，比喻讒人，或三毒之類。❼鄰巷中有戎狄　意謂平時與鄰巷相處，或有違背禮法，其為害有如戎狄之患。戎狄，指西北邊疆之少數民族。戎狄不合中原之禮俗，故云。

【語　譯】明教契嵩禪師說：「所有世人所行的惡事，有有形的，有無形的。無形之惡如同暗中害人，有形之惡如同公然殺人。公然殺人容易防禦因而禍小，暗中害人不易覺察因而禍大。所以在平時遊戲宴飲之中無形之毒害如同鴆酒，談吐言笑之中無形傷人有如戈矛，高堂深屋之中無形之禍好似虎豹食人，市井里巷之中無形之害就像戎狄亂俗。如果不是聖人賢者在禍患未萌生之前便斷其根苗，用禮法去預防，那麼這種危害不是更大嗎？」

明教曰：「大覺璉和尚❶住育王❷，因二僧爭施利❸不已，主事❹莫能斷。大覺呼至，責之曰：『昔包公❺判開封，民有自陳：「以白金百兩寄我者亡矣，今還其家，其子不受。望公召其子還之。」公歎異，即召其子語之。其子辭曰：「先父存日，無白金私寄他室。」二人固讓久之❻。公不得已，責付在城寺觀修冥福以薦亡者❼。予目覩其事。且塵勞中人，尚能疏財慕義如此。爾為佛弟子，不識廉恥若是！』遂依叢林

法擯之❽。」（《西湖廣記》）

【章　旨】奉佛者應該疏財慕義，不應為了獲得財物而生起爭執。

【注　釋】❶大覺璉和尚　即懷璉禪師，字器之，彰州龍溪縣人，俗姓陳。自幼篤志佛學，寢食不廢。宋仁宗皇祐二年被召見於化成殿，講解佛法大意，奏對稱旨，賜號大覺禪師。❷育王　指四明阿育王山廣利寺。懷璉離京師後，前往住之，一時稱盛，為著名之道場。❸施利　信眾施捨之財物，即嚫施錢。❹主事　禪寺中有監寺、維那、典座、直歲等，皆為主事之職。❺包公　名拯，字希仁，謚孝肅。北宋仁宗時，他任監察御史，後任天章閣待制、龍圖閣直學士，官至樞密副使。任開封知府時，以廉潔著稱，不畏權貴。其事蹟長期流傳民間。❻二人固讓久之　《禪林寶訓音義》注云：包公知開封府日，有民李覺安，生子年幼，因病以白金百兩寄與張惠民。覺安命終，惠民還歸其子，其子不受。一謂受人之寄，可當還之。一謂父無所寄，不當受之。各盡其心而已。❼修冥福以薦亡者　修功德以為死者造福，祭亡魂。薦，祭祀。❽依叢林法擯之　依據禪寺法規，將此二人逐出寺門。叢林，指寺院。僧人會合如樹木聚為叢林，故云。

【語　譯】明教契嵩禪師說：「大覺懷璉和尚住阿育王山廣利寺時，有兩個僧人為了分配財物而爭執不已，主事僧無法決斷。大覺禪師便將那兩個僧人叫來，當面指責道：『從前包公任開封知府時，有個百姓自己前來陳說：「某人曾以白銀百兩寄放在我家。現在該人已死了。今將此百兩白銀歸還，該人之子卻不肯接受。請包大人召來該人之子，將銀子歸還給他。」包公歎息此事非同尋常，當即將該人之子召喚前來，該人之子卻推辭說：「先父活著時，並未說過將銀子存放在別的人家。」他們二人相互堅決推辭了許久。包公不得已，只得將這筆銀子交給城內寺院道觀舉辦法事為死者祈福，以超度亡魂。我親眼目睹了這件事。他們二人本是世俗塵勞之輩，尚且能夠輕視錢財、尊崇道義，有如此的表現！你們是佛門弟子，卻這樣爭奪財物，不識廉恥！』於是依照禪寺法規，將此二人逐出寺門。」

圓通居訥禪師

【題　解】居訥禪師（西元一〇一〇～一〇七一年），俗姓蹇，字中敏，梓州中江（今四川中江，一說漢州）人。他十一歲出家，十七歲受剃度為僧。由於他稟性聰敏過人，讀書過目成誦，出語成章，落筆盈卷，講學之名，冠於兩川。受人激勵，出蜀遊學，往來荊楚，屢歷寒暑。其間曾往襄陽洞山拜謁雲門宗高僧延慶子榮，留止十年。又遊廬山，聲價日增。初住歸宗寺，未幾遷住圓通寺二十年，後來移住四祖、開元兩寺。所至禪院，號稱第一，既老歸休於寶積巖。朝廷賜號「佛印禪師」。

居訥持論主張溝通儒釋，而且立身謹嚴，頗得時人好評。北宋文壇泰斗歐陽修左遷滁州時，曾經前往廬山圓通寺與之論道。居訥出入百家而折中於佛宗，使歐陽修欽佩不已。歸朝之後，歐陽修大力稱譽，每遇南來士人，便問「曾見訥禪師否」，因此朝野聲望日重。

居訥對於德才出眾的後輩僧人，總是竭盡扶持之力。宋仁宗皇祐元年（西元一〇四九年），京城創立十方淨因禪院，有詔請他住持該寺。居訥自稱有目疾，堅辭不起，轉而舉薦大覺懷璉替代自己應詔。他又曾稱讚年輕僧人白雲守端（當時年僅二十八歲），「自以為不及」。對於另一位才華出眾的年輕僧人雲居了元（當時僅十九歲），他譽之為「後來之俊」，又說了元「齒少（年紀輕）而德壯，雖萬耆衲（老僧）不可折也」。由於居訥的獎勵與推許，白雲守端、雲居了元名聲大起，後來都成為宋代著名的禪僧。

居訥禪師這種立身淡泊、不慕榮華而又大力扶持後學弟子的德行，當時就受到廣泛的頌揚。《禪林僧寶傳》稱讚說：居訥禪師「卻萬乘之詔，而以弟子行。其尊法有體，超越兩遠。觀其標致，可諷後學。」有關居訥禪師的事蹟，可參見《禪林僧寶傳》（卷二六）、《建中靖國續燈錄》（卷五）等書。

大覺璉和尚初遊廬山❶，圓通訥禪師一見，直以大器期之❷。或問：「何自而知之？」訥曰：「斯人中正不倚，動靜尊嚴❸，加以道學行誼，言簡盡理❹。凡人資稟❺如此，鮮有不成器者❻。」（《九峰集》）

【章　旨】居訥禪師初見懷璉，便透過其言談舉止看出他將必成大器，以見居訥知人之明。

【注　釋】❶大覺璉和尚句　據《禪林僧寶傳》記載：懷璉初至廬山圓通寺，居訥禪師以之掌書記。❷直以大器期之　預期懷璉未來必成大器。直，遂。大器，此指傑出之禪僧。❸中正不倚二句　行為端正，不偏不邪，或動或靜，均保持人格之獨立尊嚴。❹道學行誼二句　佛學造詣精深，闡說要言不繁，言行皆合於佛理。道學，指禪學、佛學。行誼，品行、道義。❺資稟　天賦之資質、稟賦。❻鮮有不成器者　《禪林僧寶傳》稱懷璉「道契主上（指仁宗），名落天下」，享有盛名。

【語　譯】大覺懷璉和尚當年來遊廬山，圓通居訥禪師剛剛見面不久，就預感到此人將來一定會成為非凡的人才。有人問：「從何處見得呢？」居訥回答道：「此人行為端正，不偏不倚，不論是動是靜，都保持著做人的獨立與尊嚴。加上禪學造詣精深，言辭簡要得當，一言一行都堅持道義而合於佛理。一個人具有如此的氣質稟賦，而不成大器的情況是很少見的。」

仁祖皇祐❶初，遣銀璫小使❷持綠綈尺一書❸，召圓通訥住孝慈大伽藍❹。訥稱疾不起，表疏大覺應詔❺。或曰：「聖天子旌崇道德❻，恩被泉石❼，師何固辭？」訥曰：「予濫廁僧倫❽，視聽不聰❾。幸安林下，飯蔬飲水。雖佛祖有所不為❿，況其他耶？先哲有言：『大名之下，難以久居⓫。』予平生行知足之計⓬，不以聲利自累⓭。若厭於心，何日而足？」故東坡⓮嘗曰：「知安則榮，知足則富。避名全節，善始善終⓯。在圓通得之矣。」（《行實》）

【章旨】朝廷遣使徵召居訥禪師，居訥轉而推薦懷璉應詔。這種不慕榮名、提攜後學的作為，受到人們的讚譽。

【注釋】❶皇祐　宋仁宗之年號。此事發生在皇祐元年，即西元一〇四九年。❷銀璫小使　指宮中宦官。銀璫是漢代宦官冠帽前的一種裝飾物，附之以金蟬，後世用作宦官的代稱。❸綠綈尺一書　綠繒之書囊，內裝皇帝詔書。綈，一種平滑光澤的絲織品。尺一書，即詔書。漢代用尺一之版書寫詔命，故名。❹孝慈大伽藍　即十方淨因禪院。內使李允寧為祭祀祖輩，獻出房宅創立禪寺，故曰孝慈，仁宗賜額「十方淨因禪院」。伽藍，佛寺；僧院。❺訥稱疾不起二句　居訥禪師自稱有目疾，轉而向朝廷舉薦懷璉應詔。表疏，向朝廷上奏章。大覺，即懷璉。《禪林僧寶傳》云：「訥稱目疾，不能奉詔。有旨令舉自代，遂舉僧懷璉禪學精深，在居訥之右，於是詔璉。」❻旌崇道德　表彰、推崇有道之禪師。❼恩被泉石　君王恩澤遍及山水之間。居訥住在廬山，故以泉石代之。❽濫廁僧倫　自謙之辭，意謂姑且置身於佛僧之列。廁，參加；雜置。❾視聽不聰　目不明、耳不聰。居訥上書朝廷，自稱目疾、耳背，故云。❿佛祖有所不為　據《大悲經・梵天品》，佛祖自感不久於人世，曾對阿難說：「我今於後，更無所作，唯般涅槃。」疑即指此事。⓫先哲有言三句　《史記・越王句踐世家》載，范蠡曾歎息云：「久受尊名，不祥！」與此語大意相合。《禪林寶訓音義》云：「先哲，指范蠡也。」⓬知足之計　指自知滿足，不追求過份的榮華富貴之人生態度。《老子》四十六章：「禍莫大於不知足，咎莫大於欲得。故知足之足常足矣。」⓭不以聲利自累　不以名聲、物利為人生負累。累，繫縛。⓮東坡　蘇軾，號東坡居士。《欒城集》云，蘇洵嘗遊廬山，過圓通寺，見居訥禪師。蘇軾又與懷璉交游密切，故有此評。⓯避名全節二句《禪林寶訓順硃》釋云：「不受榮顯而避大名，又舉賢才而全大節。初識其為偉器，終必全其令名。在訥和尚一一盡得之矣。」可為參考。

【語　譯】宋仁宗皇祐初年，朝廷派遣宦官用綠綈書囊盛著皇帝的詔書，前往徵召圓通居訥禪師住持十方淨因禪院。居訥自稱有病，不肯接受徵召，轉而上書朝廷推薦大覺懷璉應詔。有人問道：「聖明天子表彰道德隆盛之人，恩澤被於山林。大師為何要堅決推辭、不願應詔呢？」居訥回答說：「我忝列佛門之內，置身僧侶之行，目既不明，耳亦不聰。安居山林，粗茶淡飯，已經是幸運的了。即使佛祖也有不為之時，更何況其他人呢？前代哲人說過：盛名之下，難以久居。我平生秉持知足常樂的人生態度，不以外在的虛名俗利來束縛自己。若要心繫名利，何時才能滿足呢？」所以東坡說過：「知道隨遇而安之可貴，那就是尊榮，心中知足常樂，那就是富足。迴避在朝之盛名，保全完善之節操，既能善始，又能善終。圓通居訥禪師可以說都做到了。」

【校　注】「雖佛祖有所不為。」《六祖壇經‧機緣品》：「聖諦亦不為。」當日，六祖慧能和青原行思對機鋒，六祖問他：「汝曾作甚麼來？」行思回答說：「聖諦亦不為。」

圓通訥和尚曰：「躄者命在杖❶，失杖則顛❷。渡者命在舟，失舟則溺❸。凡林下人❹自無所守，挾外勢以為重❺者，一旦失其所挾，皆不能免顛溺之患❻。」（《廬山野錄》）

【章　旨】佛門弟子不應憑藉外在的權勢，而應稟守內在的道德，否則難免於禍患。

【注　釋】❶躄者命在杖　跛足者的性命靠的是拐杖。躄，足不能行。❷顛　跌倒；摔跤。❸溺　落水；淹死。❹林下人　退隱之士，此處指僧人。❺挾外勢以為重　依靠、憑藉外在的權勢，用以提高自己的身分地位。挾，依仗。❻顛溺之患　跌倒於地或遭水淹沒之禍災。清僧行盛發揮此段語意云：「謹守僧家分所宜，趨權附勢涉虛危。至其罹禍患遭厄，怨命尤人癡更癡。」

【語　譯】圓通居訥和尚說道：「跛足者的性命離不開拐杖，失去拐杖就撲倒在地了。渡越江海者的性命離不開船隻，失去了渡船就落水淹沒了。歸隱林下的僧人如果自身缺乏道德操守，無所秉持，而是依靠外在的權勢抬高自己的身分，一旦失去所憑藉的勢力，都難免跌倒在地，或者遭遇滅頂之災。」

圓通訥曰：「昔百丈大智禪師❶建叢林❷，立規矩❸，欲救像季不正之弊❹。曾不知像季學者，盜規矩以破百丈之叢林❺。上古之世，雖巢居穴處，人人自律❻。大智之後，雖高堂廣廈，人人自廢❼。故曰：安危德也❽，興亡數也❾。苟德可將，何必叢林❿？苟數可憑，曷用規矩⓫？」

（《野錄》）

【章旨】百丈懷海禪師訂立禪苑法規，是為了糾正不正之弊。倘若僧人自覺遵守道德，便不必用此清規。

【注釋】❶百丈大智禪師　即百丈懷海。俗姓王，福州長樂人。生於唐玄宗開元八年，卒於唐憲宗元和九年。曾赴江西追隨馬祖道一大師，傾心從學，為大師門下「三大士」之一。後至江西大雄山弘揚禪法。大雄山巖巒峻極，故號百丈，人稱百丈懷海禪師，諡曰大智禪師。傳見《五燈會元》卷三。❷建叢林　據《禪門規式》云：自從曹溪以來禪僧多居於律寺，未有獨立之禪寺，因而說法住持未合規度。懷海於是創意，始為禪宗獨立之寺院。參見《景德傳燈錄》卷六。❸立規矩　謂懷海對於禪寺僧職、法事活動、僧人日常行止等訂立了一整套的儀規制度。包括：一、禪寺內不建佛殿，唯立法堂，選道德尊崇者為長老，僧眾朝參夕聚，依法行事；二、行「普請法」，上下均力，開荒種田，主張「一日不作，一日不食」；三、對於違反規定的僧人進行懲處，包括「以拄杖杖之」，或者當眾宣佈驅逐出寺院，「從偏門而出者，示恥辱也」。❹像季不正之弊　指像法時期末葉的種種違背佛法的弊端。佛典上說佛教流傳經歷三個時期，即正法時期、像法時期、末法時期。在像法時期，道化開始衰落，修行者多，而證果者少。❺盜規矩以破百丈之叢林　假藉規矩，謀取私利，以破壞百丈懷海所訂立的禪寺法規。百丈懷海所訂立的法規，後世成為「百丈清規」，為歷代遵奉。參見《禪苑清規》、《敕修百丈清規》等。❻上古之世三句　指未建禪寺以前，禪僧隱居山林洞穴之中，皆遵守戒律。《禪林寶訓音義》云：「上古之世，未有叢林，夏則居巢，冬則居穴，守典刑而自律也。」❼自廢　不自覺遵守戒律，敗壞禪門風氣。廢，廢弛；敗壞。❽安危德也　意謂或者守道而安，或者失道而危，皆由人之道德而定。《左傳》文公十八年：「孝敬忠信為吉德，盜賊藏奸為凶德。」❾興亡數也　意謂事物或興盛、或衰亡，皆與時局大勢相關。數，理數；時勢。❿苟德可將二句　意謂倘若自身有德，即使不處禪寺，亦可證得佛法。將，持有。⓫苟數可憑二句　意謂倘若正法興盛，人人自覺遵守戒律，何必要訂立規矩。曷，何。

【語　譯】圓通居訥禪師說道：「從前百丈大智禪師建立禪寺，訂下了禪苑制度儀規，想以此克服像法末世種種不正之弊端。他不知道像法末世的學禪者，有人會假藉制度之名來破壞百丈大師訂下的禪院制度之實。上古之世沒有禪寺，禪僧雖然隱居在山林洞穴之間，卻依然人人遵守戒律。百丈大智禪師之後，即使身住高大寬敞的堂舍之中，禪僧們也都不遵守佛法儀規。所以說，或守道而安、或悖道而危，取決於各人的德性；或者興盛、或者衰落，取決於理數與時勢。如果禪者能堅持道德，何必定住禪寺之中？如果在正法時期，那時人們可以信賴，又何必要訂立條文規章？」

圓通謂大覺曰：「古聖治心於未萌❶，防情於未亂❷，蓋豫備則無患。所以重門擊柝以待暴客❸，而取諸豫也。事豫為之則易，卒為之固難❹。古之賢哲有終身之憂，而無一朝之患者❺，誠在於斯。」（《九峰集》）

【章　旨】學禪者應及早修養心性，終身不懈，才能免除禍患。

【注　釋】❶古聖治心於未萌　古代聖賢教人修養心性，在罪惡未生之前便將其禁止了。賈誼〈陳政事疏〉：「貴絕惡於未萌，而起教於微眇，使民日遷善遠罪而不自知已。」❷防情於未亂　在性情未亂之前便預作防範。《尚書・周官》：「制治於未亂，保邦於未危。」❸重門擊柝以待暴客　《易・豫卦》為䷏，有預作防備的意思。說者以為其中五陰爻以喻重門，一陽爻以喻擊柝者，上為雷卦以喻擊柝之聲音，象徵防備盜賊。暴客，指強盜。《易・繫辭下》：「重門擊柝，以待暴客，蓋取諸豫。」❹事豫為之則易二句　凡事預作準備就容易成功，事發之後倉促應付就很困難。卒，通「猝」。《中庸》：「凡事豫則立，不豫則廢。」❺古之賢哲二句　意謂古代賢哲君子存心修煉道德，終身不敢有所懈怠，因而無遇禍患。《孟子・離婁下》：「是故君子有終身之憂，無一朝之患也。」

【語　譯】圓通居訥禪師對懷璉說道：「古代聖賢教人修養心性，使人在性情未亂、惡意未萌之前便先加以防範。因為早作防範，故而沒有禍患。所以修建重重城門防禦敵人，夜間有人巡察時敲擊竹梆，以預防強盜的侵入，這就是取法豫卦。任何事情先有所預備就容易取勝，倉猝之間就難以應付。古代的賢哲君子所以有終身之憂慮而沒有一朝之禍患，其原因也就在於此了。」

大覺懷璉禪師

【題　解】懷璉禪師（西元一〇〇九～一〇九〇年），字器之，俗姓陳，漳州龍溪（今屬福建）人。他自幼聰慧，工於翰墨，童年出家，便篤志於佛學。他先是前往南昌追隨雲門宗泐潭懷澄禪師參學十餘年。又遊廬山，在圓通居訥禪師門下掌書記之職。皇祐二年（西元一〇五〇年），他受居訥禪師舉薦應詔出任京都十方淨因禪院住持。宋仁宗在化成殿召見時，他講說佛法大意，奏對稱旨，賜號大覺禪師。

當時京都一帶的佛學思潮，「留於名相，囿於因果」。而懷璉則貫通儒、佛、道三教，認為佛說之妙與孔子、老子相合，「其言文而真，其行峻而通，故一時士大夫喜從之游」（蘇軾〈宸奎閣碑〉）。懷璉又能嚴守戒律，不尚榮華。據載仁宗曾經賞賜給他一個用龍腦香木所刻成的缽盂，懷璉認為用此龍腦缽盂違背佛法，便在使者面前將之焚毀，並且說道：「我佛穿壞色之衣，以瓦缽為食，此缽非法！」使者歸去稟奏，仁宗嘉歎久之。

宋仁宗至和二年（西元一〇五五年），懷璉上疏請求歸山，並獻詩云：「六載皇都唱道機，兩曾金殿奉天威。青山隱去欣何得，滿篋唯將御頌歸。」仁宗不允，懷璉再獻詩云：「中使宣傳出禁闈，再令臣住此禪扉。青山未許藏千拙，白髮將何補萬機？霄露恩輝方湛湛，林泉情味苦依依。堯仁況是如天闊，應任孤雲自在飛。」英宗治平年間又上疏乞歸，並獻詩云：「千簇雲山萬壑流，閑身歸老此峰頭。餘生願祝無疆壽，一炷清香滿石樓。」鑒於懷璉多次懇請歸山，宋英宗批准了他的要求。懷璉禪師於是離開京都，渡江南下。在金山西湖稍作停留，最後來到四明阿育王山廣利寺，繼續在那裏弘揚佛法，一直到哲宗元祐五年無疾而化。所以他又被稱為「育王懷璉」。

蘇軾與懷璉禪師交往密切，有〈宸奎閣碑〉、〈祭大覺禪師文〉等紀其事。有關懷璉的事蹟，又見《禪林僧寶傳》（卷十八）、《佛祖歷代通載》（卷十八）、《五燈會元》（卷十五）等書。

【校注】「青山隱去欣何得，滿篋唯將御頌歸。」「堯仁況是如天闊，應任孤雲自在飛。」看來，懷璉是潛符默證，自知已經是個解脫漢了。

第一對禪語詩，「青山」是就整個菩薩來說，菩薩不見不得菩薩，說言「青山隱去」，然後五蘊六根七情，就是所云的「滿篋」，那真是很大很大的籮筐啊！但是今天這個解脫漢是充實著歡喜感激的，他感激無漏般若之力。「御頌歸」，三個字之中，前兩個字是象徵字，後一個是真實字，「御」是「無上」，「頌」是無漏熏修乃至頓悟之喜悅感激，「歸」是見得本來面目，不再作亡家之子。一句言來，「滿篋唯將御頌歸」，在親證中，多少的辛勤多少的感激。

第二對禪語詩，「堯仁」，就是六祖所云的「欲知真不動，動上有不動」。就是這個動上的大不動。同時亦是禪門所云的：「人從橋上過，橋流水不流。」就是這個大不流。明代博山和尚講得更是徹明，他的詩：「婆心況是如天遠，豈肯拖泥帶水行。」懷璉和尚這裏所言的「堯仁」，就是博山和尚所云的「婆心」。懷璉和尚對正皇帝在講話，就用「堯仁」，博山和尚對自己禪門中人講話，調皮一點用「婆子」來代表釋迦真如，就用了「婆心」。「堯仁況是如天闊——婆心況是如天遠。」「應任孤雲自在飛——豈肯拖泥帶水行。」這個「孤雲」，這個「泥水」，就是前面提過的「滿篋」。「動上有不動——橋流水不流。」

看來，一首比一首懇切，懷璉和尚的這兩首禪詩是貨真價實的禪詩，不是文學境界的作品，他好像自己知道自己是個解脫漢了。

大覺璉和尚曰：「玉不琢，不成器；人不學，不知道❶。今之所以知古，後之所以知先❷，善者可以為法，惡者可以為戒❸。歷觀前輩立身揚名於當世者，鮮不學問而成之矣❹。」（《九峰集》）

【章　旨】只有學問才能使人明道，使人向善，使人立身揚名於世。

【注　釋】❶玉不琢四句　意謂人不學習則不能明道，猶如璞玉不經雕琢則不能成器。此四句出自《禮記・學記》。❷今之所以知古二句　意謂學問可以使人了解歷史演進之跡，從而以史為鑒。韓愈〈進順宗皇帝實錄表狀〉：「今之所以知古，後之所以知今，不可口傳，必憑諸史。」❸善者可以為法二句　書籍之中善者可以為榜樣，惡者可以為警戒。法，效法；榜樣。❹歷觀前輩二句　《尸子》云「未有不因學而鑒道，不假學而光身者也」，與此二句意同。

【語　譯】大覺懷璉和尚說道：「美玉不加雕琢，不能成器；人不學習，則不能明道。學習使人生活在當今而了解古代，生在後世而了解先世，書中記載的善人善事可以作為效法的榜樣，書中記載的惡人惡事可以作為人生的警戒。歷觀當代那些有所樹立、揚名於世的前輩，他們很少不是由於勤積學問因而終於成就卓著的。」

大覺曰：「妙道之理，聖人嘗寓之於《易》❶。至周衰，先王之法壞，禮義亡❷。然後奇言異術間出而亂俗❸。逮我釋迦入中土，醇以第一義示人❹。而始末設為慈悲，以化眾生❺，亦所以趨於時也。自生民以來，淳朴未散，則三皇之教簡而素❻，春也。及情竇日鑿❼，五帝之教詳而文❽，夏也。時與世異，情隨日遷，故三王之教密而嚴❾，秋也。昔商周之誥誓❿，後世學者故有不能曉。彼當時之民⓫，聽之而不違。則俗與今如何也！及其弊⓬，而為秦漢也，則無所不至矣，故天下有不忍願聞者⓭。於是我佛如來，一推之以性命之理⓮，教之以慈悲之行⓯，冬也。天有四時，循環以生成萬物⓰。聖人設教，迭相扶持，以化成天下，亦猶是而已矣。然至其極也，皆不能無弊⓱。弊者跡也，道則一耳⓲。要當有聖賢者，世起而救之。自秦漢以來，千有餘載，風俗靡靡愈薄。聖人之教，裂而鼎立⓳，互相詆訾，不知所從⓴。大道寥寥莫之返㉑，良可歎也。」（〈答侍郎孫莘老書〉㉒）

【章　旨】聖人因時設教，其實本是一體。後世三教鼎立，相互指責，良可歎也。

【注　釋】❶妙道之理二句　意謂世界精微玄妙之理，古之聖人曾經寄託在《周易》之中。聖人，指伏羲、文王、孔子。傳說伏羲氏作八卦，周文王重卦（或云並作卦辭、爻辭），孔子作十翼，故云。理，《禪林僧寶傳》作「意」。《易・繫辭上》云：「夫《易》，聖人所以崇德而廣業也。……天地設位，而易行乎其中矣。」❷至周衰三句　至周幽王、厲王之世，禮法敗壞，綱紀廢弛。先王之法，指文王、武王、周公之禮法。❸然後奇言異術間出而亂俗　指孔子之後，各種奇異之學說趁隙而起，使得社會習俗趨向混亂。奇言異術，指楊朱、墨翟之類的思想主張。《孟子・滕文公下》：「聖王不作，諸侯放恣，處士橫議，楊朱、墨翟之言盈天下。天下之言，不歸於楊，則歸於墨。楊氏為我，是無君也。墨氏兼愛，是無父也。……能言距楊墨者，聖人之徒也。」❹醇以第一義示人　完全向世人傳授無上之真諦。醇，通「純」。第一義，即第一義諦、真諦，指佛教無上深妙之真理。❺始末設為慈悲二句　意謂佛法自始至末用慈悲之心教化眾人。佛法以與樂為慈，拔苦為悲，以慈悲遍及一切眾生，名曰大慈大悲。《大涅槃經》卷十五說有三種慈悲心：一為眾生緣慈悲心，即視一切眾生如父母、兄弟、姊妹、子姪，此心為學佛而未斷煩惱者所有；二為法緣慈悲心，即由覺悟法空而起無染著的慈悲，此心為既斷煩惱之聖徒所有；三為無緣慈悲心，即心無所緣，離一切相之慈悲，此心唯諸佛所有。❻三皇之教簡而素　三皇之世，風俗淳厚，人民質樸，其教化簡約而樸素。三皇，指所傳之遠古帝王伏羲、女媧、神農。❼情竇日鑿　《莊子・應帝王》載云：南海之帝為儵，北海之帝為忽，中央之帝為渾沌。渾沌無七竅，儵與忽相謀報答渾沌之德，為鑿七竅。日鑿一竅，七日而渾沌死。本句隱用其意，形容純樸之風日以澆薄，人情開張，物慾日盛。❽五帝之教詳而文　五帝之世，風氣漸開，朝廷創制立法有五刑、五禮、五典、五服、五章之屬，周詳而文明。五帝，傳說中之遠古帝王，一說指黃帝、顓頊、帝嚳、唐堯、虞舜。❾三王之教密而嚴　三王之世，帝王之位子孫相傳，朝廷刑政法度周密而威嚴。三王，指夏禹、商湯、周文王。❿商周之誥誓　指《尚書》之〈商書〉、〈周書〉中所保存的上古文告。《尚書》有〈仲虺之誥〉、〈湯誥〉、〈康誥〉、〈酒誥〉、〈泰誓〉、〈牧誓〉等，故云。⓫彼當時之民　指商周之百姓。彼，原本作「比」，據《禪林僧寶傳》、《林間錄》校改。⓬弊　原本作「幣」，據《禪林僧寶傳》、《林間錄》校改。⓭天下有不忍願聞者　指秦漢之世所發生暴虐無道、荼毒殘殺之事，使人耳不忍聞之。⓮性命之理　佛家認為萬物之本因是性，或云性即是心，心即是佛，因而勸人歸依於自心佛性。⓯教之以慈悲之行　原書缺此七字，據《禪林僧寶傳》、《林間錄》補。⓰天有四時二句　意謂教化隨時而變易，有如四季之循環。《易．繫辭上》云「廣大配天地，變通配四時」，與此相通。⓱然至其極也二句　凡有教義，其末皆有弊病。此二句是對孫覺（字莘老）信中所說「又有名而異行」四句的解釋。⓲道則一耳　道之本體則並無變化。此四字原缺，據《禪林僧寶傳》、《林間錄》補。⓳聖人之教二句　聖人之教義被割裂，相互對峙。裂，原本作「列」，據《禪林僧寶傳》、《林間錄》校改。⓴互相詆訾二句　相互指責對方，使人不知所從。詆訾，毀謗。原本缺「不知所從」四字，據《禪林僧寶傳》補。㉑大道寥寥莫之返　形容聖人之道不為世俗所理解，皆迷而不返也。㉒答侍郎孫莘老書　孫覺，字莘老，嘉祐中入朝為館閣校勘。孫覺有致大覺懷璉之書函云：「三代以降，列聖相承，政通人和，道傳統續，不以佛教未來為欠。周姬訖籙，更秦換漢，憲網刑巢，蔽空落野，不以佛教已至而革。四海派分，異說捷出，由唐而至五季為甚。庶務萬機，理亂非常，奉佛之教奚益？間有草衣木食，巖棲澗飲，不過獨善其身耳。又有名而異行，假而非真，教化未孚，弊乃生焉。然師必有辯，佇聞其說。」此篇便是對孫覺來書的答覆。

【語　譯】大覺懷璉禪師說道：「世界變化精微玄妙之理，古代聖哲曾經將之寄寓在《周易》之中。到了周朝衰落時，先王制定的法綱紊亂，禮崩樂壞，然後種種奇談怪論乘虛而出，擾亂世俗。等到我佛法流入中國，純然用無上真諦宣示於人，而始終以大慈大悲之心來化導眾生之輩。這也是順從時世需求的緣故。自從天地生民之初，當時風氣淳厚，民性篤實，所以三皇之世的政教簡易而樸素，就如同春季一般。及至七情孔竅日日開鑿，物慾漸盛，所以五帝之世的政教詳審而文明，就如同夏季一般。隨著時光流逝，社會發生變遷，人情也隨之改變，所以三王之世的政教周密而威嚴，就如同秋季一般。《尚書》所載商周朝廷的誥誓之文，後代學者有的也不能通曉其意。然而當時的那些民眾，卻能聽懂並且不違反這些公文。當時的民俗與今天相比如何，就可想而知了。及至風氣頹壞，那就到了秦漢之世，就甚麼樣的事情都出現了，天下因而有了種種暴戾殘殺、令人耳不忍聞之事發生。於是我佛如來，完全用性命之理來作推論與闡說，教導人們以慈悲為懷來指引自己的行為，就如同冬天一般。天地之間春夏秋冬循環往復，就生養而成就了萬物。聖人之教相互扶持、互為呼應，以化成天下，也就與此同理了。然而其末流都不能沒有弊病。弊病只是現象，推原本體之道則依然如一。重要的是，當此之世應該有聖賢之輩奮起而拯救之。自從秦漢以來已有一千餘年，風俗頹靡，愈益澆薄，聖人之教義遭到割裂，鼎足而三分。學者相互指責，使得世人不知所從。大道寂寥，學者迷而不返，這真是值得歎息的了。」

大覺曰：「夫為一方主者❶，欲行所得之道而利於人，先須克己惠物❷，下心於一切❸，然後視金帛如糞土，則四眾❹尊而歸❺之矣。」（〈與九仙詡和尚書〉）

【章旨】禪師化導一方，必須以克服私慾、利益眾生為心，謙恭待物，才能得到信眾的擁戴。

【注釋】❶為一方主者　禪師宣傳禪理，弘揚佛法，為一方教化之主。一方，指一郡、一邑、一鄉之地區。❷克己惠物　克服一己之私慾，以造福於眾生萬物。❸下心於一切　以恭敬謙卑之心對待一切人與事。《六祖壇經》敦煌本云：「常下心行，恭敬一切。」❹四眾　泛指僧、尼及男女居士等佛門信眾。佛教稱比丘、比丘尼、優婆塞、優婆夷為四眾。❺歸　皈依；依止。

【語譯】大覺懷璉說道：那些弘揚佛法、身為一方教化之主的禪師，想要推行所得之禪法以利益眾人，首先必須立定克服私慾、造福萬物的心念，用恭敬謙卑的態度對待一切的人與事，然後視金錢財物如同糞土一般。若能如此，就會受到在家居士與出家僧侶的一致尊重與皈依了。

大覺曰：「前輩有聰明之資❶，無安危之慮，如石門聰❷、棲賢舜❸二人者，可為戒矣。然則人生定業❹，固難明辨。細詳其原❺，安得不知其為忽慢不思之過❻歟？故曰：禍患藏於隱微，發於人之所忽。用是觀之，尤宜謹畏。」（《九峰集》）

【章旨】蘊聰、曉舜二位前輩禪師未能居安思危，對於世俗事務輕忽怠慢，因此遭遇到禍患。

【注釋】❶聰明之資　能洞明佛法，不為塵緣見聞所惑，天資、智力超出眾人。❷石門聰　蘊聰禪師，南嶽下九世法裔。初參百丈恆和尚，於首山省念禪師言下得悟。後住襄州石門寺。據云蘊聰喜愛搜集古人法書墨蹟，太守入寺見之，三次告借，師皆不允。太守怒，乃因私忿笞辱之。《五燈會元》卷十一載有師之機緣語錄。❸棲賢舜　曉舜禪師，字老夫，瑞州胡氏子，青原下十世法裔，於洞山曉聰禪師門下得法。皇祐間，住廬山棲賢寺。據云寺後多大樹，太守入山欲砍伐之，師弗許。後來曉舜被人誣告，太守乃趁機報復，予以重責，並令還俗。一說當地官員貪圖墨蹟，曉舜不忍贈與，因受讒毀，郡守趁機令其還俗。❹定業　今世之一切善惡遭遇，皆由前世業緣所定。❺細詳其原　仔細推究事故之緣由。原，根原；起源。❻忽慢不思之過　輕忽、怠慢、不深思詳察之過失。

【語　譯】大覺懷璉說道：「前輩禪師中有資質超群卻缺乏居安思危之遠慮者，就如石門蘊聰、棲賢曉舜二人，他們的遭遇可以作為後輩學者的警戒。儘管人生可有宿定，其中的禍福因緣難以明辨。然而仔細推究惹禍的緣由，又豈不是由於他們平時輕忽怠慢、不思不察的過失呢？所以說：禍患潛藏在幽隱細微之處，由於人的疏忽而發生。從上述二位前輩禪師之事來看，尤其應該謹慎小心才是。」

【校　注】「定業」。把原本乃是進行中的生滅時流，在分別心的作用之下，予以切斷，就有所謂「定業」，並且，定業與定業之間，就有所謂因果業報。然而，在佛法禪行的實智慧中，定業是「不可得」的，因此，講論佛法，既不能完全否棄定業的存在，但是更不能因而結論出「定命論」，這不符佛法。

雲居曉舜禪師

【題 解】曉舜禪師，字老夫，瑞州胡氏子。他是洞山曉聰的弟子，屬雲門宗。初住筠州大愚寺，又住廬山棲賢寺，復遷江西雲居寺。隨著道望愈尊，徒眾愈盛，逐漸在禪林享得盛名。

曉舜少年時性格粗放疏落，後來投師出家，乃修細行。然而終究因為稟性簡易直率，一生不善於應酬世俗。住持廬山棲賢寺時，他曾因得罪郡守（一說郡將）而蒙受冤屈，被官府勒令還俗。曉舜遭受迫害後，前往京城拜訪懷璉禪師，得蒙仁宗召見。仁宗讚歎曰：「道韻奇偉，真山林達士！」仁宗特許曉舜依舊為僧，復住棲賢寺，並賜以紫衣金鉢。據載曉舜回到廬山，入院陞堂曰：「無端被譖枉遭迍，半載有餘作俗人。今日再歸三峽寺，幾多歡喜幾多嗔！」其精神品節，可以想見。

曉舜修持佛法，注重實際的修證，反對徒逞口舌，炫耀空言。他曾經開示眾人道：「不見一法即如來，方得名為觀自在！」又引古人云：「多言復多語，由來返相誤！」又說：「褒貶古今，豈能自救？」在他的晚年，尤其嚴於律己。他曾引百丈懷海「一日不作，一日不食」之言自勉，日常勞務皆親自躬行。又主張為人誠實，反對苟得虛名；主張堅持節義，反對循俗喪德。曉舜的這種英特卓異的行止，使他享譽於禪林。

有關曉舜禪師的事蹟，可參看《建中靖國續燈錄》（卷五）、《五燈會元》（卷十五）以及《羅湖野錄》（卷二）等書。

【校　注】「無端被譖枉遭迍，半載有餘作俗人。今日再歸三峽寺，幾多歡喜幾多嗔。」和尚回來後一升堂，大露禪機，警策非凡，這是對所有寺內寺外參學向道者的有力的鼓勵。禪師升堂，可以不言語，卻不會閒言語，尤其是外出半年多，又風光回來。詩句「無端被譖」，就是這個機鋒。明明是不生不滅自性，卻被譖為五蘊六根般生滅！「遭迍」，就是一個決定的機鋒，是自覺在把握中的不生滅自性，來去自如，曠大劫未曾留滯，卻被凡夫誤為生滅，被二乘人恐懼為遭困頓——大乘人卻永任生死而從來不曾有過甚麼叫做困頓的事！「半載」，一方面是應境，就因為實實在在從寺中外出了半年多，但亦可以是個象喻，表示半輩子有多。「作俗人」，清淨真如就這樣「隨流」去了。這句是整首詩最重要的一句，是禪師向一眾交代，這半年多在外，我的功夫可厲害得很呢！甚至比原來在山寺時更純熟自然呢！禪語錄有禪師與同道對話，一方問道，最近作甚麼去？回答道：隨流去！對方又問，為甚麼隨流去？禪師就回答他：不隨流，爭得息？自覺的在把握中的清淨真如永遠就是這樣以不生滅為生滅，以生滅為不生滅，這樣，功夫真純，當下即是，言下即見自性——「當生生不生」。禪師告知一眾，我人外出，功夫永不外出，大眾努力努力。這是切切實實的升堂語，這裏有決定的善知識，只是大眾也須得和我一般努力才得。達摩傳語：「迷時人逐法，悟時法逐人。」不生滅的法自性既已「逐人」，即是永遠隨逐五蘊——作俗人。這樣，歡喜也罷嗔怨也罷，它們留滯得了曠劫不曾留滯的真心嗎？「再歸三峽寺」，當然是個切實的意象，法身化身報身，三身本來是一身，歡喜是化身，嗔怨是化身，外出也是化身，再歸來也是化身，報身既以正因緣證得本來自性，那麼，從法身來說，一切俱是化身而已。

雲居舜和尚❶，字老夫，住廬山棲賢日，以郡守槐都官私忿罹橫逆❷，民其衣❸。往京都訪大覺❹。至山陽❺，阻雪旅邸。一夕有客攜二僕，破雪而至。見老夫，如舊識。已而易衣拜於前，老夫問之，客曰：「昔在洞山，隨師荷擔之漢陽幹僕宋榮也❻。」老夫共語疇昔❼，客嗟歎之久。凌晨備飯，贈白金五兩。仍喚一僕，客曰：「此兒來往京城數矣，道途間關備悉。師行固不慮乎！」老夫由是得達輦下❽。推此，益知其二人平昔所存❾矣。（《九峰集》）

【章旨】曉舜在旅舍偶遇舊僕宋榮。宋榮殷勤招待禪師，並派人護送至京城，由此可見曉舜平素待人之真誠與寬厚。

【注釋】❶雲居舜和尚　即前之棲賢曉舜禪師。曉舜初居棲賢寺，未幾遷江西雲居寺，故云。❷以郡守槐都官私忿罹橫逆　意謂因為南康郡守發洩私忿，使曉舜禪師遭遇橫暴，蒙受冤屈。槐都官，指南康郡守，治贛州。或云南康府前有古槐樹，故名。橫逆，強暴不順；冤屈。❸民其衣　穿上俗人之服，指開除僧籍，令其還俗。❹往京都訪大覺　前往京城開封，尋訪大覺懷璉禪師。❺山陽　縣名，當時隸屬淮南東路之楚州。即後世之淮安縣。❻昔在洞山二句　客人自訴名叫宋榮，從前在洞山寺時，曾為曉舜擔荷行李前往漢陽。洞山，寺名，曉舜曾經依從洞山曉聰禪師學習佛法，故有此事。幹僕，當差之僕隸。❼共語疇昔　一起共同回憶從前之事。疇昔，指往事。❽老夫由是得達輦下　曉舜禪師得到此項幫助，得以順利抵達京城。輦下，皇城。輦是天子所乘之車。❾二人平昔所存　指往昔曉舜與宋榮之間所存之一段情誼。平昔，平素；往日。

【語　譯】雲居曉舜和尚，字老夫。他住持廬山棲賢寺時，曾經因為南康郡守發洩私忿而橫遭冤屈。郡守強迫曉舜禪師還俗。曉舜於是前往京城訪問大覺懷璉禪師。當曉舜走到楚州山陽縣時，遇上天降大雪因而困在旅館中。一天晚上，有位客人帶領兩個僕隸踏雪而來。當客人看見曉舜禪師，就好像見到了熟識的故人。等來客換了衣裳，他就前來拜見曉舜禪師。曉舜詢問因緣，這位客人回答道：「從前在洞山寺時，曾經為禪師挑運行李前往漢陽。我就是那個名叫宋榮的僕人。」曉舜禪師於是同他一起談到了昔日舊事，客人為之歎息了許久。第二天清晨，這位客人準備早飯款待曉舜，又贈送了白銀五兩。他又喚來跟隨自己的一個年輕僕人，說道：「這個童僕往返京城之間已經多次了，其間的道路、關卡都一清二楚。讓他陪送禪師，您就不必擔心了。」曉舜因此能夠順利地到達京城。從這件事情上，可以推想到曉舜禪師與宋榮之間的那份情誼了。

大覺曰：「舜老夫賦性簡直❶，不識權衡貨殖等事❷。日有定課❸，一曾不少易❹，雖炙燈掃地，皆躬為之❺。嘗曰：『古人有一日不作，一日不食之戒❻，予何人也！』雖垂老，其志益堅。或曰：『何不使左右人？』老夫曰：『經涉寒暑，起坐不常，不欲勞之。』」(《坦然菴集》)

【章　旨】曉舜禪師遵循古人「一日不作，一日不食」之教誡，平居灑掃雜務皆親自為之，不願使別人代勞。

【注　釋】❶賦性簡直　稟性簡易而直率。賦性，天性；本性。❷權衡貨殖等事　指計算錢財、謀求物利一類的事情。權衡，秤物之輕重，計量財物。貨殖，經商以牟利。❸日有定課　每日誦經、禮佛、勞作之事，皆有固定之安排。課，功課，指佛門之事務。❹少易　稍有改變。少，稍。❺雖炙燈二句　即使添油點燈、掃除寺院之雜務，都親自去做。《林間錄》載云：「舜老夫……暮年以身律眾尤謹嚴。嘗少不安，即白維那下涅槃堂，病愈即入方丈，惜其傷慈。」❻古人有一日不作二句　古人，指唐代著名禪僧百丈懷海。懷海曾在江西大雄山（百丈山）弘法，創立禪院制度，確立農禪並舉，又訂立《禪門規式》，後世則稱為「百丈清規」。據《五燈會元》卷三記載：凡寺院勞作之事，百丈懷海必先於眾人。主事者不忍，而將其工具秘密收藏，請其休息。懷海師四處尋找工具不得，而忘飲食，故有「一日不作，一日不食」之語流播寰宇矣。

【語　譯】大覺懷璉禪師說：「曉舜禪師稟性淳樸，為人簡易、直率。他不懂得如何權衡得失、追求財貨之類的事情。日常起居禮佛誦經，皆有一定的安排，從不稍微有所改變。即便是點佛燈、掃寺院，他都親身去做。他曾經說：『古人有一日不作，一日不食的教誡，我是何等樣人，怎麼能不遵照執行呢？』雖然到了垂暮之年，他的這種行為的決心反而更加堅定。有人勸他說：『為甚麼不使喚左右的人，讓他人代勞呢？』曉舜回答說：『我一年四季，經歷寒暑，或動或止，沒有定準，所以不願意勞累別人。』」

舜老夫曰：「傳持此道❶，所貴一切真實❷。別邪正，去妄情❸，乃治心之實。識因果，明罪福❹，乃操履之實❺。弘道德，接方來❻，乃住持之實❼。量才能，請執事，乃用人之實。察言行，定可否，乃求賢之實。不存其實，徒衒虛名❽，無益於理。是故人之操履，惟要誠實。苟執之不渝，雖夷險可以一致❾。」（《坦然菴集》）

【章　旨】傳承佛門禪法，必須要以真實之修持對待一切，始終執之不渝，無論境遇如何變化，態度皆保持如一。

【注　釋】❶此道　指佛法、禪宗之學說。❷一切真實　佛說以離絕俗世情懷、真而不妄、實而不虛為真實。《瑜珈師地論》說有四種真實，一曰世流布真實義，二曰方便流布真實義，三曰淨煩惱障真實義，四曰淨智慧障真實義。此云真實，皆就離迷情、絕虛妄立言。❸去妄情　克服虛妄之情。不實曰妄。❹明罪福　明白日常作為，何為造罪，何為積福。佛門以行五逆十惡為罪，以行五戒十善為福。罪有苦報，福有樂果。❺操履之實　行為操守，符合真實之義。操履，日常節操、行事。❻接方來　接引前來皈依佛門之眾。方來，指來求依附佛門者。❼住持之實　掌管佛寺，弘揚佛法，一切符合真實之義。住持，初為住世保持佛法之意，後來稱禪寺主持僧人名住持。❽不存其實二句　不奉真實之義，空有佛徒之名。衒，自誇；炫耀。❾雖夷險可以一致　無論處在平坦抑或險阻之境況，均能以真誠之心對待，而略無改變。夷險，平易與險難。

【語譯】曉舜禪師說道：「要將禪法代代相傳，最為重要的是任何時候都要稟持真實之義以對待一切。分別正直與邪惡，離絕虛妄之情，就能做到修煉自心的真實。認清事物的因果，明白行為是罪是福，就能做到履歷操守的真實。弘揚佛門道德，接引皈依的信眾，就能使住持職事符合真實之義。衡量門下僧眾的才能，任命合適的人擔當執事的職位，就能使用人符合真實之義。考察某人的言語與行止，以確定是否能承當重任，就能使選拔賢者符合真實之義。若是違背真實，徒有虛名，則無益於佛門禪法。所以禪寺住持僧人之行為操守，一定要做到誠實。如果遵循誠實之心始終不渝，則不論所遇平安還是危險，都能以同樣的態度待之，而略無改變。」

舜老夫謂浮山遠錄公❶曰：「欲究無上妙道❷，窮則益堅，老當益壯。不可循俗，苟竊聲利，自喪至德❸。夫玉貴潔潤，故丹紫莫能渝其質❹；松表歲寒，霜雪莫能凋其操❺。是知節義為天下之大。惟公標致可尚❻，得不自強？古人云：『逸翮獨翔，孤風絕侶❼。』宜其然矣。」

（《廣錄》）

【章旨】禪者應該深究佛道，講求節義，窮則益堅，不可苟且取容，竊取世俗之榮利。

【注釋】❶浮山遠錄公　指浮山法遠禪師。據載，浮山法遠早年曾任小吏，後出家為僧。他曾與達觀曇穎禪師等七、八人遊蜀，多次遭遇橫逆，法遠皆以智謀脫離險境。眾人因為他通曉吏事，故稱呼他為遠錄公。錄公，對於熟悉公府衙門簿籍制度者的尊稱。❷無上妙道　佛道精妙，至高無上，故云。❸苟竊聲利二句　苟容媚俗，追求聲名物利，則喪失自身至為寶貴之德性。苟，苟合取容。❹玉貴潔潤二句　美玉質地清純而潤澤，雖塗飾五色，而不能改變其本質。丹紫，指紅、紫等各種顏色。渝，變更。二句見《北史·蘇威傳》：「玉以潔潤，丹紫莫能渝其質。」❺松表歲寒二句　隆冬歲寒時節，霜雪交加，青松仍然不改變其顏色。《論語·子罕》：「歲寒然後知松柏之後彫也。」❻惟公標致可尚　本句讚美浮山法遠氣質神韻超出時流之輩，卓然於眾。標致，風神；氣質。❼逸翮獨翔二句　形容鯤鵬之屬的神鳥，飛行迅疾，孤翔高天之上，非尋常凡鳥所可比翼，以喻修證禪法者其行為操守應當超出於凡人之上。逸翮，飛行神速之鳥，鵬鳥之類。王僧達〈祭顏光祿文〉：「逸翮神征，孤風絕侶。」

【語　譯】曉舜禪師對浮山法遠說：「若是要體會佛法的精妙，就應該做到境遇困頓而志向愈益堅定，年紀衰老而壯志愈強。不可以阿附世俗，苟媚取容，竊得聲名榮利，而喪失最寶貴的德操。美玉貴在精純潤澤，所以外飾的顏色不能改變其本質。青松挺拔於歲寒時節，所以霜雪不能損傷其節操。由此可知節義是天下最重要的原則了。您的風神氣度甚高尚可法，超出眾人之上，怎能不奮發自強？古人說道：『鵬鳥淩空而起，志向遠大，獨翔高天之上，凡鳥無法與之比翼。』禪者修持佛法，也應該是如此了。」

【校　注】「逸翮獨翔」，六百卷《大般若經》每曾以「堅翅鳥」為比方，不知契合這裏的話說否？《大般若經》原文：「如堅翅鳥，飛騰虛空，自在翱翔，久不墮落，雖依空戲而不住空，亦不為空之所拘礙。菩薩亦復如是，雖學空無相無願解脫門，而不住空無相無願，乃至佛法未極圓滿，終不依彼，示盡諸漏。」

浮山法遠禪師

【題　解】法遠禪師（西元九九一～一〇六七年），鄭州圃田（今屬河南）王氏（一說沈氏）子。他初習吏事，久奉差事。年十九，遊於并州，後投承天院三交智嵩禪師出家，受具足戒。曾遍遊諸方，先後拜訪著名禪師汾陽善昭、大陽警玄、瑯琊慧覺等，皆受印可。當時汝州葉縣歸省禪師禪風峻厲而枯淡，法遠乃前往參學，歷盡艱難，得嗣其法。晚年住浮山。慶曆、皇祐年間，師道大顯，徒眾甚多。卒諡圓鑒禪師。

法遠之禪風清逸峻奇而活潑多趣。據云待制王質向他請教佛法，法遠畫一圓相，問王質道：「一不得匹馬單槍，二不得衣錦還鄉。鵲不得喜，鴉不得殃。速道，速道！」王質不知所措，法遠乃說：「勘破了也。」又曾舉出僧問「如何是夾山境」之公案，夾山善會答以「猿抱子歸青嶂裏，鳥銜花落碧巖前」之句，而法遠更以「犀因玩月文生角，象被雷驚花入牙」說明之。又曾應歐陽修之請就眼前棋局闡說佛法，機緣純熟，意味深長。歐陽修讚揚道：「今日見此老機緣，所得所造，非悟明於心地，安能有此妙旨哉！」

法遠晚年退休於會聖巖，作〈九帶〉之文，人稱「浮山九帶禪」。「九帶」之名，乃擬漢班固「九流」之例，以闡說禪宗之義理與門徑：其一曰佛正法眼藏帶，二曰佛法藏帶，三曰理貫帶，四曰事貫帶，五曰理事縱橫帶，六曰屈曲垂帶，七曰妙叶兼帶，八曰金鍼雙鎖帶，九曰平懷常實帶。九帶之外，另有超越言說的心法，共為十帶。法遠對於禪門的理念，大體如是。

有關法遠禪師的事蹟，可參看《禪林僧寶傳》（卷十七）、《雲臥紀談》（卷上）、《五燈會元》（卷十二）等書。

浮山遠和尚曰：「古人親師擇友，曉夕不敢自怠❶。至於執爨負舂❷，陸沉賤役❸，未嘗憚勞。予在葉縣備曾試之❹。然一有顧利害、較得失之心，則依違姑息❺，靡所不至。且身既不正，又安能學道乎？」（《岳侍者法語》）

【章旨】禪者為了求得正法而尋師訪友，應不憚勞苦，而不能有顧及利害得失之心。

【注釋】❶古人親師擇友二句　古之修證佛法者，為尋求高師大德、選擇道友，長途奔波，不辭辛勞，而不敢稍有懈怠。親師，親近其師。❷執爨負舂　燒火做飯、舂米一類的勞務。爨，灶。據載，雪峰義存禪師早年曾在洞山作飯頭，六祖慧能曾在黃梅東山舂糧數月。❸陸沉賤役　長期隱身於卑賤之勞務中，而毫無怨言。陸沉，語出《莊子》，此謂不求顯達而甘於埋沒。據《五燈會元》記載：慶緒禪師曾在溈山為米頭，道匡禪師曾在招慶為桶頭，灌溪禪師曾在末山為園頭，紹遠禪師曾在石門為田頭，曉聰禪師曾在雲居為燈頭，嵇山禪師曾在投子為柴頭，義懷禪師曾在翠峰為水頭，佛心禪師曾在海印為淨頭，皆所謂賤役者。❹予在葉縣備曾試之　法遠曾經向葉縣歸省禪師學習禪法，擔任典座之職，負責僧眾飲食之類的雜務。歸省禪師禪風枯淡嚴密，法遠遭遇過許多艱難辛勞之事。見《慨古錄》。❺依違姑息　臨事遲疑不定，苟且偷安。依違，猶豫；反覆。

【語　譯】浮山法遠和尚說：「古人為了修證佛法，親近明師，尋訪道友，起早貪黑，不敢稍有懈怠。至於親自燒灶做飯，踏碓舂米，長期從事卑賤的勞務，從來未曾有過害怕辛勞的心思。我在葉縣歸省禪師處對此一一嘗試過了。然而若是一有顧念利害、計較得失之心，那麼臨事便猶豫不決，得過且過，或者苟且媚世，無所不至。而人若是立身不能端正，又怎麼能學得佛法呢？」

遠公曰：「夫天地之門，誠有易生之物。使一日暴之，十日寒之，亦未見有能生者❶。無上妙道，昭昭然在於心目之間❷，故不難見。要在志之堅，行之力，坐立可待❸。其或一日信而十日疑之❹，朝則勤而夕則惰之❺，豈獨目前難見，予恐終其身而背之矣。」（〈雲首座書〉）

【章　旨】佛法雖則昭然在於心目之間，但是修持者若志向不堅，一暴十寒，亦終其生而難以獲得。

【注　釋】❶使一日暴之三句　雖有容易生長之物，但若一日曬而十日寒之，亦未見其能夠順利生長發育。暴，通「曝」，日曬。語本《孟子・告子上》：「雖有天下易生之物也，一日暴之，十日寒之，未有能生者也。」❷昭昭然在於心目之間　意謂佛法甚明，昭然在心。自心既悟，則所見一切無非佛性的顯現。《六祖壇經・般若品》云「心量廣大，遍周法界。用即了了分明，應用便知一切。……心體無滯，即是般若」，即此語所本。❸要在志

之堅三句　意謂只要心志堅定，力行不怠，便可頓時悟得佛法。坐立，當即；坐立之間。❹一日信而十日疑之　形容心志猶豫不定。與前所云「一日暴之十日寒之」相照應。❺朝則勤而夕則憚之　早上尚有勤奮修持之心，晚上則嫌勞苦而悔之。憚，勞苦。通「癉」。

【語　譯】浮山法遠禪師說道：「在天地之間，確實有著容易成活的生物，然而若是一日暖之而十日寒之，也未見得它能夠存活下來。無上精妙的佛法，昭昭然明白地呈現在人們的心目之間，所以不難感知。若能堅定志向，力行不怠，很快就能獲得證悟。若是一日相信而十日懷疑，清晨尚能勤修而傍晚已嫌勞苦，則不僅是眼前無所感知，恐怕終生也將與之相背而一無所獲。」

遠公曰：「住持之要，莫先審取捨❶。取捨之極定於內❷，安危之萌定於外❸矣。然安非一日之安，危非一日之危，皆從積漸❹，不可不察。以道德住持積道德❺，以禮義住持積禮義，以刻剝住持積怨怒❻。怨怒積則中外離背❼，禮義積則中外和悅，道德積則中外感服。是故道德禮義洽❽則中外樂，刻剝怨恨極則中外哀。夫哀樂之感，禍福斯應❾矣。」（〈與淨因臻和尚書〉）

【章　旨】寺院住持之僧內懷道德禮義則人心歡悅，內懷刻剝之心則人情怨憤。人情之哀樂，禍福亦隨之而至。

【注　釋】❶取捨　佛教以取為貪愛煩惱之異名，以內心平等而無執著為捨。捨心為無量心之一。❷取捨之極定於內　把握取捨之最高原則則可內定其心，不生煩惱。❸安危之萌定於外　內心之取捨，決定外在境況之安危。內心無貪慾煩惱，得四無量心，則為平安之根本；內心充滿貪慾，追逐世俗榮利，則為危機之萌芽。❹皆從積漸　意謂安危皆由平日行為積少成多，積微成著，逐漸形成。❺以道德住持積道德　內心以道德為準則，則所行道德之善事積累增多。❻以刻剝住持積怨怒　內懷侵害他人以牟利之心，則眾人之怨恨積累愈多。❼中外離背　寺院內外，皆離心離德。中指寺院之徒屬，外指四方之信眾。❽洽　指恩澤遍及於眾人。❾哀樂之感禍福斯應　寺院內外僧眾哀樂之感在前，則禍福應之在後。中外哀怨則招禍，中外和樂則有福。

【語　譯】浮山法遠禪師說：「主持寺院的關鍵，首先是要明察取捨之理。掌握了取捨的原則則可內定其心，免生煩惱，而外在安危之端緒亦由此而確定。然而平安不是由於一日之善舉，危機也不是由於一日之惡行，都是積少成多、逐漸積累的結果。這是住持僧所不可不明白的道理。住持僧心懷道德則積累道德之善事，心懷禮義則積累禮義之嘉行，心懷刻剝牟利的念頭則積累了怨恨。怨恨積累多了，內外僧徒信眾就背心離德；禮義積累多了，內外僧徒信眾就人情歡愉；道德積累多了，內外僧徒信眾就為之感動而心悅誠服了。所以道德禮義普及於眾人就使得寺院內外喜悅，刻剝怨恨發展下去就導致寺院內外一片哀憤。眾人感到哀憤抑或喜悅在前，禍福也就隨之而至了。」

遠公曰：「住持有三要❶，曰仁、曰明、曰勇。仁者行道德，興教化，安上下，悅往來❷；明者遵禮義，識安危，察賢愚，辨是非；勇者事果決，斷不疑❸，姦必除，佞必去。仁而不明，如有田不耕❹。明而不勇，如有苗不耘。勇而不仁，猶知刈而不知種。三者備則叢林❺興。缺一則衰，缺二則危，三者無一則住持之道廢矣❻。」（〈與淨因臻和尚書〉）

【章旨】禪寺住持之道有三，曰仁、曰明、曰勇。缺一則衰，缺二則危，缺三則道廢。

【注釋】❶住持有三要　主持寺院有三項重要原則。此之「三要」，本於司馬光諫宋仁宗所提倡之「三德」。司馬光〈陳三德上殿箚子〉云：「人君之大德有三，曰仁曰明曰武。仁者非嫗煦姑息之謂也，興教化、修政治、養百姓、利萬物，此人君之仁也。明者非煩苛伺察之謂也，知道義、識安危、別賢愚、辨是非，此人君之明也。武者非強亢暴戾之謂也，惟道所在、斷之不疑、奸不能惑、佞不能移，此人君之武也。」❷悅往來　接待往來僧眾，使各歡悅也。❸事果決斷不疑　臨事果敢，決斷而不猶豫。果決，當機立斷。❹仁而不明二句　司馬光〈陳三德上殿箚子〉云：「仁而不明，猶有良田而不能耕也。明而不武，猶視苗之穢而不能耘也。武而不仁，猶知獲而不知種也。」此乃由此以下數句所本。❺叢林　眾僧聚居修道之所，即寺院。❻缺一則衰三句　司馬光〈陳三德上殿箚子〉云：「三者兼備則國治強，闕一焉則衰，闕二焉則危，三者無一焉則亡。」為此數句所本。

【語譯】浮山法遠禪師說道：「禪寺長老要掌握三項重要原則，一是仁，二是明，三是勇。所謂仁，是要推廣道德，興盛教化，使寺院上下安寧，往來的僧眾都心情歡悅。所謂明，是要遵循禮義的信念，認清安危的本源，洞察賢愚的差別，分辨事理之是非。所謂勇，是要遇事態度果敢，作出決斷時毫不猶豫，奸邪必定清除，諂佞必定疏遠。倘若有仁而不明，就好似有良田卻不耕作一樣。倘若有明而不勇，就好似有禾苗卻不為之鋤去雜草一樣。倘若有勇而不仁，就好似只知道收穫卻不懂得播種一樣。寺院長老若能仁、明、勇三者俱備，禪寺就會興盛。三者中缺少一項，禪寺就會衰落；缺少兩項，禪寺就會出現危險；三項完全欠缺，住持之道就曠廢了。」

遠公曰：「智愚、賢不肖，如水火不同器、寒暑不同時❶，蓋素分❷也。賢智之士，醇懿端厚❸，以道德仁義是謀，發言行事，惟❹恐不合人情，不通物理❺。不肖之者，姦險詐佞，矜己逞能，嗜慾苟利❻，一切不顧。故禪林得賢者，道德脩，綱紀立，遂成法席。廁❼一不肖者在其間，攪群亂眾，中外不安。雖大智禮法❽，縱有何用？智愚、賢不肖，優劣如此爾，烏得❾不擇焉！」（〈惠力芳和尚書〉）

【章　旨】賢善者與不肖徒，稟分積習，勢同水火，所以寺院住持必須認真加以識別、選擇。

【注　釋】❶水火不同器寒暑不同時　比喻性質相反、互相對立之事物不能安然同處。《韓非子・顯學》云：「夫冰炭不同器而久，寒暑不兼時而至，雜反之學不兩立而治。」❷素分　平素積習使然。素，往常；舊時。❸醇懿端厚　性情淳和、風度懿美、品格端莊而厚重。懿，美德。❹惟　只。通「唯」。❺物理　公理；事物之常理。❻姦險詐佞三句　形容小人性格奸邪陰險，善於當面奉承而心懷欺詐，一也；自驕而欺人，好逞能以表現自我，二也；追求財利，欲壑難填，三也。苟利，苟且求利，不當得而得。❼廁　雜置。通「側」。❽大智禮法　指百丈懷海所訂立之禪門規式。大智，百丈懷海之謚號。❾烏得　安得；安能。

【語　譯】法遠禪師說道：「智者與愚者、賢善之人與不肖之徒，其勢就像水與火不能同器而處，又像寒與暑不能同時出現，因為他們的稟性積習截然背反之故。賢善聰敏之士，他們性情淳和，風神優雅，立身端正，為人厚重。他們心中想的是道德仁義，一言一行都唯恐不合人情、違背公理。而那些不肖之徒，他們內心陰險奸詐，當面阿諛而口是心非，妄自尊大又愛好表現，追求一己之私慾與物利而毫無顧忌。所以禪林寺院若得賢者為住持，就能弘揚道德，使得佛門綱紀井然、法度有序。如果中間混雜了一個不肖之徒，就能攪亂眾心，使得寺院內外不得安寧，即使有大智法師所訂立的禪門規式，又有何用處？智者與愚者、賢善者與不肖徒，所造成結局的優劣差別如此之大，怎麼能不認真地加以挑選呢？」

遠公曰：「住持居上，當謙恭以接下；執事❶在下，要盡情以奉上。

上下既和，則住持之道❷通矣。居上者驕倨自尊❸，在下者怠慢自疏❹，上下之情不通，則住持之道塞矣。古德❺住持閒暇無事，與學者從容議論，靡所不至❻。由是一言半句，載於傳記，逮今稱之❼，其故何哉？一則欲使上情下通，道無壅蔽❽；二則預知學者才性能否❾。其於進退之間，皆合其宜❿，自然上下雍肅，遐邇皈敬⓫。叢林之興，由此致耳。」

（〈與青華嚴書〉）

【章旨】寺院長老應該經常與執事門徒從容交談，使上下人情通達，道無壅蔽，如此則寺院可以興盛。

【注釋】❶執事　寺院中執掌具體事務者，如都寺、監寺、維那、典座之類。❷住持之道　寺院長老教化僧眾、弘揚佛法之宗旨。住持有二義，一是住世護持佛法之意，二指禪寺主管之僧人。此處則融合上述兩方面的意義而言之。❸驕倨自尊　驕縱倨傲，自高自大。倨，傲慢。❹怠慢自疏　對於職事輕忽懈怠，漫不經心。自疏，疏懶。❺古德　古代有道之高僧。舊謂古德、大德，皆為對禪僧之尊稱。❻從容議論二句　自然親和，從容不迫，或議論前代公案，或辨析高僧機語，無所不至。靡，無。❼逮今稱之　為後人稱引談論，直到如今。逮，及。❽壅蔽　阻塞不通；障蔽不明。❾才性能否　稟性才能，是否可用。才性，指品質及能力。❿其於進退之間二句　指住持長老之行為，或精進不懈以求法，或謙恭退讓以守道，皆得其宜。進退，泛指日常一切行止。⓫上下雍肅二句　寺院上下雍容肅穆，遠近皆生敬信之心，前來皈依佛門。雍，和睦。遐邇，遠近。

【語　譯】法遠禪師說道：「寺院長老居於上位，應當態度謙恭地對待下屬僧眾；執事之僧處在下位，應當盡心竭力地承當上司委任的職事。上下和諧，同心協力，則佛法就可以流通無礙了。如果居於上位者驕傲自大，處在下位者懈怠疏懶，上下之間情感不能溝通，則佛法的流傳就會遇到障礙。從前的有道高僧住持寺院，在閒暇無事之時便與學禪門徒從容議論，所談無所不至。他們交談之中的隻言片語，有的記載於僧傳燈錄之中，至今還受到人們的稱引。他們為甚麼這樣呢？首先是要使上下之間情感得到溝通，如此則佛法的傳布就沒有阻礙。其次可以通過交談，事先得知門下僧徒的稟性才能如何，是否可以委以職事。寺院長老若能勇猛精進，不懈求法，又能謙恭退讓，保守道德，一切行為恰如其分，則上下之間自然和穆整肅，寺院遠近民眾皆皈依敬仰。禪林之興盛，即可由此而達到。」

遠公謂道吾真❶曰：「學未至於道❷，衒耀見聞，馳騁機解❸，以口舌辯利相勝❹者，猶如廁屋塗污丹雘❺，祇增其臭耳。」（《西湖記聞》）

【章　旨】學禪者應該務實，以解脫本色為貴，如果一味追求以言辭辯說裝飾門面，則只能更加顯示其虛偽。

【注釋】❶道吾真　可真禪師，福州人。曾參臨濟宗石霜楚圓，於言下大悟，以機變迅捷聞名一時。住洪州翠巖山，後遷潭州道吾山，或稱「翠巖可真」，或稱「道吾可真」。法遠此語，有教誡之意。參見《五燈會元》卷十二。❷學未至於道　學禪者心中尚未悟得本心。禪宗主張即心即佛，內心既不解脫，徒逞口舌，與道轉遠。道，指真如、佛道。❸馳騁機解　以小聰明、小智慧四處顯示，誇誇其談。機解，對真禪者之機鋒強加以思惟心的理解。❹以口舌辯利相勝　以伶牙利齒、巧言善辯而互相爭勝。辯利，辯口利舌。❺丹雘　紅色油漆、顏料之類。雘，美色；彩色。

【語譯】法遠禪師對道吾可真說道：「學禪者在未能體悟佛性真如之前，就裝點門面、炫耀見聞，將些微小智巧、瑣細見解到處誇誇其談，靠著伶牙俐齒、巧言辯說而爭強鬥勝。這種行為，就好似在廁所牆壁上塗飾以紅色的顏料，只能增加它的臭味罷了。」

遠公謂演首座❶曰：「心為一身之主，萬行之本❷。心不妙悟，妄情自生❸。妄情既生，見理不明。見理不明，是非謬亂。所以治心須求妙悟。悟則神和氣靜，容敬色莊❹，妄想情慮皆融為真心矣❺。以此治心，心自靈妙。然後導物指迷，孰不從化？」（《浮山實錄》）

【章旨】修禪以治心為本，治心須求妙悟。妙悟既得，則妄見迷情皆可融為真心。

【注　釋】❶演首座　法演禪師，綿州鄧氏子。曾謁浮山法遠禪師請益，受其指示往依白雲守端，成為白雲守端的嗣法弟子。後住湖北蘄州五祖山東禪寺，故稱五祖法演。首座，禪寺執事僧，居席座之首，處眾僧之上，故名。❷心為一身之主二句　禪門主張識自本心，即心即佛，認為心乃總持之妙本、萬法之洪源，故云。《六祖壇經．行由品》：「不識本心，學法無益。」❸心不妙悟二句　若非頓悟佛法，則心中自然會生出世俗虛妄之情。俗情虛妄不實，故稱妄情。妙悟，佛法精妙，故云。❹悟則神和氣靜二句　若能妙悟佛法，自然精神寬和，氣度寧靜，容貌敬穆，顏色端莊。❺妄想情慮句　諸般妄想、種種世情俗念，既得妙悟，則皆化為般若智慧。真心，諸佛如來之心，即佛法。《五燈會元》卷十六：「美玉藏頑石，蓮花出淤泥。須知煩惱處，悟得即菩提。」

【語　譯】法遠禪師對法演首座說：「心是一身的主公，是一切行為的根本。若是心不能領悟佛法，就會自然產生各種世俗虛妄之念。世俗妄情產生了，就不能明白佛法事理。法理不明白，則是非顛倒錯亂。所以修行此心，須要領悟佛法。若能善妙地領悟佛法，那就精神寬和，意氣寧靜，容貌神色敬穆莊重。而前此一切世俗妄念，便都融化為佛法之真心了。以此修養自心，心神自然靈妙。然後引導普世信眾，指示人間迷津，誰能不欣然向風、皈依佛門呢？」

五祖法演禪師

【題解】法演禪師（西元一〇二四～一一〇四年），綿州巴西（今屬四川綿陽）鄧氏子。他在三十五歲時出家受戒，前往成都學習法相宗的著作與學說。因為對於佛法義理有所疑惑，便出蜀前往各地參學。後得浮山法遠的指點，前往舒州白雲山隨守端禪師學習禪法，因於言下契悟，成為白雲守端之法嗣。他初住舒州四面山、白雲山、海會院，後來遷住黃梅東山寺。因為東山寺是禪宗五祖弘忍大師創建弘法之所，所以他又被稱為五祖寺，所以他又被稱為「五祖法演」。

法演是一個饒有詩意的禪僧。他初於白雲守端門下悟道，即獻〈投機偈〉云：「山前一片閑田地，叉手叮嚀問祖翁。幾度賣來還自買，為憐松竹引清風。」又有詩〈示學徒〉云：「一片秋光對草堂，籬邊金菊預聞香。蟬聲未息涼風起，勝似征人歸故鄉。」又有〈送仁禪者〉詩云：「白雲巖上月，太平松下影。深夜秋風生，都成一片境。」以禪意入詩，大體如是。

法演的禪風自然平易而多蘊情趣，當時人譽之為「常心是道，信手成金」、「不假尖新，自然奇特」。他曾上堂說法云：「風和日暖，古佛家風。柳綠桃紅，祖師巴鼻（根據；來由）。眼親手辦，未是惺惺。口辯舌端，與道轉遠。」又以中秋之月說法云：「中秋月，中秋月，古今盡謂尋常別。……皎皎清光遍大千，任從天下紜紜說。」又說法云：「悟了同未悟，歸家尋舊路。一字是一字，一句是一句。自小不脫空，兩歲學移步。湛水生蓮花，一年生一度。」透過這些平易而雋永的偈詩，其風神依稀可想。

法演的弟子中，有佛果克勤、佛鑒惠懃、佛眼清遠，後來都成為著名的禪師，被人們稱為法演門下之「三佛」。

有關法演禪師的生平事蹟，可參看《五燈會元》(卷十九)、《補禪林僧寶傳》。《大藏經》收錄《法演禪師語錄》三卷、《古尊宿語錄》載有《海會演語錄》。

【校　注】「山前一片閑田地，叉手叮嚀問祖翁。幾度賣來還自買，為憐松竹引清風。」詩是正宗禪家機用。「山前」，家山之前，即是施功之處，「閑田地」，一總的五蘊六根。「祖翁」，他所感激的善知識，如今是他自身的功夫了，更沒有別祖了。第三句，色即是空，空即是色，諸法將入畢竟空，滅諸戲論，這片閑田地算是賣了，諸法將出畢究空，嚴土熟生，算是買了。第四句表達得最瀟灑自然而功夫真切。「松竹引清風」，清風必自松竹而來，有松竹就有清風，「憐」，是歡喜，是感激的意思。「松竹引清風」，好瀟脫的禪慧實智慧，是一等解脫漢的家數。

明朝博山和尚有句「依舊春風趁馬蹄」，一樣的解脫實智慧，真個你亦如是我亦如是了，有馬蹄就有春風，馬蹄一動，就有春風，春風永遠趁在馬蹄身上——太虛是不生靈智的，《楞嚴經》講得多明白，一切空靈聖智——唯汝六根。

永嘉禪師〈證道歌〉：「心法雙立性則真。」一切五蘊六根生滅剎那，統名為法，當下即是，言下即當自見，就是此處所云的「心」。心法雙立，心生處，本來不生之空法即得而立，這就是禪家解脫漢證得的「性真」，松竹引清風如是，春風趁馬蹄亦如是，你亦如是，我亦如是。

「白雲巖上月，太平松下影。深夜秋風生，都成一片境。」只有不生，能使大千世界恆河沙數的生生成「一片境」。生滅不已，五蘊分馳，於空所現，都成一片，強言語處，為一合相。

五祖演和尚曰：「今時叢林學道之士，聲名不揚，匪為人之所信者，蓋為梵行不清白❶，為人不諦當❷。輒或苟求名聞利養❸，乃廣衒其華飾❹，遂被識者所譏，故蔽其要妙❺。雖有道德如佛祖❻，聞見疑而不信矣。爾輩他日若有把茅蓋頭❼，當以此而自勉。」（〈佛鑒與佛果書〉）

【章旨】學禪之士應該清白為人，而不能粉飾虛辭以追求名利，否則不會得到人們的信任。

【注釋】❶梵行不清白　奉佛修道而行為污濁，無清白的操守。梵，清淨。又，佛亦名梵，梵行即奉佛之行。❷為人不諦當　為人虛假而不真實可靠。諦，真實不虛。❸苟求名聞利養　苟且以求得虛名、浮利、供養之類。名聞，世間之虛譽。利養，財利之奉養。❹廣衒其華飾　大肆炫耀華而不實的言辭，以自雕飾。華飾，指言談虛浮，徒有外美。❺蔽其要妙　其人所演說佛理之精妙要義，亦障蔽而不能顯示出來。要妙，指佛法之精義。❻雖有道德如佛祖　雖說所講說之佛法教義，與佛祖一般無二。道德，指佛道宗旨、教義。❼若有把茅蓋頭　謂出世為人結庵，以弘揚佛法。把茅蓋頭，編結茅草成寺庵，以為住所。

【語譯】五祖法演禪師說道：「當今禪林寺院奉佛習道之士，缺乏高尚的名聲，不為世人所信任。這是因為他們道行卑污而不清白，為人虛妄而不實在的緣故。若是為了求得名聲或財利，或者得到別人供養，他們便以華麗的辭藻到處顯示賣弄，於是受到有識之士的諷刺，因而障蔽了所說之精妙要旨。即使他們宣講佛道教義與佛門祖師一般無二，然而所聞所見者還是心存疑問而不肯相信。你們將來若有一天住持寺院，應當努力自勉，戒除上述行為。」

演祖曰：「師翁初住楊岐❶，老屋敗椽❷，僅蔽風雨。適臨冬莫❸，雪霰滿床，居不遑處❹。衲子投誠，願充修造❺。師翁卻之曰：『我佛有言，時當減劫❻，高岸深谷，遷變不常。安得圓滿如意，自求稱足？汝等出家學道，做手腳未穩，已是四五十歲。詎有閒工夫事豐屋❼耶？』竟不從。翌日上堂曰：『楊岐乍住屋壁疏，滿床盡撒雪珍珠。縮卻項，暗嗟吁❽，翻憶古人樹下居❾。』」（《廣錄》）

【章旨】楊岐方會禪師曾住破屋之中，冬天雪落滿床，依然專心向道，教人珍惜光陰、專注內心之修煉。

【注釋】❶師翁初住楊岐　師翁指方會禪師。楊岐方會是白雲守端之師，守端是五祖法演之師，故云。楊岐，山名，在袁州（今屬江西）。方會曾經住此弘揚佛法，創立臨濟宗楊岐派。❷老屋敗椽　房屋破舊，椽木朽壞。椽，屋上安放瓦的木條。❸冬莫　年末隆冬時節。莫，通「暮」。❹雪霰滿床二句　雪籽撒落滿床，心中仍然無意顧及於此，沒有可避風雪的安寧住處。二句意謂床上雖有積雪，仍不以寒苦動其心。霰，雪籽；雪珠。不遑處，即不遑寧處。事冗曰不暇，心勤曰不遑。❺衲子投誠二句　方會門下的僧徒為了表達誠敬之心，願意化募以修造老師的居室。衲子，僧徒之代稱。❻滅劫　佛教認為，人間有循環之四劫，曰壞劫、成劫、中劫、大劫。中劫分為增劫、減劫。減劫之中，人之福壽亦隨之而減，年壽由最高之無量壽逐漸減少至僅有十歲。見《俱舍論》卷十二。❼事豐屋　修建寬大舒適的房屋。《宋史・李沆傳》：「沆家人勸治居第。沆曰：今市新宅，須一年繕完。人生朝暮不可保，巢林一枝，聊自足耳。安事豐屋哉！」❽嗟吁　歎息之辭。❾翻憶古人樹下居　追思古代僧人，在樹下修行，遇此風雪，又將如何呢？

【語譯】五祖法演禪師說：「方會師翁初住楊岐山時，住室是間破舊的老屋，才能勉強遮蔽風雨。恰值歲暮寒冬季節，雪粒紛飛飄落滿床，師翁仍然無意顧及這些。門下僧眾表達誠敬之心，願意為老師修造新的居室。方會師翁拒絕了，他說：『我佛曾經有言，當遇減劫之時，高岸落為深谷，深谷升為高岸，萬物遷轉變動不定。哪裏能夠萬事圓滿、一切如意，感到稱心滿足呢？你們出家學習佛法，基礎工夫尚未掌握穩當，一晃就是四、五十歲了。哪有閒工夫去營造寬敞的住室呢？』方會師翁最終也未答應門下僧眾的請求。第二天，他上堂說道：『乍住楊岐山寺老屋破舊，滿床飄灑落下盡是雪珠。縮頸脖，暗歎息，追思古代高僧曾在樹下住！』」

【校注】「汝等出家學道，做手腳未穩，已是四五十歲。詎有閒工夫事豐屋耶？」這話講得最懇切，應特地標出之。禪宗不是一般顯教的和光混俗這般溫和，禪宗是專一解脫實證苦功夫的修行門域。「做手腳未穩」，便是純就功夫上講話，不講其他。

演祖曰：「衲子守心城❶，奉戒律，日夜思之，朝夕行之。行無越思，思無越行❷。有其始而成其終。猶耕者之有畔❸，其過鮮矣❹。」（《坦然集》）

【章旨】學習佛法，奉守戒律，早晚都不能懈怠。只有始終堅持，才能少犯過錯。

【注釋】❶守心城　堅守自己心中所具有的自心覺處，猶如防守城池，勿使寇盜侵入。古有偈云「學道猶如守禁城，晝防六賊夜惺惺。中軍主將能行令，不動干戈致太平」，與此意合。❷行無越思二句　既思佛法，則行為不得逾越；既行佛法，則心思不可旁越。❸耕者之有畔　農民耕地以田埂為界，比喻思與行不違背戒律。畔，田埂。❹其過鮮矣　少有過失。鮮，少。《左傳》襄公二十五年記子產曰：「政如農功，日夜思之，思其始而成其終，朝夕而行之。行無越思，如農之有畔，其過鮮矣。」

【語譯】五祖法演禪師說：「佛門僧人要嚴守心中的正覺，奉行規定的戒律，要日夜思念不忘，朝夕奉行不懈。既思佛法，則行為不得違背；既奉戒律，則心思不能逾越。要謹慎開端，又要堅持到底。就像耕田者有田埂為界限，若能如此就會少犯過失了。」

演祖曰：「所謂叢林者，陶鑄聖凡❶，養育才器❷之地，教化之所從出。雖群居類聚，率而齊之，各有師承❸。今諸方不務守先聖法度，

好惡偏情❹，多以己是革物❺。使後輩當何取法？」（《坦然集》）

【章　旨】禪林寺院是以佛法養育人材、推廣教化之地，不可以一己之情改變先聖法度。

【注　釋】❶陶鑄聖凡　禪林猶如一大爐冶，以之改造凡愚，成就聖哲。燒土成器曰陶，鎔金成物曰鑄。❷養育才器　撫養鞠育眾生，造成美好人才。才器，資質；器識。❸率而齊之二句　意謂教導眾生，使之皈依佛法，一心向善，各有師承之法度。率，統領。通「帥」。❹好惡偏情　以一己之私情，而生好惡之心。偏，片面。❺以己是革物　憑個人之意見，改變事物之規章。革物，變革舊事章法。

【語　譯】五祖法演禪師說：「所謂禪林寺院，是造就非凡人才、培養超群器識之地，是以佛法教化大眾的場所。雖然稱人廣眾各有其類，然而通過佛法教導，皆誠心皈依，而各有先師傳授、一脈相承之法度。如今各方長老不遵守前代先聖大德所訂立的規矩，任憑一時的好惡、偶然的意見便改變前輩的典章制度。這樣下去，教後輩如何取為法則呢？」

演祖曰：「利生傳道❶，務在得人。而知人之難，聖哲所病❷。聽其言而未保其行❸，求其行而恐遺其才。自非素與交遊，備詳本末❹，探其志行，觀其器能，然後守道藏用者，可得而知❺。沽名飾貌者，不容其偽❻。縱其潛密，亦見淵源❼。夫觀探詳聽之理，固非一朝一夕之所能。所以南嶽讓見大鑒之後，猶執事十五秋❽；馬祖見讓之時，亦相從十餘載❾。是知先聖授受之際，固非淺薄所敢傳持❿。如一器水，傳於一器，始堪克紹洪規⓫。如當家種草，此其觀探詳聽之理明驗也。豈容巧言令色、便僻⓬諂媚，而克選者哉！」（〈圓悟書〉）

【章旨】禪林長老必須平時長久觀察、周詳地了解門下徒眾，才能不為巧言諂媚者所迷惑，而選到合格的傳人。

【注釋】❶利生傳道　宣傳佛法，利益於眾生萬物。❷知人之難聖哲所病　謂事先發現與識別人才，對於聖君賢哲也是一件困難的事。《尚書・皋陶謨》載：當談及知人之事時，禹說道：「吁！咸若時，惟帝其難之。」又孔子之弟子澹臺滅明，字子羽，容貌醜陋，孔子以為才薄。其後他行為方正，名聞諸侯。故孔子曰：「以貌取人，失之子羽。」❸聽其言而未保其行　宰予為孔子之弟子，善於言辭而行為不符。孔子乃曰：「始吾於人也，聽其言而信其行。今吾於人也，聽其言而觀其行。」見《論語・公冶長》。❹備詳本末　全面地了解其人立身之根本及細微末節。詳，審察；了解。❺然後守道藏用者二句　然後方能識別那些堅守道義，而又自藏不露的賢能之士。藏用，將自己的才能隱藏起來，不炫耀於人。❻沽名飾貌者二句　那些為獲得美名而故作姿態者，其虛偽面目亦被看破。沽名，獵取名譽。❼縱其潛密二句　縱然其人心計甚深、隱藏甚密，而詳加考察，其作偽之始末脈絡亦昭然可見。潛密，潛藏；深密。❽所以南嶽讓二句　南嶽懷讓前往曹溪，參拜六祖慧能，「執侍左右一十五年」。大鑒，六祖慧能的謚號。見《五燈會元》卷三。❾馬祖見讓之時二句　馬祖，即馬祖道一，唐代著名禪師。讓，即南嶽懷讓，馬祖道一之師。據載：馬祖初到南嶽衡山，住傳法院，唯習坐禪。懷讓乃以「磨磚既不成鏡，坐禪豈能成佛」為開導，道一聽後豁然開悟，且「一蒙開悟，心地超然，侍奉十秋」。見《古尊宿語錄》卷一。❿固非淺薄所敢傳持　確實是那些淺薄之徒所不敢自持也不敢傳授的。固，信然。淺薄，指沽名飾貌之徒。⓫如一器水三句　一器皿水，傳於同等容量之器物，方能繼承原有的盛大規模。克紹，能夠繼承。⓬便僻　阿諛逢迎之貌。僻，通「辟」。

【語　譯】五祖法演禪師說：「宣傳佛法，造福眾生，關鍵在於得到好的人才。而鑒察人材之難，就是前輩聖人賢哲也會有失誤之時。只聽某人言談，難以確保其行為與之相符。只考察某人的行為，又恐怕遺漏了才學之士。如果不是平時長期與之交遊，將其立身之本以至細微末節都了解得十分完備，探究他的志向與行為，觀察他的器識與能力，然後才可以發現堅守佛道而又隱藏不露的人。而那些為了獵取美名而裝飾門面的人，他們的虛偽伎倆也不能得逞。縱然他們隱藏既深且密，還是可以察見他們作偽的始末脈絡。要觀察、探求、周詳地認識一個人，當然並非一朝一夕所能做到。所以南嶽懷讓參見六祖慧能之後，執侍左右十五年，馬祖道一參見懷讓之後，也追隨相從十餘載。由此可知前代大師傳法與受持之間，確實是不敢如同淺薄之徒所為的。這就好像一器皿水，只有傳給同樣大小的器物才可保持原有的規模。又如農戶認真選擇當家種田的人一樣。由上述的事例，則必須觀察、探求、周詳地認識一個人的道理，就明白確定無疑了。又怎能容忍那些巧言如簧、性情便僻、專門諂媚上司的人被選為佛門的傳人呢？」

演祖曰：「住持大柄，在惠與德❶。二者兼行，廢一不可。惠而罔德❷，則人不敬。德而罔惠，則人不懷❸。苟知惠之可懷，加其德以相濟，則所敷之惠❹，適足以安上下、誘四來❺。苟知德之可敬，加其惠以相資，則所持之德，適足以紹先覺、導愚迷❻。故善住持者，養德以行惠，宣惠以持德。德而能養則不屈❼，惠而能行則有恩。由是德與惠相蓄，惠與德互行❽。如此則德不用修而敬同佛祖，惠不勞費而懷如父母❾。斯則湖海有志於道者❿，孰不來歸？住持將傳道德、興教化，不明斯要，而莫之得也。」（〈與佛限書〉）

【章旨】禪寺住持，一要施惠於眾人，二要秉持自身道德。二者相輔相成，可使天下歸心。

【注釋】❶住持大柄二句　禪寺長老主持事務，重要之原則有二，一是惠及眾人，二是修身進德。柄，根本。惠，施恩於人。❷惠而罔德　以財物施捨於人，然而自身沒有佛法之實。罔德，無德。❸德而罔惠二句　自有佛法修持之實，然而不顯慈惠於人，則眾人也不會歸心。懷，中心眷懷之意。❹所敷之惠　所施予之恩惠。敷，施；布。❺誘四來　誘導四方之眾，使來歸依。❻紹先覺道愚迷　繼承先覺者，以佛法引導愚迷之眾。紹，繼承。❼德而能養則不屈　護養佛法修持，則自心不枉為僧，不為世法所屈曲。養，護養心性。❽由是德與惠相

蓄二句　有修持之實者施惠於眾，惠及眾人又增進了度化，護養心性與施惠並行不悖。如此則二者相互增益，互相行道。❾惠不勞費句　不必多費錢財就會使眾人歸心，視之如同父母。惠不勞費，指修心性以教化眾人而言。❿湖海有志於道者　四海五湖有志於佛道者。湖海，泛指天下。

【語譯】五祖法演禪師說：「主持寺院事務，最根本的兩條是施惠眾人與增進自身佛法。這二者同時並行，缺一不可。只知道對眾人施以恩惠而自身佛法不修，則不會得到人們的尊敬。自身佛法堅持而不惠及眾人，則不會令眾人歸心。如果明白了恩惠能使人歸心的道理，又加上修養佛法心性以相輔相成，那麼所施予的恩惠便足以使寺院上下和諧安寧，並引導四方之大眾前來皈依。如果明白了佛法修持受人尊敬的道理，又加上施惠眾人以為補充，那麼所宣講的佛法便足以繼承先覺者的事業，引導愚昧迷癡的大眾脫離苦海。所以善於主持寺院的長老，他們修養佛法以施惠眾人，惠及眾人以保持心性。自身保有佛法，則不為世法所屈曲。能夠施惠眾人，則眾人自然感恩。由此則佛法與恩惠互相包涵，施惠與修持同時並行。如此則不必刻意矜持，而眾人的尊敬已經有如對待佛祖。施惠於人不必耗費過多的財物，而百姓的嚮往已經如同對待父母了。若能做到如此，則四方有志佛道之士誰不前來皈依呢？寺院長老若要宣傳佛法、振興教化，而不明白這個重要道理，是不能夠成功的。」

演祖自海會遷東山❶，太平佛鑒❷、龍門佛眼❸二人詣山頭省覲❹。祖集耆舊主事❺，備湯果夜話。祖問佛鑒：「舒州熟否❻？」對曰：「熟。」

祖曰：「太平熟否？」對曰：「熟。」祖曰：「諸莊共收稻多少？」佛鑒籌慮間❼，祖正色厲聲曰：「汝濫❽為一寺之主，事無巨細，悉要究心。常住歲計❾，一眾所繫，汝猶罔知，其他細務，不言可見。山門執事❿，知因識果，若師翁輔慈明師祖⓫乎！汝不思常住物，重如山乎？」蓋演祖尋常機辯峻捷⓬，佛鑒既執弟子禮，應對含緩，乃至如是。古人云：師嚴，然後所學之道尊⓭。故東山門下子孫，多賢德而超邁者⓮。誠源遠而流長也！（〈耿龍學與高庵書〉）

【章旨】五祖法演嚴格要求其弟子。師嚴故道尊，因而法演的弟子中賢德超邁者甚多。

【注釋】❶演祖自海會還東山　法演禪師由舒州白雲山海會院還至黃梅東山五祖寺。海會，寺院名。東山，即五祖弘忍大師說法處。❷太平佛鑒　即慧懃，舒州汪氏子。為法演之嗣法弟子。住持太平山興國禪院，法道大播。曾奉詔住汴京智海寺。朝廷賜紫衣，號佛鑒禪師。❸龍門佛眼　即清遠，臨邛李氏子。往參法演禪師，因寒夜孤坐，撥爐灰見火若豆許，恍然悟道，為法演之弟子。曾住龍門說法，道望甚隆。朝廷賜紫衣，號佛眼禪師。❹詣山頭省覲　二人同往黃梅之東山，探望、拜見法演禪師。省覲，拜見；問候。❺祖集耆舊主事　五祖法演召集年老故舊及主事僧人。耆舊，年老、舊相識者。❻舒州熟否　意謂舒州之地稻穀是否成熟。舒州，今安徽潛山縣一帶。太平山在其境內，故由大及小，次第問之。❼籌慮間　一時不能記周全，正在計算、思考之時。❽濫　虛在其位，德才不能相符。❾常住歲計　指寺院每年收入之糧食及其他財物。寺院之一切田園、樹木、糧食、財產，統稱常住物。❿山門執事　指寺院主事之僧人。山門，佛寺之大門，代指寺院。⓫師翁輔慈明師祖　師翁指楊岐方會，慈明師祖指石霜楚圓。方會早年遊方參學，時楚圓住袁州南源廣利寺，方會輔佐之，總持事務，不厭勤苦。楚圓後遷至潭州道吾寺、石霜山崇勝寺，方會仍自請為監院。楚圓卒後諡曰慈明禪師，故云。⓬演祖尋常機辯峻捷　意謂五祖法演平時與弟子相處，辯說問對，禪風峻峭而迅捷。尋常，平常。⓭古人云三句　《禮記・學記》云：「凡學之道，嚴師為難，師嚴然後道尊。」⓮故東山門下子孫二句　指五祖法演門下，所出見地超邁、成就卓越之禪僧甚多。如佛鑒慧懃、佛眼清遠、佛果克勤，世人呼之為五祖法演門下之「三佛」。

【語　譯】法演禪師從舒州海會院遷住黃梅東山五祖寺。他的嗣法弟子太平佛鑒、龍門佛眼二人前來拜見師父。法演召集年老故舊與主事僧人，準備了茶水湯果，夜間一起座談。法演問佛鑒：「舒州的稻穀成熟了嗎？」佛鑒回答道：「成熟了。」法演又問：「太平寺一帶稻穀成熟了嗎？」佛鑒回答道：「成熟了。」法演又問：「各個村莊共收了多少稻穀？」佛鑒正在思考計算時，法演板起面孔嚴厲地說：「你濫竽充數，擔任一寺之主，事情無論大小，都要用心用意。寺院財產以及莊稼收入，是與一寺僧眾的生計密切相關的事情，你尚且不清楚，其他細小事務，不用說就可想而知了。寺院主管僧人，應該知曉事物的因果，就像方會師翁輔助慈明師祖那樣吧！你難道不想一想，寺院的財物收入其重如山嗎？」因為法演禪師平常機辯峻峭迅捷，佛鑒既處在弟子的身分，應答緩慢，因而遭到如此的批評。古人曾經說過：師父嚴格要求，然後所學之道受到尊崇。所以五祖法演的嗣法子孫中，有許多見識超邁、成就卓絕的禪僧。這真是源遠而流長啊！

演祖見衲子有節義而可立者，室中峻拒❶，不假辭色❷。察其偏邪諂佞、所為猥屑不可教者❸，愈加愛重，人皆莫測。烏乎，蓋祖之取捨必有道❹矣。（〈耿龍學跋法語〉）

【章旨】五祖法演對於僧人中有節義操守者格外嚴肅要求，而對於偏邪猥屑者總是多方溫言誘導。

【注釋】❶室中峻拒　凡入室者，必以嚴厲之態度正色而待之。峻拒，孤峻而拒之，含當頭棒喝之意。❷不假辭色　不以和顏悅色，表示親近關切之意。辭色，言辭、神情。❸猥屑不可教者　行為卑下、苟且猥瑣、不堪教誨者。猥屑，庸俗；卑劣。❹祖之取捨必有道　五祖法演取捨之間，必有道理。對於有節義者，不假顏色，當頭棒喝，造就一個高僧。對於凡庸鄙俗之輩，轉加愛重，多方誘導使之向善，成為一個好人。

【語譯】五祖法演禪師對於僧人中有節義、品行端正的人，在室中總是疾言厲色、不藉助和靄言語以表示關懷。若察覺那種性情偏邪、行為庸俗猥瑣、簡直不堪教誨的人，他反而愈加關心愛護地加以誘導，人們都不明白其中的奧妙。唉，五祖法演的這種行為態度，必定是有道理的。

演祖曰：「古人樂聞己過❶，喜於為善❷，長於包荒❸，厚於隱惡❹，謙以交友，勤以濟眾❺，不以得喪二其心。所以光明碩大，照映今昔矣。」

（〈答靈源書〉）

【章　旨】古人聞過則喜，樂於向善，寬容厚重，不以個人得失而心志不一。

【注　釋】❶樂聞己過　即聞過則喜、勇於改正之意。據載，孔子之弟子子路，「人告之以有過則喜」。見《孟子・公孫丑上》。❷喜於為善　一心向善，並喜於汲取他人之善以增進自己的道德。《孟子・公孫丑上》云：「大舜有大焉，善與人同，舍己從人，樂取於人以為善。……取諸人以為善，是與人為善者也。」❸包荒　度量廣大，包容荒穢之意。《易・泰卦》有「包荒，用馮河，不遐遺」之語。❹隱惡　對於別人的不善之事則隱而不宣，能容忍、器量寬大之意。《中庸》云：「舜其大知也與！舜好問而好察邇言，隱惡而揚善。」❺勤以濟眾　勤勞以救助眾人。據載：子貢曰：「如有博施於民而能濟眾，何如？可謂仁乎？」孔子曰：「何事於仁，必也聖乎？」見《論語・雍也》。

【語　譯】五祖法演禪師說：「古人樂於聽到對自己的批評意見，喜歡學習他人的長處以多做善事，具有包容不同事物的廣大器量，對於錯誤的言行採取隱而不宣的態度，以謙遜的心情與朋友交往，以勤勞的行為救助眾人，不因為一己的得失而心志不一。所以其人格光明偉大，能夠照耀古今。」

演祖謂佛鑒曰：「住持之要，臨眾貴在豐盈❶，處己務從簡約❷。

其餘細碎，悉勿關心。用人深以推誠❸，擇言故須取重❹。言見重則主者自尊，人推誠則眾心自感。尊則不嚴而眾服，感則不令而自成。自然賢愚各通其懷，小大皆奮其力。與夫持以勢力❺、迫以驅喝❻，不得已而從之者，何啻❼萬倍哉？」（〈與佛鑒書〉，見《蟾侍者日錄》）

【章　旨】寺院長老應存誠克己，在財物上對待眾人應豐厚，對待自己應簡約，言談宜慎重，待人要誠懇，如此則自然上下齊心，諸事可成。

【注　釋】❶臨眾貴在豐盈　處理眾人之福利，應盡量使之豐厚。豐盈，此指物質利益豐富。❷處己務從簡約　對於自己的物資消費，要盡量簡易、節約。處己，對待自我。❸用人深以推誠　待人應出自誠心，真實無欺。推誠，以誠意相待。《淮南子・主術訓》：「抱德推誠，天下從之，如響之應聲，景之像形。」❹擇言故須取重　發言遣辭，應當慎重，力戒輕肆妄言。❺持以勢力　憑藉權勢、暴力，以相欺壓。持，掌握。❻迫以驅喝　用強力驅趕或大聲喝斥迫使他人順從。❼何啻　何止。啻，只；止。

【語　譯】五祖法演禪師對佛鑒說道：「主持寺院事務，重要的是在財物上對待僧眾應該豐厚，對待自己應該簡易節儉。其餘細碎小事，一切不必關心。用人要真心實意，誠懇相待；言談必須慎重，經過深思熟慮。言談慎重則發言者自然尊貴，對人真誠則眾人自然心悅誠服。長老立身自尊，即使不嚴也能使僧眾順從；下屬感懷於心，即使不下命令事情也能成功。若能如此，賢者愚者自然都能心情暢快，大大小小都能同心齊力。這與那種以勢力壓迫、大聲喝斥驅使，使人不得已而順從的情況相比，差距又何止萬倍呢？」

演祖謂郭功輔❶曰：「人之性情，固無常守，隨化日遷❷。自古佛法雖隆替有數❸，而興衰之理，未有不由教化而成。昔江西❹、南嶽❺諸祖之利物也，扇以淳風，節以清淨❻，被以道德，教以禮義。使學者收視聽❼，塞邪僻，絕嗜慾，忘利養❽，所以日遷善遠過，道成德備，而不自知❾。今之人不如古之人遠矣。必欲參究此道❿，要須確志勿易，以悟為期。然後禍患得喪，付之造物⓫，不可苟免。豈可預憂其不成，而不為之耶？纔有絲毫顧慮萌於胸中，不獨今生不了⓬，以至千生萬劫無有成就之時。」（《坦然菴集》）

【章　旨】修習佛法必須斷絕世俗的欲望，堵塞邪僻的心念，不計較個人的禍福得喪，否則永世難有成就之時。

【注　釋】❶郭功輔　名祥正，字功甫（一作輔，又作父），號淨空居士。太平州當塗人。少時有詩聲，後登進士第。曾知端州，又隱青山，所居有醉吟庵。白雲守端住廬山歸宗寺，他曾前往叩問心法。傳見《五燈會元》卷十九。❷人之性情三句　人之性情本無一定，可以為善，亦可以為惡，隨所受環境教育之陶冶，而日以變遷。《論語・陽貨》云：「性相近也，習相遠也。」❸佛法雖隆替有數　佛法之興隆與衰微，有其一定之規律。隆，興旺；盛大。替，衰落。佛書云：佛法流傳經由四時：一為佛在世之時；二為正法時，此時佛雖去世，法儀未改；三為像法時，此時佛去世已久，道化訛替；四為佛法微末，謂末法時。見《嘉祥法華義疏》四。❹江西　指唐代道一禪師。因姓馬氏，故稱馬祖道一，又稱江西馬祖。傳道於江西，勢力極盛，為一方宗主。《景德傳燈錄》載有入室弟子一百三十九人。卒後，諡曰大寂禪師。❺南嶽　指唐代懷讓禪師。懷讓曾至韶州曹溪參拜，為六祖慧能之高足弟子。後住衡山弘揚佛法，開禪宗南嶽一系，卒諡大慧禪師。有《南嶽大慧禪師語錄》傳世。❻節以清淨　以清淨之佛法調節世人之精神。禪宗認為人之本性清淨，故強調體悟自性。《六祖壇經・坐禪品》：「人性本淨，由妄念故，蓋覆真如。但無妄想，性自清淨。」❼收視聽　精神勿外騖，離絕物相，勿染著於物之意。佛法以眼耳鼻舌身意為六根，以相應之色聲香味觸法為六塵，要求奉佛法者通過修煉，達到六根清淨、六塵不染之境界。❽忘利養　忘懷物利，勿事追逐以求供養。利養，以利養己。❾道成德備而不自知　意謂不知不覺之間，已成就道德，已體悟佛法。❿參究此道　指參悟佛法。參究，體悟；探究。⓫禍患得喪付之造物　一切禍福、得失，付之自然，悉聽天意。造物，即造化，運氣。⓬不了　未能掌握真實、究竟、圓滿之佛法。大乘判教，有了義、不了義之說。凡說生死涅槃無二為了義，以小乘經之「厭背生死、欣樂涅槃」為不了義。

【語　譯】五祖法演對郭功甫說道：「人的性情並無一定之規，而是隨著環境薰陶、文化教養而日以變遷的。自古以來，佛法的興盛與式微雖然有其定數，然而探求興衰之理，則未嘗不是由教化而促成的。從前江西馬祖、南嶽懷讓各位祖師弘揚佛法之時，鼓勵淳厚的風氣，倡導清淨之本性，推廣道德之心，教導禮義之事。使奉佛學禪之士收視返聽、離絕物相，堵塞邪僻的心念，斷除世俗的嗜欲，忘懷財利的奉養。所以學佛者日日向善，遠離罪過，修證得佛道，具備了道德，他們自己卻不知道。當今之人比起古人差得很遠了。若是決心修證佛法，就要志向堅定，決不改變，以徹悟佛理作為努力的目標。然後將禍福、得失一切付之天命，不可苟且免禍偷安。怎麼可以預先擔心不得成功，便不修煉了呢？胸中才有絲毫顧慮萌生，不僅今生不能掌握佛法真諦，乃至千生萬劫也都不會有成就佛法之時。」

白雲守端禪師

【題　解】守端禪師（西元一〇二五～一〇七二年），衡陽葛氏（或云周氏）之子。初依茶陵仁郁禪師出家，後參臨濟宗楊岐方會禪師。某日，方會與守端談及茶陵仁郁「過谿有省，作偈甚奇」，守端當即誦其偈曰：「我有明珠一顆，久被塵勞關（一作羈）鎖。今朝塵盡光生，照破山河萬朵。」方會大笑趨起。守端愕然不解，通夕難寐。次日入室問法，言下大悟，遂承楊岐方會之法嗣。二十八歲時，遊廬山諸寺，圓通居訥禪師極為欽賞，乃薦舉他住持江州承天寺。又曾居舒州白雲山海會院，因而被稱為白雲守端。

白雲守端繼承了楊岐方會生動靈活、不拘一格的禪風，曾舉唐末詩人杜荀鶴「時挑野菜和根煮，旋斫生柴帶葉燒」之詩句說明機緣手段。又云「但願春風齊著力，一時吹入我門來」，表現了融通各家的傾向。方會主張「立處即真，者裏領會，當處發生，隨處解脫」（見《楊岐方會和尚語錄》）。守端則云「每日起來，是是非非，分南分北，種種施為，盡是正法眼藏之光影」。又云「泥佛不度水，木佛不度火，金佛不度爐，真佛內裏坐」。守端之隨緣示機，大抵如是。

白雲守端是楊岐派的著名僧人。當時便有人稱讚他道：「白雲妙年俊辯，膽氣精銳，克肖前懿（指方會之風範、德操）。至於應世則唾涕名位，說法則蕩除知見。……臨濟法道，未甚寂寥也。」（惠洪《禪林僧寶傳》）郭功甫所作塔銘亦云：「師之道，超佛越祖；師之言，通今徹古。收則絕纖毫，縱則若猛虎。」（曉瑩《羅湖野錄》引）守端有嗣法弟子十二人，其中五祖法演最為著名。

在楊岐派的傳承與發展中，白雲守端起著重要的作用。

有關白雲守端的事蹟，可參看《佛祖歷代通載》（卷十八）、《禪林僧寶傳》（卷二八）、《五燈會元》（卷十九）等書。

【校　注】 杜荀鶴「時挑野菜和根煮，旋斫生柴帶葉燒。」在真實禪師佛法運作之中，看這位唐代詩人的這個句子，可以等同禪門功夫的開示。第一句作為「挑」與「煮」的兩個動詞的主詞，是一隻「看不見的手」，是五蘊自身的空性，在覺者把握中的空性有大力，當五蘊自身空性前，五蘊自身之粗相礙性即無所有不可得，而當五蘊定聚如如，以五蘊鈍故，空性亦無所有不可得。這樣，五蘊自身之空性現前（禪家每云「大用現前」，然後一定再加一句「無現前之量」），五蘊不可得，這就是「時挑野菜和根煮」，特別重視原來詩句「和根」兩個字，好像根本無明亦透過去了，而所云的「野菜」，當然就是五蘊七情之類的生滅當體了。不是說詩人這麼有功夫，而是他無意寫出的詩句，怎麼這樣符合了禪師深密功夫的運用。第二句是一樣的，也就不須再講明了。

「但願春風齊著力，一時吹入我門來。」這裏所云的「春風」，還會有別的物事嗎？那不就是「松竹引清風」，「依舊春風趁馬蹄」，那不是一樣的風嗎？《圓覺經》所云「心清淨故」，眼、色等等清淨，確定了心法雙立，確定了此性之真。這「春風」是自門內發生的，浩然一個宇宙在我，門外即是烏有子虛，因此，若是真的「春風」，一定會吹入我門的。因緣所生法，我說即是空，將來或以往，一隻青蛙長出了六條腿，是可能的，然而，這裡所云的「春風」，若不「一時吹入我門來」，則是不可能的。正因為這個如人飲水冷暖自知的春風，正是《楞嚴經》開示的：「本非因緣，非自然性。」

「立處即真，者裏領會，當處發生，隨處解脫。」實智慧的實功夫。禪門當下即是，言下見自本性，是禪法的立處與當處，樂空不二，則是金剛行者的立處與當處。乃至如龍樹菩薩於《大智度論》所開示者「外道而有實智慧者，是不名外道」。佛法究竟，只有解脫不解脫，沒有外道不外道，更不要說禪者密者了。

「泥佛不度水，木佛不度火，金佛不度爐，真佛內裏坐。」泥與木與火，都是因緣定聚，只有所云的「真佛」，則是「本非因緣」。泥當水解脫，木當火解脫，金當爐解脫，只有「真佛」卻不解脫，為的是他永遠地「隨流」。涅槃，乃至無餘依大涅槃，亦不是「真佛」的解脫——只是生滅的解脫。「真佛內裏坐」，講的正是這個意思。

功輔自當塗絕江❶，訪白雲端和尚於海會❷。白雲問公：「牛淳乎❸？」公曰：「淳矣。」白雲叱之，公拱而立。白雲曰：「淳乎，淳乎！南泉❹、大潙❺，無異此也。」仍贈以偈❻曰：「牛來山中，水足草足❼。牛出山去，東觸西觸❽。」又曰：「上大人，化三千，可知禮也❾。」

〈《行狀》〉

【章旨】講述白雲守端與郭功甫的一段機鋒。

【注釋】❶功輔自當塗絕江　郭功輔從當塗渡過長江。郭祥正，字功甫（一作輔），號淨空居士。參見頁六六注❶。當塗，地名。今屬安徽省，在長江邊。❷訪白雲端和尚於海會　郭功甫長期與守端禪師交往，學習禪法。《羅湖野錄》卷四載云：「端和尚於皇祐四年寓歸宗書堂，郭功甫任星子主簿，時相過從，扣以心法。逮端住承天，遷圓通，郭復尉於江州德化，往來尤密。端移舒州白雲海會，郭乃自當塗往謁。」此段陳述較詳，可參看。❸牛淳乎　此處以牧牛、調伏牛性隱喻修心證道。牛淳即是心與道合，即是得道。「淳」一作「醇」。南宋清居、廓庵禪師分別撰有《牧牛圖頌》，以馴服水牛之經過顯示養心證道之次第，可參看。❹南泉　即南泉普願，唐代著名禪僧。他少年出家，嗣法於馬祖道一禪師。貞元十一年，赴池陽南泉山潛修，三十年不下山。後應請傳法，學徒不下數百。某次上堂說法，曾曰：「王老師自小養一頭水牯牛。擬向溪東牧，不免食他國王水草。擬向溪西牧，亦不免食他國王水草。不如隨分納些些，總不見得。」南泉以牧牛喻修養心性，謂隨分自然，莫起分別心。見《五燈會元》卷三。❺大溈　指大安禪師。大安，號懶安，唐代著名禪僧。他曾經參拜百丈懷海，問曰：「學人欲求識佛，何者即是？」懷海答曰：「大似騎牛覓牛。」大安再問：「識得後如何？」懷海再答曰：「如人騎牛至家。」大安又問：「未審始終如何保任？」懷海又答：「如牧牛人執杖視之，不令犯人苗稼。」大安遂承百丈之法嗣。後繼靈祐禪師為溈山同慶寺住持。他曾上堂說法云：「在溈山三十年來……祇看一頭水牯牛。若落路入草，便把鼻孔拽轉來。纔犯人苗稼，即鞭撻。調伏既久，可憐生受人言語，如今變作箇露地白牛，常在面前，終日露迥迥地，趁亦不去。」見《五燈會元》卷四。❻仍贈以偈　《羅湖野錄》此數字作「于是為郭升堂而發揮之」，可互參。❼牛來山中水足草足　牛在山間饑食嫩草，渴飲泉水，比喻以佛法調護心地。《牧牛圖頌・馴伏第五》云：「綠楊陰下古溪邊，放去收來得自然。日暮碧雲芳草地，牧童歸去不須牽。」與此意同，可互參。❽牛出山去東觸西觸　既得佛法，無論東觸西觸，皆得自在如意，隨緣而處。《牧牛圖頌・相忘第八》云：「白牛常在白雲中，人自無心牛亦同。月透白雲雲影白，白雲明月任西東。」與此意同，可互參。❾上大人三句　以孔子教育三千弟子使明禮儀，隱喻郭功甫尊崇佛法，可以推廣以教化世俗之人。上大人，指孔子。化三千，教化三千弟子。《五燈會元》卷十九載此數句是：「上大人，丘乙己。化三千，七十士。爾小生，八九子。佳作仁，可知禮也。」《羅湖野錄》卷四載此數句是：「上大人，丘乙己。化三千，可知禮。」一說：以上所引原本是一段散文，應標點為：「上大人孔乙，己化三千、七十士，爾小生八九子佳，作仁，可知禮也。」

【語　譯】郭功甫從當塗直接渡過長江，到海會院拜訪白雲守端和尚。守端和尚問郭公：「水牯牛調伏精純了嗎？」郭公回答道：「已經調伏精純了。」白雲守端當即大聲叱喝，郭公拱手而立。白雲守端便說：「精純啊，精純啊！南泉普願、溈山大安，還不就是這樣嗎？」於是白雲守端贈送一首偈語道：「牯牛來山中，水足草亦足。牯牛出山去，東觸又西觸。」又說道：「上大夫，孔夫子，教化弟子三千人，使他們都知禮了。」

【校　注】「牛來山中，水足草足，牛出山去，東觸西觸。」法性當體圓明，更無欠缺。出山去即是「隨流」，東觸西觸，只是要寂息此「流」。浩浩宇宙在我，只有這一座山，只有這一頭牛。《六祖壇經》開示：「色身是宅舍」，只有這一座山。牛呢，合法化報三身而言，未悟時解脫漢是凡夫，悟了凡夫是解脫漢。未悟時，牛亦東觸西觸，悟了，牛亦東觸西觸，只是觸得不一樣。我們要感激這麼多禪師挖空心思講出種種象喻來表達禪宗內在的實功夫，我們不要自己卻在文字中玩耍。「仍贈以偈」，是老參的懇切忠誠，未能放一百個心也。要重視色身，它是具體的報身，一切法身化身莫不依倚其中而出現在前。「牛來山中，水足草足。」

白雲謂功輔曰：「昔翠巖真點胸❶，耽味禪觀❷。以口舌辯利，呵罵諸方❸，未有可其意者，而大法❹實不明了。一日金鑾善侍者❺見而笑曰：『師兄參禪雖多，而不妙悟，可謂癡禪❻矣。』」（《白雲夜話》）

【章　旨】沉耽禪觀之中，徒逞口舌辯說，未悟真如佛法，只能算是「癡禪」。

【注　釋】❶翠巖真點胸　可真禪師，福州人。曾參石霜楚圓，聞其法語，豁然心胸開悟，因而得法，故世稱「真點胸」。住洪州翠巖山，遷潭州道吾山。傳見《五燈會元》卷十二。❷耽味禪觀　沉浸於禪思觀想之中。耽味，沉醉；體味。禪觀，有關禪理、公案之類的冥想苦思。❸呵罵諸方　大膽評說、指斥諸寺長老的言論。據《林間錄》卷下載：翠巖真點胸英氣逸群，不輕許可人。南昌章江寺長老政公亦為慈明之法嗣，一日見可真問曰：「真兄，我與你同參，何見得人便罵我？」可真熟視之，答曰：「我豈罵汝！吾畜一喙，準備罵佛罵祖，汝何預哉？」呵罵諸寺長老，殆此之類。❹大法　指佛法、禪法。❺金鑾善侍者　俗姓陳，古田人，石霜楚圓之高弟。楊岐方會、道吾悟真均對他表示佩服、推崇。翠巖可真曾到金鑾與他一同坐夏，故有此評說。善侍者後還七閩之地，佯狂垢污，世莫有識者。參見《林間錄》卷下。❻可謂癡禪　意謂翠巖真雖然沉浸禪觀，而心中慧燈不明，癡毒未除，只可謂之癡禪。《林間錄》載云：翠巖真自負親見慈明，天下莫有可意者。一日山行，可真議論鋒發，善侍者乃取一瓦礫置石上，曰：「若向這裏下得一轉語，許你親見老師。」可真左右視，擬對之，善侍者喝曰：「竚思停機，識情未透，何曾夢見？」可真聞言，乃大愧竦。「癡禪」之說，當與此相關。又見《五燈會元》卷十二。

【語　譯】白雲守端禪師曾對郭功甫說：「從前翠巖真點胸沉醉在禪思觀想之中，因為口舌伶俐，能言善辯，平時貶斥責罵諸寺長老，各地的禪師沒有能令他滿意的。然而對於佛法真諦，他實際上並不明了。有一天，金鑾善侍者與之相見後，笑著說道：『師兄參禪雖多，卻並未體悟到佛法精妙，心中慧燈不明，真是一個癡禪！』」

白雲曰：「道之隆替豈常耶，在人弘之耳❶。故曰：操則存，捨則亡❷。然非道去人，而人去道也❸。古之人處山林、隱朝市，不牽於名利，不惑於聲色，遂能清振一時，美流萬世。豈古之可為，今之不可為也？由教之未至，行之不力耳。或謂古人淳朴故可教，今人浮薄故不可教。斯實鼓惑❹之言，不足稽❺也。」（〈答功輔書〉）

【章旨】道之興衰，在人弘揚與否。今人應該效法古人，不貪名利，不惑聲色，大力倡導佛教，以流美後世。

【注釋】❶道之隆替二句　道之興盛抑或衰落並無一定，關鍵在於人能否弘揚它。《論語・衛靈公》：「子曰：人能弘道，非道弘人。」❷操則存捨則亡　意謂人若守道，道便存在；人若捨棄道，道亦不復存在。《孟子・告子上》：「孔子曰：『操則存，舍則亡，出入無時，莫知其向。』惟心之謂與？」二句本此。❸然非道去人二句　意謂並非道離人而去，因為道永恆存在；實乃人不明道、未曾弘道之故。❹鼓惑　鼓動人心，使人迷惑。❺不足稽　不值得爭論、計較。其錯誤昭然易見，故云。稽，考議；計較。

【語　譯】白雲守端禪師說：「佛道之興衰豈有一定之常規，全在於人們實踐、弘揚與否。所以古人說：人能操持，道則存在；人若捨棄，道便消失。然而並不是道遠離人而去，是人自遠於道啊。古代之人有的身處山林之中，有的隱於朝廷街市之內。他們能擺脫名利的干擾，不受聲色的誘惑，所以清風振起一時，美談流傳萬世。難道古人做得到，今人就做不到嗎？那是由於教化未到、推廣不力啊。有的人說：古人稟性淳樸，因而可以教化；今人輕浮淺薄，所以不堪教化。這實在是擾亂、迷惑人心的說法。其錯誤昭然易見，是不值得討論的。」

白雲謂無為子❶曰：「可言不可行，不若勿言；可行不可言，不若勿行❷。發言必慮其所終，立行必稽其所蔽❸。於是先哲謹於言，擇於行❹。發言非苟顯其理❺，將啟學者之未悟。立行非獨善其身，將訓學者之未成。所以發言有類❻，立行有禮，遂能言不集禍，行不招辱❼。言則為經，行則為法。故曰：言行乃君子之樞機❽，治身之大本，動天地，感鬼神❾，得不敬❿乎！」（《白雲廣錄》）

【章　旨】君子立身，必須言行相應，光明磊落，要謹於言而擇於行，才能有益教化，成為世人的楷模。

【注　釋】❶無為子　楊傑，字次公，自號無為子，官至禮部侍郎。楊傑曾歷參諸山老宿，晚從天衣山義懷禪師遊。既好禪道，又歸心淨土。著有《輔道集》及文集二十餘卷。參見《五燈會元》卷十六。❷可言不可行四句　上二句謂言行必須互相印證，不能言而不可行，行而不可言。下二句謂行為應該光明磊落，可以昭示眾人。《禮記・緇衣》曰：「可言也，不可行，君子弗言也；可行也，不可言，君子弗行也。」四句本此。❸發言必慮其所終二句　修行者之言行，事先都應考慮其在眾生中的影響，考慮到其結果如何。《禮記・緇衣》曰：「子曰：君子道人以言，而禁人以行。故言必慮其所終，而行必稽其所敝。」二句本此。❹先哲謹於言擇於行　前代賢哲言辭慎重，擇善而行。《論語・述而》：「擇其善者而從之，其不善者而改之。」❺發言非苟顯其理　發表言辭，不宜隨心所欲的辯說。苟，隨便。《論語・子路》：「君子於其言，無所苟而已矣。」❻發言有類　言談有法則，合於善，不為狂妄偏私之言。《荀子・儒效》曰：「其言有類，其行有禮，其舉事無悔，其持險應變曲當……千舉萬變，其道一也，是大儒之稽也。」❼言不集禍二句　言辭不招致災禍，行為不招致羞辱。集，聚集。《荀子・勸學》曰：「言有招禍也，行有招辱也，君子慎其所立乎！」❽言行乃君子之樞機　意謂言行是君子影響、教化眾生之關鍵。樞乃門軸，機指弩箭的扳機，二者為制動之關鍵。《易・繫辭上》：「言行君子之樞機。樞機之發，榮辱之主也。」❾動天地感鬼神　意謂言行之效用，可以感動天地鬼神。《易・繫辭上》：「言行，君子之所以動天地也，可不慎乎！」❿敬　謹慎；警戒。

【語　譯】白雲守端禪師對無為子楊傑說道：「可以對人說卻不可去做，這樣的話不如不說；可以去做卻不適於對人說，這樣的事情不如不做。講話必須顧及其後果，行為必須考察其最終的結局。所以前代賢哲言語謹慎，行為三思而後行。講話不是隨意地發揮道理，而是為了啟發學禪者使之悟得佛法；舉動行事並非要獨善其身，而是為了引導學禪者使之有所成就。所以發言遵守原則，行為遵循禮義，這樣便能做到言談不招來災禍，行為不招來羞辱。發言便成為世人的準繩，行為便成為社會的法則。所以古人說道：言行是君子應世的關鍵、立身的根本，足以動天地、感鬼神。怎麼能不謹慎、時刻自我警戒呢？」

白雲謂演祖❶曰：「禪者智能，多見於已然❷，不能見於未然。止觀定慧，防於未然之前❸；作止任滅，覺於已然之後❹。故作止任滅，所用易見；止觀定慧，所為難知。惟古人志在於道，絕念於未萌❺。雖有止觀定慧、作止任滅，皆為本末之論❻也。所以云：若有毫端許言於本末者，皆為自欺❼。此古人見徹處而不自欺也。」（《實錄》）

【章　旨】禪者修煉，不僅要能見到有形之已然，而且能見到無跡之未然，進而專志於見性，絕念於未萌，而不言談於本末。

【注　釋】❶演祖　即五祖法演禪師，白雲守端之法嗣。❷已然　已經顯露之跡象；已經發生之事態。❸止觀定慧二句　諸念停息、一心不動，以此不動來觀想，即曰止觀。止之果曰定，觀之果曰慧。止觀、定慧，俱為禪定之異名。以禪定修煉心性超越有形之物相，故在未然之前。❹作止任滅二句　生心作善事謂之「作」，止妄即真謂之「止」，隨緣任性謂之「任」，消滅煩惱謂之「滅」，四者乃是面對有形有相世界所生起覺悟之心念。❺絕念於未萌　禪者修養心性，在邪念萌生之前便將其斷除。❻本末之論　止觀定慧防止於未然，為本；作止任滅覺悟於已然，為末。此皆克服世俗妄情之法門。《南齊書‧高逸傳贊》云：「道本虛無，非由學至。絕聖棄智，已成有為。有為之無，終非道本。若使本末同無，曾何等級？」與此意通，可參考。❼皆為自欺　皆是障蔽、欺瞞其本性。此以本自空淨之佛性為誠，違背自身佛性，故為自欺。

【語　譯】白雲守端禪師對五祖法演說道：「如今的習禪者，他們的智能多數只可領悟於已然有形之後，不能預見於未然無跡之前。修煉專心入定、觀照真如的止觀定慧法門，可以在事情發生之前早作預防；修煉行善止妄、隨緣適性、斷絕煩惱的作止任滅法門，可以在事情發生之後有所覺悟。所以作止任滅法門的效用是顯而易見的，而止觀定慧法門的效用是微妙難知的。唯有古人專心有志於道，將各種世俗邪念在萌生之前便徹底斷除了。雖有止觀定慧、作止任滅法門，其中有本有末，不過都是針對及克服世俗妄情的言論。所以說：若有絲毫許言及本末者，皆為自欺真淨本心之談。這是古人所證透徹之處，他們必定不會欺昧自己的本來自性。」

白雲曰：「多見衲子❶未嘗經及遠大之計❷，予恐叢林自此衰薄矣。楊岐先師❸每言：『上下偷安，最為法門大患。』予昔隱居歸宗書堂❹，披閱經史，不啻數百過目❺。其簡編弊故極矣，然每開卷必有新獲之意。

予以是思之，學不負人如此。」（《白雲實錄》）

【章　旨】學禪者應該樹立起遠大之志，刻苦自勵，勤奮讀書，而不可苟且偷安，致使禪林風氣日以衰薄。

【注　釋】❶衲子　僧人之代稱。衲，僧衣。❷經及遠大之計　籌劃遠大之謀略。經，經略；計畫。❸楊岐先師　指楊岐方會禪師。方會禪法枯淡，艱苦自勵，是白雲守端之師。❹予昔隱居歸宗書堂　歸宗寺在廬山之南，原為晉代王羲之故宅。後捨為寺，寺中有王羲之洗墨池。宋代該寺為禪宗大道場。居訥禪師嘗住歸宗寺。守端來遊廬山，居訥見之以為不及。守端讀書歸宗寺書堂，當即此時。❺不啻數百過目　誦讀瀏覽各類書籍，過目的不止數百種之多。不啻，不止於。

【語　譯】白雲守端禪師說道：「我見當今的多數僧人，他們思慮短淺，對於弘揚佛法從未有過遠大的計畫。我恐怕禪林風氣，從此以後便衰落淺薄了。楊岐方會經常說：『寺院上下苟且偷安，是佛門最大的憂患。』我從前隱居於歸宗寺書堂時，披覽誦讀各類經籍史冊，過目的書籍總數不下數百種。其中有些書卷破舊已極。然而每當開卷誦讀，必定有新的收穫。由此事我便想到，勤學如此使人獲益，是不會辜負於人的。」

晦堂祖心禪師

【題　解】祖心禪師（西元一〇二五～一一〇〇年），南雄州始興縣（今屬廣東）鄔氏子。年少為書生，在地方頗有聲譽。十九歲出家，曾往衡山拜謁雲峰文悅禪師，留止三年。文悅指示他往筠州黃檗山（今江西高安境），向黃龍慧南參學，住四年後又辭去。後因閱讀《傳燈錄》至「如何是多福一叢竹」公案，頓時開悟，再回黃檗山，慧南禪師許為入室弟子，又令他分座訓徒。慧南去世後，由他繼任黃龍住持十二年，法門大興。後退居西園，名其室曰「晦堂」。法嗣有悟心、惟清等四十七人。示寂後，謚曰寶覺禪師。

晦堂祖心稟性恬退真率，不樂世務。潭州太守謝景溫曾盛情邀請他擔任大溈山禪院住持，他三辭而不往，並說：「馬祖、百丈以前無住持事，道人相尋於空閑寂寞之濱而已。其後雖有住持，王臣尊禮為天人師。今則不然，掛名官府有如戶籍之民，直遣伍伯追呼之耳。此豈可復為也？」又有偈曰：「不住唐朝寺，閑為宋地僧。生涯三事衲，故舊一枝籐。乞食隨緣去，逢山任意登。相逢莫相笑，不是嶺南能。」祖心之性情風範，可以由此想見。

宋代著名文人黃庭堅嘗依止祖心禪師參學，乞請指示悟道的捷徑。祖心意味深長地回答：「吾無隱乎爾者。」後來他們一同在山中散步，恰值桂花盛開，祖心便問：「聞到桂花的香味嗎？」黃庭堅回答：「聞到了。」祖心便啟發說：「我並沒有對你隱瞞啊！」黃庭堅當即開悟了。後來晦堂祖心下世，黃庭堅親撰〈晦堂塔銘〉，又賦詩悼云：「海風吹落楞伽山，四海禪徒著眼看。一把柳絲收不得，和煙搭在玉欄杆。」詩中讚美的，便是晦堂祖心意趣非凡的禪風與機緣。

有關他的事蹟，可參看《禪林僧寶傳》（卷二三）、《羅湖野錄》（卷四）、《五燈會元》（卷十七）等書。

白雲初住九江承天❶，次遷圓通，年齒甚少❷。時晦堂在寶峰❸，謂月公晦❹曰：「新圓通洞徹見元❺，不忝楊岐之嗣❻。惜乎發用太早，非叢林福。」公晦因問其故，晦堂曰：「功名美器，造物惜之❼，不與人全。人固欲之，天必奪之。」逮白雲終於舒之海會，方五十六歲❽。識者謂晦堂知幾知微❾，真哲人矣。（《湛堂記聞》）

【章　旨】晦堂祖心禪師能預先察見生命發揮的機微之理，表現了哲人的智慧。

【注　釋】❶白雲初住九江承天　守端禪師受圓通居訥舉薦，為九江承天寺住持，聲名大起。參見《五燈會元》卷十九。❷次遷圓通二句　守端禪師又轉為圓通寺長老，而年紀很輕。《禪林僧寶傳》（卷二八）云：「圓通訥……舉住江州承天，名聲爆耀。又讓圓通以居之，而自處東堂，（守）端時年二十八。」所言即此事。❸寶峰　即洪州泐潭山寶峰禪院。❹月公晦　泐潭曉月禪師，字公晦，為瑯琊慧覺之法嗣，屬南嶽下十一世。參見《五燈會元》卷十二。❺新圓通洞徹見元　意謂圓通寺的新長老守端能洞明玄理。元，通「玄」。❻不忝楊岐之嗣不愧為楊岐方會門下之法嗣。忝，有愧；辱沒。❼功名美器二句　功名與美器二者，造物主吝惜之，常使有功名者無美器，有美器者無功名。據載：陳摶謂種放云：「名者，古今美器，造物者所忌。」二句本此。❽逮白雲終于二句　到白雲守端在舒州之海會院去世，年僅五十六歲。《五燈會元》稱守端於「熙寧五年遷化，壽四十八」，與此不同。❾知幾知微　能洞察精微之事理。《易・繫辭下》：「子曰：知幾其神乎？……幾者動之微，吉之先見者也。」

【語譯】守端禪師開始出任九江承天寺住持，接著轉任圓通寺長老，當時的年齡都不大。其時晦堂祖心正在寶峰禪院，他對泐潭曉月禪師說：「圓通寺新任長老見地高妙，能洞徹至道之本源，不愧為楊岐方會的高足弟子。只可惜他顯用於世太早，恐怕並非禪林之福。」曉月禪師便問緣由何在，晦堂祖心回答說：「榮耀之功名與超凡之器識二者，是造物主吝惜之物，天命常使人不能兩全其美。人堅持要二者俱得，天道便必然削奪之。」到後來白雲守端在舒州海會禪院去世時，年僅五十六歲。有識之士便說晦堂祖心能洞明事物精微之理，真可說是賢哲之人了。

晦堂心和尚參月公晦於寶峰。公晦洞明《楞嚴》深旨❶，海上獨步。晦堂每聞一句一字，如獲至寶，喜不自勝。衲子中間有竊議者，晦堂聞之曰：「扣彼所長，礪我所短❷，吾何慊焉❸？」英邵武❹曰：「晦堂師兄道學為禪衲所宗❺，猶以尊德自勝為強❻，以未見未聞為媿。使叢林

自廣而狹於人❼者，有所矜式❽。豈小補哉！」（《靈源拾遺》）

【章旨】晦堂祖心虛心學習他人之所長，以增進自身的佛學修養，這種不矜身分、精進不懈的態度為禪林僧眾樹立了楷模。

【注釋】❶公晦洞明楞嚴深旨　曉月禪師，字公晦，曾住泐潭寶峰禪院，著有《楞嚴標旨》，能透徹領悟《楞嚴經》的精深奧妙之旨。楞嚴，佛經名，全稱《大佛頂如來密因修證了義諸菩薩萬行首楞嚴經》（十卷）。以常住真心性淨明體為宗，屬大乘秘密部。宋代流行廣泛，尤為禪宗、淨土宗重視。❷扣彼所長二句　請教於他人，取彼所長，磨礪自己之所短。扣，詢問，通「叩」。礪，磨礪，使得以進取。❸吾何慊焉　對於佛義理解有所增進，故無所嫌恨。慊，不滿足。❹英邵武　洪英禪師，邵武（今屬福建）人，世稱英邵武，曾住泐潭山寶峰禪院。他與晦堂祖心同為黃龍慧南的法嗣。❺晦堂師兄道學為禪衲所宗　晦堂之佛法為天下禪僧所宗仰。《林間錄》卷上云：「（晦堂）開法黃龍十二年，退居庵頭二十餘年，天下指晦堂為道之所在，蓋末世宗師之典型也。」所記與此相合，可互參。❻以尊德自勝為強　尊崇有德，而能自勝。《老子》三十三章：「勝人者有力，自勝者強。」❼自廣而狹於人　自高自大，輕視別人，不能虛心待物。《尚書・咸有一德》：「無自廣以狹人。」❽矜式　尊重、效法之楷模，行為之典則。

【語譯】晦堂祖心和尚曾經前往寶峰禪院參訪曉月禪師。曉月禪師對於《楞嚴經》造詣深厚，領悟透徹，在禪林獨步一時，無人可比。祖心和尚每聽到他講說《楞嚴經》的隻言片語，便如獲至寶。在僧眾中有人對此私下議論，認為祖心和尚不該如此自貶身分。祖心聽到這種議論，便說：「請教他人之所長，彌補自己之所短，我又有甚麼遺憾不滿呢？」英邵武曾經就這件事評說道：

「晦堂師兄的佛學造詣為禪林僧眾所宗仰，他尚且尊重有德，能自勝自強，以自己未見未聞而自愧。這使得禪林中那些自高自大、不能謙虛待物的人，有了學習的楷模、行為的典則。這對於端正禪林的風氣，其補益能算小嗎？」

晦堂曰：「住持之要，當取其遠大者，略其近小者。事固未決，宜諮詢於老成之人❶。尚疑矣，更扣問於識者❷。縱有未盡，亦不致❸甚矣。其或主者好逞私心，專自取與❹，一日遭小人所謀，罪將誰歸？故曰：謀在多，斷在獨❺。謀之在多，可以觀利害之極致；斷之在我，可以定叢林之是非。」（〈與草堂書〉）

【章　旨】寺院長老應該胸懷開闊，目光遠大，集思廣益，取捨有方，不要私心臆斷，以免遭災禍。

【注　釋】❶事固未決二句　事務紛紜不明，難以決斷，應該向老成者求教。老成之人，指年高有德者。❷更扣問于識者　再向博雅君子、有識之士請教。扣，通「叩」。❸致　達到。通「至」。❹專自取與　專門以一己之私意，決定取捨。取與，是非、與奪之態度。❺謀在多二句　謀議時應多聽取意見，決斷時須獨自拿定主意。《管子・明法解》：「明主者，兼聽獨斷，多其門戶。群臣之道，下得明上，賤得言貴，故姦人不敢欺。」

【語譯】晦堂祖心禪師說道：「主持寺院事務，重要的是要關注思考那些對於弘揚佛法關係遠大之事，而忽略那些眼下瑣碎之事。若有事務暗昧難明，不易裁決，就應該向德高望重的老成之人諮詢意見。若是還有疑惑，再去請教博雅有識之士。此時縱然猶有未盡之處，亦相差不會太遠了。如果寺院長老專逞私心臆斷，一味任意決定取捨，不聽從他人的規勸，一旦遭受到小人的謀害，引來災禍，又將是誰人之罪呢？所以說：謀劃之時，應該多聽取他人的意見；決斷之時，應該獨自拿定主意。謀劃時多聽取意見，可以從不同角度去考慮可能的後果；決斷時獨自拿定主意，可使禪林中有個判定是非之所在。」

晦堂不赴溈山請❶。延平陳瑩中❷移書勉之❸曰：「古人住持無職事，選有德者居之。當是任者，必將以斯道覺斯民❹，終不以勢位聲利為之變。今學者大道未明，各趨異學❺，流入名相❻，遂為聲色所動。賢不肖雜糅，不可別白❼，正宜老成者惻隱存心❽之時。以道自任，障回百川❾，固無難矣。若夫退求靜謐❿，務在安逸，此獨善其身者所好，非叢林所以望公者。」（出《靈源拾遺》）

【章　旨】陳瑩中移書勸勉晦堂祖心禪師，指出有德行的高僧應該勇於任職，以弘揚道德、利益眾生為心，不可退處安逸而獨善其身。

【注　釋】❶晦堂不赴潙山請　潭州知州謝景溫，字師直，曾多次邀請晦堂祖心出任境內潙山寺院之住持，為晦堂所拒絕。潙山，在今湖南寧鄉西，唐代著名禪僧靈祐曾住此山，宋代屬潭州。❷延平陳瑩中　陳瓘，字瑩中，自號了齋，又號華嚴居士，南劍州沙縣人。南劍州在唐代曾稱延平，故云。❸移書勉之　寫信以勸勉之。❹以斯道覺斯民　弘揚佛道，以覺悟眾生。斯道，指佛法、正覺。❺異學　偏離正理正覺之學說。❻名相　有二義：一切事物有名有相，耳可聞謂之名，眼可見謂之相，佛教認為名相皆是虛妄，此為一義；又指佛學中之概念術語及文字義理，注重區別名相而不重實證修行，乃是學禪者之一大通病，此為第二義。❼別白　分辨明白。❽惻隱存心　存惻隱以救世之心。惻隱，對苦難者表示同情，以慈悲為懷。❾障回百川　阻攔天下之江河，使之流向東方，比喻引導天下眾生皈依佛門。❿退求靜謐　退隱閒居，以求靜寂。謐，安靜。

【語　譯】晦堂祖心不肯接受前往潭州潙山出任寺院長老的邀請，延平陳瑩中便寫信勸勉他。信中說道：「古代寺院長老並無具體的職責事務，而是選擇有德行的高僧處在其位。擔任這一職務者，必將以弘揚佛法、覺悟眾生為己任，始終不因勢利名位而為之改變。當今奉佛的僧人未能明了大道真如，各個偏離正覺，趨從異學，注重名相分析，流入口舌辯說，於是便因外在之聲色而動搖了奉佛之根本。寺院中賢者與不肖之徒混雜在一起，讓人難以分辨明白。當此之際，那些德高望崇、老成持重者正應當懷著悲天憫人、惻隱救世之心，將弘揚佛道作為自己的責任，挽回傾頹的世風，引導眾生皈依佛門，應該是並不難的。如果只是退隱閒居，追求個人的安逸，這是獨善其身者的理想，那就不符合禪林僧眾對於大師的期望了。」

晦堂一日見黃龍❶有不豫之色❷，因逆問之。黃龍曰：「監收未得人❸。」晦堂遂薦感副寺❹，黃龍曰：「感尚暴，恐為小人所謀❺。」晦堂曰：「化侍者❻稍廉謹❼。」黃龍謂：「化雖廉謹，不若秀莊主❽有量而忠。」靈源❾嘗問晦堂：「黃龍用一監收，何過慮如此？」晦堂曰：「有國有家者，未嘗不本此。豈特黃龍為然，先聖亦曾戒之。」（〈通庵壁記〉）

【章旨】要選擇僧徒擔任職事，必須審慎周詳地考察其人的性格度量，而不能輕忽大意。

【注釋】❶黃龍　指黃龍慧南禪師，臨濟宗黃龍派之開創者。法席之盛，可與馬祖、百丈相比美。晦堂祖心為其入室弟子。❷不豫之色　不安、有所思慮之神情。不豫，不樂；不悅。❸監收未得人　監收一職，未覓得合適之人選。監收，寺中之職事。❹感副寺　即南嶽福嚴慈感禪師，潼州杜氏子，他是黃龍慧南的弟子。其法語見《五燈會元》卷十七。副寺，當時所任之職務。❺感尚暴二句　慈感其人，性情粗暴不慎，恐為小人所謀算而招禍。《林間錄》卷下云：「福嚴感禪師面目嚴冷孤硬，秀出叢林，時謂之『感鐵面』。」❻化侍者　即隆興府雙嶺俛化禪師，他也是黃龍慧南的弟子。❼廉謹　正直無私、嚴謹不苟。❽秀莊主　即潭州大溈懷秀禪師，信州應氏子，亦為黃龍慧南之弟子。法語見《五燈會元》卷十七。❾靈源　即隆興府黃龍惟清禪師，號靈源，他是晦堂祖心之弟子。

【語　譯】有一天，晦堂祖心看見黃龍慧南神色不寧、若有所思的樣子，便前去詢問緣由。慧南回答說：「寺院監收一職，還沒有找到合適的人選。」晦堂祖心便推薦慈感擔任此職，慧南答道：「慈感性格粗暴，愛發脾氣，恐怕會遭到小人的謀算。」晦堂祖心又說：「佖化為人比較正直無私，而又行事謹慎。」慧南又答道：「佖化雖然廉潔謹慎，但是不及懷秀胸襟開闊，又忠於職守。」靈源惟清聽說此事後，問晦堂祖心道：「黃龍師祖任用一名監收，為何如此反覆進行思考、比較呢？」晦堂祖心回答他說：「主持一國一家的人，未嘗不是這樣。豈只黃龍慧南大師如此，先聖也曾在這方面有所告誡哩。」

晦堂謂朱給事世英❶曰：「余初入道，自恃甚易❷。逮見黃龍先師後，退思日用，與理矛盾者極多❸。遂力行之三年，雖祁寒溽暑❹，確志不移，然後方得事事如理。而今咳唾掉臂❺，也是祖師西來意❻。」

（《章江集》）

【章　旨】奉佛學道者必須堅定志向，不畏艱難，努力實踐，持之以恆，才能到達彼岸。

【注　釋】❶朱給事世英　朱彥，字世英，南豐人。熙寧九年進士，累官至顯謨閣待制、知臨安府，改知潁昌府。他在南昌為官，曾問法於黃龍慧南，又問佛法大意於真淨克文。參見《林間錄》卷下。❷自恃甚易　自負聰明之資，輕視修煉之行，以為佛法易得。❸退思日用二句　反思日常之言談修止，違背佛法而與之矛盾處甚多。日用，指習禪者日常修行履踐之事。❹祁寒溽暑　隆冬嚴寒，盛夏酷暑。祁，大。溽，濕熱；炎暑。❺咳唾掉臂　指一切言談及行為。咳唾，咳嗽、吐唾沫，喻言論。掉臂，搖動手臂，轉身而別，代指行為。❻祖師西來意　指菩提達摩祖師從西方來到東土所傳授的佛法，即禪宗之大旨。這是禪僧經常的話題。

【語　譯】晦堂祖心禪師對朱給事世英說道：「我最初學習佛道時，自恃聰明才華，認為獲得佛法是很容易的事情。到後來參見黃龍慧南先師之後，再回想日常言談修行與佛法禪理矛盾之處極多。於是我努力按照佛祖指示規範自己的行為，堅持三年下來，即使是嚴寒酷暑也堅定不移，然後才能做到一切行為都符合佛理。而今我的一言一行，都是完全合於祖師西來所傳授的佛法禪理的。」

朱世英問晦堂曰：「君子不幸小有過差，而聞見指目之不暇❶。小人終日造惡，而不以為然❷。其故何哉？」晦堂曰：「君子之德，比美玉焉❸。有瑕生內，必見於外❹。故見者稱異，不得不指目也。若夫小人者，日用所作無非過惡❺，又安用言之？」（《章江集》）

【章　旨】君子、小人之處世原則不同，君子美德如玉，若內有瑕疵，則表現於外，必然為人所注目。

【注　釋】❶君子不幸二句　正人君子偶爾犯有過失、差錯，所聞見者莫不接連地加以指責。過差，過錯；失誤。❷小人終日造惡二句　小人早晚經常犯有過錯，然而人們卻不當一回事。此之小人，乃以道德人格而論，非以地位論。《荀子・不苟》：「言無常信，行無常貞，唯利所在，無所不傾，若是則可謂小人矣。」❸君子之德二句　君子之德行，有如美玉之溫潤純粹。《禮記・聘義》云：「君子比德於玉焉。溫潤而澤，仁也。縝密以栗，知也。廉而不劌，義也。垂之如隊，禮也。叩之其聲清越以長，其終詘然，樂也。……詩云：言念君子，溫其如玉。故君子貴之也。」❹有瑕生內二句　美玉內有瑕疵，必表現於外，而無隱瞞。《春秋繁露・執贄》曰：「玉至清而不蔽其惡，內有瑕穢，必見之於外。故君子不隱其短，不知則問，不能則學，取之玉也。」❺若夫小人者二句　小人日常行為，過錯甚多。《大學》云：「小人閒居為不善，無所不至。」與此意同。

【語　譯】朱世英問晦堂祖心道：「正人君子偶爾犯下些微過失，稍有差錯，所見所聞者便指點責備不已。而小人之輩早晚經常有惡言惡行，人們卻不將它當作一回事。這是為甚麼呢？」晦堂祖心回答說：「古代將正人君子的德行比作美玉。美玉若是內裏有了瑕疵，在外面必然有所顯示。所以看見的人就覺得異乎尋常，便不得不將它指出來。至於小人之輩，他們日常的所作所為無不充滿過錯，又何必要一一將它們指出呢？」

晦堂曰：「聖人之道，如天地育萬物❶，無有不備於道者❷。眾人之道，如江海淮濟❸，山川陵谷，草木昆蟲，各盡其量而已❹。不知其外，無有不備者❺，夫道豈二❻耶？由得之淺深，成有小大耶❼。」（答

張無盡書〉）

【章　旨】佛法猶如天地養育萬物，無所不包，只是由於奉佛者所得有深有淺，所以成就有大有小。

【注　釋】❶聖人之道二句　聖人之道有如天地，養育一切物類。周敦頤《通書》曰：「聖人在上，以仁育萬物，以義正萬物。」與此所說相類似。❷無有不備於道者　意謂聖人之道廣大，無所不備，無所不包。《通書》云「天道行而萬物順，聖德修而萬民化」，與此相通。❸江海淮濟　古代稱長江、黃河、淮水、濟水為四瀆。海，一本作「河」。❹各盡其量而已　意謂眾人所受之稟賦不同，表現各異，盡其所受之量，皆不能如天地般無所不包。❺不知其外二句　形容聖人之道的表現形態，其大無外，無所不可包容，一切皆自具備。❻夫道豈二　除了聖人之道，難道還有別的如此嗎？❼耶　通「也」。

【語　譯】晦堂祖心禪師說：「聖人之道如同天地生養化育萬物，其廣大無所不備，能夠包容一切。一般眾人之道，就像江河溪流、山川陵谷、草木昆蟲之類，一切有情無情都各隨所稟賦的性質器量以顯現而已。其形態廣大無外、無所不備的，除了聖人之道難道還有別的嗎？只是由於奉佛者所得有淺有深，所以成就有小有大罷了。」

晦堂曰：「久廢不可速成❶，積弊不可頓除❷，優游不可久戀❸，人

情不能恰好❹，禍患不可苟免❺。夫為善知識❻，達此五事，涉世可無悶❼矣。」（〈與祥和尚書〉）

【章　旨】善知識涉世之法：荒廢已久者，無速其成；弊害久積者，勿一朝除弊；不可久處優游；不可盡洽人意；最後，還須有不苟免禍的擔當。明此五事，可以無憂。

【注　釋】❶久廢不可速成　廢棄已久之事，不可指望迅速成就，欲速則不達也。❷積弊不可頓除　弊病積累已多，不可倉促全部革除，須分清輕重緩急，逐漸克服。頓，即時；立刻。❸優游不可久戀　不可長久留戀於優閒適意之境界，須振作以自強也。優游，優閒自得貌。❹人情不能恰好　人情物事，不能盡善盡美，須時時警戒貶抑，勿自滿也。人情，世事。恰好，正好；圓滿。❺禍患不可苟免　面臨憂患災禍時，不可苟且以僥倖躲避，須自承當也。❻善知識　對於奉佛者的美稱。知識，即朋友之義。佛教稱能引導、幫助人們學習、修證佛法的師友為「善知識」。❼無悶　沒有煩惱、苦悶。《易・乾卦》：「遯世無悶。」

【語　譯】晦堂祖心禪師說：「久廢之事，不可祈望短期速成；積弊已重，不可頓時全部革除；優閒之境界，不可長期留戀；世事物情，不可盡善盡美；面臨憂患，不可苟且求免。作為一個善知識，明白這五件事理，則處世便可以自在無憂了。」

晦堂曰：「先師進止嚴重❶，見者敬畏。衲子因事請假，多峻拒弗

從。惟聞省侍親老❷，氣色穆然見於顏面❸，盡禮津遣❹。其愛人恭孝如此。」（〈與謝景溫書〉）

【章旨】黃龍慧南平素態度威嚴，而對待歸省親老的僧徒則氣色和睦親切，其鼓勵孝道之心如此。

【注釋】❶先師進止嚴重　先師指黃龍慧南，謂其威儀嚴肅，行止莊重。先師，已故之師。進止，進退舉止。《林間錄》（卷下）云：「南禪師風度凝遠，人莫涯其量。故門下客……有終身未嘗見其破顏者。」❷省侍親老　探望、侍奉父母長輩。省，問候。❸氣色穆然見於顏面　親切溫和之神色，從面容上顯現出來。穆然，溫和貌。見，同「現」。❹津遣　加以資助而送行之。津，津貼。

【語譯】晦堂祖心禪師說：「慧南先師儀表威嚴，行止莊重，參見者對他都懷著既敬仰又畏懼的心情。僧徒們因事請假，經常遭到他的嚴厲拒絕。然而每當僧徒告假歸家去探望、侍奉父母長輩時，他便自然浮現出一副溫和親切的容貌，盡量按照禮儀給以資助送行。慧南先師喜愛並且倡導孝敬長輩，就是如此的表現。」

晦堂曰：「黃龍先師昔同雲峰悅❶和尚，夏居❷荊南鳳林。悅好辯論❸，一日與衲子作喧❹，先師閱經自若❺，如不聞見。已而悅詬先師案

頭，瞋目責之曰：『爾在此習善知識量度❻耶？』先師稽首謝之❼，閱經如故。」（《靈源拾遺》）

【章　旨】黃龍慧南在喧鬧之境中仍然靜心閱讀佛典，不為外境所動，不為同輩指責所怒，其量度廣大如此。

【注　釋】❶雲峰悅　雲峰文悅禪師，南昌徐氏子，參臨濟宗大愚守芝，嗣其法。他曾經與慧南一起遊方參學，勸慧南向石霜楚圓就學。歷住翠巖、雲峰，弟子滿天下。參見《禪林僧寶傳》卷二二。❷夏居　又稱坐夏。佛規要求僧人在夏季三月（農曆四月十五日至七月十五日），應在寺院坐禪修學，禁止外出，亦稱夏安居。❸悅好辯論　《林間錄》卷下云：「悅禪師妙年奇逸，氣壓諸方。至雪竇，時壯歲，與之辯論，雪竇常下之。」所記與此類似，可互參。❹作喧　大聲喧譁；爭吵。❺自若　自如；若無其事。❻習善知識量度　佛教以人之感官對事物的直接反映為現量，如目之對色、耳之對聲。現量不以計度而能知所緣之境。明袁中道〈心律〉云：「參禪有從現量入者，……從現量入者，其力強，故一得而不失。」❼稽首謝之　行禮以表示歉意。稽首，本為跪拜之禮，後世用作行禮的套語。

【語　譯】晦堂祖心禪師說：「慧南先師從前同雲峰文悅和尚行腳時，曾經在荊南鳳林寺坐夏。文悅和尚喜歡與人辯論佛理。有一天，他與僧眾因論辯而大聲爭吵喧譁，慧南先師照樣閱讀佛經，好像甚麼也沒聽見一樣。過了一會兒，文悅和尚來到慧南桌前，怒目責問道：『你在這裏修證和尚禪定的量度嗎？』慧南先師聞言，便向文悅賠禮道歉，然後照樣閱讀佛經不止。」

黃龍慧南禪師

【題　解】慧南禪師（西元一〇〇二～一〇六九年），信州玉山（今屬江西）章氏子。年十一時即出家，十九歲落髮受戒。後來雲遊參學，曾依止雲門僧人泐潭懷澄學習佛法。又得臨濟僧人雲峰文悅指點，前往參學石霜楚圓禪師，遂成為楚圓門下之龍象。曾先後在同安崇勝禪院、廬山歸宗寺、筠州黃檗山弘法。景祐三年（西元一〇三六年）開始，在隆興府（今江西南昌）黃龍山開堂說法，禪席之盛可與馬祖道一、百丈懷海相比美，遂創立臨濟宗下黃龍一派。嗣法弟子中，晦堂祖心、真淨克文、東林常總最為知名，法脈流傳遠及東瀛。卒後，謚曰普覺禪師。

慧南禪師說法，主張自然實在的修證。他說：「道不假修，但莫污染。禪不假學，貴在息心。心息故心心無慮，不修故步步道場。」又說：「後來子孫不肖，祖父田園，不耕不種，一時荒廢，向外馳求。縱有些少知解，盡是浮財不實。所以作家不如歸家，多虛不如少實。」慧南反對禪林盛行的但逞口舌機巧的「文字禪」，主張在眾生日用中感受並且領悟禪意，曾說：「念言念句，認光認影，猶如入海算沙、磨磚作鏡，希其數而欲其明，萬不可得。」又說：「入海算沙，空自費力；磨磚作鏡，枉用功夫。君不見，高高山上雲，自卷自舒，何親何疏？深深澗底水，遇曲遇直，無彼無此。」又有詩云：「達磨西來十萬里，少林面壁八九年。唯有神光知此意，默然三拜不虛傳。後代兒孫忘正覺，棄本逐末尚邪言。直到臘月三十日，一身冤債入黃泉。」其禪學理念與禪風意趣，大致如是。

慧南禪師接引學人，有所謂「黃龍三關」之說。即當有人參請時，先問來者之鄉關來歷，並問：「人人盡有生緣處，哪個是上座生緣處？」又在當機對答時，伸出手來問：「我手何似佛手？」又在詢及參請諸方宗師所得時，把腳垂下問：「我腳何似驢腳？」三十年來，示此三問，禪林中目之為「三關」。「三關」問對的真諦，乃是啟迪參學者自心的覺悟，而不待言辭的辯說。所以慧南又有偈頌云：「生緣斷處垂驢腳，驢腳收時佛手開。為報五湖參學者，三關一一透將來！」

有《黃龍慧南禪師語錄》存世。有關他的事蹟，可參看《禪林僧寶傳》（卷二二）、《五燈會元》（卷十七）等書。

黃龍南和尚曰：「予昔同文悅遊湖南，見衲子擔籠行腳者❶，悅驚異蹙頞❷，已而呵曰：『自家閨閣中物，不肯放下❸，返累及他人擔夯❹，無乃太勞❺乎！』」（《林間錄》）

【章　旨】奉佛學禪者應該勤勞簡樸，不要耽戀外物，以免妨礙心性的修行。

【注　釋】❶見衲子擔籠行腳者　見有僧人，雇人挑著行李、箱籠諸物，前來禪寺參拜求法。籠，竹箱；竹器。行腳，僧侶周遊諸寺以求師問道。❷驚異蹙頞　攢眉皺鼻，表示驚奇不滿。禪僧應勤勞儉樸，勿耽外物，行腳僧尤其如此。《禪林僧寶傳》卷二二載云：文悅「見挾幞負包而至者則容喜之，見荷擔者顰頞」，與此意思相通。❸自家閨閣中物二句　自己日常零用之雜物，尚且不肯割捨。閨閣，指臥室。放下，割捨。❹擔夯　肩挑背扛，費力運作。夯，用力抬舉聲。❺勞　為貪心而煩惱，謂之塵勞。

【語譯】黃龍慧南禪師說：我從前同文悅和尚遊方到湖南寺院時，看見行腳僧人挑著木箱竹籠前來寺院求師問道。文悅和尚始則為之驚異，攢眉皺鼻，然後呵叱道：「自己私室中的雜物，尚且不肯捨棄，還累及別人為你費力地肩挑背扛，這不是太多塵勞煩惱嗎？」

黃龍曰：「住持要在得眾，得眾要在見情❶。先佛言人情者為世之福田❷，蓋理道所由生也。故時之否泰，事之損益，必因人情❸。情有通塞，則否泰生❹。事有厚薄，則損益至❺。惟聖人能通天下之情❻。故《易》之別卦，乾下坤上則曰〈泰〉❼，乾上坤下則曰〈否〉❽。其取象損上益下則曰〈益〉❾，損下益上則曰〈損〉❿。夫乾為天，坤為地，天在下而地在上，位固乖矣，而返謂之泰者，上下交故也⓫。主在上而賓處下，義固順矣，而返謂之否者，上下不交故也⓬。是以天地不交，庶物不育⓭。人情不交，萬事不和⓮。損益之義，亦由⓯是矣。夫在人上者能約己以裕下，下必悅而奉上矣⓰，豈不謂之益乎？在上者蔑下而肆諸己，下必怨而叛上矣⑰，豈不謂之損乎？故上下交則泰，不交則否。自損者人益，自益者人損⑱。情之得失，豈容易乎！先聖嘗喻人為舟，情為水⑲，水能載舟，亦得覆舟。水順舟浮，違則沒矣。故住持得人情則興，失人情則廢。全得而全興，全失而全廢。故同善則福多，同惡則禍甚。善惡同類，端如貫珠⑳，興廢象行，明若觀日㉑。斯歷代之元龜㉒也。」（〈與黃檗勝書〉）

【章　旨】寺院住持應溝通上下之情，寬厚以待僧眾。上下人情相得則佛法興，上下人情相失則萬事廢。

【注　釋】❶見情　體察眾人之心，以通上下之情。❷人情者為世之福田　調理人心人情，使之奉佛向善，為致福之良田。人情，人心、世情。福田，佛教認為種種善行，可生福德果報，猶如農民耕種田地可得收穫一樣。❸故時之否泰三句　時局之安危，事物變化之好壞，必由眾人之情來決定。否泰，順逆；安危。損益，增減之變化。❹情有通塞二句　上下之情相通則時局太平，上下之情阻隔則時局危難。❺事有厚薄二句　對待下屬厚道則於事有益，對待下屬薄情則於事有損。❻惟聖人句　只有聖人能夠通達天下之情志。聖人，指周文王、孔子。傳說文王、孔子作《易》，以通神明之德，以類萬物之情。《易．繫辭上》曰：「夫易，聖人之所以極深而研幾也。惟深也，故能通天下之志。」❼乾下坤上則曰泰　泰卦䷊是由坤卦在上、乾卦在下組成的。〈序卦傳〉

曰：「履而泰，然後安，故受之以泰，泰者通也。」❽乾上坤下則曰否　否卦䷋是由坤卦處下、乾卦在上組成的。否與泰互為綜卦，泰極而否至，否極而泰來。❾損上益下則曰益　益卦䷩是由巽卦處上、震卦在下組成的。從卦象說，否卦的上卦減少一個陽爻，下卦增加一個陽爻，便成了益卦，故云。❿損下益上則曰損　損卦䷨是由艮卦在上、兌卦處下組成的。從卦象說，泰卦的下卦減少一個陽爻，上卦增加一個陽爻，便成了損卦，故云。《周易正義》云：「聖人利物之無已也。損卦則損下益上，益卦則損上益下，得名皆就下而不據上。」⓫而返謂之泰者二句　因為上下交通，所以稱之為泰卦。返，通「反」。其〈象辭〉曰：「天地交泰，后以裁成天地之道，輔相天地之宜，以左右民。」⓬而返謂之否者二句　因為上下不能交通而成阻塞之勢，所以稱之為否卦。其〈象辭〉曰：「天地不交，否。君子以儉德辟難，不可榮以祿。」⓭天地不交庶物不育　古人認為天屬陽，地屬陰，陰陽交合，眾物始得發育。庶物，萬物。《禮記・哀公問》：「孔子曰：天地不合，萬物不生。」⓮人情不交二句　上下之人情不得溝通交流，則萬事不能和諧。否卦之〈彖辭〉曰：「上下不交，而天下無邦也。……小人道長，君子道消也。」⓯由　通「猶」。⓰夫在人上者二句　益卦之〈彖辭〉云「損上益下，民悅無疆。自上下下，其道大光」，即此意。⓱在上者蔑下二句　居上位者蔑視下屬，自己肆意妄為，則處下者必有怨言而生叛離之心。⓲自損者人益二句　意謂在上者宜自減損，以使眾人受益，不可自己得益而使眾人受損。《周易正義》引向秀云「明王之道，志在惠下。故取下謂之損，與下謂之益」，與此意相補充，可互參。⓳先聖嘗喻人為舟二句　先聖指孔子。孔子曾對魯哀公說：「夫君者舟也，庶人者水也。水所以載舟，亦所以覆舟。」見《孔子家語・五儀解》。⓴善惡同類二句　意謂行善事則有善果，行惡事則有惡果，如同貫珠相隨而得報應。端，正。《禮記・樂記》云：「纍纍乎端如貫珠。」㉑興廢象行二句　意謂興廢之結果與其行為相表裏，昭然如同明月可以考見。象行，與行為一致。㉒元龜　大龜，可用於占卜。引申為可資借鑑之事例與教訓。

【語　譯】黃龍慧南禪師說：「長老總領寺院、弘揚佛法，其關鍵在於得到僧眾衷心的擁戴。而要得到僧眾的擁戴，關鍵在於了解他們所思所感之情緒。佛祖曾說人心世情正是修得福德果報的良田。這是因為人情乃是天道物理的基礎，是其產生的土壤之故。所以時局之安危、事態之損益，必由民眾之情所決定。人情有通暢、有阻塞之時，於是時局或安寧、或危難便因之而生了。對待下屬有豐厚與刻薄之別，於是相應的利害、損益便出現了。只有聖人能夠通曉明察天下萬物之情。所以《周易》的卦象，乾下坤上便組成了泰卦，乾上坤下便組成了否卦。其卦象變動損上益下就構成了益卦，損下益上就構成了損卦。乾象徵天，坤象徵地，天在下而地在上，其位置是顛倒錯置著的，反而稱之為泰卦，是由於上下相交通的緣故。天象在上而地象處下，其位置是順序的，反而稱之為否卦，是因為它上下未能溝通的緣故。所以天地不相交通，則眾物不能生育；人情不相溝通，則萬事不能和諧。損益二卦的寓意也是這樣的。處在上位者如果能夠自我約束，虛心厚待下屬，在下者一定會心情歡悅，誠懇奉事上級，這不就於事有所補益嗎？處在上位者如果輕忽、蔑視下屬，自己肆意妄為，在下者一定會心存怨望，進而叛離而去，這豈不於事有所損傷嗎？所以上下溝通就太平祥和，上下阻塞不通就危險不安。在上者自損則眾人受益，在上者追求私利則眾人受損。眾人之情的或得或失，難道可以輕易忽視嗎？先聖孔子曾經將處在上位者比為船，將眾人之情比為水。水能夠將船浮載，也可以使船傾覆淹沒。水勢平順船就安浮於上，波濤險激船便沉沒水底。所以寺院住持得到眾人擁戴，佛法就會興盛；住持失去眾人之心，寺院就會荒廢。所以上下同心為善則福德盛大，上下一起作惡則禍患甚重。善有福果，惡得惡報，有如貫珠相隨而至。寺院法事之或興或廢，乃是日常舉措行事的結果，就像明日當空昭然可見。這就是前代往事的啟示，歷史流傳的教訓。」

黃龍謂荊公❶曰：「凡操心所為之事，常要面前路徑開闊❷，使一切人行得，始是大人❸用心。若也險隘不通❹，不獨使他人不能行，兼自家亦無措足❺之地矣。」（《章江集》）

【章　旨】執掌朝政者應該用心公道，路徑開闊，使天下人皆有路可走，否則自己將無立足之地。

【注　釋】❶荊公　王安石，字介甫，慶曆進士。神宗熙寧二年被任命為參知政事，次年拜相，封荊國公。王安石大力推行新法，為宋代著名政治家。晚年退居江寧。喜好禪學，多與僧侶佛徒往來。❷常要面前路徑開闊　意謂立法行政，要使天下人有路可走，能寬裕而不狹窄也。路徑，指從政之道。❸大人　對居官位者或長者的尊稱。❹險隘不通　道路狹窄、險阻，比喻執政嚴峻苛細，難以推行。❺措足　置足；立足。

【語　譯】黃龍慧南禪師對王荊公說道：「凡是立法行政所為之事，總要面前常是道路開闊，使得天下之人都有路可走，這才是執政做官者應有的心懷。若是道路危險不通、狹隘難行，不僅使得別人不能行走，就是自己也沒有立足之地了。」

黃龍曰：「夫人語默舉措❶，自謂上不欺天❷，外不欺人，內不欺

心❸，誠可謂之得矣。然猶戒謹乎獨居隱微之間❹，果無纖毫所欺，斯可謂之得矣。」（〈答荊公書〉）

【章旨】人之立身處世，應是不欺天、不欺人、不欺心，即使獨居隱微亦能誠懇無欺才是。

【注釋】❶語默舉措　或語或默、一動一止。舉措，舉動與措置。❷欺天　違背天理。❸欺心　自己欺騙自己；昧著良心。《大學》：「所謂誠其意者，毋自欺也。」❹戒謹乎獨居隱微之間　獨居之時，細微之事，尤應自警，勿以無人知曉而妄為也。《中庸》：「莫見乎隱，莫顯乎微，故君子慎其獨也。」

【語譯】黃龍慧南禪師說道：「舉凡人之或語或默、一動一止，若能自認為做到上不違背天理，外不坑騙世人，內不欺昧良心，這就可謂有所得了。然而還要注意在獨處之時、細微之事上，若能自我儆戒、謹慎從事，果能沒有絲毫欺瞞之心，這才真正可謂誠實無欺了。」

黃龍曰：「夫長老❶之職，乃道德之器❷。先聖建叢林、陳紀綱、立名位❸，選擇有道德衲子，命❹之曰長老者，將行其道德，非苟竊是名也。慈明先師❺嘗曰：『與其守道老死丘壑，不若行道領眾於叢林。』豈非善守長老之職者？則佛祖之道德存歟！」（〈與翠巖真書〉）

【章　旨】寺院長老應當以弘揚佛法、行道利生為職責，方能不辜負其名位。

【注　釋】❶長老　通常指年德俱高之僧人。禪林則稱住持之僧為長老。❷道德之器　弘揚道德之職事。器，指名位。❸先聖建叢林陳紀綱立名位　前代祖師建立禪院制度，訂出綱紀，確定各項職位。先聖，指百丈山懷海禪師，始創禪門規式，稱為百丈清規。❹命　名；命名。❺慈明先師　即宋代著名禪師石霜楚圓，卒謚曰慈明禪師。黃龍慧南、楊岐方會均出自他的門下，故云。

【語　譯】黃龍慧南禪師說道：「寺院長老之職事，乃是為了弘揚佛道而設置的。前代聖師創立禪林寺院，訂出綱紀儀軌，設置職位名號，選擇有道禪師而稱之為長老，是為了推廣佛法、弘揚道德，並不是為了讓人苟且獲得這一虛名。慈明先師曾經說過：『與其身懷道德而老死山溪溝壑之間，不如到寺院中率眾推行佛道。』這豈不是善能履行長老之職的態度嗎？若能如此，則佛祖之道德就可以長存不廢了！」

黃龍謂隱士潘延之❶曰：「聖賢之學，非造次可成❷，須在積累。積累之要，惟專與勤❸。屏絕嗜好❹，行之勿倦。然後擴而充之❺，可盡天下之妙。」（《龍山廣錄》）

【章　旨】學道必須專心致志，摒絕嗜好，不斷積累，方能有所成就。

【注釋】❶潘延之　名興嗣，自號清逸居士。他曾經被任命為德化縣尉，竟不赴任。問道於黃龍慧南，獲得印可。自稱是「清世之逸民」，並以為號。後來隱居於豫章東湖上，以琴書自娛。參見《羅湖野錄》卷二。❷聖賢之學二句　意謂聖賢之學說，非短期向學輕易可得。聖賢之學，此指佛家之真諦。佛門有三賢十聖之稱，以見道之人為聖者，鄰於聖為賢。造次，急遽之間。❸惟專與勤　在於專心與勤奮。惟，在。《劉子・專學》云「學者必精勤專心，以入於神」，與此意合。❹屏絕嗜好　革除對於世俗聲色的愛好。屏，排除，通「摒」。郭祥正《青山集》卷三載〈寄題洪州潘延之家園清逸樓〉云：「南昌城中潘令宅，清逸樓高二千尺。斜飛四角河漢躔，密排萬瓦鴛鴦碧。」又云：「豈如潘令逢昇平，倚欄一醉絃索鳴。紅綃燃蜜爛華星，玉人舞徹東方明。」據上述題詠，可知潘延之平日頗有聲色之嗜好，故黃龍此語乃有為而發。❺然後擴而充之　隨後以內心所證得之智慧，加以擴大而充實之。《孟子・公孫丑上》云：「凡有四端於我者，知皆擴而充之矣，若火之始然，泉之始達。」

【語譯】黃龍慧南禪師對辭官歸隱的潘延之說道：「聖賢的學說並不是短期輕易可以成就的，必須要不斷地積累。積累的關鍵，在於專心致志與勤修不懈。要革除聲色嗜慾，堅持修行不倦。然後將心中證得之般若智慧推廣充實，就可以盡得天下之妙道了。」

潘延之聞黃龍法道嚴密❶，因問其要。黃龍曰：「父嚴則子敬❷。今日之規訓，後日之模範也。譬治諸地，隆者下之，窪者平之。彼將登于千仞之山，吾亦與之俱；因而極於九淵之下，吾亦與之俱❸。伎之窮，妄之盡，彼將自休也」❹。又曰：「姁之嫗之，春夏所以生育也❺；霜之雪之，秋冬所以成熟也❻。吾欲無言，可乎？」（《林間錄》）

【章　旨】黃龍慧南傳授佛法，師道嚴密，使從學者虛妄盡除，以造就禪林未來的楷模。

【注　釋】❶黃龍法道嚴密　意謂慧南禪師傳授佛法，威嚴而周密。《林間錄》卷下云：「南禪師風度凝遠，人莫涯其量。故門下客多光明偉傑，名重叢林。有終身未嘗見其破顏者。」❷父嚴則子敬　嚴父在上，則其子謙恭謹慎。敬，恭謹。〈孝經序〉：「聖人知孝之可以教人也，因嚴以教敬。」❸彼將登于千仞之山四句　引導弟子體悟宇宙之廣闊與世事之淺深，比喻窮究佛理。《黃龍慧南禪師語錄續補》云：「登山須到頂，入海須到底。登山不到頂，不知宇宙之寬廣。入海不到底，不知滄溟之淺深。既知寬廣，又知淺深，一踏踏翻四大海，一摑摑倒須彌山。撒手到家人不識，雀噪鴉鳴柏樹間。」所喻與此相近，可互參。❹伎之窮三句　虛妄頓除，迷途知返，體悟真如，即得皈依。伎，技能。《黃龍慧南禪師語錄》中云「凡聖情盡，體露真常。但離妄緣，即如如佛」，即「自休」之義。❺姁之嫗之二句　春夏季節，陽光溫暖，和風細雨，養育了萬物，比喻以溫言諄諄教誨之。姁嫗，覆育，同「煦嫗」。❻霜之雪之二句　秋冬季節，霜雪嚴寒，萬物得以成熟。《春秋繁露．四時之副》云：「天之道，春暖以生，夏暑以養，秋清以殺，冬寒以藏。暖、暑、清、寒異氣而同功，此天之所以成歲也。」

【語　譯】潘延之聽說黃龍慧南傳授佛法，師道尊嚴而周密，於是便向他請教旨要。慧南禪師回答說：「父親嚴格教育則兒子立身謙恭。今天的規訓教誡，是為了造就以後的人生楷模。這就像整治土地一樣，將隆起的土坡挖低一些，將低窪的地方填平它。他將登上千仞的高山，我與他同在。他將沉潛到九淵之下，我也與他相隨。等他技能已窮，虛妄盡除，便自然皈依佛法真如了。」慧南禪師又說：「陽光明媚，暖風吹拂，所以春夏季節養育了萬物；嚴霜降臨，白雪紛飛，所以秋冬季節成熟了萬物。我若是不嚴格教誡，又怎麼可以呢？」

黃龍室中有三關語❶，衲子少契其機者❷。脫有詶對，惟斂目危坐，殊無可否❸。延之益扣之❹，黃龍曰：「已過關者，掉臂而去❺。從關吏問可否，此未透關者也❻。」（《林間錄》）

【章　旨】黃龍慧南用三關語接引前來參訪之僧眾，無論僧人回答正確與否，黃龍從不置評，而全憑來者自己領悟。

【注　釋】❶黃龍室中有三關語　慧南禪師對於前來參訪者，特設三問語以檢試其學禪的悟性，被禪林視為過三關。三問語第一曰：「人人盡有生緣，上座生緣在何處？」第二伸手問曰：「我手何似佛手？」第三垂腳問曰：「我腳何似驢腳？」❷衲子少契其機者　意謂前來參學的僧眾很少有人能明悟其中的機緣。契，符合。《黃龍慧南禪師語錄續補》云「三十餘年，示此三問，往往學者多不湊機」，與此意同。❸脫有詶對三句　參學者倘若有所對答，慧南禪師只是閉目正坐，而不評說答語是否正確。脫，或許；若。詶，通「酬」。《林間錄》卷上云：「南禪師居積翠時，以佛手、驢腳、生緣語問學者，答者甚眾，南公瞑目如入定，未嘗可否之。學者趨出，竟莫知其是非。」可參。❹延之益扣之　潘延之再三詢問之。潘延之，自號清逸居士，曾向慧南禪師問學。扣，請問。❺已過關者二句　已通關而過者會逕直而去，不會再向關吏提問。掉臂，表示不顧而去。❻從關吏問可

否二句　意謂已自悟者不必再作解釋，那些向關吏發問者皆未悟解，再加評說也無濟於事。透關，通過關卡。

【語　譯】黃龍慧南在禪堂接引前來參訪的僧眾，有所謂三關之語。僧人回答很少有能符合其機緣的。若當僧人答對時，慧南禪師只是閉著雙目，正襟危坐，並不表示回答得是否正確。潘延之就這件事多次請教，慧南禪師答道：「已經通關而過的人，自然會逕直前去，不會再提問了。那些向關吏提問可否的，都是未能過關的人。」

黃龍曰：「道如山，愈升而愈高❶；如地，愈行而愈遠。學者卑淺❷，盡其力而止耳。惟有志於道者，乃能窮其高遠❸，其他孰與❹焉？」（《記聞》）

【章　旨】佛道高遠莫測，常人只能盡力而止，唯有立志求佛者才能窮其奧妙之旨。

【注　釋】❶道如山二句　道之崇高有如山峰，愈攀登則愈覺其高峻。《荀子．勸學》曰：「不登高山，不知天之高也。」❷卑淺　卑下而浮淺。❸窮其高遠　精研、窮盡佛道高遠之旨意，而得之於心。❹與　參與。

【語　譯】黃龍慧南禪師說：「訪求佛道就像登山一樣，愈攀登則山愈高；又像在平地上行走，愈前行則路愈遠。尋常學道者平庸而浮淺，只能是盡其努力也就罷了。只有那些志在佛道者才能登高行遠，窮盡佛法的高深奧妙之旨。其他的人，誰又能夠做到呢？」

黃龍曰：「古之天地日月，猶今之天地日月；古之萬物性情，猶今之萬物性情。天地日月固無易也，萬物性情固無變也，道何為而獨變乎❶？嗟其未至者厭故悅新❷，捨此取彼，猶適越者不之南而之北❸，誠可謂異於人矣。然徒勞其心，苦其身，其志愈勤，其道愈遠矣❹。」（〈遁庵壁記〉）

【章　旨】離開古代禪祖指示的正途，從文字辯說求佛法、求禪悟者，猶如南轅北轍，其志愈勤，去道愈遠。

【注　釋】❶天地日月固無易也三句　漢董仲舒〈對策三〉云「道之大原出于天。天不變，道亦不變」，為此意所本。❷厭故悅新　昔日禪宗祖師以心傳心，重在力行體悟；新進之輩熱衷口舌辯說，忽略心性修證，故云。❸適越者不之南而之北　要前往越國，不是向南而是向北走，比喻從文字求禪悟者，與佛道愈來愈遠。慧南有〈示禪者〉偈曰：「南北不分，欺天罔地。說妙談玄，驢鳴狗吠。」與此意近，可參。❹其志愈勤二句　從事之愈是勤奮，距離佛道愈遠。《黃龍慧南禪師語錄》云：「古人看此月，今人看此月。如何古人心，難向今人說。古人求道內求心，求得心空道自親。今人求道外求聲，尋聲逐色轉勞神。勞神復勞神，顛倒何紛紛！」所指與此相同，可參讀。

【語　譯】黃龍慧南禪師說：「古代的天地日月，就是今天的天地日月；古代的萬物性情，就是今天的萬物性情。天地日月既然沒有改易，萬物性情既然沒有變化，為甚麼唯獨道要改變呢？可歎的是那些未能體悟佛法妙旨的人，他們喜新厭舊，離此正道而就彼邪徑，就好像要前往越國者不向南方卻朝北方走一樣。這真可說是與常人不同了。然而他們只是空自勞其心神，苦其身體，愈是勤奮努力，離開真正的佛道就愈遠了。」

黃龍謂英邵武❶曰：「志當歸一，久而勿退，他日必知妙道所歸❷。其或心存好惡，情縱邪僻❸，雖有志氣如古人，予終恐不得見其道矣。」

（〈壁記〉）

【章旨】學習佛法應該志向專一，久而勿退，要革除世俗邪僻之情，否則不能得道。

【注釋】❶英邵武　洪英禪師，邵武（今屬福建）人，黃龍慧南之法嗣，世稱「英邵武」。❷妙道所歸　佛道精妙之旨歸。所歸，指宗旨。❸情縱邪僻　放縱邪僻之情。邪僻，乖戾；不正。

【語譯】黃龍慧南禪師對英邵武說：「立志應當專一，堅持長久不懈，則必定有一天能體悟妙道之宗旨。若是留戀世俗榮利，心存好惡之意，放任邪僻之情，即使有取法古人的志氣，我恐怕他們終究是不能得道的。」

寶峰洪英禪師

【題 解】洪英禪師（西元一〇一二～一〇七〇年），邵武（今屬福建）陳氏之子。他自幼警敏，讀書一目五行。出家之後，前往黃檗山拜訪慧南禪師。慧南與之交談，夜語達旦，深受讚賞。慧南曾譽之云：「汝乃我家英雄，具正眼者，善自護持！」洪英禪師議論嘗傾四座，一時聲名籍籍。後來開堂說法於石門寺，久之遷洪州泐潭山寶峰禪院。世稱「英邵武」，又稱「泐潭洪英」。

洪英禪師繼承了黃龍慧南的宗風。他雖然善於議論，機鋒銳利，卻又反對禪僧沉浸在文字口舌的紛爭之中。他曾講法道：「問也無窮，答也無窮。問答去來，於道轉遠。」「言中取則，句裏馳求，語路尖新，機鋒捷疾，如斯見解，盡是埋沒宗旨，玷污先賢。於吾祖道，何曾夢見？」他接引前來參學者，在於啟發各自內心覺悟，嘗有偈云：「青山重疊疊，綠水響潺潺。未到懸崖處，抬頭仔細看。」又曾上堂云：「石門路險鐵關牢，舉目重重萬仞高。無角鐵牛衝得破，毗盧海內鼓波濤。」禪師之啟發自性，指示禪機，可以想見其為人。

洪英禪師對於禪林中不顧道德廉恥、追求權勢利益的種種現象經常表示譴責之意。他見禪寺內部紛爭不止，曾經當眾自責道：「領眾不肅，正坐無德，吾有愧黃龍（指慧南）！」他的這種嚴於律己的態度，受到後人的稱許。

有關寶峰洪英的事蹟，可參看《建中靖國續燈錄》（卷十二）、《禪林僧寶傳》（卷三〇）、《五燈會元》（卷十七）等書。

【校注】「青山重疊疊，綠水響潺潺。未到懸崖處，抬頭仔細看。」實功夫的過程很重要。這位禪師的看法，你到得了到不了「懸崖」，關鍵就在於你有沒有在這一整個各種各類的途程上，給予應有的領悟。「抬頭仔細看」，別老忙著，別只知道傻傻的一步連一步，很多時候，應該駐足的時候，要駐足四望，要看看腳下，也要看看天頂。「懸崖」，是禪人「喪失身命」之處，也就是泥佛遇上了水而金佛遇上了爐。

寶峰英和尚❶曰：「諸方老宿❷，批判先覺語言❸，拈提公案❹，猶如捧土培泰山❺，掬水沃東海❻。然彼豈賴此以為高深耶？觀其志在益之，而不自知非其當也❼。」（《廣錄》）

【章旨】評判先覺語言，拈提歷代公案，試圖藉此弘揚佛法，雖然志在補益，然而方法並不適當。

【注釋】❶寶峰英和尚　即英邵武，曾於泐潭山寶峰禪院弘法，故名。❷諸方老宿　各地禪寺之高僧大德。老宿，指老成有德的和尚。❸批判先覺語言　對於前輩禪師流傳下的話題加以解說、評判。批判，評論是非。先覺，指前輩僧人。❹拈提公案　舉說前代祖師之禪機故事、話題及行為範例，以啟發參學者的覺悟。拈，舉說公案並加以評說。公案，本指公府衙門之案例，禪門用以借指歷代相傳之機緣故事與話題。❺捧土培泰山　泰山極高，而捧土以培益之，是不必之舉也。《韓詩外傳》卷八：「臣譽仲尼，譬猶兩手捧土而附泰山，其無益亦明矣。」❻掬水沃東海　東海極深，而雙手捧水以澆之，亦不必之舉也。掬，兩手捧取。沃，澆灌。❼觀其

志在益之二句　意謂以思辨論說公案而求禪悟，雖然意在尊崇祖師，而已脫離以心印心之正途，故不足以倡導之。《五燈會元》卷十七載洪英禪師嘗云：「達磨西來，直指人心，見性成佛，不立文字語言，豈不是先聖方便之道？」所說與此意近，可參。

【語　譯】寶峰洪英禪師說：「各地禪林長老評論先輩祖師話題，舉說歷代相傳機緣公案，這就像以雙手捧土培益泰山、以雙手捧水去澆注東海一樣。泰山與東海難道靠著這一捧土、一掬水而有所增高或加深嗎？看來那些捧土培泰山、掬水澆東海的人們的用心在於對泰山、東海有所增益，而不知道此種行為其實並不適當啊。」

英邵武每見學者恣肆不懼因果，嘆息久之曰：「勞生如旅泊❶，住則隨緣，去則亡矣❷。彼所得能幾何？爾輩不識廉恥，干犯名分，汙瀆示教❸，乃至如是！大丈夫❹志在恢弘祖道，誘掖將來❺，不應私擅己欲❻，無所避忌，謀一身之禍，造萬劫之殃。三途地獄❼受苦者未是苦也，向袈裟下失卻人身❽實為苦也。」〈壁記〉

【章　旨】奉佛者應該努力弘揚祖道，不應貪求財利，汙瀆教義，不可向袈裟下失卻人身。

【注　釋】❶勞生如旅泊　人生辛勞，有如旅程中之漂泊不定。旅泊，行舟暫時停泊。蘇軾〈和子由澠池懷舊〉

詩云「人生到處何所似，應似飛鴻踏雪泥。泥上偶然留指爪，鴻飛那復計東西」，與此所云意近，可互參。❷住則隨緣二句　人生隨其因緣而暫時停留，一旦離去則蹤影全無。亡，無。《五燈會元》卷十六引天衣義懷語云「雁過長空，影沉寒水，雁無遺蹤之意，水無留影之心」，即此意。❸干犯名分二句　違背釋教之名分，有損佛門之教義。干犯，冒犯；觸犯。汙瀆，褻瀆。示教，指佛門垂示的教義。❹大丈夫　男子有非凡志氣之美稱。《孟子·滕文公下》：「富貴不能淫，貧賤不能移，威武不能屈，此之謂大丈夫。」❺誘掖將來　引導與扶持後學者。在前引導曰誘，在旁扶助曰掖。❻私擅己欲　專營一己之私欲。擅，專。❼三途地獄　死後入三惡道、下地獄之苦難。佛教以入地獄猛火所燒處為火途，以化為畜牲相食處為血途，以餓鬼遭刀劍逼迫處為刀途，總稱三途。❽向袈裟下失卻人身　身披袈裟，不積善德，來世化作畜生，受輪迴之苦。《古尊宿語錄》載雲庵真淨云：「出家沙門，清淨佛子，莫於袈裟下失卻人身。所以古人道：了即業障本來空，未了還須償夙債。」所云與此意同，可互參。

【語譯】洪英禪師看見學佛法者經常不守戒律，為所欲為，不怕因果報應的懲罰，他便長歎不已，並說道：「人生勞苦如在旅途中，就像行舟暫時停泊某地，住在一地則隨緣依止，離去之後則蹤跡全無。其人所得能有多少呢？你們不識廉恥，冒犯名分，褻瀆佛門教義，乃至於此！大丈夫應當決心弘揚佛祖之道，引導扶持後學之輩，不應專門追求滿足一己的私慾，為此無所忌憚。這種行徑只能招來一身的禍患，造下萬世不復的罪殃。在火途、血途、刀途地獄受苦還不算苦，此世既然身披袈裟，來世卻落得輪迴作畜牲去，那才真正是苦啊！」

英邵武謂晦堂❶曰：「凡稱善知識❷，助佛祖揚化，使衲子迴心向道，移風易俗，固非淺薄者之所能為。末法比丘❸不修道德，少有節義，往往苞苴骯髒❹，搖尾乞憐，追求聲利於權勢之門。一旦業盈福謝❺，天人厭之，玷汙正宗❻，為師友累，得不太息❼？」晦堂頷之。

【章　旨】比丘向權貴搖尾乞憐，是天人所厭，以其玷汙佛門之正宗也。

【注　釋】❶晦堂　祖心禪師，號晦堂，慧南之法嗣，與英邵武為同門師兄弟。❷善知識　指善於引導、幫助他人修習佛法之良師益友，用作對僧人信眾的美稱。知識為朋友之義。有三種善知識，能助人安心修道者為外護善知識，與人同修、相互切磋佛法者為同行善知識，能宣傳佛法、使人向善者為教授善知識。❸末法比丘　佛法衰微時代之僧徒。據《大悲經》載云：凡一佛出世，皆經歷正法千年，像法千年，末法萬年。末法時，有教而無行，更無證果者，佛法轉為衰微。❹苞苴骯髒　行賄受賄，行為卑鄙醜惡。苞苴，本為裹魚肉的草包，此指以財物行賄。骯髒，污穢不潔，指醜行。❺業盈福謝　惡業累積，福緣消褪。業，佛教指人的一切思想行為，此處側重指惡業。福，指人之壽考、康寧、吉慶如意事。❻玷汙正宗　污辱了禪宗正法。正宗，正法眼藏。❼太息　發聲長歎。

【語　譯】洪英禪師曾經對晦堂祖心說：「凡是被稱為善知識的人，就應輔助佛祖弘揚教化，使得僧眾超脫世俗，皈依佛門，移風易俗。這些，絕非淺薄之輩所能做到的。然而末世僧人不修道德，少有節義，他們往往行賄受賄，行為卑鄙，趨附奉承，搖尾乞憐，奔走於權勢者之門，以求取榮名與利益。待得一旦惡業滿盈，福德消盡，為天人所共棄，玷汙了禪宗正法，成為師友的負累，怎麼能不令人為之長歎息呢？」晦堂祖心聽到這番議論，不由得點頭表示贊同。

英邵武謂潘延之❶曰：「古之學者治心❷，今之學者治迹❸。然心與迹，相去霄壤❹矣。」

【章旨】學習禪法應致力於心性的修煉，而不追求外在的形跡。

【注釋】❶潘延之　名興嗣，自號清逸居士。曾問道於黃龍慧南，獲得印可。❷古之學者治心　古之奉佛習禪者，致力於內心體悟佛法。《六祖壇經．護法品》：「道由心悟，豈在坐也？」❸今之學者治迹　當今之習禪者專求形跡，忽視心性的修煉。治迹，即求形式、裝樣子。有形於外曰迹。《莊子．天運》：「今子之所言，猶迹也。夫迹，履之所出，而迹豈履哉！」❹霄壤　天地之隔。

【語譯】洪英禪師對潘延之說：「古代學禪者致力於修練心性，當今學禪者專重外在的形跡，然而覺悟自性與追求表現外在形跡，二者相距有如天地之隔。」

英邵武謂真淨文和尚❶曰：「物暴長者必夭折，功速成者必易壞❷。不推久長之計，而造卒成之功❸，皆非遠大之資。夫天地最靈，猶三載再閏，乃成其功，備其化❹。況大道之妙，豈倉卒而能辦哉？要在積功累德，故曰：欲速則不達❺，細行則不失❻。美成在久❼，遂有終身之謀。聖人云：『信以守之，敏以行之，忠以成之，事雖大而必濟❽。』昔喆侍者❾夜坐不睡，以圓木為枕。小睡則枕轉，覺而復起，安坐如故，率以為常。或謂用心太過，喆曰：『我於般若緣分素薄，若不刻苦勵志，恐為妄習所牽❿。況夢幻不真，安得為久長計？』予昔在湘西，目擊其操履如此。故叢林服其名，敬其德，而稱之。」（《靈源拾遺》）

【章　旨】佛法修煉不能指望倉促成功，必須逐漸積累功德，常年堅持不懈，乃至要有終身履踐的決心。

【注　釋】❶真淨文和尚　克文禪師，俗姓鄭，號雲庵，黃龍慧南之法嗣，與英邵武為同門師兄弟。❷物暴長者必夭折二句　暴長之物，必遭夭折；速成之功，必易毀壞。《後漢書・朱浮傳》：「夫物暴長者必夭折，功卒成者必亟壞。……天下非一時之用也，海內非一旦之功也。」❸卒成之功　急促、短期獲得成功。卒，通「猝」。❹猶三載再閏三句　中國農曆，凡三年乃有一閏月，以定四時節氣，而合於農時。《尚書・堯典》：「以閏月定四時成歲。」傳曰：「一歲有餘十二日，未盈三歲，足得一月，則置閏焉，以定四時之氣節，成一歲之曆象。」

❺欲速則不達　欲求某事迅速取得成功則必然急遽無序，反而難以達成目標。《論語・子路》：「無欲速，無見小利。欲速則不達，見小利則大事不成。」❻細行則不失　凡事從細小處認真去做，就不會有所失誤。《禮記・禮運》：「並行而不繆，細行而不失。」❼美成在久　做成一件美事需要長期努力，自然而成。《莊子・人間世》：「美成在久，惡成不及改，可不慎與？」❽信以守之四句　講究信義操守，行事敏達，忠誠無私，則雖是大事亦必能成功。《左傳》成公九年載范文子曰：「仁以接事，信以守之，忠以成之，敏以行之，事雖大必濟。」❾喆侍者　慕喆禪師，撫州臨川聞氏子，為翠巖可真之法嗣。謝師直任潭州知州時，迎住大溈山禪寺，有盛名。侍者，在佛左右侍陪者，用作對佛僧的尊稱。❿為妄習所牽　受五蘊妄心妄念所誘惑。妄習，虛妄不實之習性。

【語　譯】洪英禪師對真淨克文和尚說：「暴長之物必然夭折，速成之功必易毀壞。不從事長久之計，而追求短期獲得成功，這都不是經營遠大的基礎。天地最有靈氣，還要經歷三載設一閏月，才能使四時成歲，使得萬物自然繁衍生長。況且佛法精妙，豈是倉促之間能夠修煉成功的？關鍵是要積累功德。所以古人說：想要急速成功則不達，從細小處實行就不會失誤。成就一件好事需要長久努力，乃至要有終身堅持不懈的計畫。古代聖人說：『以誠信的精神堅守之，以敏達的態度履行之，以忠厚的原則成就之，即使是大事也一定能實現目標。』從前慕喆禪師經常夜坐不睡，他用一段圓木當作枕頭。每當稍稍睡著一會兒，圓木一滾動，他便醒了，又起身像原來一樣打坐。常年堅持如此。有人認為他用心修煉，太過份了。慕喆禪師回答說：『對於體悟般若智慧，我一向資質淺薄。若不刻苦磨勵志氣，恐怕會受到五蘊妄心的干擾。況且睡夢之中虛幻不真，何必要睡那麼長呢？』我從前在湘西，親眼看到他堅持如此行事。所以禪林之間佩服他的聲名，尊重他的道德，而頌揚稱許他的事蹟。」

真淨克文禪師

【題　解】克文禪師（西元一〇二五～一一〇二年），陝府閿鄉（今河南靈寶境）鄭氏子。幼孤，後遊學四方，師事復州北塔院思廣禪師。二十五歲時剃髮受具足戒。克文博通內外之學，曾自設為主客，講演佛門奧義，名聞京洛，世人目為飽參之僧。當時慧南禪師在黃檗積翠庵，克文往訪，得嗣其法。曾住江西聖壽、洞山兩寺十二年。後遷隆興府寶峰寺，《五燈會元》因而稱為「寶峰克文」。元豐八年，東遊至金陵。當時王安石罷相退居於此，聞克文至，乃倒屣出迎，與之交談，稱賞不已。王安石並施捨所住宅第為保寧禪寺，延請克文為開山祖師。又將克文之道行上奏朝廷，神宗詔賜真淨禪師之號。後歸高安庵於九峰之下，名曰投老。晚年退居雲庵，並以之為號。

真淨克文的禪法，著力於啟發人的自性。他在洞山寺說法時，曾稱：「洞山門下，無佛法與人，祇有一口劍。凡是來者，一一斬斷，使伊性命不存，見聞俱泯，卻向父母未生前與伊相見。」又婉轉比喻說：「洞山門下，有時和泥合水，有時壁立千仞。」「不要你識洞山，但識得自己也得。」他認為若得自心領悟之後，「自心變化，把得便用，莫問是非」，如此則「一一天真，一一明妙，一一如蓮華不著水」。他又批評禪林之弊說：「如今學者多不信自心，不悟自心，不得自心明妙受用，不得自心安樂解脫。心外妄有禪道，妄立奇特，妄生取捨，縱修行，落外道二乘禪寂斷見境界。」克文之禪風，可以想見。

真淨克文雖然是黃龍慧南的弟子，而對禪理的領悟與解說則多憑自心。《林間錄》贊云：「（克文）樂說無礙之辯，答則出人意表，問則學者喪氣，蓋無師自然之智，非世智可當。真一代法施主也。」他深受王安石的敬仰佩服，卻又不戀繁華，「掉頭不顧，甘自放於萬壑千巖之間」。他的行為風範，受到禪林的廣泛讚譽。

有《雲庵真淨禪師語錄》傳世。有關克文禪師的事蹟，可參看《禪林僧寶傳》（卷二三）、《五燈會元》（卷十七）及《林間錄》等書。

真淨文和尚久參黃龍，初有不出人前之言❶。後受洞山請❷，道過西山，訪香城順和尚❸。順戲之曰：「諸葛昔年稱隱者，茅廬堅請出山來❹。松華若也沾春力，根在深岩也著開❺。」真淨謝而退。（《順語錄》）

【章　旨】真淨克文道德高邁，名重一時，雖有隱逸的初衷，終因受人之請而出世傳法。

【注　釋】❶初有不出人前之言　意謂真淨文和尚初有不欲出世與人為師之意。《石門文字禪》二六〈題靈源門榜〉云：「靈源初不願出世，隄岸甚牢，張無盡（商英）奉使江西，屢致之不可。」❷受洞山請　受邀請住持洞山禪院。據載云：筠州太守請克文和尚住持聖壽寺，當時克文正在陳氏家，見使者持書函來，便逃遁而去。筠州太守乃拘押同席數十人，必得克文而後已。克文無奈，方受命赴聖壽寺弘法，不久移居洞山普和禪院。見〈雲庵真淨和尚行狀〉。❸香城順和尚　西山香城景順禪寺，蜀州人。《古尊宿語錄》四五載有克文〈寄香城順禪師〉詩，即此人。❹諸葛昔年稱隱者二句　諸葛亮，字孔明，躬耕隆中，不求聞達。劉備三顧茅廬，諸葛亮乃出山，拜為軍師。見《三國志・蜀書・諸葛亮傳》。❺松華若也沾春力二句　深山之松，遇三月春光亦得開花。華，通「花」。此以深山松樹逢春開花比喻克文禪師出世為住持之意。

【語　譯】克文和尚追隨黃龍慧南，在其門下參學已有多年。開始時他曾經說過不想出世住持寺院的話。後來受到邀請，出任洞山禪院的住持，前往赴任途中經過西山，拜訪香城景順禪師。景順與之戲笑，作詩說：「諸葛孔明當年被稱為隱士，劉備三顧茅廬請他出山來。松樹感受著春天的溫暖，即使在深山中也將松花綻開。」真淨克文聽後，便向他表示謝意而退去。

【校　注】「諸葛昔年稱隱者，茅廬堅請出山來。松華若也沾春力，根在深岩也著開。」圓明法性本來清淨在五蘊中，這裏叫做「隱者」。只要心向堅，心地誠，「隱者」還是出來了。浩浩「春天」包舉保全了大千一切草木，「松華」哪得不沾上？只在他明白得或者不明白那些日子才是大好春天而已！而只要他一剎那間認得，那麼一剎間的春天之力，正如金剛閃處，綻出春雷。「根在深岩也著開」，「著」，使令的意思，是個動詞。徹證的解脫漢，明朗的容顏，禪宗的實功夫，本來就要從根本無明黑桶中起身行步的，若還有一絲黑地，即是還未到得家來。實功夫不動處，盈宇宙皆動，「深岩」也動，也開花。

真淨舉廣道者❶住五峰❷，與議廣疏拙無應世才❸。逮廣住持，精以治己，寬以臨眾，未幾百廢具舉。衲子往來競爭喧傳❹，真淨聞之曰：「學者何易毀譽邪？予每見叢林竊議曰：那個長老行道安眾，那個長老不侵用常住❺，與眾同甘苦。夫稱善知識，為一寺之主，行道安眾、不侵常住、與眾甘苦，固當為之，又何足道？如士大夫做官，為國安民，乃曰：『我不受賦、不擾民。』且不受賦、不擾民，豈分外事耶？」（《山堂小參》）

【章　旨】寺院長老弘揚佛法，安頓眾僧，不侵用寺院財物，與眾同甘共苦，皆屬當然之事，不值得特別加以稱許。

【注　釋】❶廣道者　希廣禪師，西蜀梓州人，真淨克文之法嗣。住九峰，為禪林宗仰。道者，奉佛修道者，是對僧人的美稱。❷五峰　疑當作「九峰」，在瑞州境。參見《五燈會元》卷十七。❸輿議廣疏拙句　禪林傳言，謂希廣稟性仁慈愛物，處世疏闊樸拙，不注意尋常小事，無應世之才幹。《大慧宗門武庫》云：「廣道者，梓州人，叢林號廣無心。」❹衲子往來競爭喧傳　僧眾紛紛來去，競相稱許傳說希廣禪師的好處。喧傳，眾口相傳。❺不侵用常住　不侵吞、多佔寺院的財物。凡寺院之房舍、田地、財物等均稱常住物，省稱常住。

【語　譯】真淨克文推薦希廣和尚為九峰山禪院住持。當時僧眾議論，說希廣為人疏放樸拙，缺乏應付料理世事的才幹。等希廣到任主持九峰寺院後，他要求自己甚是嚴格，對待僧眾卻很寬容，不久便百廢俱興。僧眾往來寺院間，紛紛傳揚稱道他的好處。真淨克文聽到後，便說：「學禪的人怎麼能輕易毀譽呢？我時常聽見禪林僧眾私下議論說：哪個長老能夠弘揚佛法，能夠安頓僧眾，哪個長老不侵用寺院財物，能與大家同甘共苦。長老被人稱為佛門之中的善知識，擔任一寺住持之責，弘法安眾、不侵佔寺院財物、與大家同甘共苦，這本是應該做的。又有甚麼值得特別稱道的呢？就好像士大夫做官，職責就在於為國安民。如果其中有人說：『我不貪贓受賄、我不侵擾百姓。』那麼就要問：不貪贓受賄、不侵擾百姓，難道是份外之事嗎？」

真淨住歸宗❶，每歲化主納疏，布帛雲委❷。真淨視之顰蹙❸，已而嘆曰：「信心膏血❹，予慚無德，何以克當❺？」（《李商老日涉記》）

【章旨】各方奉獻的財物，皆出自信徒奉佛的誠心，為施主血汗所換得，寺院長老應當珍惜。

【注釋】❶歸宗　寺院名，在廬山。真淨克文有〈住廬山歸宗語錄〉，見《古尊宿語錄》四三。❷每歲化主納疏二句　每年各地勸化所得布施之糧食、布帛極多，堆積如山。化主，指勸說信徒布施以供養三寶者。雲委，堆積入雲。❸顰蹙　眉頭緊皺之貌。蹙，額皺縮。❹信心膏血　意謂所有財物，均出自信眾尊奉佛祖之心，為施主之膏血。《古尊宿語錄》四三載云：長安化主歸，真淨克文上堂曰：「大眾：一兩絲、一匹絹，一一盡從蠶口現，口中吐出濟人間。衲僧如何從不薦？若也薦，家家門裏含元殿。」與此意近，可參看。❺何以克當　怎能承受、擔當得起。克，能。

【語譯】真淨克文住廬山歸宗寺時，每年化主還山交納各地化緣所得的財物，錢穀布帛堆積如山。真淨見後，緊皺眉頭歎氣說：「這些都是出自施主的誠心，是他們的血汗所換來的。我自感慚愧，有何德行，怎麼能夠擔當得起檀越這般的誠心厚意呢？」

真淨曰：「末法比丘❶，鮮❷有節義。每見其高談闊論，自謂人莫能及。逮乎一飯之惠，則始異而終輔之，先毀而後譽之❸。求其是曰是，非曰非，中正而不隱者❹，少矣。」（〈壁記〉）

【章旨】學禪者應該存心中正、堅持節義，不應有隱諱、偏私之邪念。

【注釋】❶末法比丘　末法時之僧人。末法，佛法衰微之時代，此時有教而無行，更無證得佛果者。❷鮮　少。❸先毀而後譽之　先是指斥責難，後則讚美稱讚其人。毀，誹謗。❹中正而不隱者　立身端正，不倚不靠。隱，倚靠。

【語譯】真淨克文禪師說道：「末法世之僧人，少見有堅守節義的。時常見到那種高談闊論的僧人，自以為別人都不如自己。然而等到受人一飯之施，就改變了態度。始則格格不入，終則相輔相助。先是加以誹謗，隨後又滿口讚譽。如若要求是者說是，非則說非，能做到立身中正、言不倚曲的僧人，那真是太少了。」

真淨曰：「比丘之法，受用不宜豐滿，豐滿則溢❶。稱意之事不可多謀，多謀終敗。將有成之，必有壞之。予見黃龍先師❷應世❸四十年，語默動靜，未嘗以顏色禮貌文才，牢籠當世衲子❹。唯確有見地，履實踐真者，委曲成褫之❺。其慎重真得古人體裁❻，諸方罕有倫比。故今日臨眾，無不取法。」（《日涉記》）

【章　旨】禪僧之處世規範，應該慎重而不貪得，真實而不浮誇，在這方面慧南先師作出了榜樣。

【注　釋】❶豐滿則溢　過於豐滿，則流蕩而出。溢，此處有驕奢、自滿之意。❷黃龍先師　指慧南禪師，石霜楚圓之法嗣，長期在江西黃龍山弘法，法席盛於一時，成就臨濟宗下黃龍一派。❸應世　應世間眾生之機緣而說法，即應化利生之意。❹未嘗以顏色禮貌文才二句　意謂黃龍慧南對於前來參學、富有文才之禪僧，從未曲意示以顏色、格外禮遇，以籠絡其心。牢籠，籠絡，使歸依於己。《林間錄》卷下載云：「南禪師風度凝遠，……有終身未嘗見其破顏者。」❺委曲成褫之　多方面施以方便，促其成功。褫，疑當作「禠」，形近而訛。禠，福也。❻體裁　體制；風格。

【語　譯】真淨克文禪師說：「僧人處世的法則，日常待遇受用不應過於豐厚滿足，過於滿足就容易萌生輕浮驕慢之心。私心快意之事不可多想，若是經常謀劃、貪求務得則終將失敗。任何事物有助其成功的，亦必有使之敗壞的。我曾親見黃龍慧南先師接應化導世人四十年，無論接談還是寂默、一動或者一靜，從來不以顏色禮遇曲意取悅文才之士，不藉此籠絡當世之僧眾。唯有對那些確有見識，並且真實修證者，才多方面加以幫助，以助其成功。黃龍先師待人之慎重，真正具備了古人風範，各地禪林少有能夠與之相比擬者。所以我現在對待僧眾，無不以黃龍先師為效法的榜樣。」

真淨住建康保寧❶，舒王❷齋䞋素縑❸，因問侍僧：「此何物？」對曰：「紡絲羅❹。」真淨曰：「何用？」侍僧曰：「堪做袈裟。」真淨指所衣布伽黎❺，曰：「我尋常披此，見者亦不甚嫌惡。」即令送庫司估賣供眾，其不事服飾如此。（《日涉記》）

【章旨】真淨克文將王安石施捨的白絲羅送庫司變賣，以所得供養僧眾，其崇尚樸素、不事華飾如此。

【注釋】❶保寧　「保」當作「報」。元豐七年，王安石有疾，宋神宗派遣國醫診視之。既愈，王安石乃施捨金陵所居故宅為僧寺，並由神宗賜額報寧禪寺，請真淨克文為住持。由東門至蔣山，此為半道，故以半山為名，又名半山寺。見〈乞以所居園屋為僧寺並乞賜額劄子〉及〈詔以所居園屋為僧寺及賜寺額謝表〉。❷舒王　即王安石，宋徽宗時追贈為舒王。《宋人軼事彙編》卷十引《程史》云：「王荊公封舒王，配享宣聖廟，……與顏子為對，其婿蔡元度實主之。」❸齋嚫素縑　以素絹為施捨。嚫，贈與；施捨。❹紡絲羅　一種質地細軟、經緯有椒眼紋的絲製品。❺布伽黎　布製的袈裟。伽黎，即僧伽梨，又名雜碎衣，是以九條布縫製而成的僧衣。

【語　譯】真淨克文禪師住持金陵報寧寺時，某次舒王王安石施捨素色絹羅一匹。克文禪師問侍候的僧人：「此是何物？」僧人回答道：「是紡絲羅。」克文禪師又問：「它有何用處？」僧人回答：「可以用來縫製袈裟。」克文禪師便指著自己所穿的布製袈裟說道：「我平時穿著這件雜碎衣，來見者亦並未覺得有甚麼不好。」他當即吩咐主管僧人將紡絲羅估價變賣，以所得供給寺中僧眾的日常費用。克文禪師不講究服飾的華麗，就是如此。

真淨謂舒王曰：「日用是處力行之❶，非則固止之，不應以難易移其志。苟以今日之難，掉頭弗顧❷，安知他日不難於今日乎？」（《日涉記》）

【章　旨】一切行為舉措都應以是非作取捨的原則，而不應以難易而改變決心。

【注　釋】❶日用是處力行之　日常作為，凡屬正確的便去努力實行。日用，平時；日常。❷掉頭弗顧　因為困難，轉身回頭而離去。

【語　譯】真淨克文禪師對舒王王安石說：「日常所為之事，凡是符合道理的就應該大力推行，凡是與道理相違背的就應該堅決制止，不應以執行的困難與否而改變原有的打算。如果因為眼前之事存在困難便掉頭不顧，放棄努力，又怎麼知道將來之事不比眼前更困難呢？」

真淨聞一方有道之士化去❶，惻然❷嘆息，至於泣涕。時湛堂❸為侍者，乃曰：「物生天地間，一兆形質❹，枯死殘蠹似不可逃❺，何苦自傷？」真淨曰：「法門之興，賴有德者振之，今皆亡矣。叢林衰替，用此可卜。」（《日涉記》）

【章　旨】佛門興盛，有賴各地高僧共同的奮發努力。所以每逢高僧謝世，真淨克文便為之歎息落淚。

【注　釋】❶一方有道之士化去　弘法一方之高僧去世。有道之士，此指高僧大德。❷惻然　憂傷；悲痛。❸湛堂　文準禪師，興元府梁氏子，追隨真淨克文十年，得承法嗣。初開法雲巖，後遷泐潭，號湛堂。❹一兆形質　一旦有了形體。兆，表現形狀。❺枯死殘蠹似不可逃　有形之物，終有敗殘消亡之結局。蠹，遭蟲蛀蝕損壞。

【語　譯】真淨克文禪師每當聽到一方有道高僧去世，總是憂傷歎息，以至於飲泣落淚。當時湛堂文準為侍者，便說：「凡物生在天地之間，一旦有此形體，諸如枯萎、傷殘、蠹損、死亡之事，似乎不可逃脫。何苦為此而自己感傷呢？」克文禪師答道：「佛門之興盛，要依靠各地有德高僧的奮發努力。如今他們紛紛謝世，禪林將要衰落便由此可知了。」

卷二

湛堂文準禪師

【題解】文準禪師（西元一〇六一～一一一五年），興元府（今陝西漢中）梁氏子。他八歲時即辭別父母，前往佛寺讀經，並出家受具足戒。後往九峰山投老庵追隨真淨克文禪師十年，所至必隨。據載他因讀諸葛亮〈出師表〉，豁然開悟，凝滯頓釋，得承真淨克文法嗣。應請開法於雲巖，不久後移居洪州泐潭，故又稱「泐潭文準」。

文準禪師出世說法之時，禪林風氣漸趨頹敗，一般僧人多「以飲食為宗，以軟暖為嗜好，以機緣為戲論」（〈泐潭準禪師行狀〉）。為了糾正這種浮淺虛妄之風，文準乃從兩方面著手。一方面，他繼續提倡禪悟：上堂說法云「大道縱橫，觸事現成，雲開日出，山綠水青」，這是宣傳禪宗「一切現成」的宗旨；又說「家家有路透長安」，這是啟發各人自心的覺悟。另一方面，他又根據現實的需要，努力融合儒道之說。他曾宣傳「君子務本，本立而道生。道生一，一生二，二生三，三生萬物」，又說「有道德者樂於眾，……義之所在，天下孰不歸焉」。總之，在文準禪師那裏，釋道儒三家是各有取捨、配合成說以施教化的。

文準禪師說法，形式活潑而饒有詩意。有人請教祖師禪法大意，他答云「煙村三月裏，別是一家春」。又當有人請教「如何是向上一路」，他乃答云「行到水窮處，坐看雲起時」。又曾經上堂說法：「古人道，不看經，不念佛，看經念佛是何物？自從識得轉經人，龍藏聖賢都一拂。」他經常在意象豐茂的講法中，多方啟迪僧眾的思考，引發聽眾生動的感受與般若智慧。

湛堂文準的生平事蹟，載於《五燈會元》（卷十七）、《僧寶正續傳》（卷二）。又慧洪《石門文字禪》（卷十九、三〇），載有〈寶峰準禪師贊〉及〈泐潭準禪師行狀〉，可參看。

湛堂準和尚初參真淨❶，常炙燈❷帳中看讀。真淨呵曰：「所謂學者，求治心也❸。學雖多而心不治，縱學而奚益？而況百家異學❹，如山之高、海之深，子若為盡之❺？今棄本逐末，如賤使貴❻，恐妨道業。直須杜絕諸緣，當求妙悟。他日觀之，如推門入臼❼，故不難矣。」湛堂即時屏去所習，專注禪觀❽。一日聞衲子讀諸葛孔明〈出師表〉，豁然開悟❾，凝滯頓釋。辯才無礙❿，在流輩中鮮有過者。

【章　旨】學禪之要在於治心求悟，倘若未能證悟自心，只是埋頭百家異學書籍之中，猶如算沙徒困，終究無益。

【注　釋】❶真淨　克文禪師，陝府鄭氏子，黃龍慧南之法嗣，湛堂文準之師。號雲庵，賜號真淨。❷炙燈　點燃油燈。❸所謂學者二句　被稱為學禪者，其要在求得治心，即明心見性。治心，治理其心。❹百家異學　泛指世俗的各家學說與典籍。異學，指佛教外的典籍，亦即外典。❺若為盡之　如何能夠窮盡它。若，怎樣。疑問詞。❻如賤使貴　意謂佛法使人明心頓悟，其說精妙，能得無上菩提，反棄而不修；百家異學本為外典，而孜孜以求之，攻讀不已。此種做法，猶如以下賤者為主人、以高貴者為奴僕，上下顛倒錯置。❼推門入臼　以門扇推入臼坑中，自然而便利。臼，托住門扇轉軸的墩子，以木或石料製成。❽專注禪觀　專心觀照，以證悟佛法。坐禪觀想，體悟佛理，謂之禪觀。❾一日聞衲子讀諸葛孔明出師表二句　據載某日僧人讀〈出師表〉至「宮中府中，俱為一體」時，文準師遂豁然開悟，平日胸中凝結積滯之物，頓然冰釋。《文選》卷三七云：諸葛亮，字孔明。劉備即帝位，拜為丞相。建興五年（西元二二七年），諸葛亮率軍北駐漢中，臨出發前上〈出師表〉。❿辯才無礙　善於巧說佛義，而無所阻滯。據《宗門武庫》載云：「湛堂準和尚因讀孔明〈出師表〉，悟得做文章。」文準〈水磨記〉云：「其可教者語言糟粕也，非心之至妙。其至妙之心在我，不在文字語言也。縱有明師密授，不如心之自得。故曰：得之於心，應之於手，皆靈然心法之妙用也。」文準師之辯才無礙，當由此種意趣所啟發。

【語　譯】湛堂文準初開始追隨真淨克文禪師參學時，他時常點起燈在帳中讀書。克文禪師看見後，呵責他道：「所謂學禪者，就是要治理其心，體悟佛性。學問雖多卻不能證悟自心，讀書再多又有何用？況且佛門之外，各家諸派的學說典籍，如同山高，如同海深。你怎麼能讀完所有那些書呢？現在你廢棄了佛學之本，去追求異學之末，就好像用卑賤者去主宰、役使尊貴者一樣。這樣恐怕會妨礙你修證佛法。你必須完全杜絕世俗之妄緣，一心追求自心妙悟。將來終有一天證得佛法如在眼前，好似將門軸推入臼坑中一樣，自在開合也就不難了。」文準聽了真淨克文禪師的教導，當即撤除平日所讀的外典書籍，專心坐禪，修證佛法。有一天，有僧人誦讀諸葛亮的〈出師表〉，文準聽後便豁然開悟，平時積滯心中的疑惑頓時化解消釋。從此他講說佛法妙義便縱橫自如，無所滯礙了。在同輩之中，很少有能超過他的。

湛堂曰：「有道德者樂於眾❶，無道德者樂於身。樂於眾者長，樂於身者亡。今稱住持者，多以好惡臨眾，故眾人拂之❷。求其好而知其惡、惡而知其好者，鮮矣。故曰：與眾同憂樂、同好惡❸者，義也。義之所在，天下孰不歸焉？」（二事瀨可《贅疣集》）

【章旨】寺院住持應與僧眾共憂樂、同好惡，而不應以一己之好惡為轉移，這才符合至公至正之原則。

【注釋】❶有道德者樂於眾　有道德者，以眾人之樂為樂，與眾同享歡樂。《孟子・梁惠王下》：「樂以天下，憂以天下，然而不王者，未之有也。」❷多以好惡臨眾二句　多以個人一己之好惡，決斷眾人之事，因此僧眾心中不服。惡，厭恨。拂，逆；反對。❸同憂樂同好惡　舊注云：寒暑饑渴，眾所同憂；安逸飽暖，眾所同樂；道德仁義，眾所同好；殘忍刻薄，眾所同惡。所說可參考。

【語譯】湛堂文準禪師說：「有道德者與眾人同享安樂，無道德者只圖自己一身的安樂。與眾同享者其安樂可得長久，只圖利己者其享樂不能長久。當今之世的寺院住持，他們大多以自己個人的好惡來對待僧眾之事，所以大家不服從他們。如果自己喜愛時同時又知道有人厭惡，自己厭惡時又知道有人喜愛，像這樣明理的住持已經很少了。所以說：能與眾人共憂樂、同好惡，這就是義的表現。義所在之處，天下誰能不歸向呢？」

湛堂曰：「道者，古今正權❶。善弘道者，要在變通。不知變者，拘文執教，滯相殢情❷，此皆不達權變。故僧問趙州❸：『萬法歸一，一歸何處？』州云：『我在青州做領布衫重七斤。』❹謂古人不達權變，能若是之酬酢❺？聖人云：『幽谷無私，遂致斯響。洪鐘虛受，扣無不應❻。』是知通方上士❼，將返常合道，不守一而不應變也。」（〈與李商老書〉）

【章　旨】弘揚佛法，貴在通達權變，應機施教，而不能拘執文字，固滯名相。

【注　釋】❶道者古今正權　謂道主宰天地，化生萬物，是判定萬物是非之標準。《荀子・正名》曰：「道者，古今之正權也。」❷拘文執教二句　拘泥文字公案，囿於言教，或者固執物相，困於識情，不能把握佛理之妙諦。殢，滯留；磨蹭。❸趙州　從諗禪師，唐代著名僧人，曾應請住趙州觀音院弘法，大揚玄風，其法語遍布天下，如「趙州勘婆」、「狗子佛性」、「庭前柏樹」等，皆膾炙人口，世稱趙州古佛。卒諡真際大師。有《趙州真際語錄》傳世。❹萬法歸一四句　此為禪林著名公案。雪竇重顯頌古云：「編辟曾挨老古錐，七斤衫重幾人知？如今拋擲西湖裏，下載清風付與誰？」按：此乃趙州從諗禪師為了應機方便，以無義之語為人去縛解粘之用，不可以文字思量解會。❺酬酢　本指宴會上主客之間相互敬酒，引申為應對酬答。主答客曰酬，客敬主曰酢。❻幽谷無私四句　幽谷空曠無物，所以能發出巨大迴響；洪鐘中心虛無，所以敲擊無不發聲。四句隱喻佛法空淨，包容廣大，凡有來問，則無不應機垂示，接引眾生。虛，原本作「簴」。詳上下文意，「虛受」與「無私」相對，此處乃因形近而訛。梁王屮〈頭陀寺碑文〉云：「夫幽谷無私，有至斯響；洪鐘虛受，無來不應。……況法身圓對，規矩冥立。一音稱物，宮商潛運。是以如來利見迦維，託生王室。」與此意近，可互參。❼通方上士　通曉道術之高士。通方，又有靈活變通之意。《漢書・韓安國傳》：「通方之士，不可以文亂。」

【語　譯】湛堂文準禪師說：「道是判定天下萬物輕重是非的正確標準。善於弘揚佛道的人，關鍵在於變通。若不知變通，拘泥文字，執著言教，凝滯名相，困於識情，這些都是不明權變的表現。所以當有僧人問趙州從諗禪師：『萬法歸一，一歸何處？』從諗禪師便答道：『我在青州縫製了一件布衫，重七斤。』如果古代高僧不懂通權達變之理，能這樣回答問題嗎？古代聖人曾經說過：幽深的山谷空曠無物，所以能發出巨大的迴響；高懸的洪鐘中心虛空，所以叩擊則無不有聲。由此可知通達明道之士，他們要使萬物返歸永恆的佛法，就決不會執守一端而不隨機應變的。」

湛堂曰：「學者求友，須是可為師者。時中長懷尊敬，作事取法，期有所益❶。或智識差❷勝於我，亦可相從，警所未逮❸。萬一與我相似，則不如無也❹。」（《寶峰實錄》）

【章旨】學禪者應當尋求可以為師者相交往，以便時時取法，獲得補益，否則不如不交。

【注釋】❶期有所益　期望能得教益。期，希望。❷差　略微；稍。❸警所未逮　未及之處，能警戒自己。❹萬一與我相似二句　《禪林寶訓筆說》引古德云：「選擇良朋要老成，不如己者莫同盟。譬如水入污泥去，縱若清兮也未清。」所說與此意同，可互參。

【語譯】湛堂文準禪師說：「學習禪法者結交朋友，應當尋求那種可以與己為師的人。如此則平日心中長懷尊敬之情，立身行事可以作為學習的楷模，希望對自己有所教益。或者其人智慧見識稍勝於己，也可以追隨交游，以便不及之處能警醒自己。如果其人與我相似，這樣的友人則不如不交。」

湛堂曰：「祖庭秋晚❶，林下人不為囂浮者❷，固自難得。昔真如住智海❸，嘗言：『在湘西道吾❹時，眾雖不多，猶有老衲數輩履踐此道。自大溈❺來此，不下九百僧，無七五人會我說話❻。予以是知得人不在眾多也。』」(《實錄》)

【章旨】慨歎好僧難得，然更堅持在質不在量。

【注釋】❶祖庭秋晚　禪林衰秋，佛道凋零。祖庭，佛祖之門庭，指佛門。❷林下人不為囂浮者　指不受喧鬧、浮躁風氣所染、安心禪修之僧人。林下人，指在山林寺中習禪的僧徒。❸真如住智海　宋哲宗紹聖元年（西元一〇九四年），朝廷詔命真如慕喆住大相國寺智海禪院。見《禪林僧寶傳》卷二五。❹道吾　潭州禪寺名，可真曾說法於此。❺大溈　大溈山密印寺，唐代靈祐禪師創建，成為禪門溈仰宗祖庭。真如慕喆曾住持說法於此寺。❻會我說話　能領悟、理解真如慕喆之法語。會，領會；悟得。

【語譯】湛堂文準禪師說：「佛祖大法傳之於今，如同衰秋晚暮時節，山林禪僧中不為喧囂浮躁風氣所動的人，確實難能可貴。從前真如慕喆禪師應詔住智海禪院時，曾經說道：『我在湘西道吾寺時，僧眾雖然不多，總還有幾位老成和尚認真履行佛道。從大溈山遷來智海禪院後，此處僧眾不下九百之多，然而其中卻沒有幾個人懂得我所傳授的禪法大意。由此可見，禪寺得人貴在真實修行，而不在於人數之眾多。』」

湛堂曰：「惟人履行，不可以一詶一詰固能盡知❶。蓋口舌辯利者，事或未可信；辭語拙訥者，理或不可窮❷。雖窮其辭，恐未窮其理；能服其口，恐未服其心。惟人難知，聖人所病❸。況近世衲子，聰明不務通物情，視聽多只伺過隙❹。與眾違欲❺，與道乖方。相尚以欺，相冒以詐❻。使佛祖之道，靡靡❼而愈薄，殆不可捄❽矣。」（〈答魯直書〉）

【章旨】近世僧人有的心懷欺詐，而口舌辯利；有的不擅言語，卻合於佛理。所以不可僅以一番言辭對答，來判斷人品之高下。

【注釋】❶不可以一詶一詰句　意謂不可在一次言談應答之間，完全了解一個人的履行節操。詶，答。通「酬」。詰，問。❷辭語拙訥者二句　意謂其人雖然口舌笨拙，而所言所行皆合於理，故不可以使之屈服。窮，指屈於理。❸惟人難知聖人所病　意謂認清人的真實面目，對於聖哲也是困難的事情。《尚書・臯陶謨》載臯陶與夏禹的對話，臯陶說為政「在知人，在安民」，夏禹則感歎道：「吁，咸若時，惟帝其難之。」二句本此。❹聰明不務通物情二句　炫耀外在之聰明，而不通天下之物情；視聽專注於眼前瑣事，而不明內在之心性。過隙，光陰短暫迅速，若白駒過隙，此指世俗瑣細事物。《人天寶鑒》載：文準指示入道捷徑，嘗曰：「道須神悟，妙在心空。體之不假於聰明，得之頓超於聞見。」所言與此二句可互為補充。❺與眾違欲　違背眾人之意志，而專逞一己私慾。❻相冒以詐　相互欺詐，以遂貪慾。冒，貪婪。《左傳》文公十八年：「冒于貨賄。」❼靡靡　衰敗零落之貌。❽拯　拯救。通「救」。

【語譯】湛堂文準禪師說：「世間上人的真實品格操行，不可以在一問一答的言辭中便完全了解。因為口舌伶俐、能言善辯者，其行為有的未必可信；那些口舌笨拙、不善言談者，有的卻合於事理，難以駁詰。即使當時使他無言辭對答，卻未必能駁倒他的道理。能使人口服，未必能使人心服。所以知人之難，即使聖人也在所難免。況且近世僧人，不用其聰明才智去洞達萬物之理，他們的所見所聽只是專注於眼前的世俗瑣事。違反眾人的意願，與佛法義理背道而行，平時相互欺騙，爾虞我詐，以謀取私利。他們的這種行徑，使得佛祖之道日益衰落，如此下去便難以拯救了。」

湛堂謂妙喜❶曰：「像季比丘❷，外多徇物❸，內不明心，縱有弘為，皆非究竟❹，蓋所附卑猥而使然。若搏牛之虻，飛止數步，若附驥尾，便有追風逐日之能❺，乃依托之勝也。是故學者居必擇處，遊必就士❻，遂能絕邪僻、近中正❼、聞正言也。昔福嚴雅❽和尚每愛真如喆標致可尚❾，但未知所附者何人。一日見與大寧寬❿、蔣山元⓫、翠巖真⓬偕行，雅喜不自勝，從容謂喆曰：『諸大士法門龍象⓭，子得從之遊，異日支

吾道之傾頹，彰祖教之利濟⓮，固不在予之多囑也。』（《日涉記》）

【章　旨】學禪者若能親近明曉佛理、修行殊勝的善知識，就可以操持無妄，成就高尚的品格，將來擔負起弘揚佛法的大任。

【注　釋】❶妙喜　宗杲禪師，俗姓奚，號妙喜。他十二歲出家，隨圓悟克勤學習禪法，得傳心印。妙喜稟性堅貞，勇於作為，享有盛名。賜號大慧，卒諡普覺禪師。❷像季比丘　佛法末季之僧徒。據佛經載云：佛法行世，必經歷正法、像法、末法三時。像法之時，道法訛替，雖有言教而無證果者。❸外多徇物　經常執著於外在之物欲。徇，曲從；因追求而忘身。❹縱有弘為二句　縱有宣講佛法之作為，然而皆不能修成正等佛果。究竟，指無上正等菩提、佛果。❺若搏牛之虻四句　意謂以手搏擊牛背之虻，牠只能飛出數步之距離；然而牛虻若寄附駿馬尾巴上，則飛升神速，可致千萬里之遙。追風逐日，比喻馬奔馳迅疾，則所致路程自然遙遠。《劉子·託附》：「搏牛之虻，飛極百步。若附鸞尾，則一翥萬里。」❻是故學者居必擇處二句　學者居住則選擇適宜之所，交遊則親近有識之士。《荀子·勸學》云：「故君子居必擇鄉，遊必就士，所以防邪僻而近中正也。」❼絕邪僻近中正　行為正直，不偏不邪。❽福嚴雅　潭州福嚴良雅禪師，雲門宗洞山守初之法嗣，青原下八世也。❾標致可尚　有氣度、有品格，值得嘉賞。標致，此指人之風度、韻致。❿大寧寬　洪州大寧道寬禪師，臨濟宗石霜楚圓之法嗣，在當時享有盛名。⓫蔣山元　蔣山贊元禪師，婺州義烏人，俗姓傅。他依侍石霜楚圓二十年，運水搬柴，不憚寒暑，得承法嗣。贊元禪師為人不苟名利，不交公卿，卑以自牧，在當時享有盛名。⓬翠巖真　洪州翠巖可真禪師，福州人，世稱真點胸，石霜楚圓之法嗣。他善於機辯，在禪林有盛名。⓭諸大士法門龍象　指前所云大寧道寬、蔣山贊元、翠巖可真等，皆卓傑超群之僧人。佛門中修行勇猛、具大威力者，被喻為龍象。⓮彰祖教之利濟　發揚佛祖利樂有情、救濟眾生之慈悲心，弘大其事業也。彰，彰明；弘揚。

【語　譯】湛堂文準禪師對妙喜說：「佛法衰沒時節的僧人，在外多執著物欲，在內不能明心見性，縱能宣講佛法，然而皆屬虛浮，實非無上正等正覺。這是由於他們所依附之人卑賤猥瑣所導致的結果。就好像搏擊牛背上的蚊虻，牠只能飛出幾步遠的距離；若是牛虻附在駿馬的尾巴上，便能飛行如風，到達極遠的處所。這是由於所依託之物非同尋常的緣故。所以學者居住必須選擇合適之所，交遊必須親近有道之士，如此才能行為正直、克服邪僻、經常得聞有益的善言。從前福嚴良雅和尚常愛真如慕喆言行有風度韻致，以為值得嘉賞、提倡，但不知他是與哪些人親近交遊所致。有一天，他見真如慕喆與大寧道寬、蔣山贊元、翠巖可真走在一起，便歡喜得不得了。事後他從容地對慕喆說：『這幾位都是佛門中根器非常的卓傑之士。你能與他們交遊，將來挽救道法的衰微，發揚佛祖利生濟世的事業，就不必再要我反覆叮嚀囑託了。』」

湛堂謂妙喜曰：「參禪須要識慮高遠❶，志氣超邁，出言行事，持信於人，勿隨勢利苟枉❷。自然不為朋輩描摸❸，時所上下也。」（《寶峰記聞》）

【章　旨】參禪者須要見識超邁、志氣高遠，不可有追求勢利而苟且枉屈之事。

【注　釋】❶識慮高遠　見識要高，思慮宜遠，不落淺近之凡俗也。❷勿隨勢利苟枉　不附權勢，不逐物利，不因二者放棄立身之本而苟且隨俗。❸揣摸　揣摹情狀，加以評說。

【語　譯】湛堂文準禪師對妙喜說：「參禪者必須做到見識高遠、思慮深長、志氣超邁，對待他人無論言談行事都要講究信用，不要附合權勢，追求物利，放棄立身準則而苟合世俗。若能如此，自然就不會受到同輩議論，不隨時俗而變化了。」

湛堂曰：「予昔同靈源❶侍晦堂於章江寺❷，靈源一日與二僧入城，至晚方歸。晦堂因問：『今日何往？』靈源曰：『適往大寧❸來。』時死心❹在旁，厲聲呵曰：『參禪欲脫生死，發言先要誠實。清兄何得妄語？』靈源面熱，不敢對，自爾不入城郭，不妄發言。予固知靈源、死心，皆良器❺也。」（《日涉記》）

【章　旨】參禪者發言行事，皆應誠實無欺、有過則改，如此才能成為佛門之偉器。

【注　釋】❶靈源　惟清禪師，俗姓陳，江西武寧縣人，師從晦堂祖心，得承法嗣。晚年自號靈源叟。❷章江寺　佛寺名，在江西。章江即古豫章水，與貢水合流為一，故曰贛江，一名章江。❸適往大寧　謂前往道寬禪師住持之寺院，即大寧寺也。適，至；往。❹死心　悟新禪師，韶州曲江黃氏（一云王氏）子，晦堂祖心之法嗣，自號死心叟，題所居曰死心堂。❺良器　指傑出人才。器，器質；人才。

【語　譯】湛堂文準禪師說：「我曾經與靈源惟清一道在章江寺依從晦堂祖心參學。有一天，靈源惟清與兩個僧人一塊進城去，到天晚時才回來。晦堂祖心於是問道：『今天前往何處了？』靈源惟清回答：『今天到大寧寺去了。』當時死心悟新正在旁邊，他嚴厲呵斥道：『參禪者若是想要超脫生死，首先講話應誠實。惟清兄怎麼能說假話？』靈源惟清當即面紅耳赤，不敢回答。從此以後，靈源惟清再也不入城市，不說假話。從這件事我便知道靈源惟清、死心悟新二位都是佛門傑出的人才。」

湛堂曰：「靈源好閱經史，食息未嘗少憩❶，僅能背諷乃止❷。晦堂因呵之❸，靈源曰：『嘗聞用力多者，收功遠。』故黃太史魯直❹曰：『清兄好學，如饑渴之嗜飲食，視利養紛華若惡臭。蓋其誠心自然，非特爾❺也。』」（《贅疣集》）

【章　旨】靈源惟清好學不倦，如饑似渴，鄙棄繁華，可為後世禪僧的榜樣。

【注　釋】❶食息未嘗少憩　謂因讀書而廢寢忘食。憩，休息。❷僅能背諷乃止　謂反覆閱讀，至能背誦方停止。僅，至也，言其多。❸晦堂因呵之　《人天寶鑑》引《汀江筆語》等云：「（惟清）依晦堂晝夜參決，至忘寢饍。一日晦堂與客話次，清侍立。客去久之，清只在舊處立。堂呼之曰：清兄死了也？於是有省。」所云或即此事。❹黃太史魯直　黃庭堅，字魯直，號山谷居士，洪州分寧（今江西修水）人。曾任國子監教授、著作佐郎、秘書丞兼國史編修官。他曾向晦堂問道，又參謁死心悟新，與死心、圓悟交往密切。太史，稱修史之官。

❺特爾　特意；故作姿態。

【語譯】湛堂文準禪師說：「靈源惟清愛好閱讀經史著作，乃至於廢寢忘食，一直到將所讀書的內容默誦下來為止。晦堂祖心曾經呵責他，惟清回答道：『我曾經聽說用力多學的人，可以收到久遠的功效。』黃庭堅太史因此評價說：『惟清兄之好學，就像饑者思食、渴者思飲一樣。他將世俗物利、富貴繁華看得如同腐惡、臭穢之物。這一切都是出於自然真誠之心，並非故意作出的姿態。』」

【校注】「（惟清）依晦堂晝夜參決，至忘寢饍。一日，晦堂與客話次，清侍立。客去久之，清只在舊處立。堂呼之曰：清兄死了也？於是有省。」實功夫現前處，皆有省發。「清兄死了也？」指的是妄緣止寂？或是激發他懂得大動現前的時節？總之是惟清修證的一個重大的助力。

靈源惟清禪師

【題　解】惟清禪師，字覺天，號靈源叟，江西武寧縣人，俗姓陳。少年出家，後投晦堂祖心禪師從學，得承其法嗣。曾住持舒州太平寺。祖心因老邁辭位後，眾僧乃迎惟清為繼席。惟清之道學行誼，純厚有德，受到叢林及士大夫的一致欽仰與好評。四方僧眾紛紛前往從學，一時稱盛。政和七年（西元一一一七年）九月十八日，安坐而逝。賜號佛壽禪師。

惟清自幼聰穎，終生好學，風神超越，見識卓絕。他曾經批評禪林之弊端說：「今之學者未脫生死，病在甚麼處？病在偷心未死耳。……古之學者，言下脫生死，效在甚麼處？在偷心已死。然非學者自能爾，實為師者鉗鎚妙密也。」又說：「諸方所說非不美麗，要之如趙昌畫花，花雖逼真而非真花也。」這是說諸方長老所講禪理雖美而弗真，所以不能斬斷學者的「偷心」（世俗染汙之心）。他又曾比喻說：「道人保養，如人病須服藥。藥之靈驗易見，要須忌口乃可，不然服藥何益？生死是大病，佛祖言教是良藥，染汙心是雜毒，不能忌之，生死之病無時而損也。」這是說：僧人修行，只有除去了「染汙心」（忌口），佛祖言教之良藥才能發生效力，才能大徹大悟。

惟清說禪，依然是提倡自悟，啟發人們歸依自己的本性。他上堂說法：「明大用，曉全機，絕縱跡，不思議。歸去好，無人知。衝開碧落松千尺，截斷紅塵水一溪。」又說：「至道無難，唯嫌揀擇。……未能行到水窮處，難解坐看雲起時。」這些說教，都是委婉地要求弟子斬斷世俗紅塵中的欲念，向自心本有的佛性真如求得精神的自在。

靈源惟清的生平事蹟，可參看《禪林僧寶傳》（卷三〇）、《五燈會元》（卷十七）等書。另外，《林間錄》、《羅湖野錄》中也有他的言談事蹟的記載。

【校注】「明大用，曉全機，絕蹤跡，不思議。歸去好，無人知。衝開碧落松千尺，截斷紅塵水一溪。」「曉全機」，動態的，即是前節所云的大動現前，大動一現，山河在手，更不剩餘，所以稱作「全機」，這個「全」，絕非普普通通的形容詞，是舉括自浮覺浮識乃至無明住地的報身的總全。明代博山和尚得道偈：「吐光不遂時流意，依舊春風趁馬蹄。」這裏所云的「吐光」，即是「全機」，全機既現，性真即證得，從此心法雙立，決不遺失，這就是緊接下一句「依舊春風趁馬蹄」，只消「馬蹄」動處，便有永遠的「春風」。「吐光不遂時流意」，——當生生不生。生滅相繼謂之時流，然而正當時流動處，大動現前，即是當生滅之際，不生現前。「吐光」，很具體的，不欺矇的內在情境。當生滅中而不生現前，這叫做「不遂」，不依你的意思。不生現前的剎那，時流是沒有蹤跡的，時流沒有蹤跡，即是沒有思議，即是歸去於不生的本來，這連自己都「不知」，更有哪個別人會知呢？惟清禪師上堂的最後兩句，顯示得最真切，功夫所在，令人羨慕，而說話親近，更叫人感激。「衝開碧落松千尺」，碧落，向上一路，禪門的目標所在也，松樹能有多高呢？幾尺高，了不起幾十尺高，然而，每一棵松、任何一棵松，內中都住有一位無位真人，只要松樹認得這位真人，請得動這位無位真人，那麼他只消將身一拱，松就衝開了碧落，向上一路也就有譜了。「松千尺」，無位真人的大力不是我們想像得及的。「截斷紅塵水一溪」，浩浩宇內大地，紅塵瀰漫於到處，然而，紅塵自來止息於清溪水，紅塵再盛，紅塵一定止息於清溪水，識得清溪水，偌大紅塵——「歸去好，無人知。」都是禪宗實智慧實功夫，我們都不認為這是詩歌，是呈顯精彩的文章。

靈源清和尚住舒州太平❶，每見佛眼❷臨眾周密，不甚失事，因問其要。佛眼曰：「用事寧失於寬，勿失於急；寧失於略，勿失於詳❸。急則不可捄❹，詳則無所容❺。當持之於中道❻，待之以含緩，庶幾為臨眾行事之法也。」（《拾遺》）

【章　旨】日常臨眾用事，寧肯失之寬容簡略，而不可失之繁瑣急迫，如此方能合於中道。

【注　釋】❶舒州太平　舒州在今安徽安慶市境，內有太平寺。《禪林僧寶傳》卷三〇載云：「張丞相商英始奉使江西，高其（指惟清禪師）為人，厚禮致以居洪州觀音，不赴。又十年，淮南使者朱京世昌請住舒州太平，乃赴，衲子爭趨之。」❷佛眼　清遠禪師，蜀臨邛人，俗姓李，五祖法演門下得法，賜號佛眼。據《羅湖野錄》記載：元祐三年，佛眼禪師為舒州太平寺「持缽」（化緣）。❸用事寧失於寬四句　處理日常事務應該盡量寬大簡略，而不可失於急迫、苛察。詳，此指苛察小事，過於繁瑣。《尚書・虞書・大禹謨》云：「臨下以簡，御眾以寬。」二句與此意近，可互參。❹捄　拯救。通「救」。❺詳則無所容　詳審苛察，則無所容於眾人。古諺云「察見淵魚者不祥，智料隱匿者有殃」，與此意近。見《列子・說符》。❻中道　佛教以不落兩邊、不偏不倚為中道。又指儒家中和之道。

【語　譯】靈源惟清和尚住持舒州太平寺時，常見佛眼清遠當眾處理事務十分周密，面面俱到，沒有甚麼缺失，便問他有何訣竅。佛眼清遠說道：「凡料理一切事務，寧願失於寬緩，不要失於急迫；寧願失於簡略，不要失於苛細。處理事務太過急迫，反而不能達成；對待下屬苛察繁瑣，則難以寬容僧徒之眾。應當堅持中和不偏的原則，對待具體事務以寬大的態度緩緩向前推進，這大概就是臨眾行事的準則了。」

靈源謂長靈卓和尚❶曰：「道之行，固自有時❷。昔慈明放意於荊楚間❸，含恥忍垢，見者忽之，慈明笑而已。有問其故，對曰：『連城與瓦礫相觸❹，予固知不勝矣。』逮見神鼎後，譽播叢林❺，終起臨濟之道。嗟乎，道與時也，苟可強乎？」（《筆帖》）

【章旨】佛道的推行與時勢相關，故應養道以待時，而不可違時而強求。

【注釋】❶長靈卓和尚　守卓禪師，泉州莊氏子，靈源惟清之法嗣。他曾經住持資福、天寧等寺，皆以身作則，不立規矩，面目嚴冷，人稱鐵面。又嘗住持太平長靈寺，故名。❷道之行固自有時　意謂道之能否推行，與一定之時勢相關，得時則道方可行。《列子・說符》載魯施氏、孟氏二子行道同，而結果異，並記施氏曰：「凡得時則昌，失時者亡。子道與吾同，而功與吾異，失時者也，非行之謬也。」所記與此意近，可互參。❸慈明放意於荊楚間　慈明，即石霜楚圓。楚圓俗姓李氏，全州（今廣西境）人，少為書生，二十二歲出家。他初遊於襄沔之間，後依止汾陽善昭，盡得其旨，得承其法嗣。曾住持石霜山崇勝寺，諡曰慈明禪師。慈明門下出黃龍、楊岐二派，臨濟法門盛於一時。放意，謂放縱形跡，混同眾人。據《禪林僧寶傳》卷二一稱，慈明「連眉秀目，頎然豐碩，然忽繩墨，所至為老宿所呵」，「放意」或即指此。❹連城與瓦礫相觸　以價值連城之美玉與石頭相撞擊，則美玉必遭損傷。連城，即和氏之璧，秦昭王欲以十五城換取此璧玉，故名連城璧。此以連城璧喻得妙悟而有品格的人。瓦礫，喻粗率之徒。❺逮見神鼎後二句　神鼎即洪諲禪師，襄水扈氏子，首山省念之法嗣。洪諲住持湘陰神鼎寺十年，宗風大振，禪林尊崇有如古趙州。慈明敝衣往見，為洪諲所激賞，歎曰：「汾陽有此兒也！」慈明自此名重四方。見《禪林僧寶傳》卷二一。

【語譯】靈源惟清對長靈守卓說：「佛法的實施本與時勢相關，因此需要待時而行。從前慈明先師隨心縱意混跡於荊楚一帶時，為眾人所輕忽。他忍受羞恥，遭遇屈辱，那時凡相遇者都不看重他這個人。慈明先師對此，只是笑笑而已。有人問他何以抱持此種態度，他回答道：『價值連城的美玉與石頭瓦片相碰擊，我知道美玉是不可能取勝的。』等到慈明參見神鼎洪諲禪師之後，名聲大起，受到禪林熱烈的讚譽，終於振興了臨濟之道。唉，佛法的實施與時勢有關，難道可以強求推行嗎？」

靈源謂黃太史曰：「古人云：『抱火措於積薪之下而寢其上，火未之然❶，固以為安。』此誠喻安危之機、死生之理，明如杲日❷，間不容髮❸。夫人平居燕處❹，罕以生死❺禍患為慮，一旦事出不測，方頓足扼腕❻而捄之，終莫能濟矣。」（《筆帖》）

【章旨】奉佛者平日閒居應努力參證大法，以避世患，若待無常奄至，則難以拯救。

【注釋】❶抱火措於積薪之下二句　假設有人睡在柴堆之上，其下火已點著，只是暫時未燒及身。措，安置。然，點燃，通「燃」。賈誼《新書・數寧》：「夫抱火措之積薪之下而寢其上，火未及燃，因謂之安，偷安者也。」數語本此。❷明如杲日　形容事理清楚，有如明日當空。杲，光明。此句照應「死生之理」四字。❸間不容髮　其中無一髮之間隙，比喻事態危急，時間緊迫。此句照應「安危之機」四字。宋司馬光〈請建儲副或進用宗室第一狀〉云「此明白之理，皎如日月；得失之機，間不容髮」，遣辭與此相彷彿。❹平居燕處　平時安逸閒處。燕，安息。❺生死　佛門以對生命之覺悟解說生死，以證得涅槃為彼岸。《六祖壇經・機緣品》載玄覺禪師云「生死事大，無常迅速」，與此意通，可互參。❻頓足扼腕　以腳跺地，以手握腕，表示焦急或悔恨之意。

【語譯】靈源惟清禪師對黃庭堅太史說：「古人比喻道：『有人將火種安放在柴堆下面，而人睡在柴堆上方，火暫時未燒到身邊，便以為處境安全。』以此來比喻生死之道理，真像明日當空一樣清清楚楚；用它來形容安危之所由來，其緊迫處真是刻不容緩。人們平時安居自在悠閒，很少想到要證悟佛法、解脫生死，以消除世間之禍患。一旦發生未曾預料的變故，這時才扼腕頓足，追悔歎恨不已，想到挽救的辦法。然而為時已晚，終究無濟於事。」

靈源謂佛鑒❶曰：「凡接東山師兄❷書，未嘗言世諦事❸，唯丁寧忘軀弘道、誘掖後來而已❹。近得書云：『諸莊旱損，我總不憂，只憂禪家無眼❺。今夏百餘人，室中舉個狗子無佛性話❻，無一人會得，此可為憂。』至哉斯言！與憂院門不辦，怕官人嫌責；慮聲位不揚，恐徒屬不盛者，實霄壤矣。每念此稱實之言，豈復得聞？吾侄為嫡嗣❼，能力振家風，當慰宗屬之望，是所切禱。」（《蟾侍者日錄》）

【章旨】禪寺方丈應以弘揚祖道、獎掖後學為責任，而不應以個人榮辱及官府態度為考慮。

【注釋】❶佛鑒　慧懃禪師，舒州人，少年出家，在五祖法演門下得法。元符二年，繼靈源惟清任舒州太平寺住持，聲譽大盛。政和年間，朝廷賜號佛鑒。❷東山師兄　指五祖法演禪師。法演住持黃梅之東山，又惟清與法演雖然分屬黃龍、楊岐兩派，卻同為慈明所傳，故稱師兄。❸世諦事　世俗之見解與事務。佛法以真諦、世諦為二諦。本來自性所見為真諦，五蘊所見為俗諦，亦曰世諦。❹唯丁寧忘軀弘道誘掖後來而已　只是諄諄教誡，要人不計自身榮辱以弘揚祖傳佛道，並誘導扶植後學者。丁寧，反覆囑咐。《人天寶鑑》引文下有「委囑」二字。獎掖，鼓勵；扶持。❺禪家無眼　謂禪者不悟祖道，不識佛法，如無眼目。《碧巖錄》卷一云：「大凡扶豎宗教，須是有本分宗師眼目，有本分宗師作用。」❻狗子無佛性話　此為禪宗著名公案。據載：有僧人問趙州從諗禪師：「狗子還有佛性也無？」趙州從諗回答：「無。」僧人又問：「上至諸佛，下至螻蟻，皆有佛性。狗子為甚麼卻無？」趙州從諗再答：「為伊有業識在。」法演曾經上堂舉此公案，他說：「大眾爾諸人，尋常作麼生會？老僧尋常只舉無字便休。爾若透得這一個字，天下人不奈爾何。爾諸人作麼生透，還有透得徹底麼？有則出來道看。我也不要爾道有，也不要爾道無，也不要爾道不有不無，爾作麼生道？」見《法演禪師語錄》

卷下。❼吾侄為嫡嗣　靈源惟清與五祖法演同為南嶽下十三世，佛鑑為南嶽下十四世，故稱吾侄。

【語譯】靈源惟清禪師曾對佛鑑說：「我多次接到東山法演師兄來信。他在信中從來不談世俗之事，唯有反覆教誡，要人忘懷自我去一心一意弘揚佛法、扶植後輩而已。最近得到他的一封信，信中說：『各地寺院莊田發生旱災，收成減少，我總不發愁。我愁的是禪門無人，都茫然不識佛法。今年坐夏時有一百多個禪僧在一起，我舉出狗子無佛性的公案，竟沒有一人懂得。這是最令人憂慮的事情。』這話說得太好了！法演之憂慮，與那些擔心寺院山門不周全，恐怕官府責問；或是憂慮名聲地位不高，恐怕門徒不多的人相比，真有天上地下之別了。我每想到這種真切實在之言，現在哪裏能再聽得到呢？吾侄是東山師兄的嫡傳弟子，若能努力弘揚師門風範，定能慰藉同門眾人殷切的期望，這便是我真心祝願的事情。」

靈源曰：「磨礲砥礪，不見其損，有時而盡❶；種樹蓄養，不見其益，有時而大❷。積德累行，不知其善，有時而用；棄義背理，不知其惡，有時而亡❸。學者果熟計而履踐之❹，成大器，播美名，斯今古不易之道也。」（《筆帖》）

【章旨】禪門中人若能在平時不懈地積德行善，則必能成就大器，美名流傳。

【注　釋】❶磨礲砥礪三句　意謂以砂石磨礪鐵器，初不見其消損，而積年累月，則受磨之粗礪者必盡。礲，以石磨物。砂石之細者為砥，粗者為礪。❷種樹蓄養三句　栽種樹木，或飼養畜禽類，每日不見其增益，然而到一定時候便長大了。益，指生長。❸棄義背理三句　平時違反仁義、背棄道理，似乎不見其害，然而時間一到即有滅亡之禍。此句即「多行不義必自斃」之意。本章至此，乃用漢枚乘諫吳王之言，見《文選》卷三九〈上書諫吳王〉。❹熟計而履踐之　深思其道理，並將之付諸實踐，身體而力行之。履踐，實行。

【語　譯】靈源惟清禪師說：「用砥石去磨鐵器，起初並不見損耗，然而積年累月，受磨之粗礪者將被消盡；種植樹木、養育牲畜家禽，每天不見它們的生長，然而到一定的時間它們便長大了。積累仁德、多行善舉，平時不見有何好處，然而時機一到終究有用；背棄仁義、倒行逆施，平時不見有何害處，然而時候一到便會自取滅亡。學禪者若能認真思考，並將其付諸實踐，身體而力行之，將來定能成就大器，使得美名流傳，因為這是古今不變的道理。」

靈源謂古和尚❶曰：「禍福相倚❷，吉凶同域❸，惟人自召，安可不思？或專己之喜怒而隘於含容，或私心靡費而從人之所欲❹，皆非住持之急。茲實恣肆之攸漸❺，禍害之基源也。」（《筆帖》）

【章　旨】寺院住持不能專憑一己之喜怒，應該克服私心，包容宏大，否則將召來禍患。

【注　釋】❶古和尚　靈峰惟古禪師，靈源惟清之弟子，南嶽下十四世。❷禍福相倚　禍之與福，相倚而並存。

《老子》五十八章：「禍者福之所倚，福者禍之所伏。」❸吉凶同域　吉之與凶，同處而共在。《劉子・禍福》：「禍福同根，妖祥共域。」❹私心靡費而從人之所欲　順從門下僧徒的請求，滿足個人的私心而浪費錢財。靡費，奢侈；浪費。❺茲實恣肆之攸漸　此舉實為日後放肆妄行之開端。恣肆，行為放縱，毫無忌憚。攸漸，指漸變之過程。攸，所。

【語譯】靈源禪師對惟古和尚說：「禍與福相倚而並存，吉與凶同處在一起。禍福、吉凶都是各人行為所招致的結果。怎麼能不認真思考呢？如果一味地放任自己的喜怒之情，心胸狹隘，不能寬容對待別人，或者順從門下僧徒的要求而為自己浪費財物，都不是寺院住持應有的行為。這些實乃日後放縱恣肆的端由，是招來禍患的根源。」

靈源謂伊川先生❶曰：「禍能生福，福能生禍❷。禍生於福者，緣處災危之際，切於思安，深於求理，遂能祇畏敬謹，故福之生也宜矣❸。福生於禍者，緣居安泰之時，縱其奢欲，肆其驕怠，尤多輕忽侮慢，故禍之生也宜矣❹。聖人云：『多難成其志，無難喪其身❺。得乃喪之端，喪乃得之理❻。』是知福不可屢僥倖，得不可常覬覦❼。居福以慮禍，則其福可保；見得而慮喪，則其得必臻❽。故君子安不忘危，理不忘亂

者也。」（《筆帖》）

【章　旨】面臨災禍若能深思求理，則禍能生福；處安泰之境若驕奢輕忽，則福能生禍。所以人們應該安不忘危，理不忘亂。

【注　釋】❶伊川先生　程頤，字正叔，居河南伊水上，故號伊川，宋代著名理學家。據記載，他曾經問道於靈源禪師。❷禍能生福二句　謂災禍與幸福，可隨機而互相轉化。《淮南子・人間訓》：「福之為禍，禍之為福，化不可極，深不可測也。」❸禍生於福者六句　此處隱用越王句踐復國雪恥之事。史載：句踐兵敗後，十年生聚，十年教訓，去民之所惡，補民之不足，即此所謂「切於思安，深於求理」之事也；卑事夫差，臥薪嘗膽，即此所謂「祗畏敬謹」之事也。參見《國語・越語上》。❹福生於禍者六句　此處隱用吳王夫差驕縱亡國之事。《戰國策・秦策》云：「吳王夫差無敵於天下，輕諸侯，凌齊晉，遂以殺身亡國。」所說與此意同，可互參。❺多難成其志二句　《孟子・告子下》云：「入則無法家拂士，出則無敵國外患者，國恆亡。然後知生於憂患而死於安樂也。」所說與此二句意近，可互參。❻得乃喪之端二句　獲得為喪失之始，喪失蘊獲得之理，二者可以互相轉化。據載：武丁之時，桑穀生於朝，巫史占之曰：「野物生於朝，意朝亡乎？」武丁恐懼，側身修德，殷道中興，是先失而後得也。商紂王時，有雀生鳶於城隅，巫史占之曰：「凡小以生巨，國家必祉，王名必倍。」商紂王驕縱不治國家，暴虐無道，外寇乃至，遂亡殷國，是先得而後失也。二事見《說苑・敬慎》。❼覬覦　非分的欲望、意圖。❽臻　眾多。

【語　譯】靈源惟清對伊川先生說：「災禍可能轉化為幸福，幸福可能轉化為災禍。災禍所以能轉化為幸福，是因為處在災禍危難之際，真切地去思考安危之理，想方設法要把事情辦理好，於是恭敬小心、嚴謹不怠，所以產生平安幸福就是自然而然了。幸福所以轉化為災禍，是因為處在太平安樂之時，奢侈享受，驕縱放肆，尤其是經常輕忽傲慢，所以災禍的產生也就自然而然了。聖人說過：『多難能夠成就壯志，無難足以使人喪身。得到是喪失之始，喪失中蘊涵獲得之理。』由此可知幸福不可多次僥倖而得，非份之想不可常有。身處安樂想到潛伏的禍患，則安樂可以常保；獲得之後慮及可能的喪失，則其所得必然甚多。所以君子安居時要想到危難，在平安時不忘可能有的災禍。」

靈源謂伊川先生曰：「夫人有惡其迹而畏其影❶，卻背而走❷者。然走愈急，迹逾多，而影逾疾。不如就陰而止❸，影自滅而迹自絕❹矣。日用明此，可坐進斯道❺。」（《筆帖》）

【章旨】奉佛者應當從根本著手，修煉自心以皈依佛法，而不能僅僅關注外在之形跡。

【注釋】❶夫人有惡其迹而畏其影　設有一人，該人憎惡其足跡，而畏懼其身影。夫，發語辭。迹，足印；形跡。宋人每以心與跡對舉，如司馬光〈迂書〉云：「小人治迹，君子治心。」邵雍〈觀物外篇下〉云：「先天之學，心也；後天之學，迹也。」此之迹，喻指外在之形象、行為。❷卻背而走　因為厭惡自己的足跡與身影，故返身而逃之。走，跑；疾趨。❸不如就陰而止　不如到樹蔭底下休息。《莊子・漁父》初載此寓言，作「不知處蔭以休影，處靜以息跡」，與此意同。❹影自滅而迹自絕　處樹蔭下，自然無影；停止奔跑，故無足跡。意謂治心為本，心既治則跡自滅。舊注云：「跡從念起，影逐身生。絕異念則妄跡自消，息幻體則虛影當滅。學者但解回光就己，返境觀心，則佛眼明而業影自消，法身現而塵跡自絕。」所說稍詳，可參。❺可坐進斯道　可以由此進而悟道。坐，因此；由於。道，指佛法。

【語　譯】靈源惟清禪師對伊川先生說：「假設有這樣一個人，他因為厭惡看見自己行走留下的腳印、害怕看到自己的身影，因此轉身便跑。可是他跑得愈急，他留下的腳印愈多，他的身影也動得愈加厲害。既然如此，他還不如到樹蔭底下去，停下來休息。那麼身影便自然消失了，他的腳印也自然沒有了。習禪者日常行事時若能明達此理，也就可以進而悟得佛法了。」

靈源曰：「凡住持位過其任者，鮮克有終❶。蓋福德淺薄❷，量度狹隘，聞見鄙陋，又不能從善務義以自廣❸，而致然❹也。」

【章　旨】寺院住持倘若德行淺薄，見聞鄙陋，不聽從善言規勸，則少有善終者。

【注　釋】❶位過其任者二句　職位超過其能力水準，這樣的人少有好結局。任，指德才、能力。《易・繫辭下》云：「德薄而位尊，智小而謀大，力小而任重，鮮不及矣。」❷福德淺薄　少行善舉，所積累之福份不厚。佛教稱修善行可以積福，故曰福德。❸從善務義以自廣　聽從善言，實行仁義，以增廣自己的德量。自廣，指增進道德，使心地寬闊。❹致然　造成那種局面。致，招致。

【語　譯】靈源惟清禪師說：「凡是寺院的住持，倘若所處之地位超過其能力的，很少有好的結果。

因為這種人平時少修善行，德行淺薄，氣量狹隘，見聞鄙陋，又不能聽從善言，務行仁義，以增進自己的見識與德行，所以便招致了不好的結果。」

靈源聞覺範貶竄嶺海❶，歎曰：「蘭植中塗，必無經時之翠❷；桂生幽壑，終抱彌年之丹❸。古今才智，喪身讒謗，罹禍者多，求其與世浮沉，能保其身者少。故聖人言❹：『當世聰明深察而近於死者，好議人者也；博辯宏大❺而危其身者，好發人之惡也。』在覺範有之矣。」

《章江集》

【章旨】習禪者應當韜光養晦，勿與權貴交遊，以免招致讒謗，自罹禍患。

【注釋】❶覺範貶竄嶺海　德洪，字覺範，號寂音尊者。出家後參謁真淨克文，屬南嶽下十三世。覺範博覽子史佛經，能文善詩，以才名轟動京師。嘗與丞相張商英、太尉郭天民交游，得賜紫衣。政和年間，因此遭到貶逐，發配崖州（今海南之三亞），三年後始得歸。❷蘭植中塗二句　蘭草種植在道路當中，必然被鋤去，難以長久生存。比喻才學之士因為妨礙當權者施政，因而受迫害。史載三國蜀漢張裕才華超群，為人不遜，劉備藉機將誅之。諸葛亮上表，請問何罪。劉備答曰：「芳蘭生門，不得不鋤。」見《三國志・蜀書・周羣傳》。❸桂生幽壑二句　桂樹生於深山幽寂無人之地，故能長保其繁榮。桂樹之皮赤者為丹桂。按：覺範所交多當時之賢者，本無足非。然而親近權門，終非禪家正法，故靈源藉蘭桂以致慨。❹聖人言　聖人指老子。以下引語見《史記・孔子世家》，又見《孔子家語・觀周》。❺博辯宏大　博學善辯，氣度宏闊。宏大，《孔子家語・觀周》作「閎達」。

【語　譯】靈源惟清聽到德洪覺範遭到貶逐，被發配海南的消息，他歎息道：「芳香的蘭草種植在道途中央，它一定不能長久地生存；丹桂只有在深山幽壑之中，它才能經年保有茂盛的顏色。古今才智之士，因為遭受讒言毀謗而喪失生命，或者陷於災禍之中，這樣的人不在少數。而想求得與世浮沉、能自保其身的人，卻並不多見。所以古代聖人說：『當世之士中，耳目聰明、精於觀察者所以一步一步地走近死亡，是因為他們愛議論人間的是非；博學善辯、氣度宏大者所以會危及自己的生命，是因為他們喜歡揭發別人隱藏的罪惡。』此話在覺範身上，又得到證實了。」

靈源謂覺範曰：「聞在南中，時究《楞嚴》❶，特加箋釋，非不肖所望。蓋文字之學，不能洞當人之性源❷，徒與後學障先佛之智眼❸。病在依他作解，塞自悟門，資口舌則可勝淺聞❹，廓神機終難極妙證❺。故於行解，多致參差❻。而日用見聞，尤增隱昧❼也。」（《章江集》）

【章　旨】學禪當以自心證悟為主，若是拘泥文字，徒資口舌，反而會障蔽自悟法門。

【注釋】❶聞在南中時究楞嚴 聽說在南方時，你經常研究《楞嚴經》。南中，指嶺南之地。《楞嚴》，佛教經典，宋代流傳廣泛，頗為禪宗、淨土宗所重視。❷蓋文字之學二句 意謂單純追求文字工夫，不能使人明心見性，領悟佛法之根本。性源，心性本源，即圓明之真心。《六祖壇經．機緣品》：「諸佛妙理，非關文字。」❸障先佛之智眼 意謂障礙後學直接領悟先佛指示之妙法。智眼，佛之智慧洞明一切萬物，代指佛說第一義。《楞伽經》卷四云：「依文字者，自壞第一義。……如為愚夫以指指物，愚夫觀指，不得實義。」❹資口舌則可勝淺聞 意謂箋釋之作，可以豐富言談，比淺聞無知之輩稍勝一籌。資，供給；幫助。口舌，講論。❺廓神機終難極妙證 意謂文字工夫，若想澄清心性，證得最高佛法，則是非常困難的。廓，澄清。神機，指心神。妙證，以妙悟證得真如。❻故於行解多致參差 意謂一味致力文字知解，不重視心性修煉，所以知解與行為二者之間，常常出現不一致的現象。雖善於知解，未必能真履實踐也。參差，不齊；不一致。❼隱昧 暗昧不明，指自性被蒙蔽，對於日常事理，更加認識不清。

【語譯】靈源惟清對覺範禪師說：「聽說在嶺南時，你經常參究《楞嚴經》，特意加以箋注解說，這些並非我所期望的。因為文字上的工夫，不能使人洞明心性，只會使得後學之輩領悟佛法時增添了一層障礙。毛病在於依據文字作解會，堵塞了參學者的自悟之門。箋釋之作可以豐富講論言談，比起見聞浮淺之輩稍勝一籌，然而若要澄明心源，妙悟佛法，修成正果，那是極難達到的。所以有的人言行相違，知解與實踐不一致。如此則日常行止，更增添一層蒙昧不明了。」

靈源曰：「學者舉措不可不審，言行不可不稽❶。寡言者未必愚，利口者未必智。鄙樸者未必悖❷，承順者未必忠❸。故善知識不以辭盡人情，不以意選學者❹。夫湖海衲子，誰不欲求道？於中悟明見理者千百無一。其間修身勵行，聚學樹德，非三十年而不能致。偶一事過差，而叢林棄之，則終身不可立。夫耀乘之珠，不能無纇❺；連城之璧，寧免無瑕❻。凡在有情，安得無咎？夫子聖人也，猶以五十學《易》，無大過為言❼。《契經》❽則曰：『不怕念起，惟恐覺遲。』況自聖賢已降，孰無過失哉？在善知識曲成，則品物不遺矣❾。故曰：『巧梓順輪桷之用，枉直無廢材❿；良御適險易之宜，駑驥無失性⓫。』物既如此，人亦宜然。若進退隨愛憎之情，離合繫異同之趣⓬，是由⓭捨繩墨而裁曲直，棄權衡⓮而較重輕。雖曰精微，不能無謬矣。」

【章旨】寺院住持應該全面考察、認真識別僧徒，盡量成全各類人才，不可因為私心好惡或者他們的細小過失而廢棄不用。

【注釋】❶言行不可不稽　對其言談行止必須加以考察，以確定是否屬實。稽，考核。❷鄙樸者未必悖　外貌簡陋無文者未必荒謬背理。悖，逆亂；謬誤。❸承順者未必忠　表面順從的人未必內心忠誠。承順，奉承而敬順。❹不以辭盡人情二句　不可完全從口頭言辭來考察人之性情，不可以一己之好惡來選擇用人。唐陸贄諫德宗云：「明主不以辭盡人，不以意選士。」見《資治通鑑》卷二三四。❺耀乘之珠不能無纇　意謂貴重的寶珠，也會有瑕疵。耀乘之珠，傳說魏惠王自稱有徑寸之珠能光照車前後十二乘者十枚，見《韓詩外傳》卷十。❻連城之璧寧免無瑕　價值連城的和氏之璧，難免也會有缺點。《劉子・妄瑕》：「荊岫之玉，必含纖瑕；驪龍之珠，亦有微纇。然馳光於千載，飛價於侯王者，以小惡不足傷其大美者也。」❼夫子聖人也二句　意謂聖人如孔子，尚且說「五十以學《易》，可以無大過」的話。《論語・述而》載：「子曰：加我數年，五十以學《易》，可以無大過矣。」❽契經　印度早期佛典有九部經（亦稱九分教），其一為修多羅，意譯契經，一般為散文體。❾在善知識曲成二句　意謂主事之善知識倘能多方設法以用其所能，則各類人才都不會被遺棄。曲成，設法以成全之。品物，萬物，喻指各類人才。《易・繫辭上》：「曲成萬物而不遺。」❿巧梓順輪桷之用二句　巧匠能順從圓輪方椽之需要選用木材，使直木彎木都派上用場，而無廢棄之材。巧梓，木工巧匠。桷，方形椽木。《淮南子・主術訓》：「賢主之用人也，猶巧匠之制木也。……無大小脩短，皆得所宜，規矩方圓，殊形異材，莫不可得而用也。」⓫良御適險易之宜二句　善於使馬者依據道路之險阻、或平坦的不同情況來安排，使良馬、劣馬各得其用，而不失其所賦之性。駑，劣馬。驥，駿馬。⓬若進退隨愛憎之情二句　指任憑個人的情感來決定用人之取捨，所愛者則進用之，所憎者則斥退之，趣味同則合之，不同則摒除之。⓭由　猶如，通「猶」。⓮權衡　權為秤錘，衡為秤杆，指測定物體重量之器具。

【語　譯】靈源惟清禪師說：「對於僧人的行為不可不認真考察，對於他們的言談不可不加以驗證。那種寡言少語的人未必愚蠢，能言善辯的人未必明智，外貌樸實鄙陋的人未必行為荒謬，當面奉承順從的人未必忠誠不二。所以寺院主事善知識不能僅僅從言辭考察一個人的性情品質，不可憑著一己私意挑選任用僧人。五湖四海的僧眾，誰又不想得到佛法？然而其間真正悟得佛道、明白佛理的，千百之中未必能有一人。這其間要修養心性，磨礪節操，聚徒講學，廣樹德化，沒有三十年時間是不能做到的。偶有一事不當，遭到禪林一致的摒棄，則終身難以有所建樹。即使再明亮珍貴的寶珠，也不能沒有小的疵點；價值連城的和氏之璧，也不能完美無瑕。凡是有情的個人，怎麼能沒有過失呢？孔子是聖人，他尚且說過「五十以學《易》，可以無大過」的話。《契經》上說：『不怕邪念起，只恐覺悟遲。』況且自從聖賢之後，誰沒有犯過錯誤呢？關鍵在於主事善知識盡量設法成全，那麼各類人才就都不會遭遺棄了。所以古人說：『木工巧匠能夠依據車輪、屋椽的不同需要選用木料，所以無論直木彎木都不會被廢棄；善於御馬者根據路途險易的區別來安排轅馬，所以劣馬、駿馬都能發揮其能力，而不違背其本性。』對待萬物如此，對待人也是同樣的道理。如果進退人才全憑一己的愛憎之情，或離或合全看與自己趣味的同異而定，這就好像木工離了墨斗線繩去判斷曲直，好像丟開秤器用手去比較輕重一樣。雖說是技藝精微，還是不能沒有差錯的。」

靈源曰：「善任持者，以眾人心為心，未嘗私其心❶；以眾人耳目為耳目，未嘗私其耳目❷。遂能通眾人之志，盡眾人之情。夫用眾人之心為心，則我之好惡乃眾人之好惡，故好者不邪，惡者不謬。又安用私托腹心，而甘服其諂媚❸哉？既用眾人耳目為耳目，則眾人聰明皆我聰明，故明無不鑒，聰無不聞❹。又安用私托耳目，而固招其蔽惑❺邪？夫布腹心、托耳目，惟賢達之士務求己過❻，與眾同欲，無所偏私，故眾人莫不歸心。所以道德仁義流布遐遠者，宜其然也。而愚不肖之意，務求人之過，與眾違欲，溺於偏私❼。故眾人莫不離心，所以惡名險行傳播遐遠者，亦宜其然也。是知住持人與眾同欲，謂之賢哲❽；與眾違欲，謂之庸流❾。大率布腹心、托耳目之意有殊，而善惡成敗相返❿如此，得非求過之情有異、任人之道不同者哉？」

【章　旨】寺院長老應以眾人之心為心，以眾人耳目為耳目，而不能以私情安排心腹，否則將使眾人離心離德。

【注　釋】❶以眾人心為心二句　以眾人之心願為心願，而不懷私心。《老子》四十九章：「聖人無常心，以百姓心為心。」❷以眾人耳目為耳目二句　眾人之所見所聞即我之見聞，而不依賴個人之見聞。《尚書・泰誓》：「天視自我民視，天聽自我民聽。」❸甘服其諂媚　甘心接受其阿諛、獻媚。服，順從。❹故明無不鑒二句　邵雍〈觀物內篇〉云：「能用天下之目為己之目，其目無所不觀矣；用天下之耳為己之耳，其耳無所不聽矣。

……夫天下之觀，其於見也不亦廣乎；天下之聽，其於聞也不亦遠乎！」所說與此意同。❺固招其蔽惑　因故招來蒙蔽，受人迷惑。固，故。❻務求己過　務在徵求自己所犯的過失，聽到眾人的意見。❼溺於偏私　為私人偏見迷惑，如人沒於水而不能自救。❽與眾同欲謂之賢哲　《左傳》成公六年載云：「聖人與眾同欲，是以濟事。」所說乃此二句所本。❾庸流　庸才；平凡之輩。❿返　通「反」。

【語　譯】靈源惟清禪師說：「一個優秀的長老總是以眾人之心為心，從來沒有自己的私心；以眾人之所見所聞當作自己的見聞，從來不依靠私人的耳目。這樣才能溝通眾人的志願，容納眾人的情感。以眾人之心為心，那麼我的愛好與憎惡就是眾人的愛好與憎惡，因此我所好者定不偏邪，我所惡者定無謬誤。又何必要去安頓私人的心腹，而甘受其逢承獻媚呢？既然眾人之耳目就是自己的耳目，那麼眾人之見聞就都是我的見聞，所以天下之事沒有看不清的，沒有聽不明的。又何必要安排私人的耳目，因此而自招蒙蔽、受其欺騙呢？說到布置心腹、私託耳目，只有賢達之士為了徵求對自己的意見，以便與眾人心願一致，才做如此安排。他沒有個人的私心，因此眾人盡都歸依於他。所以他才能夠使自己的道德仁義傳佈得遠近皆知，這是自然的事情。而那些愚昧不良之輩，他們務在探求他人的過失，違背眾人的志願，深陷在一己的私心之中，因此眾人沒有不與他們離心離德的。所以他們邪惡陰險的壞名聲傳佈得遠近皆知，這也是自然的事情。由此可知寺院住持凡是與僧眾共同心願的，就是賢哲之人；凡是違背僧眾心願的，就是庸劣之輩。大致上說，布置心腹、安排耳目的用心不同，而所得之善惡成敗如此完全相反。這難道不是由於一則求己之過，一則求人之過，用心既異，而用人之道也完全不同的原因嗎？」

靈源曰：「近世作長老，涉二種緣❶，多見智識不明，為二風❷所觸，喪於法體❸。一應逆緣，多觸衰風❹；二應順緣，多觸利風❺。既為二風所觸，則喜怒之氣交於心，鬱勃之色浮於面，是致取辱法門，識誚賢達。惟智者善能轉為攝化之方❻，美導後來。如瑯琊和尚❼往蘇州看范希文❽，因受信施及千餘緡❾。遂遣人陰計在城諸寺僧數，皆密送錢，同日為眾檀設齋❿。其即預辭范公，是日侵蚤⓫發船，逮天明眾知已去。有追至常州而得見者，受法利而迴。觀此老一舉，使姑蘇道俗悉起信心，增深道種⓬，此所謂轉為攝化之方。與夫竊法位、苟利養、為一身之謀者，實霄壤也。」（〈與德和尚書〉）

【章　旨】禪林長老不應以個人遭遇的順逆而生喜怒之情，而應利用所處之境界，將之轉為攝化利生、誘導後學的機緣。

【注　釋】❶二種緣　遭遇順、逆二緣，即順境、逆境。凡違逆身心、引起恚怒苦痛之感受，謂之違緣，又稱逆緣。凡順適身心、引起歡樂喜悅之感受，謂之順緣。❷二風　指利風、衰風。佛門中以能引動人心之八事為八風，一曰利風，二曰衰風，三曰毀風，四曰譽風，五曰稱風，六曰譏風，七曰苦風，八曰樂風。其中利、譽、稱、樂是順，衰、毀、譏、苦是逆。❸喪於法體　喪失自身法性之本體。法體，指自身本有之真如佛性。❹一應逆緣二句　指當遭遇逆境時，內心生起失意痛苦之感受。❺二應順緣二句　指處在順境中，內心生起歡欣喜悅之感受。佛教認為：不為得失、毀譽、苦樂所動是修行得道的表現，因此為衰風、利風所動皆不合佛法。❻惟智者善能轉為攝化之方　唯有具備大智慧者方善於利用所處之境事，使之轉為教化眾生之機緣。攝化，教養；化導。❼瑯琊和尚　慧覺廣照禪師，洛陽人。其父任衡陽知州，因病去世，於扶櫬歸洛途中，嘗過古寺，宛若夙居。後出家，遊方參學，於汾陽善昭門下得法。住持滁州瑯琊山禪寺，享有盛譽。見《五燈會元》卷十二。❽范希文　范仲淹，字希文，蘇州吳縣人，大中祥符進士。他曾因諫阻廢郭皇后一事被貶睦州，改知蘇州。據載：范仲淹守吳郡，瑯琊慧覺禪師來謁，淹留數日。仲淹言下有省，贈以詩云：「連朝共話釋疑團，豈謂浮生半日閑！直欲與師閑到老，盡收識性入玄關。」所記即此時事。見《居士分燈錄》卷上。❾受信施及千餘緡　接受信眾施捨之財物，共計達一千多緡。緡，穿錢的繩索。❿同日為眾檀設齋　在離去之日，於各寺以眾施主名義設立齋會。檀，檀那；檀越。即施主。⓫侵蚤　凌晨；拂曉。蚤，通「早」。⓬道種　佛法智慧。能證得佛果，故曰道種。

【語　譯】靈源惟清禪師說：「近代禪林寺院的住持，在遭遇順、逆兩種因緣時，多數人智識不明，因此被兩種風氣擊中，迷失了自己的本性。一是在遇到逆境時，多被衰風擊中，內心痛苦失意；二是在遇到順境時，多被利風擊中，內心歡樂喜悅。既然被上述兩種風氣擊中，則憤怒與欣喜之情交會於心，與奮激動之色表現在臉上，因此使得佛門蒙受恥辱，受到賢達之士的譏諷。只有見識卓越者能將順、逆之境界轉變為施行教化的機緣，以引導後來者皈依佛門，就像瑯琊慧覺和尚曾經前往蘇州探訪范仲淹，因而收到蘇州信眾施捨的財物共計達一千多串錢之多。慧覺便派人暗中統計蘇州城各佛寺僧徒數目，都秘密送去錢物，約定在同一天以各位施主名義設立齋會。他事先已經向范仲淹告辭，到約定舉辦齋會這一天，他一大早就乘船離開了蘇州。到天亮各寺知曉時，他已經早走了。有人一直追趕到常州，才見到慧覺禪師，聽受說法後而歸。看瑯琊禪師此番作為，使蘇州僧眾及世俗百姓頓時生起崇信佛法之心，加深了對於佛法真如的領悟，這就是轉為攝化利生的方法。這與那些竊居禪林職位、苟且求得金錢財物、只為一己私心謀算的人們相比，真有天地之隔了。」

文正公❶謂瑯琊曰：「去年到此，思得林下人可語者❷。嘗問一吏：『諸山有好僧否？』吏稱北寺瑞光希、茂❸二僧為佳。予曰：『此外諸禪律中別無耶？』吏對曰：『儒尊士行，僧論德業❹。如希、茂二人者，三十年蹈不越閫❺，衣惟布素。聲名利養，了無所滯，故邦人高其操履而師敬之。若其登座說法，代佛揚化，機辯自在❻，稱善知識者，非頑吏能曉。』逮暇日訪希、茂二上人，視其素行，一如吏言。予退思舊稱蘇秀❼好風俗，今觀老吏尚能分君子小人優劣，況其識者邪？」瑯琊曰：

「若吏所言，誠為高議。請記之以曉未聞。」（《瑯琊別錄》）

【章旨】禪僧應慎修德業，不慕虛榮，不求利養，持之不懈，如此自然能博得世人的尊敬。

【注釋】❶文正公　即范仲淹。皇祐四年（西元一〇五二年），范仲淹卒於徐州，謚文正，有《范文正公集》傳世。❷林下人可語者　指可以清談交流之僧人。唐鄭谷〈慈恩寺偶題〉：「林下聽經秋苑鹿，溪邊掃葉夕陽僧。」❸瑞光希茂　瑞光寺希、茂二位僧人。瑞光，蘇州著名禪寺。希上人不詳。茂月禪師，嗣大愚守芝，南嶽下十一世。❹儒尊士行二句　評價儒者，首先看其節操行履；評價僧人，則應論其平素之德行。德業，所行善德之事。❺蹈不越閫　行為有規則，足不出範圍之外。閫，門檻；閫域。❻機辯自在　善於發揮，應機辯說，無所滯礙。進退無礙，謂之自在。❼蘇秀　蘇州、秀州。秀州，即嘉興府。

【語譯】范文正公仲淹曾經對瑯琊慧覺禪師說：「我從去年來到這裏，就想尋找可供清談的林下高僧。曾問一位老吏道：『本地各山門中有卓越出眾的高僧嗎？』老吏說北邊瑞光寺有希、茂二位僧人很是優秀。我又問：『他們二人之外，其他參禪、持戒的法師中再沒有了嗎？』老吏回答說：『評價儒者，首在行止節操；評價僧人，則論其平素的德業。像瑞光寺希、茂二人，他們三十年來，足不出寺門，穿的是未染的布衣，不慕聲名，不貪財物利養，世俗事物完全不放在心上。所以本地人推崇他們的行履德操，敬重他們，奉之為師。至於登上高座講說佛法，代佛化導眾人，應機辯說自如，進退無礙，而被一般地稱為善知識者，那就不是我所得知的了。』此後空閒時，我訪問了瑞光寺的希、茂二和尚，觀察他們的日常行事，完全如同老吏所說的一樣。我過後便想：從前都傳說蘇州、秀州風俗甚美，今見老吏尚且能夠分辨君子小人之優劣，況且那些有識之士呢？」

瑯琊慧覺禪師說：「這位老吏所說的，的確是非常之高論。請讓我將此事記載下來，以曉示後來之未聞者。」

靈源曰：鍾山元和尚❶平生不交公卿，不苟名利，以卑自牧❷，以道自樂❸。士大夫初勉其應世，元曰：『苟有良田，何憂晚成❹，第恐乏才具❺耳。』荊公❻聞之曰：『色斯舉矣，翔而後集❼。在元公得之矣。』

（《贅疣集》）

【章旨】蔣山贊元禪師平生不欲結交公卿，不慕榮利，以道自娛，雖是山門中人，亦可作為後世儒者的榜樣。

【注釋】❶鍾山元和尚　即蔣山贊元禪師。贊元，字萬宗，婺州義烏人，傳說他是南朝傅翕（世稱傅大士）之後裔。自幼出家，遍歷諸方，於石霜楚圓門下得法，屬南嶽下十一世。曾住持蔣山禪寺，有盛名，朝廷賜章服及師號。事蹟見《禪林僧寶傳》卷二七。❷以卑自牧　持謙卑之態度，陶冶德操以自處世。《易・謙卦》云：「謙謙君子，卑以自牧也。」❸以道自樂　沉浸於道，以悅樂身心。王安石嘗贈以頌曰：「不與物違真道廣，每隨緣起自禪深。舌根已淨誰能壞，足跡如空我得尋。」贊元去世後，王安石復讚曰：「賢哉人也！行厲而容寂，知言而能默。譽榮弗喜，辱毀弗戚。弗矜弗克，人自稱德。有緇有白，來自南北。弗順弗逆，弗抗弗抑。

弗觀汝華，唯食己實。孰其嗣之，我有遺則。」贊元耽樂於道，由王氏頌讚可以想見。❹苟有良田二句　意謂有良田沃土，何憂不得豐收耶？喻人有才華，必得尊榮。《北史・楊侃傳》云：侃字士業，頗愛琴書，不事交遊。親朋勸其出仕，侃曰：「苟有良田，何憂晚歲，但恨無才具耳。」❺第恐乏才具　但恐缺乏才能。第，但；且。才具，才幹；能力。❻荊公　指王安石。曾封荊國公，故稱。❼色斯舉矣二句　意謂飛鳥見人之顏色不善則飛去，迴翔審視而後落下，喻賢者見機而作，審時以定出處，亦當如是。二句見《論語・鄉黨》。

【語　譯】靈源惟清禪師說：「鍾山贊元和尚平生不欲結交公卿權貴，不苟且於名利，平時謙卑自處，以履道為快樂。起初，有些熟識的士大夫勸他應請出世，贊元答道：『如果有肥田沃土，還擔心不得豐收嗎？我只恐怕自己缺乏應世的才能啊！』王荊公安石聽到此事後，說：『鳥兒飛在空中，迴翔審視然後再落下來。贊元禪師是做到這樣的了。』」

靈源曰：「先哲言學道，悟之為難❶；既悟，守之為難❷；既守，行之為難❸。今當行時，其難又過於悟守。蓋悟守者，精進堅卓，勉在己躬而已，惟行者必等心死誓❹，以損己益他為任。若心不等，誓不堅，則損益倒置，便墮為流俗阿師❺，是宜祇畏❻」。

【章　旨】學禪者悟道之後，應當守道不移，然後立誓行道，弘揚佛法。三者之中，行道最難。

【注　釋】❶學道悟之為難　學習佛法，以自心妙悟為難。《中峰廣錄》：「學以悟為難，悟以忘為難，忘以行為難。」❷既悟守之為難　悟得自心之後，時時守之，勿使喪失為難。守之，指不離佛法。❸既守行之為難　自心不離佛法，是一己之事。進而弘揚佛法，接引後學，是為難事。行之，指推廣佛法，廣濟眾生。❹行者必等心死誓　弘揚佛法，必須樹立眾生平等之心，誓死行道不懈。等心，一切眾生、無論怨親皆平等之心。❺流俗阿師　世俗平庸之法師。阿，用在稱謂前，有親暱或輕視之意味。❻祗畏　警惕；敬畏。祗，敬也。

【語　譯】靈源惟清禪師說：「前代賢哲曾經說過，學習佛法以自心妙悟為難，既悟之後以堅守不移為難，既守之後以行道弘法為難。今當行道弘法之際，其困難又超過了悟法守道之時。因為悟法守道，只是自己態度堅定、修煉不懈、精進不退而已。而行道弘法，一定要先樹立眾生平等之心念，要決心弘法，死而後已，要以自損而利他人作為自己的責任。若是平等之心未立，誓願之志不堅，就會將自損而利他的準則顛倒，變為損人利己。這樣就會墮落為平庸鄙俗之阿師，這是最應令人警惕與敬畏的。」

靈源曰：「東山師兄❶天資特異，語默中度，尋常出示語句，其理自勝❷。諸方欲效之，不詭俗則淫陋❸，終莫能及。求於古人中，亦不可得。然猶謙光導物，不啻❹饑渴。嘗曰：『我無法寧克勤諸子❺，真法門中罪人矣。』」

【章　旨】五祖法演禪師資質優異，禪理特勝，卻又謙光導物，嚴於自責，足為禪林之榜樣。

【注　釋】❶東山師兄　指楊岐派著名禪師五祖法演。法演曾經住持黃梅東山五祖寺，與黃龍派之靈源惟清同屬南嶽下十三世，故稱之。❷尋常出示語句二句　應機回答學人的提問，其語深蘊禪理，自然優勝。朱元禨〈法演禪師語錄序〉稱法演「隨機答問，因事舉揚，不假尖新，自然奇特」，與此意同。❸諸方欲效之二句　各地寺院想效倣法演之禪機法語，然而不失於詭異鄙俗，則失於邪僻淺陋。詭俗，失之於詭。淫陋，失之於冶蕩或簡陋。❹不啻　無異於。❺我無法寧克勸諸子　此處疑有奪訛或誤字。《禪林寶訓筆說》釋此句云「我無道法，豈能策勵於諸子」，可參考。

【語　譯】靈源惟清禪師說：「東山法演師兄天生資質優異，無論一語一默皆合於法度。他平時接引後學的應對法語，其中禪理自然超勝。各地寺院長老想要倣效他，然而不失之詭異，則失之泛濫或淺陋，終究不能達到他的境界。在古代賢哲中尋求，像法演禪師這樣之人亦不可多得。儘管如此，他還是以謙和的態度引導後學，不異於饑之求食、渴之思飲一般。他曾經說道：『我本無道法，豈能勉勵佛門諸子，我真是佛門中之罪人啊。』」

靈源道學行義❶，純誠厚德，有古人之風。安重寡言，尤為士大夫尊敬❷。嘗曰：「眾人之所忽，聖人之所謹。況為叢林主❸，助宣佛化，非行解相應，詎可為之？要在時時檢責，勿使聲名利養有萌於心。儻法今有所未孚❹，衲子有所未服，當退思修德，以待方來。未見有身正而叢林不治者。」所謂觀德人之容，使人之意消❺，誠實在此。(《記聞》)

【章　旨】寺院住持應該在佛法方面行解相應，叢林主必先身正，然後叢林才有真正的治理。

【注　釋】❶道學行義　佛學造詣與日常行為操守。行義，同「行誼」。❷尤為士大夫尊敬　《禪林僧寶傳》卷三〇云：「公風神洞冰雪，而趣識卓絕流輩，龍圖徐禧德占、太史黃庭堅魯直，皆師友之。」❸叢林主　禪林教化之主人。叢林，指大的寺院。❹孚　信任；信用。❺所謂觀德人之容二句　意謂面對有德高士之容顏，人之邪念便自然消除了。《莊子・田子方》載云：「(東郭順子)其為人也真，人貌而天虛，……物無道，正容以悟之，使人之意也消。」二句本此。

【語　譯】靈源惟清禪師道學精純，德行寬厚，態度誠懇，有古人之風範。他平時安詳持重，沉靜少言，尤其受到士大夫的尊敬。他曾經說道：「世俗眾人所忽略縱意之處，正是聖賢之士謹慎不懈之時。況且身為禪院長老，輔助教化，宣傳佛法，若是言行相悖，行解不符，怎麼可以呢？重要的是經常加以反省，時時自責，不要使對於名聲、物利的欲望在心中萌生。倘若寺院法令不為人相信，僧人有所不服，那麼長老便應該反思自省，增進自身的道德，以等待僧眾自然歸依。未有長老自身端正而寺院治理不好的。」古人所謂面對有德者的容顏，自然即能消除一切邪念，就是由於自身德行端正所以能感化來者啊！

靈源謂圓悟❶曰：「衲子雖有見道之資❷，若不深蓄厚養，發用必峻暴❸。非特無補教門，將恐有招禍辱。」

【章旨】禪者資質雖屬上根，仍須注重深蓄厚養，若修養未至而急於應世，恐有招禍患。

【注釋】❶圓悟　克勤禪師，四川彭州人，俗姓駱，五祖法演之法嗣。朝廷賜號圓悟，又號佛果，乃《碧巖錄》一書的作者。❷見道之資　天賦資質優秀，能得佛法。見道，此指悟得佛法。❸峻暴　峻切、暴烈。

【語譯】靈源惟清禪師對圓悟克勤說：「僧人即使天生資質優秀，有見道得法的根器，然而若是不能長期修養，積累深厚，則應世必然急躁，行為一定過於嚴峻。如此則不僅對於佛門教化沒有好處，恐怕自身還會招來禍患與羞辱。」

圓悟克勤禪師

【題　解】克勤禪師（西元一〇六三～一一三五年），俗姓駱，字無著，彭州崇寧（今四川彭縣）人，幼而穎悟，日記千言。嘗偶遊妙寂寺，閱佛書如睹舊物，遂落髮出家。遍謁各地高僧參學，後於五祖法演門下得法。徽宗崇寧中，克勤回蜀中省親，應請住持成都昭覺寺。政和年間出蜀東遊，一度留住澧州夾山靈泉院、湘西道林寺，講說禪宗公案，門人筆記整理成《碧巖錄》一書。克勤又曾遊汴京，識高宗於藩邸。高宗踐帝位，克勤住持鎮江金山寺，召問佛法稱旨，賜號圓悟，又號佛果。建炎元年（西元一一二七年）底，敕居江西雲居山，後復歸成都。卒後，謚真覺禪師。

克勤一生輾轉四方，與朝野士大夫及各地禪師廣泛交遊，頗能融通各派之說。他又特別重視佛經典籍的研讀，「凡應接雖至深夜，客退必秉炬開卷，於宗教之書無所不讀」（宋祖琇語）。這使他成為宋代禪風轉變中的重要人物。他之論禪，堅持見性成佛，倡導「本地風光」。他曾闡說道：「此個大法，三世諸佛同證，歷代祖師共傳，一印印定，直指人心，見性成佛。不立文字語句，謂之教外別行，單傳心印。」（〈示諧知浴〉）又說：「人人腳根下本有此段大光明，虛徹靈通，謂之本地風光。……諸佛祖師悟此真源，洞達根本，憫諸沉淪，起大悲心，出興於世，正為此耳。」（〈示胡尚書悟性勸善文〉）這裏宣講的，是南宗禪的正統思想。

另一方面，克勤又是宋代文字禪的開創者。克勤的著作中，以《碧巖錄》最為著名。它是根據克勤在昭覺、靈泉與道林三寺講解北宋雲門宗僧人雪竇重顯《頌古百則》的記錄稿整理而成。

該書參究禪門公案，辯說佛理，對於初學者讀懂禪宗燈錄故籍頗有裨益，因而一時大受歡迎，被譽為「宗門第一書」。然而禪宗心要，本不在文字知解的功夫，以言辭辯說解析公案尤其有悖宗門以心印心、不立文字的初旨。加之該書辨析往返、考證繁瑣，後學之輩不明就裏原委，往往捨本逐末，徒資口實，所以該書在後世亦遭人非議。克勤之弟子大慧宗杲因為擔心後學者「不明根本，專尚語言，以圖口捷」，不惜焚毀《碧巖錄》之刻板，目的便在救其流弊。

圓悟克勤著述甚多。除《碧巖錄》(十卷)外，又有《圓悟禪師心要》(二卷)、《圓悟佛果禪師語錄》(二十卷)。有關他的生平事蹟，可參看《五燈會元》(卷十九)、《僧寶正續傳》(卷四)等書。

圓悟禪師曰：「學道存乎信❶，立信在乎誠❷。存誠於中，然後俾眾無惑❸。存信於己，可以教人無欺。惟信與誠，有補無失。是知誠不一，則心莫能保❹；信不一，則言莫能行。古人云：衣食可去，誠信不可失。惟善知識當教人以誠信，且心既不誠，事既不信，稱善知識可乎？《易》曰❺：『惟天下至誠，為能盡其性❻。能盡其性，則能盡人之性❼。』而自既不能盡於己，欲望盡於人，眾必紿而不從❽。自既不誠於前，而曰誠於後，眾必疑而不信。所謂割髮宜及膚，剪爪宜侵體❾，良以誠不至則物不感，損不至則益不臻❿。蓋誠與信，不可斯須去已也明矣。」

（〈與虞察院書〉）

【章旨】禪林長老立身宜誠，待人宜信，唯有誠信才能充分展現至德至善之本性，才能使從學者深信而不疑。

【注釋】❶學道存乎信　學習佛法先要確立信心。信，此指對於佛法教義深信不疑。《華嚴經》卷六云：「信為道元功德母，增長一切諸善法，除滅一切諸疑惑，示現開發無上道。」❷立信在乎誠　確立對於佛法的信念，關鍵在於誠心。宋人以忠於天賦之性命為誠。周敦頤《通書》：「誠者，聖人之本。」❸存誠於中二句　心中有誠意，則眾人不疑。俾，使。邵雍〈觀物外篇〉：「言發於真誠，則心不勞而逸，人久而信之。作偽任數，一時或可以欺人，持久必敗。」❹誠不一則心莫能保　不真誠則不能保其善良之本心。《通書》：「誠斯立焉，純粹至善者也。」❺易曰　以下引語見《中庸》，不是《周易》的文字。❻惟天下至誠二句　意謂秉天下至誠之心，是為聖人，只有聖人才能盡現其天賦之本性。❼能盡其性則能盡人之性　意謂自己能盡現其至善至德之本性，則能使人盡現如此之本性。《中庸》云：「自誠明，謂之性；自明誠，謂之教。誠則明矣，明則誠矣。」❽紿而不從　內心懷疑，故不聽從。紿，疑也。❾割髮宜及膚二句　傳說商湯王時，天下大旱七年，商湯於是在桑林祈禱，為了表示誠意，商湯以五事自責，並剪其髮、鄺其手，以自身代犧牲，因而感動上天，乃降大雨。事見《呂氏春秋・順民》。曾鞏〈救災議〉：「古人有言曰：剪爪宜及膚，割髮宜及體。先王之於救災，髮膚尚無足愛，況外物乎？」❿損不至則益不臻　意謂處上位者不能自損，則不能獲益。臻，至。《說苑・敬慎》：「孔子讀《易》至於〈損〉、〈益〉，則喟然而歎。子夏避席而問曰：『夫子何為歎？』孔子曰：『夫自損者益，自益者缺，吾是以歎也。』」

【語　譯】圓悟克勤禪師說：學習佛道先要確立信心，確立信心又在於真誠無妄。胸中真誠無妄，然後方能使僧眾沒有疑惑。自己具有信實，才能教別人無欺。唯有信與誠，方對人只有補益而無害處。可知若不真誠，便不能保有天賦之本心；若是信實不一，則所言便不能得到推行。古人曾說：衣食可以沒有，誠信不可喪失。佛門善知識應當教人誠信，倘若自己心地不誠、處事不信，怎麼可以稱為善知識呢？《中庸》上說：「唯有秉持天下至誠之心的聖人，才能充分表現至善至德之本性；唯有自己盡現如此之本性，才能使他人充分表現如此之本性。」若是自己不能充分保有此種至善至德之本性，而希望別人做到這樣，大家一定會有所懷疑而不會聽從。若是自己不能真誠從事於前，而教別人以後應當真誠從事於後，眾人一定不會相信的。所以古人說：割髮要切及於皮膚，剪爪要貼達到肌體。因為不誠心則不會感動萬物，不損及自己就不會帶來補益。故真誠與信心瞬間也不能離去，就是很明白的了。

圓悟曰：「人誰無過？過而能改，善莫大焉❶。從上皆稱改過為賢，不以無過為美。故人之行事，多有過差，上智下愚，俱所不免❷。唯智者能改過遷善，而愚者多蔽過飾非❸。遷善則其德日新，是稱君子❹；飾過則其惡彌著，斯謂小人。是以聞義能徙，常情所難❺；見善樂從，賢德所尚❻。望公相忘於言外可也。」（〈與文主簿〉）

【章　旨】凡人行事皆難免有過，而改過遷善為難。賢德君子並非無過，而要在能改，改過遷善即是日新之德。

【注　釋】❶人誰無過三句　意謂每個人都會犯過錯，若知過能改，則為大善事。此三句見《左傳》宣公二年。❷上智下愚俱所不免　無論上等智者還是下等愚夫，所有人都不免有過失。《論語・陽貨》：「唯上知與下愚不移。」❸愚者多蔽過飾非　愚昧之人多掩蓋過錯，巧言為之辯說。周敦頤《通書》云：「今人有過，不喜人規，如護疾而忌醫。」❹遷善則其德日新二句　改過從善，使道德日新，如此則為君子。《通書》云：「則日孰無過，焉知其不能改，改則為君子矣。」❺聞義能徙常情所難　聞道義之言能改過而依從之，對於常人是困難的事情。徙，遷；改。《論語・述而》：「子曰：德之不脩，學之不講，聞義不能徙，不善不能改，是吾憂也。」❻見善樂從二句　見善行則努力學習以為榜樣，是賢德者所提倡的。《論語・季氏》載孔子曰：「見善如不及，見不善如探湯，吾見其人矣，吾聞其語矣。」

【語　譯】圓悟克勤禪師說：「誰人沒有過失？有了過失而能改正，就是最好的了。自古以來都稱能改過為賢，卻不以不犯過失為美。因為人的行為常有差失，無論上等智者還是下等愚夫，所有人都不免過錯。只有智者能夠改過從善，而愚者多掩藏錯誤、文過飾非。若能改過向善，則道德日新，這樣的人便是君子。若是文過飾非，則惡行愈加顯著，這樣的人便是小人。所以聽到仁義之言便改而從之，對於普通人是困難的；見到善德之行便樂意奉為榜樣，這正是賢德者所推崇的。希望先生勿滯泥於言辭，得其大意就可以了。」

圓悟曰：「先師言做長老有道德感人者，有勢力服人者❶。猶如鸞鳳之飛，百禽愛之❷；虎狼之行，百獸畏之。其感服則一，其品類固霄壤❸矣。」（《贅疣集》）

【章　旨】禪林長老應是以德感人，受人敬仰，而不能以勢壓人，使人畏懼。

【注　釋】❶有勢力服人者　權勢所在，眾人不敢不服從。《孟子・公孫丑上》：「以力服人者，非心服也，力不贍也。以德服人者，中心悅而誠服也。」❷鸞鳳之飛二句　傳說鳳凰為百禽之長，民間有百鳥朝鳳之說。鸞，神鳥，鳳之類。❸其品類固霄壤　二者品格之高下，有天地之隔。品類，等級；類別。固，本；信。

【語　譯】圓悟克勤禪師說：「先師曾說寺院長老有的是以道德感動人，有的是以勢力壓服人。就好像鸞鳳為百禽之長，牠在天空飛翔，百鳥都敬愛牠；老虎為百獸之王，牠在林中行走，百獸都畏懼牠。其心有所感與行為服從雖然是一樣的，然而二者品類的高下真有天上地下之別。」

圓悟謂隆藏主❶曰：「欲理叢林❷而不務得人之情，則叢林不可理；務得人之情而不勤於接下，則人情不可得；務勤接下而不辨賢不肖，則下不可接❸；務辨賢不肖而惡言其過，悅其順己❹，則賢不肖不可辨。惟賢達之士，不惡言過，不悅順己，惟道是從，所以得人情而叢林理矣。」（《廣錄》）

【章旨】賢德高僧能唯道是從，分辨賢否，勤於接下，不悅順己，故能得到僧眾的衷心歸依，得以治理好禪院。

【注釋】❶隆藏主　紹隆禪師，和州含山人，十五歲剃髮受具足戒，於圓悟克勤門下得法。他曾在禪寺掌管佛經典籍，故稱藏主。後住持虎丘寺，禪林稱虎丘紹隆。見《五燈會元》卷十九。❷叢林　指著名禪寺。眾僧共住，如樹木叢集為林，故名。❸務勤接下二句　雖然勤於接引初學者，但是不能分辨賢善與否，則接引初學者亦難以成功。接下，接納、引導僧徒信眾。❹惡言其過悅其順己　對於指出自己過失者則厭惡，對於順從自己者則喜歡。惡，討厭；憎恨。

【語譯】圓悟克勤禪師對紹隆藏主說：「若是要治理好禪林寺院，不務求體察僧眾之情，不得眾人之心，則寺院不能治理得好；務求得到眾人衷心的擁戴，而不勤於接引僧徒初學者，那麼眾人之心不可得；務求殷勤地接引僧徒初學者，而不能分辨賢善之人與不肖之徒的區別，那麼接引僧眾初學者也不會成功；務求分辨賢善之人與不肖之徒，而憎惡別人指出自己的過失，只喜歡那種順從奉承自己的人，那麼賢善者與不肖徒也難以分辨正確。只有賢達之士不厭惡別人指出自己的過失，不喜歡別人曲意順從自己，而一切只遵循道理去做。所以他便能得到僧眾的衷心擁戴，也就能治理好禪林寺院了。」

圓悟曰：「住持以眾智為智❶，眾心為心❷，惟恐一物不盡其情，一事不得其理❸，孜孜訪納，惟善是求。當問理之是非，詎論事之大小！若理之是，雖靡費大，而作之何傷；若事之非，雖用度小，而除之何害？蓋小者大之漸，微者著之萌，故賢者慎初，聖人存戒❹。涓涓不遏，終變桑田❺；炎炎靡除，卒燎原野❻。流煽既盛，禍災已成。雖欲捄❼之，固無及矣。古云：不矜細行，終累大德❽，此之謂也。」（〈與佛智書〉）

【章旨】寺院長老應當惟善是求，合於人情物理，還應謹慎細行，以免造成禍患，妨害大德。

【注釋】❶眾智為智　集中眾人智慧為我之智慧。〈觀物外篇〉：「斂天下之智為智，斂天下之善為善，則廣矣。」❷眾心為心　以眾人之心為我之心，無私心也。〈觀物內篇〉：「用天下之心為己之心，其心無所不謀矣。」❸恆恐一物不盡其情二句　意謂時刻憂慮，唯恐一事一物不得情理之正。人情物理，皆稱物情。〈觀物內篇〉：「天地之道盡之於萬物矣，萬物之道盡之於人矣。……則萬民與萬物亦可以為一道。」❹賢者慎初二句　在事情發生之初，賢者要十分謹慎，小心從事，聖人曾留下如此的教誡。《尚書・蔡仲之命》：「爾其戒哉，慎厥初，惟厥終。」陸贄〈興元論解姜公輔狀〉：「夫小者大之漸，微者著之萌，故君子慎初，聖人存戒。」❺涓涓不遏二句　細流若不遏止，能匯為江河大海，最終可致滄海桑田之變。涓涓，細小的水流。遏，阻止。《六韜》：「涓涓不塞，將為江河。」❻炎炎靡除二句　星星之火若不能及時撲滅，終將形成燎原之勢。炎炎，火光初燃之貌。《劉子・慎隟》：「熒熒不滅，能焚崑山。」❼拯　拯救，同「救」。❽不矜細行二句　平時在小事上不謹慎，終將對於道德大節有所損傷。矜，惜也。累，連累。

【語　譯】圓悟克勤禪師說：「寺院長老應當以眾人智慧為自己的智慧，以眾人之心為我之心。平日時常憂恐，總怕一事一物不盡人情、不合道理，孜孜不倦地聽取並採納眾人的意見，一心只求為善。每臨一事，只問是否符合道理，而不論事情之或大或小。若是符合道理，即使此事花費巨大，做之於事何損？若是違背道理，即使此事用度甚小，除去又於理何害？因為小事是大事的端始，細微是顯著的萌芽。所以賢者處在事情發生之初，必須小心謹慎，這是聖人留下的教誡。譬如涓涓細流不加遏止，它會聚為江河，終成滄海桑田之變。又如小火初起時不將之撲滅，它最後會成燎原大火。等到水火之勢盛大之後，禍災已經形成，此時想要拯救，時機已經來不及了。古人說：平時若不注意在細小處謹慎從事，終究會對道德大節造成損害，所說的就是這種情況啊。」

圓悟謂元布袋❶曰：「凡稱長老之職，助宣佛化，常思以利濟為心❷。

行之而無矜❸，則所及者廣，所濟者眾。然一有矜己逞能之心，則僥倖❹之念起，而不肖之心生矣。」（雙林石刻下出《雲門菴集》）

【章旨】寺院長老應以利世濟民為念，而不應有自矜自負、追求物利之心。

【注釋】❶元布袋　景元禪師，號此庵，俗姓張，浙江永嘉楠溪人。年十八出家，往依圓悟克勤得證悟，留充侍者。圓悟歸蜀後，景元遂還浙東，曾開法於臺州南明山護國寺。他因身體矮胖，常提布袋自隨，故叢林雅號為元布袋。❷以利濟為心　心中常思利世濟物。利濟，利益、渡越眾生。❸無矜　不自負賢能。矜，傲慢自大。❹僥倖　追求利益，貪得無厭。

【語譯】圓悟克勤禪師對景元說：「凡是擔當寺院住持的職事，輔助佛祖弘揚教化，就應該常將利樂有情、渡越眾生放在心中，時刻身體力行而不驕傲自滿，如此則接受教化者廣，獲得救渡者多。然而一旦有了矜己自負、驕慢逞能之心，就會滋生追求物利、貪得無厭之念，如此則不善之心亦隨之而起了。」

圓悟謂妙喜❶曰：「大凡舉措當謹終始❷。故善作者必善成，善始者必善終❸。謹終如始，則無敗事。古云：惜乎衣未成而轉為裳❹，行百里之半於九十❺。斯皆歎有始而無終也。故曰：『靡不有初，鮮克有

終❻。』昔晦堂老叔❼曰：『黃檗勝和尚亦奇衲子❽，但晚年謬耳。觀其始，得不謂之賢？』」（《雲門菴集》）

【章　旨】禪僧應當行為謹慎，善始善終，若是半途而廢，便不能成就正果。

【注　釋】❶妙喜　大慧宗杲禪師，俗姓奚，號妙喜，隨圓悟克勤參學，得傳心印，在禪林享有盛名。❷舉措當謹終始　行為舉動，應當謹慎從事，有始有終。《禮記・表記》：「慎始而敬終。」❸故善作者必善成二句　意謂善於處事者必然使之成功，善於經營開始者必然使之有好的結果。《戰國策・燕策》載樂毅報燕惠王書云「臣聞善作者不必善成，善始者不必善終」，此二句反其意而言之。❹衣未成而轉為裳　衣在上，裳在下，縫製上衣未成轉而為下裳，以喻捨本就末，有始無終。《法言・修身》：「惜乎衣未成而轉為裳也。」❺行百里之半於九十　行百里之路程，到九十里時才算走到一半，因為接近完成則倍加艱難。《戰國策・秦策》：「詩云『行百里者半於九十』，此言末路之難。」❻靡不有初二句　意謂人生之初無不有善性，卻少有能夠堅持到最後的。二句見《詩・大雅・蕩》。❼晦堂老叔　祖心禪師，俗姓鄔，自號晦堂，黃龍慧南之法嗣，屬南嶽下十二世。❽黃檗勝和尚亦奇衲子　黃檗惟勝禪師，潼川羅氏子，參黃龍慧南，得承法嗣。瑞州知州委託黃龍慧南遴選黃檗寺住持，慧南特地推薦他擔任。奇衲子，卓異超眾的僧人。惟勝事見《五燈會元》卷十七。

【語　譯】圓悟克勤禪師對妙喜說：「大凡為人的一切舉動行事，都應當謹慎從事，善始善終。所以善於做事者必要使之成功，善於開端者必要使之有好的結果。終結時謹慎小心，如同開始一樣，就不會有失敗了。古人曾說：可惜縫製上衣未成而改作下裳，又說行百里路者走到九十里才算一半。這都是對那些有始無終者的感歎啊！所以《詩經》說：『眾人之初無不有善心，然而卻少能堅持到底。』從前晦堂老叔曾說：『黃檗惟勝和尚早年參學時，也是一個卓異傑出的僧人，只是晚年處理事務有了差錯。考究其初始時，能說他不好嗎？』」

圓悟謂佛鑒❶曰：「白雲師翁❷動用舉措，必稽往古❸。嘗曰：『事不稽古，謂之不法。予多識前言往行❹，遂成其志。然非特好古，蓋今人不足法。』先師每言師翁執古，不知時變。師翁曰：『變故易常❺，乃今人之大患，予終不為也。』」（《蟾和尚日錄》）

【章旨】白雲守端禪師凡有舉措，皆稽考古聖前賢的行事，以古之賢哲作為效法的榜樣。

【注釋】❶佛鑒　慧懃禪師，俗姓王，舒州人。往參五祖法演，數年不契，欲辭而他往，得圓悟克勤勸勉，終得證悟。朝廷賜號佛鑒。與佛果克勤（即圓悟）、佛眼清遠並稱，被世人呼為法演門下之「三佛」。❷白雲師翁　指白雲守端，為五祖法演之師，故稱師翁。❸必稽往古　必考察古事，以為法式。稽，考察；研習。據宋曉瑩《雲臥紀譚》云：白雲守端和尚住潯陽能仁時，有記曰：「古之稱善知識者，蓋專以祖法為務。……噫，考於古之稱善知識者之義，愚尚有媿焉。」是其稽古之一例。❹多識前言往行　多了解認識前代賢哲的言論與行為。《易・大畜》：「君子以多識前言往行，以畜其德。」❺變故易常　改變古代聖賢之舊則。故常，指前代所傳之制度、法則。

【語　譯】圓悟克勤禪師對佛鑒慧懃說：「從前白雲師翁凡有事務要做，必要稽考古代聖賢之行為，以之為榜樣。他曾經說道：『做事若不倣效古人，便叫沒有法則。我願多學習前代聖者之言、賢者之行，以實現平生的志向。然而並不是我特別喜愛古人，實在是由於今人不足為法。』先師五祖法演常說白雲師翁執著好古，不知順時應變。白雲師翁回答說：『改變古代聖賢傳下恆久有效的規則，這是今人的大患。我最終決不會去做這樣的事情。』」

佛鑒慧懃禪師

【題　解】慧懃禪師（西元一〇五九～一一一七年），俗姓王，舒州懷寧人。他少年出家，聞師講說「唯此一事實，餘二則非真」，味之有得於心。乃遍參諸方名宿，往來五祖法演門下有年，終於大悟，得承法嗣。元符二年，他繼靈源惟清出任舒州太平寺住持，聲譽大彰。政和初，詔住東都智海寺，五年後乞歸。朝廷賜號佛鑒。有旨住江寧府蔣山，後返歸舒州故寺。政和七年十月八日手寫數書別故舊，停筆而化去。

慧懃說法，強調世間造化莫非佛性的顯現。曾上堂云：「乍語鶯喉澀，初來燕語新。莫驚雙鬢白，又是一年春。林上花鋪錦，堤邊草織茵。誰知造化體，元是法王身？」又云：「桃華紅，李華白，誰道融融只一色？燕子語，黃鶯啼，誰道關關祇一聲？不透祖師關捩子，空認山河作眼睛。」這是要弟子參透萬物一如、眾生平等的思想。他又曾上堂說法云：「金烏急，玉兔速，急急流光七月十。無窮遊子不歸家，縱歸祇在門前立。門前立，把手牽伊不肯入。萬里看看寸草無，殘花落地無人拾。無人拾，一回雨過一回濕。」其宗旨是要啟發僧眾認識人人皆有之佛性真如，從而回到自有心性的家中，而不是只在門前徘徊。

慧懃禪法境界高妙，他主張由自心妙悟而達到自在的人生。他說：「當是之時，不見有眾生可度，不見有佛果明成，亦無煩惱可除，亦無菩提可證。唯彰本體，應用堂堂，出沒卷舒，得大自在。……此事不從修證，不涉言詮，莫非妙智發明，超然獨脫。或未至此，當宜忘情絕慮，深切諦視。久久之間，自然雲霞消散，孤月白圓，砂礫盡時，真全始見。」這裏的真全妙智，自然就是人人心中本有的佛性。

有關慧懃的生平事蹟，可參看《五燈會元》（卷十九）、《僧寶正續傳》（卷二）。另外，《羅湖野錄》、《人天眼目》等書中也載有他的若干材料。

【校　注】「桃華紅，李華白，誰道融融只一色？燕子語，黃鶯啼，誰道關關秖一聲？不透祖師關捩子，空認山河作眼睛。」在這裏，首先要知道「融融」「關關」，不是一個單件，的確，永遠不會是一個單件。第二要認得，「山河」是長出了「眼睛」，但山河與眼睛的不可等同，尤其要「歷歷分明」（借用博山和尚最後教語），說到處，還是這句老話：心法雙立性則真。其實，山河若真長出了眼睛，就表示這個解脫漢已然「透祖師關捩子」了，然而，當未長出真眼目之時，山河卻乃絕不等同渾渾土石，山河充滿了桃紅李白燕語鶯啼種種覺受之境呢？山河是甚麼？眼睛是甚麼？《佛說大般若經》：「菩薩修行，皆因外緣而得成立。」法身在報身百千起用，說名為種種修行，報身之中，一切生滅諸法，說名為外緣——為凡夫作分別開示，告訴大眾，它們乃是清淨本來的一切現起。山河就是這一切並非單件的百千現起，符合於心法雙立之中的「法」，眼睛就是「親見」這場百千現起的無漏自在清淨之力，符合於心法雙立的「心」。心是甚麼？法是甚麼？「心」，是在把握中的般若，「法」，是「當生生不生」的這個生滅現前。一切生滅皆具足覺受，但是一切生滅卻不能決定「見得」不生滅之清淨覺性。禪師殷勤告知大眾不可「空認山河作眼睛」，乃是想盡辦法要大眾明白，只有「生滅生不生滅」，然後才能徹底「見得」全部無始以來不可量不可數不可計知的生滅一場。

佛鑑懃和尚自太平遷智海❶，郡守曾公元禮❷問：「孰可繼住持？」佛鑑舉昺首座❸，公欲得一見。佛鑑曰：「昺為人剛正，於世邈然❹，無所嗜好。請之猶恐弗從，詎肯自來耶？」公固邀之，昺曰：「此所謂呈身長老❺也。」竟逃於司空山❻。公顧謂佛鑑曰：「知子莫若父❼。」即命諸山堅請，抑不得已而應命。（《蟾侍者日錄》）

【章旨】智昺禪師立身方正不阿，不肯自貶節操以得寺院住持之職位。

【注釋】❶自太平遷智海　佛鑑初任舒州太平寺方丈。徽宗政和初，朝廷詔命佛鑑遷居東都智海寺。見《五燈會元》卷十九。❷曾公元禮　曾纁（西元一〇八三～一一二三年），字元禮，南豐人。年三十餘始舉進士，歷虞城、鄞縣主簿、舒州知州。宣和五年卒。見《浮溪集》卷二七〈奉議郎知舒州曾君墓誌銘〉。❸昺首座　智昺禪師，蜀之永康人。他久從佛鑑，始蒙印可，繼住持舒州太平寺，法席鼎盛。後奉詔遷居南華寺，故又稱南華智昺。首座，僧職，在住持長老之下，處禪寺僧眾之首。❹於世邈然　不屑於世俗之榮利而藐視之。邈，輕視貌，通「藐」。❺呈身長老　意謂親身前往請託自薦，以得長老之職。據《舊唐書》卷一五八：韋澳登第十年未授官職。有人勸他前去拜訪御史中丞高元裕，則可得御史之職。韋澳答曰：「然恐無呈身御史。」竟不詣高元裕之門。智昺意同此。❻司空山　在安徽省太湖縣北，山勢高峻，傳說即禪宗二祖傳衣三祖僧璨之地。❼知子莫若父　智昺為人嚴厲，時號昺鐵面。佛鑑素知其性情，如同父之於子，故云。

【語譯】佛鑒慧懃和尚奉朝廷詔命將從舒州太平寺遷往東都智海寺。舒州知州曾公元禮問慧懃道：「誰可以繼任太平寺長老之職呢？」佛鑒便舉出智昺首座，推薦他來接任。曾公元禮想要見一見智昺，佛鑒說道：「智昺為人性情剛正不阿，藐視世間的榮華富貴，沒有任何世俗的嗜好。請他出任寺院住持，還恐怕他不願意應承。他怎麼會自己前來官府相見呢？」曾公堅持邀約智昺前來一見。智昺得知後，說：「這就是要我當所謂呈身長老啊！」他於是逃進司空山隱而不出。曾公見到佛鑒，對佛鑒說：「你了解智昺的性情，就像父親了解自己的孩子一樣。」於是曾公命州內各寺院，堅請智昺出山。智昺不得已，只得接受了太平寺住持的職務。

佛鑒謂詢佛燈❶曰：「高上之士，不以名位為榮❷；達理之人，不為抑挫所困❸。其有承恩而效力，見利而輸誠❹，皆中人以下之所為。」

（《日錄》）

【章旨】高尚之士，能通達物理，不以名位為榮，不因物利而動。

【注釋】❶詢佛燈　守詢，號佛燈，安吉施氏子。往參佛鑒慧懃，因師言「森羅及萬象，一法之所印」而頓悟。初分座蔣山，後移居何山，晚遷天寧。禪史稱「佛燈以清簡之風震一世」。參見《南宋元明僧寶傳》卷一。❷不以名位為榮　不以世俗高名尊位為榮耀。嵇康〈答難養生論〉：「以名位為贅瘤，資財為塵垢也。」❸不為抑挫所困　不因為壓抑挫折而苦惱。《易・乾卦》：「龍德而隱者也，不易乎世，不成乎名，遯世無悶。」❹承

恩而效力二句　蒙受恩澤、獲得利益，然後貢獻心力。輸誠，獻納忠誠。

【語　譯】佛鑒慧懃禪師對佛燈守珣說：「高尚之士，不以尊名顯位為榮耀；通達之人，不因為遭受壓抑與挫折而煩惱。那種先蒙受恩澤然後貢獻力量，見有利益之後再表達忠誠，這些都非高尚者的作為。」

佛鑒謂昺首座曰：「凡稱長老，要須一物無所好❶。一有所好，則被外物賊❷矣。好嗜欲❸，則貪愛之心生；好利養❹，則奔競之念起；好順從，則阿諛小人合；好勝負，則人我之山❺高；好掊克❻，則嗟怨之聲作。總而窮之，不離一心。心若不生，萬法自泯❼。平生所得，莫越於斯。汝宜勉旃❽，規正來學。」（〈南華石刻〉）

【章　旨】寺院長老應該堅守自心的超然純潔，不貪外物，不徇私慾，否則必將受其侵害。

【注　釋】❶一物無所好　不貪愛於一物。好，貪愛。《金剛經》：「不應住色生心，不應住聲、香、味、觸、法生心，應無所住而生其心。」❷被外物賊　為外物所侵，受其傷害。佛法以六塵（色、聲、香、味、觸、法）能劫持一切善法，害人慧命，故比喻為六賊。《涅槃經》卷二三云：「此六塵如六大賊。何以故？能劫一切諸善法故。」❸嗜欲　貪慾；貪得之心。有三欲、五欲、六欲之說。❹利養　以財富養人，佛門指信眾施捨財物等。

❺人我之山　世俗凡夫不知人身乃五蘊之假合，執著於「我」之觀念，妄生分別，稱為「我執」，亦曰「人執」，又云「人我之見」。其見解固執如山，故云。❻掊克　搜刮財物。掊，搜求；聚斂。亦作「掊刻」。❼心若不生二句　自心若破除貪愛之念，則萬物、是非自然消失寂沒。萬法，泛指一切事物及現象。《六祖壇經・付囑品》：「心生種種法生，心滅種種法滅。」❽勉旃　勉力奉行之。旃，之。

【語　譯】佛鑒慧懃禪師對智昺首座說：「凡是作長老的人，必須做到心中對於外物無一貪愛。若是有所貪愛，就受到外物的侵害了。若是有了貪慾，則眷戀愛慕之心就產生了；若是喜好財利供養，則奔走競逐的念頭就興起了；若是喜歡別人順從奉承，則阿諛諂詐的小人便前來相合了；若是爭強好勝，就會傲慢自負、人我之見比山高了；若是喜愛聚斂財富，就會激起下屬的怨憤歎息了。總而言之，外物的侵害離不開自己之心。自心若能不起無明貪慾，則一切萬物是非自然沉寂，不能發生作用。我平生所得，沒有超越這一認識的。你應該努力依此奉行，以規範前來參學的徒眾。」

佛鑒曰：「先師節儉，一鉢囊、鞋袋百綴千補，猶不忍棄置。嘗曰：『此二物相從出關❶，僅❷五十年矣。詎肯中道棄之？』有泉南悟上座❸送褐布裰❹，自言得之海外，冬服則溫，夏服則涼。先師曰：『老僧寒有柴炭、紙衾❺，熱有松風，蓄此奚為？』終卻之。」（《日錄》）

【章　旨】五祖法演禪師生活節儉，他不棄有用之故物，不尚無益之奢華。

【注　釋】❶此二物相從出關　當年曾攜帶此缽囊鞋袋出劍門關。法演禪師本四川綿州人，初往成都學習佛經，後負笈出關，謁東京慧林院宗本參學。❷僅　至。言其多也。❸上座　對出家年長或有德僧人的尊稱。❹褐布裰　褐毛布縫製成的僧袍。裰，直裰，大衣長袍。❺紙衾　紙縫之被。據宋蘇易簡《文房四譜．紙譜》云：「山居者常以紙為衣。蓋遵釋氏云，不衣蠶口衣者也。然服甚暖。」紙衾事亦當同此。陸游〈寄謝朱衣紙被詩〉：「紙被圍身度雪天，白於狐腋暖於綿。」

【語　譯】佛鑒慧懃禪師說：「五祖法演禪師自己生活節儉。他的一件缽囊、一條鞋袋已經百縫千補，還不忍拋棄掉。他曾說：『這兩件東西相隨我出關，已有五十年之久了。怎麼肯中途拋棄不用呢？』有位泉州府悟上座送來一件褐毛布縫成的僧袍，自稱是從海外得到的，冬天穿著它感覺暖和，夏天穿上時感到涼爽。五祖法演先師回答說：『老僧在冬天有柴炭烤火、紙被禦寒，夏天炎熱時休憩在松風水石之間，蓄備此褐毛長袍有何用處？』他最終還是沒有接受這件物品。」

佛鑒曰：「先師聞真淨遷化❶，設位辦供，哀哭過禮，歎曰：『斯人難得❷！見道根柢，不帶枝葉❸。惜其早亡，殊未聞有繼其道者。江西叢林，自此寂寥耳。』」(《日錄》)

【章　旨】真淨克文禪師辭世，五祖法演因之哀哭過禮，是擔心禪林寂寞，後繼無人。

【注　釋】❶真淨遷化　真淨克文禪師，號雲庵，陝府閿鄉鄭氏子。他博通內外之學，於黃龍慧南門下得法。曾住江西聖壽、洞山兩寺十餘年。宋徽宗崇寧元年十月去世。遷化，去世。❷斯人難得　《禪林僧寶傳》卷二三贊曰：「雲庵以天縱之姿，不由師訓，自然得道……蓋一代宗師之典型，後來衲子之模楷也。」❸見道根柢二句　意謂真淨克文能從根本處悟道，闡說佛法亦直指心源，乾脆俐落。《林間錄》上云：「其樂說無礙之辯，答則出人意表，問則學者喪氣。……真一代法施主也。」

【語　譯】佛鑒慧懃禪師說：「五祖法演先師聽到真淨克文辭世的消息，便設立靈位，陳列供品，悲傷痛哭，超過禮儀的規定。他並且感歎說：『此人真是難得！克文禪師見道直徹根本，說法不帶枝葉。可惜他死得太早了！沒聽說有人能繼承其道法的。江西禪林，從此就要寂寞無人了。』」

佛鑑曰：「先師言白雲師翁平生疏通無城府❶。顧義有可為者，踴躍以身先之，好引拔賢能，不喜附離苟合❷。一榻翛然❸，危坐終日。嘗謂凝侍者❹曰：『守道安貧，衲子素分。以窮達得喪移其所守❺者，未可語道也。』」（《日錄》）

【章　旨】白雲守端禪師凡事皆以道義為準則，安貧樂道，不因個人的窮達得失而改變操守。

【注釋】❶疏通無城府　胸襟坦蕩、疏闊，不加掩飾。城府，即城郭府庫，取其隱蔽能藏之義。故心機深隱為有城府，心胸坦白為無城府。❷附離苟合　不循道義，苟且依附、迎合於人。附離，附著。離，通「麗」。❸一榻倏然　形容室中唯設一榻，超然脫俗之境況。榻，床，几案。倏然，自然無心。❹凝侍者　不詳。《石門文字禪》卷四有〈送凝上人〉詩，所送或即此人。❺以窮達得喪移其所守　因為處境的或窮困或通達、或得或失而改變其平素的操守。

【語譯】佛鑒慧懃禪師說：「五祖法演先師曾經講過，白雲守端師翁平生性情通達，胸襟坦蕩，與人相處無所隱瞞。凡是道義上應該做的，他總是欣然前行，以己身為先導。他樂於提拔賢能之士，而厭惡那種不講道義、苟且依附的行為。室中唯置一榻，終日端坐。五祖法演先師曾經對凝侍者說：『安於貧窮，遵循道義，這是僧人的本份。若是因為個人處境的窮通或遭遇的得失而改變其操守，這樣的人是不可以與之談道義的。』」

佛鑒曰：「為道不憂，則操心不遠❶。處身常逸，則用志不大。古人歷艱難，嘗險阻，然後享終身之安。蓋事難則志銳，刻苦則慮深，遂能轉禍為福❷，轉物為道❸。多見學者逐物而忘道，背明而投暗❹。於是飾己之不能，而期人以為智；彊人之不逮，而侮人以為高❺。以此欺人，而不知有不可欺之先覺；以此掩人❻，而不知有不可掩之公論。故自智者人愚之，自下者人高之❼。惟賢者不然，謂事散而無窮，能涯而有盡。欲以有盡之智，而周無窮之事，則識有所偏，神有所困，故於大道，必有所闕❽焉。」（〈與秀紫芝書〉）

【章　旨】學禪者應深謀遠慮，專心向道，不可逐物忘道，自負欺人。

【注　釋】❶為道不憂二句　若不為求道而憂，則操心不能遠大。憂道，憂不得乎道。《論語．衛靈公》：「君子憂道不憂貧。」❷轉禍為福　使禍患轉化為福祉。《淮南子．泰族訓》：「句踐棲於會稽，修政不怠，謨慮不休，知禍之為福也。」❸轉物為道　因物以見道，因事而悟法。轉，佛法指因物之因緣而生起大用。如靈雲志勤禪師因見桃花而悟道，即其例。❹背明而投暗　違背般若智慧，而趨向無明煩惱。佛法能破除一切無明煩惱，故說為明。❺彊人之不逮二句　謂後學者稍遜於己，則侮慢之，以顯示自己的高明。彊，通「強」。不逮，不及。❻掩人　壓制別人。與前之「侮人以為高」相對應。❼自下者人高之　一本作「自高者人下之」。按：應以此為是。❽所闕　所未知之事。闕，同「缺」。《論語．子路》：「君子於其所不知，蓋闕如也。」

【語　譯】佛鑒慧懃禪師說：「奉佛學道者若不為求法而憂，則操心必不深遠；平素行止常求安逸，則志向必不廣大。古人經歷艱難險阻，然後方能享受終身的安寧。因為所經歷之事務艱難，就能磨勵其志氣愈加勇銳；所遭遇之境況困苦，就能促使其思慮更為深遠。這樣就能將禍患轉為福祉，從世間萬物中悟得佛法。近來多見奉佛學道者追逐外物而忘記了佛道，違背般若智慧而趨向無明塵勞。這些人內心不得道法，又偏要掩飾自己，裝出智者的樣子去欺騙他人；稍勝他人一篤，便傲慢無禮，藉以顯示自己的高明。以此欺騙他人，而不知尚有不可欺騙的先覺者；以此想要掩蓋於人，而不知有不可掩蓋之公論在。所以自認為聰明者在別人眼中正是愚蠢，自己抬高自己，只會被人看得很低。賢達者則不然，他們認識到世間事物無窮無盡並且互不相同，個人的智能有限因而終有竭盡之時，想以有限的智能遍及無窮的事物，則個人的見識必然難以圓融，精神一定因此疲憊不堪，對於佛法大道，必然更會有所缺漏。」

佛鑒謂龍牙才和尚❶曰：「欲革前人之弊，不可亟去❷，須因事而革之，使小人不疑，則庶❸無怨恨。予嘗言住持有三訣：見事、能行、果斷❹。三者缺一則見事不明，終為小人忽慢❺，住持不振矣。」

【章　旨】禪者處理世務，應當明見事理、堅持敢行、判斷是非清楚，三者缺一不可。

【注　釋】❶龍牙才和尚　智才禪師，舒州施氏子。參學於佛鑒慧懃，名聞叢林。曾住持潭州龍牙寺十三載。事見《五燈會元》卷十九。❷亟去　急速除去。亟，迅疾。❸庶　庶幾。表示希望。❹見事能行果斷　三者皆為處理事物之法則，蓋一者明其事理，二者堅持敢行，三者當眾剖判果斷明白。舊注謂「第一見一切事如杲日當空，無纖毫隱蔽；第二應當行者如大象渡河，一直前往；第三剖判是非如明鏡當臺，妍媸俱在」，可參考。❺忽慢　輕視；侮慢。慢，自驕而欺凌他人。

【語　譯】佛鑒慧懃禪師對龍牙智才和尚說：「若想克服前人留下的弊端，不可操之過激。必須藉著具體事務自然地加以革除，使小人之輩不至於生起懷疑之心，也就不會引起怨恨。我曾經說過，寺院住持有三要訣，即明見事理、堅持能行、剖判果斷。三者缺一，就不能明瞭事實的真象，最終會為小人所輕視，受其侮慢。如此則寺院住持之道會被削弱，失其權威了。」

佛鑒曰：「凡為一寺之主，所貴操履清淨❶，持大信以待四方衲子。差❷有毫髮猥媟❸之事，於己不去，遂被小人窺覷❹。雖有道德如古人，則學者疑而不信矣。」（《山堂小參》）

【章旨】寺院長老貴在行為操守清淨不染，倘有絲毫猥瑣之心，必然令人疑而不信。

【注釋】❶操履清淨　行為操持，俱不受世俗塵垢的污染。佛門以離惡行之過失、不受煩惱之污垢為清淨。❷差　略微；稍。❸猥媟　猥瑣；卑賤。媟，通「褻」。❹窺覷　暗中看破，受人輕視。窺，偷看。

【語譯】佛鑒慧懃禪師說：「凡為禪林寺院之住持，最應珍視的是自身行為操守清淨不染。抱持佛門廣大之信心，以待四方之僧眾。住持長老若有絲毫猥瑣卑下之事，自己不克服，就會被下人看破，暗中受輕視。即使佛法造詣如同古人，參學者也會暗生疑惑而不大相信了。」

佛鑒曰：「佛眼❶弟子唯高庵❷勁挺不近人情❸。為人無嗜好，作事

無黨援❹。清嚴恭謹，始終以名節自立，有古人之風。近世衲子，罕有倫比❺。」（〈與耿龍學書〉）

【章　旨】高庵善悟禪師立身剛正無私，珍視名譽節操，其風範堪為後世僧人的榜樣。

【注　釋】❶佛眼　臨邛李氏子。幼年出家，南遊舒州太平寺和白雲山海會寺，從法演禪師門下得法，朝廷賜號佛眼，屬南嶽下十四世。❷高庵　洋州李氏子。幼讀佛經，出家後參學於舒州龍門寺，為佛眼清遠所器重，得承法嗣。曾長期住持南康之雲居寺，宗風大振。自號高庵。❸不近人情　超越世俗慾念，不受其污染也。人情，此指俗情。❹黨援　結為私黨，互相攀援，以謀利益。黨，幫派；同夥。❺罕有倫比　少有能達到其標準者。倫比，同類；同等。

【語　譯】佛鑒慧懃禪師說：「佛眼清遠的弟子中，唯有高庵善悟性格剛正，超越世人俗情。他為人沒有甚麼嗜好，做事不結幫派，不偏私情，平時清正、嚴肅，態度謙恭而謹慎。他始終以名譽、節操勉勵自己，以此為立身之本，有古人之風範。近些年來的僧人，很少有能與他相比的。」

佛眼清遠禪師

【題　解】清遠禪師（西元一〇六七～一一二〇年），俗姓李，蜀之臨邛人。他年十四出家，深感「義學名相，非所以了生死大事」，遂南遊江淮參學。謁法演禪師，凡有所問，法演即曰「我不如你，你自會得好」，或曰「我不會，我不如你」，清遠終得大悟。後隱居四面山，應請住持龍門寺，開堂說法十二年，學者雲集，道行聞於朝廷。政和末，奉敕遷住和州褒禪寺，賜號佛眼禪師。宣和初，以疾辭歸隱蔣山東堂，次年卒。

據載：清遠曾經於寒夜孤坐，讀《傳燈錄》至「破竈墮」公案，忽撥火大悟，乃作偈曰：「刀刀林鳥啼，披衣終夜坐。撥火悟平生，窮神歸破墮。事皎人自迷，曲淡誰能和？念之永不忘，門開少人過。」他又曾上堂說法云：「趙州不見南泉，山僧不識五祖。甜瓜徹蒂甜，苦瓠連根苦。」可知清遠的禪法，多在自心的領悟。

清遠的禪風深密而篤實，尤其注重實際的參證。他認為天下學道之士，有兩種毛病：一是騎驢覓驢（不識本性），二是騎了驢便不肯下（過於執著）。他批評「今時學者，但以古人方便（指公案）為禪道，不知與古人同參也」。他並且比方說：「譬如飯籮邊坐說食，終不能飽，為不親下口也。……在尋常日用處，如見色時是證時，聞聲時是證時，飲水食粥是證時。」他居龍門寺時，還提出著名的「三自省」云：「一是身壽命如白駒過隙，何暇閑情妄為雜事，既隆釋種，須紹門風，諦審先宗是何標格；二道業未辦，去聖時遙，善友師教，誠不可捨，自生勉勵，念報佛恩，惟己自知，大心莫退；三報緣虛幻，不可強為，浮世幾何，隨家豐儉，苦樂逆順，道在其中。」總之是要不尚空談，實參實證，堅持不懈。故李彌遜〈佛眼禪師塔銘〉形容說：「師嚴正靜重，澹泊寡笑，動有矩則……其為教則簡易深密，絕蹊徑，離文字，不滯於空無汗漫之說，不以見聞言語辯博為事，使人洞真源，履實際。」其精神旨趣，大體可以想見。

清遠或以禪理入詩，以詩意入禪，亦皆有情致。其〈龍門偶作〉之五云：「每念心中事，頻開掌內珠。欲憑天上雁，待寄水中魚。此意終難寫，斯言不可書。含毫竟寂寞，繞屋樹扶疏。」詩之禪理物情交融，意境雋長，令人回味無窮。

有《龍門佛眼語錄》八卷傳世。其生平事蹟，載於《五燈會元》(卷十九)、《僧寶正續傳》(卷三)等書。另外，《羅湖野錄》中也有若干記載。

【校　注】「凡有所問，法演即曰：我不如你，你自會得好。或曰：我不會，我不如你。」有力地運用了六祖提出的「不離自性」，「真佛不離自性」，「無別佛」。把問題推壓回到問者自身自心之中，「真佛」本來一直坐在那裏。

「撥火悟平生，窮神歸破墮。」師徒聊天達旦，老師看看爐中早已冷熄多時，乃撥開殘炭灰燼，看看還有火種也無，慢慢撥，一直撥到很深，徒弟說，怕真的全熄滅了，沒有火了，老師還是慢慢地撥，撥將到爐底，忽然一點紅星微閃，老師就拈起它，說出了一句不朽的話：此不是火？古尊宿破竈墮和尚，以一句「本是泥瓦合成」，開示解脫了羅惡又痛苦的山神。山河長出了眼睛，眼睛親見親知親證這場山河無非「本是泥瓦合成」。不是文字思想文章精彩的事情，乃是老老實實的「見得」清澈，把握得決定的事情，怎麼後來一直生出種種誤會，很矛盾的誤會——一方面又認為禪宗只是言語精彩動人，一方面又認禪是「不可說不可說」的。

「每念心中事，頻開掌內珠。」亦是山河長出眼睛的事情。解脫漢亦如是，如覺悟，功夫更不荒廢。懷讓既知馬祖覺悟，使寺僧前往看看馬祖，寺僧回來照足馬祖言語稟報：「自從胡亂後，三十年少不得鹽和醬。」懷讓聽了，很高興，當下放心。「胡亂」的意思，無非「當生生不生」，「橋流水不流」的事情，叫做「胡亂」，恰恰是把顛倒見顛倒過來，所以稱作「胡亂」，這是覺悟，再一次讓自己師傅放心。「三十年少不得鹽和醬。」覺悟之後，見得一切修行，確是清淨本來的外緣，然而卻是興運不息，但這個興運不息，對於清淨本來而言，無非乃是「加鹽加醋」而已。這又叫師父再放一個心。徒弟真的覺悟了，徒弟自此幾十年也並無懶惰——覺悟就不懶惰。禪祖傳語：迷時人逐法，悟時法逐人。這首〈龍門偶作〉裏面這兩個句子，「每念心中事，頻開掌內珠。」即是「三十年少不得鹽和醬」的事情。而此中消息，清遠和尚卻又以「講不出」來告知了大眾，畢竟他已表達了身歷其境，就是非常樸實，非常有情感的這兩個詩句：每念心中事，頻開掌內珠。

佛眼遠和尚曰：「蒞眾之容，必肅於閒暇之日❶；對賓之語，當嚴於私昵之時❷。林下人發言用事、舉措施為，先須籌慮，然後行之，勿倉卒暴用。或自不能予決，應須諮詢耆舊❸，博問先賢，以廣見聞，補其未能，燭其未曉❹。豈可虛作氣勢，專逞貢高❺，自彰其醜。苟一行

失之於前，則百善不可得而掩於後矣。」（〈與真牧書〉）

【章　旨】禪者行事，應當深思熟慮，廣泛諮詢耆舊前賢，不可虛作氣勢，驕傲自負。

【注　釋】❶蒞眾之容二句　意謂在眾人之前儀態肅穆，然而並非一時作威作樣，要在平時必端必肅也。蒞，臨；來到。❷當嚴於私昵之時　意謂與所親近愛幸之人交談，亦當嚴正慎重，而不可苟且輕佻。私昵，指親愛者。❸耆舊　年高而有才德者、故舊。❹燭其未曉　洞察自己未知之事，如火炬之照臨也。燭，洞照。❺專逞貢高　一味傲慢，自高自大。

【語　譯】佛眼清遠禪師說：「處在上位者面臨大眾時儀容肅穆，然而並非一時故作姿態，一定要在閒暇獨處時便養成這種態度；應對賓客時發言嚴正慎重，然而亦非一時故意裝腔作勢，應當在私下與親近者交談時便這樣要求自己。禪寺僧人每當講話做事，有所行動舉措之前，總要先認真籌劃、思慮成熟，然後再付諸實施，不要未加深思熟慮便倉促行事。若是自己無法決斷之時，就必須虛心地向故舊長者諮詢，廣泛地向前輩賢者請教，以擴大自己的見聞，彌補自己的不足，洞悉自己所未知的事情。又豈可虛作氣勢，逞心肆意，傲慢自大，將自己狂妄自負的醜惡行為彰顯在光天化日之下！倘若有一事失誤於前，那麼其後即使有百件善舉也無法將之掩藏了。」

佛眼曰：「人生天地之間，稟陰陽之氣而成形。自非應真❶乘悲願力出現世間❷，其利欲之心似不可卒❸去。惟聖人知不可去人之利欲，故先以道德正其心❹，然後以仁義禮智教化隄防之。日就月將❺，使其利欲不勝其仁義禮智，而全其道德矣。」（〈與耿龍學書〉）

【章　旨】聖人知道世俗大眾利慾之心不可盡去，所以提倡仁義禮智，使人逐漸向善，以保全其道德之本性。

【注　釋】❶應真　阿羅漢舊譯之名，此指佛菩薩及弟子。據佛經載，如來之弟子稱阿羅漢者有舍利弗等十六人。❷乘悲願力出現世間　懷抱佛祖大慈大悲之心，誓願救渡眾生而降臨人間。悲願，如阿彌陀佛之四十八願、藥師如來之十二願。❸卒　盡；終。❹以道德正其心　以明道誠性之說，端正其心源。道德，指天賦純粹至善之本性。周敦頤《通書》：「動而正曰道，用而和曰德。」❺日就月將　日有所成就，月有所進步。《詩・周頌・敬之》：「日就月將，學有緝熙於光明。」

【語　譯】佛眼清遠禪師說：「人生天地之間，稟受陰陽氤氳之氣而形成人體。若非佛祖菩薩懷抱慈悲救世的誓願降在人世，一般人之貪愛利慾之心似乎不可輕易除去。唯聖人知道世俗大眾利慾之心難以克服，因而便先提倡明道誠性以端正心源，然後倡導仁義禮智，用教化規範人們的行為。如此日有所得，月有所進，逐步使世人貪圖物利之慾不能戰勝心中仁義禮智之志，這樣則其道德本性就可以得到保全了。」

佛眼曰：「學者不可泥於文字語言❶。蓋文字語言，依他作解，障自悟門❷，不能出言象之表❸。昔達觀穎❹初見石門聰和尚❺，室中馳騁口舌之辯，聰曰：『子之所說，乃紙上語。若其心之精微，則未覩其奧❻。當求妙悟，悟則超卓傑立，不乘言，不滯句❼，如師子王吼哮❽，百獸震駭。迴觀文字之學，何啻❾以什較百、以千較萬也。』」（《龍門記聞》）

【章　旨】奉佛學禪者應當從自悟中發明自性，而不可拘泥於文字語言，否則將障蔽自悟之門。

【注　釋】❶不可泥於文字語言　佛法認為語言文字不能代替個人的實證體悟，故主張不執著於文字。《六祖壇經・機緣品》：「師曰：諸佛妙理，非關文字。」❷依他作解二句　意謂陷於文字知解，則障蔽了自心對佛法的體悟。《楞伽經》卷四：「若善男人善女人，依文字者，自壞第一義。」❸言象之表　言外之奧旨。真如佛性，非言象所能明。表，外。❹達觀穎　曇穎禪師，俗姓邱，號達觀。初學曹洞宗法，後參谷隱蘊聰，成為臨濟宗傳人，曾住持潤州金山寺院。事見《禪林僧寶傳》卷二八。❺石門聰和尚　即蘊聰禪師，俗姓張，首山省念之法嗣。曾住持襄州石門山，後移住谷隱山太平興國禪寺，法席極盛。卒謚慈照。參見《五燈會元》卷十一。❻若其心之精微二句　意謂達觀曇穎所說無非紙上文字，至若自心之精微、佛法之奧妙，皆未見得。《禪林僧寶傳》載蘊聰笑曰：「此事如人學書，點畫可效者工，否者拙。何故？如此未忘法耳。……當筆忘手，手忘心，乃可也。」所說與此意旨相近，可互參。❼不乘言不滯句　不追逐言辭、不拘泥語句，以阻塞自悟自證之禪機。乘，追逐；追隨。❽師子王吼哮　比喻宣講佛法，威力無比，世界為之震動。師，通「獅」。❾何啻　不只是；豈但。啻，但。

【語譯】佛眼清遠禪師說：「學禪者不可拘泥於文字語言。因為若是執著語言文字作闡釋解說，便障礙了自心悟得佛性的法門，而不能領會言辭之外的精妙之旨。從前達觀曇穎初見石門蘊聰和尚，入室之際便馳騁機鋒，誇誇其談，賣弄口舌。石門蘊聰禪師說：『你所談的這些，都是書本上的語言。至於佛法奧妙、自心精微之處，你根本就未曾親自見得。你應當追求自心的妙悟。若能證悟佛法，就自然傑出超群，卓然有所成立。凡有講說，自然簡潔明瞭，超脫文字，不拘辭句，縱橫無礙，就好像獅子一聲咆哮，百獸自然驚駭震動。到此地步，再回轉頭來看文字知解之學，相比佛法妙悟而言，二者之差距何只是以十比百、以千比萬呢？』」

佛眼謂高庵❶曰：「百丈清規❷，大概標正檢邪，軌物齊眾，乃因時以制後人之情。夫人之情猶水也❸，規矩禮法為隄防。隄防不固，必致奔突❹，人之情不制則肆亂。故去情息妄，禁惡止邪，不可一時亡規矩。然則規矩禮法，豈能盡防人之情？茲亦助入道之階墀❺也。規矩之立，昭然如日月，望之者不迷；擴乎如大道，行之者不惑。先聖建立雖殊，歸源無異。近代叢林有力役規矩者❻，有死守規矩者，有蔑視規矩者。斯皆背道失禮、縱情逐惡而致然。曾不念先聖捄末法之弊❼，禁放逸之情，塞嗜欲之端，絕邪僻之路，故所以建立也。」（《東湖集》）

【章　旨】前代先師建立禪林制度，是為了倡導正念，規範人情，拯救世弊，引人入道，後世禪僧應當體念前代先師的用心。

【注　釋】❶高庵　善悟禪師，號高庵。洋州興道人，俗姓李，佛眼清遠之嗣法弟子。曾住持南康雲居寺，故又稱雲居善悟。事見《僧寶正續傳》卷四。❷百丈清規　唐代百丈懷海禪師曾經訂立禪寺儀規制度，以規範僧人日常行為及寺院活動，稱《禪門規式》，後世稱為「百丈清規」。❸人之情猶水也　人情如同流水，若不加限制，就會泛濫成災。《孟子·告子上》：「告子曰：性猶湍水也，決諸東方則東流，決諸西方則西流。」❹奔突　指堤防潰決，洪水泛濫。❺入道之階墀　引人奉佛修道之階梯。墀，臺階。❻力役規矩者　指掌握權力，以規矩為囊中之物，隨意假藉名目指使他人，自己卻不遵循規矩行事者。❼捄末法之弊　拯救衰世之弊病。捄，拯救。末法，去佛世長遠、佛法衰微之世。

【語　譯】佛眼清遠禪師對高庵善悟說：「當年百丈懷海先師制定禪林法規，其目的大致是要倡導正行正念，檢束限制邪僻的行為，規範紛紜的事物，統一僧眾的意志。這些都是順應時勢的變化，以調控後人之性情。人的性情就像水一樣，規矩禮法就像堤防一樣。堤防若不堅固，必然被沖垮，造成洪水奔湧泛濫的形勢。人的性情若不加以限制，必然肆意放縱造成淫亂邪僻的局面。所以克服情欲、平息妄念、禁絕惡行、消除邪僻，不可一時一刻沒有規矩。然而規矩禮法又豈能完全防範人情的泛濫？這也只不過是幫助人們進入佛道之門的階梯而已。所制定的法規明明白白，就像日月昭然懸掛在空中，瞻望者不會迷失方向；推廣之猶如寬闊的大道，使力行實踐者不會惶惑。前代先師建立門庭雖然各不相同，然而最終目標並無差異。近代禪林寺院中，有專門以權勢隨意玩弄規矩的人，有不知變通而死守規矩的人，有蔑視禮法而不守規矩的人。這些都是違背正道、喪失禮法、放縱私情、追逐邪惡的結果。他們不曾想到前代先師的本意，原是為了拯救衰世的弊病，防止淫逸的妄情，遏制嗜慾的端緒，禁絕邪僻的行為，所以才建立這一套禪林禮法規矩的。」

佛眼謂高庵曰：「見秋毫之末者，不自見其睫❶；舉千鈞之重者，不自舉其身。猶學者明於責人，昧於恕己❷者，不少異也。」（《真牧集》）

【章　旨】學禪者應該嚴於律己，時刻反身自省，而不能明於責人、昧於恕己。

【注　釋】❶見秋毫之末者二句　能看到秋毫之末，卻看不見自己的眼睫毛。比喻能明察他人，卻難以看到自己的毛病。秋毫之末，傳說秋天鳥獸之毛，細而末銳，代指極細微之物。《淮南子・說林訓》：「目見百步之外，不能自見其眦。」❷明於責人昧於恕己　二句對舉，意謂明於指責他人之過失，卻不能自責。昧，不明。恕己，寬容自己的過失。

【語　譯】佛眼清遠禪師對高庵善悟說：「目光敏銳能察見秋毫之末端，卻看不到自己的眼睫毛；臂力超群能舉起千鈞之重物，卻不能舉起自己的身體。這與學禪者能明察並指責他人的過失，卻暗於自責而一味寬恕自己，其實並沒有甚麼兩樣。」

高庵善悟禪師

【題　解】善悟禪師（西元一〇七四～一一三二年），洋州興道（今陝西洋縣）人。俗姓李，自號高庵。他自幼聰敏有夙慧，十一歲始閱讀佛經。後參學龍門，受到佛眼禪師的器重，得承法嗣。佛眼命他分座說法。宣和初，出世住吉州天寧寺，次年遷南康之雲居寺。他在雲居說法七年，宗風大振。朝廷敕命主持金山寺，善悟以疾固辭。適遇靖康之亂，宋室南遷，善悟一度避住天台，寓居韶國師庵。紹興二年六月，奉朝命住持臺州浮山鴻福寺，以疾而終。

善悟禪師法語流傳不多。據《五燈會元》卷二〇記載，他主張「野蔬淡飯延時日，任運隨緣道自靈」。他提倡道德仁義為立身之本，注重禮法、操守與人道精神，對於疾病及垂老臨終的僧人，尤其關懷愛護，竭盡心力。

善悟禪風嚴正簡樸，終身自奉節儉，凡事身體力行，從不稍微懈怠。《僧寶正續傳》曾記載說：「師性方嚴，語不妄發，以身循眾。雖祁寒酷暑，必伴眾夜臥三椽下，有怠墮起不時者，必扣枕以警之。凡方丈服用之具皆虛設，而未嘗御也。」由於他嚴於律己，以身示法，故其道德行止頗得禪林的好評。雪堂道行曾讚揚他說：「高庵為人端勁，動靜有法，處己雖儉，與人甚豐，聞人有疾，如出諸己。至於蒼頭廝役，躬往候問，聽其所須。及死，不問囊篋有無，盡禮津送。其深慈愛物，真末世之良軌。」他自我評價亦云：「我道學無過人者，但平生為事無媿於心耳。」

善悟禪師的生平事蹟，載於《五燈會元》（卷二〇）、《僧寶正續傳》（卷四）等書。

高庵悟和尚曰：「予初遊祖山❶，見佛鑑❷小參❸，謂：『貪欲瞋恚❹過如寃賊，當以智敵之。智猶水也，不用則滯，滯則不流，不流則智不行矣。其如貪欲瞋恚何？』予是時雖年少，心知其為善知識也，遂求挂搭❺。」（《雲居實錄》）

【章　旨】高庵善悟從佛鑑的日常言談中便認識其品格非凡，從而依止以為參學之師。

【注　釋】❶祖山　指舒州太平山，五祖法演曾在此說法。《僧寶正續傳》卷二云：慧懃「參太平演法師，發明大事。時太平法窟，龍象最盛。師與圓悟、佛眼，嶄然露其頭角」。又云：「舒守雅聞譽望，命（慧懃）出世太平，開五祖法要。」❷佛鑑　即慧懃禪師，俗姓王，五祖法演之法嗣。曾繼靈源惟清出任舒州太平寺住持，聲譽大彰。朝廷賜號佛鑑。❸小參　佛教稱登堂說法為大參，定時以外的說法為小參。❹瞋恚　發怒怨恨，為三毒之一。❺挂搭　僧人投寺院寄住，猶掛單。

【語　譯】高庵善悟禪師說：「我初行腳到祖山時，見佛鑑慧懃和尚小參，他說：『貪圖物利、怨恨惱怒，這二者的毒害就像寃仇賊寇時刻想要禍害於人，應當用智慧去戰勝它們。人的智慧就像水一樣，若不利用就會滯塞，一旦滯塞便不流通了。若不流通，則智慧廢棄不用。如此怎麼能戰勝貪慾與瞋毒的禍害呢？』我當時雖然年紀尚少，但是聽了他宣講的這番法語，心裏就知道他是得道的禪師了。於是我便請求掛單，依止參學了。」

高庵曰：「學者所存中正❶，雖百折挫而浩然無憂❷。其或所向偏邪，朝夕區區為利是計❸，予恐堂堂之軀，將無措於天地之間矣。」（《真牧集》）

【章旨】學禪者應當存心中正，坦蕩無私，若生偏邪之心，追求物利，則失立身之本。

【注釋】❶所存中正　存心至中至正，不偏不邪。周敦頤《通書・慎動》：「聖人之道，仁義中正而已矣。」

❷浩然無憂　內心有浩然正氣，坦蕩無私，故無憂也。《論語・述而》：「子曰：君子坦蕩蕩，小人長戚戚。」

❸朝夕區區為利是計　早晚奔波忙碌，一心追逐小利。區區，卑小之貌。或曰奔波勞累，通「驅」。

【語譯】高庵善悟禪師說：「學禪者只要本著中正不偏之心，即使經歷再多的挫折，也能胸懷坦蕩，不會因為個人的得失而憂傷。倘若心思偏邪不正，早晚忙碌奔波，一心為謀取私利而計較，我恐怕堂堂之身，將無可安頓於天地之間了。」

高庵曰：「道德仁義不獨古人有之，今人亦有之❶。以其智識不明❷，學問不廣，根器❸不淨，志氣狹劣，行之不力，遂被聲色所移❹，使不自覺。蓋因妄想情念，積習濃厚，不能頓除，所以不到古人地位耳。」

〈與耿龍學書〉

【章　旨】學禪者若非力求正見，厲行清淨，則易為世俗聲色所動，而無法保全自心，達到古代賢哲的境界。

【注　釋】❶今人亦有之　謂今人心性之中，亦有道德仁義之端苗。《孟子・告子上》：「惻隱之心，仁也；羞惡之心，義也；恭敬之心，禮也；是非之心，智也。仁義禮智，非由外鑠我也，我固有之也。」❷智識不明　世俗塵念煩惱，遮蔽了自心智慧。智識，猶言正見。❸根器　指人之稟賦、氣質。❹被聲色所移　外在之聲色欲望，轉移了人所具有的善良本性。聲色，六塵中有聲塵、色塵，代指世俗的誘惑。

【語　譯】高庵善悟禪師說：「道德仁義的根苗不僅古人心中所有，今人心性之中也本自具有。只是由於今人心中智慧不明，學問不廣，所稟賦的氣質不純淨，志氣狹小而頑劣，不能以堅強的毅力去實行仁義道德，於是便被世俗聲色所誘惑，而轉移了自己的本性，使人不能覺悟自心的佛性。今人正是因為這種世俗的欲念、虛妄的情感，養成習慣並且積累日益濃厚，不能決然徹底清除乾淨，所以難以達到古代賢哲的境界。」

高庵聞成枯木❶住金山，受用侈靡❷，歎息久之曰：「比丘之法，所貴清儉❸，豈宜如此？徒與後生輩習輕肥者❹增無厭之求，得不愧古人乎？」

【章　旨】佛門僧人應當安守清貧，生活力求儉約，不得追求奢華，造成浪費。

【注　釋】❶成枯木　法成禪師，俗姓潘，秀州人。他是芙蓉道楷的嗣法弟子，為曹洞宗傳人。因好枯木禪，遂號枯木。卒諡普證大師。❷侈靡　奢侈；浪費。❸比丘之法二句　佛門之法，僧人生活貴在清淨節儉。袾宏《緇門崇行錄》之一引宋慈受深禪師云：「忘名利，甘淡薄，世間心輕微，道念自然濃厚。匾擔山和尚一生拾橡栗為食，永嘉大師不喫鋤頭下菜，高僧惠休三十年著一緉鞋，遇軟地則赤腳。」所云皆清儉之例。❹習輕肥者　指追求奢華享受、貪圖安逸的僧人。輕肥，衣輕裘、乘肥馬。

【語　譯】高庵善悟禪師聽說法成和尚住持潤州金山寺時，日常享用奢華浪費，便長長地歎息說：「佛門僧人之法，貴在安守清貧，凡事力求節儉，豈可如此享用浪費？這樣只會給後生之輩中那些貪圖奢華、注重享受的人增加無厭的追求。這種作為，難道不愧對古人嗎？」

高庵曰：「住持大體，以叢林為家。區別得宜，付授當器❶，舉措係安危之理，得失關教化之源。為人範模，安可容易❷？未見住持弛縱而能使衲子服從，法度凌遲而欲禁叢林暴慢❸。昔育王諶遣首座❹，仰山偉貶侍僧❺，載於典文，足為今範❻。今則各狥私欲❼，大隳百丈規繩❽。

懈於夙興，多缺參會禮法❾。或縱貪饕❿而無忌憚，或緣利養而致喧爭。至於便僻⓫醜惡，靡所不有。烏乎，望法門⓬之興，宗教之盛，詎可得邪？」（《龍昌集》）

【章旨】禪林長老應當深自警惕：維持叢林職不易，付授傳人不易，言行舉措都要為人楷模。從來沒有當家者自身不謹，而叢林還可以維持傳授，教法還可以興盛的。

【注釋】❶付授當器　意謂長老任用下屬職事，皆應與其才能器識相符合。器，指人才器識。❷容易　輕易；草率。❸法度淩遲句　意謂一寺之法度敗壞，而欲使十方叢林暴慢之惡行得到遏阻、禁絕，此事未之見也。淩遲，衰敗，同「陵遲」。暴慢，傲慢無禮，欺侮他人。❹育王諶遣首座　慶元府育王寺無示介諶，溫州張氏子，長寧卓禪師門下得法。介諶為人性情剛毅不苟，人稱諶鐵面。據載：一日寺院僧眾勞作，首座假稱有病告假。待僧眾走後，首座與侍僧外出飲茶。知事見而詰問，首座辯說並詆毀知事。介諶得知此事，乃令擊鐘召集僧眾，當眾譴責首座的行為，並且撤消其職務，令接待賓客。首座不樂，某日郡守至，首座不迎，而與舊時侍僧閒語。介諶禪師將二人呼至面前，重責以擯出之。❺仰山偉貶侍僧　袁州仰山行偉禪師，大名于氏子，黃龍慧南之法嗣。據載：行偉稟性剛正，遇事有法度。他曾將十二僧人之名交寺中執事者，令此十二人明日到方丈接受派遣差事。次日安排時則缺一人。行偉問缺者為誰，首座答云：隨州永泰因事外出未歸，請以他僧代替。行偉表示同意。有僧人告發曰：「永泰實在寺中。首座隱瞞此事，欺騙眾人。」行偉聽說後，派人搜索，果得永泰。行偉便令擊鐘召集僧眾，痛責之曰：「首座已分座授道，又為老師賞識。他人昧心欺眾，尚且不可，首座怎麼能自己去破壞呢？」於是首座與永泰都受罰，被貶謫出寺院。見《禪林僧寶傳》卷二四。❻令範　典式；模範。❼狥私欲　為滿足私欲而經營。狥，曲順，即「徇」之俗字。❽百丈規繩　百丈懷海所制定之禪門清規。百丈，指唐代著名禪僧懷海。他曾在江西大雄山（即百丈山）傳法，創立禪院制度儀規，影響深遠，被稱為「百丈清規」。規繩，規矩；準繩。❾懈於夙興二句　日常起居懈怠，不能夙興夜寐，以致早晚參禪法會之制不能遵循，而多欠缺也。夙興，早起。❿貪饕　貪得無厭。愛財永不知足曰貪，貪食而不知足曰饕。⓫便僻　阿諛逢迎。僻，通「辟」。⓬法門　即佛門、佛教。下句「宗教」同。

【語譯】高庵善悟禪師說：「長老住持寺院，不應存有私心，大體應當以寺院為家。凡處理事務，區別體察應合情合理，任用下屬應力求與其才能器識相當。言行舉措，關係到寺院的安危之理；或得或失，影響涉及於教化之本源。長老乃為僧眾之楷模，怎麼可以草率輕忽從事呢？未見過住持禪師本人鬆懈放縱，而能使僧眾服從約束的；未見過寺院法度荒廢，而能禁止十方叢林橫暴侮慢的。從前育王介諶禪師遣逐首座，仰山行偉禪師貶斥侍從之僧，都記載於書籍之中，足以作為後世的典範。如今的長老法師則各自追求個人的私欲，嚴重敗壞了百丈懷海所訂立的禪林清規。他們日常起居鬆懈，不能夙興夜寐以勤於職事，連早晚參禪法會的制度也多有欠缺。有的貪得無厭而毫無忌諱，有的為了物利供養而喧鬧爭競不已。其餘阿諛逢迎之類醜惡行徑，亦無所不有。嗚呼，風氣如此而希望振興釋教，昌盛佛法，又怎麼可能呢？」

高庵任雲居❶，每見衲子室中不契其機❷者，即把其袂❸，正色責之曰：「父母養汝身，師友成汝志。無饑寒之迫，無征役之勞。於此不堅確精進，成辦道業❹，他日何面目見父母師友乎？」衲子聞其語，有泣涕而不已者。其號令整肅如此。（《且庵遺事》）

【章　旨】高庵善悟禪師常以父母師友之期望、所稟受之恩德，激勵僧徒精進向學，以成就佛法。

【注　釋】❶雲居　指南康軍之雲居寺，在江西境內。高庵善悟住持此寺七年，弘揚禪法，宗風大振。❷不契其機　不能投機，指不能徹悟佛法，合於禪機。契，投合。❸把其袂　把持其衣袖，表示懇切。❹堅確精進成辦道業　堅定其志，勇猛修行，精誠不懈，以成就佛法。道業，以菩提心修成福果之善業。

【語　譯】高庵善悟住持雲居寺，每遇僧徒入室參禪而未能契合禪機、體悟佛法之時，他便用手握住僧徒的衣袖，面色嚴肅地責備說：「父母親養育了你的身體，明師良友幫助成就了你的志願。這裏內無饑寒的逼迫，外無差役征戍的辛勞，於此你不立下堅定之志，以勇猛精進之修行成就福果道業，將來有何面目見父母師友呢？」僧徒聽到高庵善悟這一番開示激勵的言辭，有的人禁不住泣涕不已。高庵善悟治理寺院，教誡僧眾，威嚴整肅而又感動人心，就是這樣的。

高庵住雲居，聞衲子病移延壽堂❶，咨嗟歎息，如出諸己。朝夕問候，以至躬自煎煮，不嘗不與食。或遇天氣稍寒，拊❷其背曰：「衣不單乎？」或值時暑，察其色曰：「莫太熱乎？」不幸不捄❸，不問彼之有無，常住盡禮津送❹。知事或他辭❺，高庵叱之曰：「昔百丈為老病者立常住❻。爾不病不死也！」四方識者，高其為人。及退雲居，過天台❼，衲子相從者僅❽五十輩。間有不能往者，泣涕而別。蓋其德感人如此❾。（《山堂小參》）

【章旨】高庵關懷病重臨終的僧人，噓寒問暖，盡力資助，表現了人道慈悲之心，因而得到僧眾的愛戴。

【注釋】❶延壽堂　禪寺安頓老病僧人，臨終關懷之所也。又名涅槃堂、無常院，舊說僧人病重臨死之前，安置於此，使觀無常。❷拊　撫摸；輕拍。❸不幸不捄　意謂遭遇不幸，無法拯救其生命，因而去世。捄，通「救」。❹常住盡禮津送　意謂盡量依照禪林禮儀規定，從寺院財產中給以資助，送其安葬。常住，指寺院公共財產。津送，發送安葬。❺知事或他辭　主管僧人有時藉口其他原因，表示推辭。知事，主事之僧。❻昔百丈為老病者立常住　意謂當年百丈懷海訂立禪林儀軌，管理寺院資產，本為年老疾病無處歸養之僧人著想。百丈，指唐代懷海禪師，曾在大雄山傳法，被稱為百丈懷海，創立禪院制度，後世影響深遠。❼退雲居過天台　辭去雲居寺住持之職，前往天台，寓居韶國師庵。事見《僧寶正續傳》卷四。❽僅　逾；至。言其多。❾其德感人

如此　明袾宏《緇門崇行錄》之六贊曰：「衲子無家孤單，湖海伶仃疾苦，真可悲憐！作僧坊主而病不於我調，死不於我殯，豈慈悲之道乎？凡住持者，宜以高庵為法。」

【語譯】高庵善悟住持雲居寺時，每當聽到僧人病情危重移置延壽堂的消息，他便歎息不止，好像自己生病一般。他早晚前往問候病僧，乃至於親自煎藥煮粥，總是親口品嘗冷熱然後才給病僧吃，生怕不合其意。如果遇到天氣稍稍寒冷，他便手撫病僧的背部，問道：「衣服不單薄嗎？」如果遇到天氣炎熱，他便觀察病僧的顏色，問道：「莫不是太熱了？」如果病僧不幸去世，他不論亡者衣物有無，總是從寺院財產中按照禮制規定盡量給人幫助，將其安葬好。有時主事僧人吝惜錢財，藉口其他原因推辭，善悟便叱責道：「從前百丈懷海先師制定禪林規式，管理寺院財產，正是為了照顧安頓這些老病無靠的僧人。你難道將來不病不死嗎？」諸方有識之士，都推崇善悟的高尚人格。後來善悟辭去雲居寺住持去天台時，隨從前往的僧人計有五十多位。有些不能一同前往者，也依依不捨，灑淚而別。善悟的道德之高尚感人，便是如此的。

高庵退雲居，圓悟❶欲治佛印臥龍庵為燕休之所❷。高庵曰：「林下人苟有道義之樂，形骸可外❸。予以從心之年❹，正如長庚曉月，光影能幾時❺？且西山廬阜，林泉相屬，皆予逸老之地。何必有諸己，然後可樂邪？」未幾即拽杖過天台，後終於華頂峰❻。（《真牧集》）

【章　旨】禪者應以佛法道義養心，隨處之山川林泉皆可自娛，不宜追求專屬個人的燕休逸老之所。

【注　釋】❶圓悟　克勤禪師，俗姓駱，彭州崇寧人，在五祖法演門下得法。號圓悟，又號佛果。曾受朝廷詔命住雲居寺，而移高庵善悟於金山寺。高庵善悟稱疾，固辭金山。見《僧寶正續傳》卷四。❷欲治佛印臥龍庵為燕休之所　意謂圓悟有意修繕當年佛印和尚所建之臥龍庵，用作高庵善悟休憩養老之所。佛印，名了元，字覺老，饒州浮梁林氏子，開先善暹之法嗣。他曾長期住持雲居寺，名動朝野，與蘇軾交情深厚。朝廷賜號佛印。❸林下人苟有道義之樂二句　謂禪僧若能以佛法節義自悅於心，則可忘懷外在之形骸。道義之樂，以道義滋養精神，自得其樂。❹從心之年　指七十歲。《論語．為政》載孔子語云：「七十而從心所欲，不踰矩。」按：《僧寶正續傳》卷四謂高庵善悟「住世五十九，安居四十一夏」，與此記載有異，或傳聞之訛也。❺正如長庚曉月二句　長庚又名太白星，金星之別名。曉月，拂曉的月亮。天色既明，則星光曉月俱隱而不見，比喻人壽將盡，生命不多了。❻華頂峰　在臺州天台山第八層最高處，草木蓊鬱，可望大海，見《一統志》。

【語　譯】高庵善悟辭去雲居寺住持的職事後，圓悟克勤有意修繕佛印了元所創建之臥龍庵用作高庵善悟的休閒養老之所。高庵善悟推辭說：「禪僧隱居山林，若能以佛法道德自娛於心，便可將形骸置於度外。我已是垂老之年，就像黎明前的星星與月亮，光亮能有幾時？再說西山匡廬諸峰，山林泉石連成一片，都是我休閒逸老之地。何必認定屬於自己，然後方可享其逸樂呢？」不久他就拄著楖杖過天台山，後來在華頂峰示寂，離開了人世。

高庵曰：「衲子無賢愚，惟在善知識委曲以崇其德業❶，歷試以發其器能❷，旌獎以重其言❸，優愛以全其操❹。歲月積久，聲實並豐❺。蓋人皆含靈，惟勤誘致。如玉之在璞，抵擲則瓦石，琢磨則珪璋❻；如水之在源，壅閼則淤泥，疏濬則川澤❼。乃知像季❽非獨遺賢而不用，其於養育勸獎之道亦有所未至矣。當叢林殷盛之時，皆是季代棄材❾。在季則愚，當興則智。故曰人皆含靈，惟勤誘致。是知學者才能與時升降，好之則至，獎之則崇，抑之則衰，斥之則絕。此學者道德才能消長之所由也。」(〈與李都運書〉)

【章　旨】禪林僧眾無論賢愚，只要寺院長老善於養育勸獎，都能成就美材，所以前輩禪師應該殷勤誘導、多方培養後學。

【注　釋】❶善知識委曲以崇其德業　前輩禪師大德委婉曲成，以使後學僧人進德修業，增強對佛性的體悟。善知識，指能助人修習佛法之師友，多指著名禪師大德。委曲，曲折委婉。❷歷試以發其器能　試用以磨礪之，鍛鍊其才具，顯示其器識。發，謂其本性所有，待事以啟發之。❸旌獎以重其言　表彰、獎勵，使其發言慎重，而無妄語。旌獎，表揚稱許，以勉勵之。❹優愛以全其操　以關愛之心，使其培養並且保持完美之節操。優愛，寬厚愛護。❺聲實並豐　內在之道德、佛學，外在之名位、聲譽，皆豐茂而有成。❻如玉之在璞三句　璞石內蘊美玉，若不遇良工琢磨而拋置，則與瓦石無異，若能加工琢磨則可製成珪璋之寶器。璞，未經雕琢的玉石。珪璋，上圓下方之端玉為珪，半珪為璋，為朝會所執之玉器。❼如水之在源三句　泉水從源頭流出，若阻塞不通則淤為泥坑，若開掘疏通則為清川美湖。壅閼，阻塞不通。疏濬，清理、疏通河道。濬，通「浚」。❽像季　像法之末季，指佛法訛替之世。佛教將佛法的流傳分為四時：一佛在世時；二佛雖去世，法儀未改，謂正法時；三佛去世日久，道化訛替，謂像法時；四佛法微末，謂末法時。❾當叢林殷盛之時二句　意謂禪林興盛之時，人才濟濟，高僧層出不窮，若遇衰末之世，則皆為棄置之材。季代，末世。

【語　譯】高庵善悟禪師說：「僧人是賢是愚原無一定，全在於禪林之高僧大德培養造就的工夫。若是寺院長老盡心培育、委婉曲成，使他進德修業，日益提高；讓他試辦事務，得到磨練，以啟發本所具有的器識才能；要表彰獎勵使其言語謹慎，發言莊重；又要關懷愛護，使其務必保全節操的完美。如此月復一月，年復一年，逐漸積累，則可使其聲譽、行實二者都達到豐茂盛美的境界。因為人皆含有真如靈性的種子，只要殷勤誘導自然可以徹悟佛法。就像璞石之中含有美玉，若是拋棄閑置在一旁，則與瓦石沒有區別，若遇良工精雕細琢就可以成就珪璋之美器。又如流水出於泉源，若是阻塞淤積則成為泥潭，若是開掘疏通則可成為滋潤灌溉萬物的清川良湖。由此可知佛法衰落之世，不僅有賢者棄置而不能用，就是培育、獎勵、誘導人才的道理方法亦有所未至。當禪林欣欣向榮、一派繁盛景象之時，那眾多的高僧大德正是衰末之世看起來的無用之徒。衰末之世的愚人，在興盛之世就會成為智者。所以說：人皆含有真如靈性的種子，只要殷勤誘導自然可以徹悟佛法。可知學禪之僧徒，其才能隨著時代的遷移而升降變化。寺院長老愛惜人才，則人才不召而自至；寺院長老獎勵誘導，則人才自然興盛發達；寺院長老壓抑限制，人才就會衰弱不振；寺院長老排斥打擊，則人才自然無影無蹤。這就是禪林僧眾之道德才能盛衰變化的緣由所在。」

高庵曰：「教化之大，莫先道德禮義。住持人尊道德，則學者尚恭敬；行禮義，則學者恥貪競。住持有失容之慢，則學者有凌暴之弊❶；住持有動色之諍，則學者有攻鬬之禍❷。先聖知於未然，遂選明哲之士，主於叢林。使人具瞻，不喻而化❸。故石頭❹、馬祖❺道化盛行之時，英傑之士出，威儀柔嘉❻，雍雍肅肅❼。發言舉令，瞬目❽揚眉，皆可以為後世之範模者，宜其然也。」〈與死心書〉

【章旨】寺院長老應當率先尊奉道德，躬行禮義，只有嚴於律己，才能弘揚教化，造就佛法興盛的局面。

【注釋】❶住持有失容之慢二句　住持長老內有驕慢之心，外失端正之容，僧眾上行下效，則強暴欺凌之弊生矣。慢，指驕慢之心。佛教有七慢、九慢之說，內有慢心，則外有鄙色，故云。❷住持有動色之諍二句　住持長老爭論口舌，見諸顏色，僧眾習以為常，則相互攻鬥之禍起矣。諍，言辭論辯，又作「爭」。禪宗提倡心悟，反對口舌之爭，認為智者無所諍。《六祖壇經・付囑品》：「此宗本無諍，諍即失道意。執逆諍法門，自性入生死。」❸使人具瞻二句　使僧眾瞻仰效法，不待言辭辯說而教化自然施行。具瞻，眾人所仰望。具，通「俱」。喻，曉諭。《詩・小雅・節南山》：「赫赫師尹，民具爾瞻。」❹石頭　唐代著名禪僧希遷，俗姓陳，端州高要人，初往曹溪參謁慧能，始發靈機。後師事青原行思，超悟絕倫。天寶元年，他來到衡山南寺，結庵於石臺之上，時人遂號「石頭和尚」，又曰「石頭希遷」。見《五燈會元》卷五。❺馬祖　唐代著名禪僧，俗姓馬，名道一，漢州什邡人。開元中，習禪定於衡山，師事南嶽懷讓和尚，密受心印。後來傳法於江西，四方學者雲集，有弟子百丈懷海等一百三十九人。與石頭希遷同為當時最大之禪匠，被尊稱為「馬祖道一」。見《五燈會元》卷三。❻威儀柔嘉　儀容溫和，態度善美。《詩・大雅・烝民》：「仲山甫之德，柔嘉維則。」❼雍雍肅肅　和諧而又肅穆。《禮記・少儀》：「鸞和之美，肅肅雍雍。」❽瞬目　眨眼；動目。

【語譯】高庵善悟禪師說：「弘揚佛化，教化世人，其中最重大的事情，沒有比提倡道德禮義更迫切的了。寺院住持長老尊崇道德，則僧眾日常習尚便待人恭敬；寺院住持長老躬行禮義，則僧眾便恥於貪圖財利。如果住持長老顯露出傲慢的容態，僧眾便會滋長橫暴欺陵的惡習；如果住持長老為口舌之爭而激動變色，僧眾中便會產生相互攻擊爭鬥的禍端。前代聖人預知未來之事，因而特地挑選明哲之士作為禪林寺院的住持長老。使得僧眾瞻仰他們的儀表容態，自然受到感染薰陶，可以不待言辭便施行教化。所以石頭希遷、馬祖道一之世，佛法興盛，教化大行，那時出世弘法的英傑之士，他們的儀態溫和而美好，使人感到親近而又肅穆。他們一發言、一行令、一動目、一揚眉，都可以作為後世學習效法的楷模，也就是自然而然的了。」

高庵曰：「先師嘗言行腳出關❶，所至小院多有不如意事，因思法眼❷參地藏❸、明教❹見神鼎❺時，便不見有煩惱也。」（《記聞》）

【章　旨】禪者遭遇不如意時，應思念古人所經受的苦難磨練，自然能夠消除內心的煩惱。

【注　釋】❶先師嘗言行腳出關　先師佛眼清遠嘗言當年為參訪各地耆宿大德而出關之時。行腳，僧人尋訪師友以求證悟之謂。❷法眼　文益禪師（西元八八五～九五八年），餘杭魯氏子。他幼年出家，曾到各地遊學，歷覽江南叢林。南唐先主迎請至金陵清涼院弘法，故稱清涼文益。卒後諡大法眼禪師，為法眼宗之祖。❸地藏　桂琛禪師（西元八六七～九二八年），常山李氏子，玄沙師備之法嗣。漳州牧於閩城西建地藏院，請桂琛弘法。後遷羅漢院，故又稱羅漢桂琛。據載：文益曾行腳至漳州抵湖外，遇天降暴雨，溪水猛漲，暫寓城西地藏院，遇桂琛禪師。桂琛問曰：「此行何之？」文益答曰：「行腳去。」桂琛又問：「如何是行腳事？」對曰：「不知。」桂琛曰：「不知最親。」文益頗感疑惑。臨行時，桂琛又指庭下石問曰：「上座尋常說三界唯心，此石在心內、在心外？」文益對曰：「在心內。」桂琛笑曰：「行腳人著甚來由安塊石在心頭？」文益無以對答。見《禪林僧寶傳》卷四。❹明教　契嵩禪師（西元一〇〇七～一〇七二年），藤州鐔津李氏子。他於少年出家，十九歲遊方，經論典籍無所不讀，著述甚多。他是宋初雲門宗著名禪師，賜號明教大師。❺神鼎　洪諲禪師，襄水人，或云生於扈氏。他曾為湘陰神鼎寺住持，平時生活極為清苦。據載：契嵩行腳至神鼎寺，洪諲禪師指堂上兩小甕曰：「汝來乃其時，寺中今年始有醬食矣。」又寺中不煮粥，唯以碎米餅餌均分充饑。見《禪林僧寶傳》卷十四。

【語　譯】高庵善悟禪師說：「先師佛眼清遠曾說當年自臨邛行腳出夔關，所至舊寺小院，常常遇到不如意的事。此時想起從前法眼文益參訪地藏院桂琛的情境，想起明教契嵩行腳拜見神鼎寺洪諲時的生活，於是胸中便煩惱消釋，一切失意的念頭都不存在了。」

高庵表裏端勁，風格凜然，動靜不忘禮法❶。在眾日屢見侵害，殊不介意。終身以簡約自奉❷。室中不妄許可，稍不相契，必正色直辭以裁❸之，衲子皆信服。嘗曰：「我道學❹無過人者，但平生為事無媿於心耳。」

【章旨】高庵善悟雖然佛學知解無過人之處，然而風格凜然，表裏端正如一，終身自奉簡約，因而為僧眾所信服。

【注釋】❶高庵表裏端勁三句　據《人天寶鑑》引《怡雲錄》：「雪堂行和尚云：高庵為人端勁，動靜有法，處己雖儉，與人甚豐，聞人有疾，如出諸己。……其深慈愛物，真末世之良軌。」所說與此意同，可參。❷終身以簡約自奉　謂高庵終身待己節約，生活簡單，不求安逸。據載：高庵凡事以身循眾，身為長老卻伴僧眾夜宿三椽下，方丈服用之具皆閒置不用。見《僧寶正續傳》卷四。❸裁　評判；論說。❹道學　佛道之學，即佛學。

【語譯】高庵善悟禪師行為端正，表裏一致，神情嚴肅，令人敬畏。他無論舉動、靜止都不忘禮法。當年在眾人中，多次受到傷害，他卻毫不在意。終身對待自己生活簡易，十分節約，不圖享樂。對於弟子不輕易讚許，稍有不合，他就會神情嚴肅地加以評說，僧眾都信任並且佩服他。他曾經說：「我的佛學造詣並無過人之處，只是平生做事無愧於心罷了。」

高庵住雲居，見衲子有攻人隱惡❶者，即從容諭❷之曰：「事不如此。林下人道為急務❸，和乃修身❹，豈可苟縱愛憎，壞人行止❺！」其委曲如此。（《記聞》）

【章　旨】學禪者應當以求道為急務，以和為修身之本，不應以其一時愛憎行為或情緒之失控而敗壞修行人的根本。

【注　釋】❶隱惡　隱而不顯的失誤，指小過錯。❷諭　曉喻；開導。通「喻」。❸道為急務　以求道（真理）為緊急之務。《論語・里仁》：「子曰：朝聞道，夕死可矣。」❹和乃修身　以和為修身處世的準則。《中庸》云：「喜怒哀樂之未發，謂之中；發而皆中節，謂之和。中也者天下之大本也，和也者天下之達道也。」❺行止　指品行、節操。

【語　譯】高庵善悟禪師住持雲居寺時，遇到僧徒攻訐他僧幽隱微小過錯的場合，他便以和緩的態度加以開導說：「這個事情不可以這樣。學禪者應當以求道為最重要之急務，以和洽共處為修身之準則。怎能因為某位修行人一時行為或情緒之不當，我們反而大動愛憎之情，損壞了他修行的品操聲譽呢！」高庵平時愛惜僧徒、委婉培育後學，就是如此。

高庵初不赴雲居命❶。佛眼❷遺書勉云：「雲居甲于江左❸，可以安眾行道，似不須固讓。」師曰：「自有叢林已來，學者被遮般❹名目壞了節義者，不為不少。」佛鑒❺聞之曰：「高庵去就❻，衲子所不及。」

《記聞》

【章旨】高庵善悟在職位聲譽面前，重視德操而不重名目，他的高尚品節受到禪林的讚揚。

【注釋】❶不赴雲居命　不肯接受出任雲居寺住持之請求。據《嘉泰普燈錄》卷十六載：「高庵因師命分座說法，宣和初出世吉之天寧寺，明年遷南康之雲居寺。」不赴雲居命，當即此時。❷佛眼　清遠法師，蜀之臨邛人，俗姓李，五祖法演之弟子，高庵善悟之師也。❸雲居甲于江左　雲居寺在江西雲居山麓，初建於唐元和年間，唐代道膺曾住此大振曹洞宗風，僧徒雲集。宋大中祥符年間，受敕額曰真如禪院，為江南著名之禪寺。甲，首也。❹遮般　這般；這樣的。❺佛鑒　慧懃禪師，舒州懷寧人，俗姓王，五祖法演之弟子，高庵善悟之師伯也。❻去就　在職位前之進退、取捨。

【語譯】高庵善悟禪師最初不願接受出任雲居寺住持的請求。佛眼和尚得知後，派人送去一封信函勉勵說：「雲居寺在江南禪林中首屈一指，出任長老一職可以安頓僧眾，弘揚佛法，依我看你不必再堅持推辭了。」高庵善悟閱讀信件後說：「自有禪林寺院至今，學禪者都謀求名剎長老之職，藉此獲得聲譽。其中因此而敗壞自家節操，喪失生平道義，這樣的事例真是不少。」佛鑒慧懃禪師聽到這番話，感歎說道：「高庵善悟在職位榮譽前之進退取捨的態度，如今的僧人實在難以做到。」

高庵〈勸安老病僧文〉曰：「貧道❶嘗閱藏教❷，諦審❸佛意，不許比丘坐受無功之食，生懶惰心，起吾我見❹。每至晨朝，佛及弟子持缽乞食，不擇貴賤，心無高下，使得福者一切均溥❺。後所稱常住❻者，本為老病比丘不能行乞者設，非少壯之徒可得而食。逮佛滅後，正法世❼中，亦復如是。像季❽以來，中國禪林不廢乞食，但推能者為之❾。所得利養聚為招提❿，以安廣眾，遂輟逐日行乞之規也。今聞數剎住持不識因果，不安老僧，背戾佛旨⓫，削弱法門。苟不住院，老將安歸？更不返思常住財物本為誰置，當推何心以合佛心，當推何行以合佛行？昔佛在日，或不赴請，留身精舍，徧巡僧房，看視老病，一一致問，一一辦置，仍勸請諸比丘遞相恭敬，隨順方便去其嗔嫌，此調御師⑫統理大眾之楷模也。今之當代，恣用常住，資給口體，結托權貴，仍隔絕老者病者，眾僧之物掩為己有，佛心佛行渾無一也。悲夫，悲夫！古德云：老僧乃山門之標榜也⑬。今之禪林，百僧之中無一老者。老而不納，益知壽考之無補，反不如夭死。願今當代各遵佛語，紹隆祖位⑭，安撫老病，常住有無，隨宜供給，無使愚昧，專權滅裂，致招來世短促之報，切宜加察。」

【章旨】寺院本為老病僧人而設立，故住持長老應當盡力安撫供養老病僧人，方合佛祖之本心。

【注釋】❶貧道　僧人自稱之詞。道，此指佛徒。❷藏教　指佛教之經籍，特指小乘教之經典。❸諦審　詳察；仔細體會。❹吾我見　人我之見，對吾我的執著。佛教認為有形之我是五蘊和合的假象，故應破除人我之見。❺使得福者一切均溥　布施者供養僧人，與佛結緣，可得福報，故持缽乞食可使世人普遍得福。溥，普遍分布。❻所稱常住　指寺院房舍、什物、田園、糧食等一切財產。❼正法世　佛籍載云：佛祖去世後，要經歷正法、像法、末法三世。佛祖去世未久，法儀未改，謂正法世。❽像季　像法世之末葉。此時佛祖去世已久，道法訛替。一說佛祖去世後五百年為正法時，此後一千年為像法時。❾但推能者為之　寺院專設僧職，推舉能者外出化募財物，以供寺院開銷，稱為化主。❿招提　寺院之別稱。⓫背戾佛旨　背離佛祖的教旨。戾，違反。⓬調御師　佛善於教化、引導眾生，故名調御丈夫，為佛之尊號。調御，比喻眾生有如狂象惡馬，佛調伏以駕御之。⓭老僧乃山門之標榜也　意謂老年僧人為寺院之旗幟，為眾望之所歸。山門，佛寺的大門。標榜，標幟。《高僧傳》卷六稱僧叡「乃四海之標領，何獨鄴衛之松梅」，與此意近。⓮紹隆祖位　繼承法位，弘揚佛法。紹隆，承繼並使之興隆。

【語　譯】高庵善悟〈勸安老病僧文〉寫道：「貧僧閱讀佛經典籍，曾經仔細地揣摩佛祖的本意。佛祖不許僧徒無功受食，坐享現成，產生懶惰之心，興起我執之煩惱，所以每天清晨，佛祖與弟子一起托缽乞食。對於施主不論貴賤之分，使自心無高下之別，意在使普天之人得到均等的福報。後來以行乞所得財物修建寺廟，本來是為了年老染病的僧人不能外出乞食而設立的，而並非為了年輕體壯的僧人得以在此安閒坐食。在佛祖去世之後的正法世中，佛門寺廟依然如此。到了像法世的晚期，中國禪林並未廢棄乞食的制度，只是推舉有才能的僧人專門承擔乞食化緣的任務。他們將所得的金錢財物聚集到寺院之中，以安頓廣大的僧眾，於是逐日外出乞食的規矩便停止了。聽說如今一些寺院長老不識前因後果，不照撫安頓年老僧人，違背佛祖的教旨，削弱佛門的法力。如果年老僧人不住寺院，那麼他們歸依何處？這些寺院長老不想一想，寺院財產是為誰人而設置的，長老應當懷持何種心念方合乎佛祖之慈心，應當以何種行為方合乎佛祖之善行？從前佛祖在世時，有時不去參加檀越的齋會，留在精舍中巡視僧徒的房間，探望年老有病的弟子。佛祖一一問候這些老病僧徒，替他們辦理各項事務，還勸請他們以恭敬之心互相照顧，互相幫助，並且隨時講說佛法，使其克服嫌惡、嗔怒之心。佛祖如此化導有情、統攝眾生，為後世樹立了榜樣。如今有的寺院長老恣意享用公共財物，以滿足個人一己的物質欲望，有的用寺院財產結交權貴，請託營私，還將年老有病的僧人阻隔在寺門之外，拒不接納。他們將眾僧的財物盡化為己有，佛祖的慈悲之心、救世之情被他們拋棄得絲毫全無。可悲啊，可悲啊！古代高僧曾經說：老僧是寺院的旗幟。如今的寺廟，上百僧人之中沒有一個老者。寺院拒不收留老年僧人，使人更覺得長壽無益，反不如幼年夭亡。我希望當代禪林寺院諸位長老，大家都遵循佛祖的教旨，繼承弘揚佛法，安頓照撫老病僧人，依據寺院財物有無多寡的情況，適當供養老病僧人，不要讓那些愚昧無知之輩專掌寺院權柄，以致破壞祖道佛法，招致後世短命的報應。這是應該認真思考體察的事情。」

石門慧洪禪師

【題　解】慧洪（西元一〇七一～一一二八年），又作惠洪，一名德洪，俗姓喻，字覺範，號寂音，瑞州新昌（今江西高安）人。他十九歲時在東都天王寺試經得度，學成唯識論，又博通經史，讀書過目成誦，並以詩才鳴於京都士大夫之間。後南歸依止真淨克文禪師於廬山，又遷洪州石門，並成為他的嗣法弟子，為臨濟宗黃龍派傳人。

慧洪一生多次遭受牢獄之災，可謂歷盡坎坷。宋徽宗崇寧年間，他被控告冒籍訕謗，入獄一年，後經朝臣張商英、郭天民等救助，得以免罪。政和元年，張商英、郭天民遭讒外謫，他又再次獲罪，被褫奪僧衣，發配海外，南遷崖州（今屬海南），政和三年始得歸。兩年以後，再次遭受誣陷入南昌監獄百餘日，以遇赦釋放。此時他痛感於「涉世多艱」，百念灰冷。他在〈寂音自贊〉中回顧平生說：「竄朱崖軍而生還，遭黃茅瘴而復活，陷於采石而不死，囚於并門而自脫。」可謂感慨係之也。

慧洪對於靈源惟清禪師的道德風範亟表敬佩，他曾有〈別靈源禪師〉詩曰：「平生風骨秀琳琅，水鏡胸懷未易量。聲利光中忙趣少，煙霞影裏淡心長。雲泉隱德無情動，猿鳥侵身不亂行。他日定歸當卜築，青藜紫蕨壯詩暢。」靈源去世後，他又寫了〈靈源清禪師贊五首〉，其四曰：「風度凝遠，杳然靖深。如春在花，如意在琴。雖甚昭著，莫可追尋。蹶起臨濟，如磁石針。」二人之情誼，藉此可以想見。

慧洪能詩善文，富有文學才華。他的一生，大抵是文士兼禪師，一身而二任焉。《四庫總目提要》批評他「既役志於繁華，復耽情於綺語，於釋門戒律實未精嚴，在彼教中未必遽為法器」，則有失公允。

慧洪著作甚多，除《石門文字禪》（三十卷）外，還有《禪林僧寶傳》（三十卷）、《冷齋夜話》（十卷）、《林間錄》（二卷）等多種。其生平事蹟，見於《五燈會元》（卷十七），又見於《僧寶正續傳》（卷二）。

覺範和尚〈題靈源門榜〉❶曰：「靈源初不願出世，隄岸甚牢❷。張無盡奉使江西，屢致之不可❸。久之翻然改曰：『禪林下衰，弘法者多假我偷安❹。不急撐拄❺之，其崩頹跬可須也❻。』於是開法於淮上之太平❼。予時東遊登其門，叢林之整齊，宗風之大振，疑百丈無恙時不滅❽也。後十五年，見此榜於逢原之室❾，讀之凜然如見其道骨。山谷為擘窠大書❿，其有激云。嗚呼，使天下為法施者皆遵靈源之語以住持，則尚何憂乎祖道不振也哉！傳曰：『人能弘道，非道弘人⓫。』靈源以

之。」（《石門集》）

【章　旨】靈源惟清為了利人濟世、弘揚佛法而出任住持，其制度嚴整、公私分明、正氣凜然，使得宗風大振，堪為寺院長老之楷模。

【注　釋】❶題靈源門榜　此為慧洪在靈源惟清當年任太平禪院住持時所發佈門榜鈔件後題寫的一段文字，抒發他對此事的感想。門榜，貼在門上的告示。此文又載於《石門文字禪》卷二六。靈源之門榜略曰：「住持實同寄客，但以領徒弘法、仰助教風為職事爾。若其常住財物，既非己有，理不得專。悉委職事僧徒，分局主執，照依公私合同支破。惟清止同眾僧齋襯，隨身衣缽，任緣而住。伏望四方君子，來有所需，惟顧寢食。祇接之餘，別難應供。若其世情，則屬官物；若其佛法，則為眾財。偷眾財，盜官物，買悅人情，則實非素分志之所敢當。預具白文，冀垂鑑察也。」❷靈源初不願出世二句　意謂靈源惟清初時不願出任寺院住持，態度非常堅決。出世，住寺弘法，教化世人。據載：初時，惟清之名著聞叢林，地方官及諸山長老勸請他出住豫章觀音寺，靈源惟清乃獻詩偈辭免曰：「無地無錐徹骨貧，利生深愧乏餘珍。鄽中大施門難啟，乞與青山養病身。」見《羅湖野錄》卷一。❸張無盡奉使江西二句　張商英，蜀州新津人，字天覺，號無盡居士。元祐六年（西元一〇九一年），他出任江西漕運使，欽慕靈源惟清之為人，勸請出世弘法，為靈源所婉拒。《禪林僧寶傳》卷三〇云「張丞相商英始奉使江西，高其為人，厚禮致以居洪州觀音，不赴」，所記即此事。❹弘法者多假我偷安　意謂弘法者多假我之名，舉我不願出任住持之例，苟且偷安。假，假藉名義。❺撐拄　支持。❻其崩頹跬可須也　意謂佛法衰頹的局面，立刻就會出現在眼前。跬，半步之間。須，待。❼開法於淮上之太平　出為舒州太平禪院住持，開始說法。太平寺，在安徽境內。❽疑百丈無恙時不減　謂太平禪院制度整齊，氣象興盛，與當年百丈懷海在世時不相上下。百丈，指唐代著名禪師百丈懷海，禪院清規制度之開創者。❾見此榜於逢原之室　在曾逢源室中見到靈源惟清的這篇榜文。曾孝序，字逢原，晉江人。他曾任潭州地方官，善於談禪。慧洪有〈曾逢原待制真贊〉，見《石門文字禪》。❿山谷為擘窠大書　意謂黃庭堅以大字正楷書寫靈源惟清的這篇榜文。山谷，黃庭堅之字。擘窠大書，指分格書寫的正楷大字，時稱擘窠書。⓫人能弘道非道弘人　二句出自《論語．衛靈公》，意謂人能弘揚道，道不能弘大其人，本意在於勉勵學者努力弘道，此處意在讚美靈源惟清能夠弘揚佛法。

【語譯】覺範和尚〈題靈源門榜〉寫道：「靈源惟清起初不願出任寺院長老，態度之堅決如同堤岸之牢固無絲毫縫隙。張商英出任江西漕運使時，多次勸請他均未答應。過了許久，靈源惟清突然改變了主意。他說：『禪林風氣衰落，弘法者多舉我不願出任寺院長老之例，假藉名義，實則偷安而已。若不急於支撐危局，則法門傾頹不振的情勢立刻就會出現。』靈源惟清於是出任舒州太平禪院的住持，開始說法。我當時東遊其門，看見寺院整齊，制度嚴明，宗風大振，頗疑與百丈懷海在世時禪林興盛的情境不相上下。此後又過了十五年，在曾逢原老師之室讀到此篇榜文，使人不禁肅然起敬，好像重新晤見靈源禪師的道貌風骨一樣。黃庭堅山谷居士特地以正楷大字整整齊齊地鈔錄此文，他大概是想以此激勵後人吧！嗚呼，假使天下住持禪寺、弘揚佛法者都能遵照靈源惟清所說的去做，又何須憂慮佛祖之道不得振興呢？《論語》記載孔子說：『人能弘大其道，道不能弘大其人。』靈源出世以弘揚佛法，重振禪林，他正是這樣的啊！」

歸雲如本禪師

【題　解】如本禪師，撫州臺城人，靈隱慧遠門下得法，屬南嶽下十六世。《叢林盛事》記載他的生平經歷，說他「自金陵長干，遷疎山，道聲藉甚。狀元劉堯夫嘗問道於本，氣義相得」。劉堯夫是淳熙進士，他向如本請教佛法，或即此時。

如本禪師曾上堂說法云：「久雨不晴，戊在丙丁。通身泥水，露出眼睛。且道是甚麼眼睛？」卓拄杖曰：「林間泥滑滑，時叫兩三聲。」又曾上堂舉丹霞燒木佛話曰：「李四有錢不解飲，張三解飲又無錢。相招豐樂樓中看，不怕寒威雪滿天。」這種繞路說禪的格調，皆為時代風尚薰染所致，不足為奇。

值得重視的是他對佛教界風氣頹敗的嚴厲批評。為了糾正禪林泛濫一時的貪鄙諂佞之風，他撰寫了《叢林辨佞篇》。文中強烈批評那種「專事諛媚，曲求進顯」的惡劣習氣，要求繼承發揚前代高僧獨立高尚、莊重自敬的精神品格。這篇針砭時弊的文字流傳後，得到禪林耿介之士的讚賞，古月道融特為鈔錄以自警，並將它記載於《叢林盛事》中。

如本禪師的法語，又記載於《嘉泰普燈錄》（卷二〇）、《五燈會元》（卷二十）。

歸雲本和尚〈辨佞篇〉❶曰：「本朝富鄭公弼❷問道于投子顒禪師❸，

書尺[4]偈頌[5]凡一十四紙，碑於臺之鴻福兩廊壁間，灼見前輩主法之嚴，王公貴人信道之篤也[6]。鄭國公社稷重臣，晚年知向之如此，而顯必有大過人者，自謂於顯有所警發[7]。士大夫中諦信此道，能忘齒屈勢，奮發猛利，期於徹證而後已。如楊大年侍郎[8]、李和文都尉[9]見廣慧璉[10]、石門聰[11]并慈明[12]諸大老，激揚酬唱，斑斑見諸禪書。楊無為[13]之於白雲端[14]，張無盡[15]之於兜率悅[16]，皆扣關擊節，徹證源底，非苟然也。近世張無垢侍郎[17]、李漢老參政[18]、呂居仁學士[19]皆見妙喜老人[20]，登堂入室，謂之方外道友[21]。愛憎逆順，雷揮電掃，脫略世俗拘忌，觀者斂衽辟易[22]，罔窺涯涘[23]。然士君子相求於空閑寂寞之濱，擬棲心禪寂，發揮本有而已。

「後世不見先德楷模，專事諛媚，曲求進顯。凡以住持薦名為長老者，往往書刺以稱門僧[24]，奉前人為恩府[25]。取招提之物，苞苴獻佞[26]，識者憫笑，而恬不知恥。嗚呼，吾沙門釋子，一瓶一缽[27]，雲行鳥飛，非有凍餒之迫，子女玉帛之戀，而欲折腰擁篲，酸寒跼蹐㉘，自取辱賤之如此邪！稱恩府者，出一己之私，無所依據。一妄庸唱之於其前，百妄庸和之於其後，擬爭奉之，真卑小之耳。削弱風教，莫甚於佞人，實姦邪欺偽之漸。雖端人正士，巧為其所入，則陷身於不義，失德於無捄㉙，可不哀歟！破法比丘，魔氣所鍾㉚，誑誕自若，詐現知識身相㉛，指禪林大老為之師承，媚當路貴人為之宗屬，申不請之敬，啟壞法之端。白衣登床，膜拜其下㉜，曲違聖制，大辱宗風。吾道之衰，極至於此。嗚呼，天誅鬼錄，萬死奚贖，非佞者歟！

「嵩禪師〈原教〉㉝有云：『古之高僧者，見天子不臣㉞，預制書則曰公曰師㉟。鍾山僧遠，鑾輿及門而床坐不迎㊱。虎谿慧遠，天子臨潯陽而詔不出山㊲。當世待其人尊其德，是故聖人之道振㊳。……後世之慕其高僧者，交卿大夫尚不得預下士之禮，其出其處不若庸人之自得也，況如僧遠之見天子乎，況如慧遠之自若乎！望吾道之興、吾人之修，其可得乎？存其教而不須其人㊴，存諸何以益乎？惟此未嘗不涕下。』

「淳熙丁酉㊵，余㊶謝事顯恩，寓居平田西山小塢。以日近見聞事多矯偽，古風凋落，吾言不足為之重輕，聊書以自警云。」（《叢林盛事》）

【章旨】前輩先師主法嚴正，達官貴人虛心問道，堪為楷模，而後世禪林風氣敗壞，趨從權勢，諂媚當道，人格墮落，令人感歎。

【注釋】❶辨佞篇　又作〈叢林辨佞篇〉，見《叢林盛事》卷上。❷富鄭公弼　富弼（西元一〇〇四～一〇八三年），字彥國，河南洛陽人，北宋大臣。曾居相位七年，拜鄭國公。晚年勵志參禪，謹厚如初學者。事見《五燈會元》卷十六。❸問道于投子顒禪師　據載：富弼曾經向雲門宗禪師投子修顒請教佛法，「館于書室，親作弟子禮」。見《宋人軼事匯編》卷八引《蒙齋筆談》。❹書尺　指富弼所寫之信函。尺，信札；書函。據載：富弼〈答修顒書〉有云：「（富）弼遭遇和尚，即無始以來忘失事，一旦認得，此後須定拔出生死海。……若非和尚巧設方便，著力擿發，何由見個涯岸，雖粉骨碎身，無以報答。未知何日再得瞻拜，但日夕依依也。」富弼求法之虔誠，可見一斑。❺偈頌　指富弼學習禪法後所作之詩偈。據載：富弼得悟後，以偈寄圓照本曰：「一見顒公悟入深，因緣傳得老師心。東南謾說江山遠，目對靈光與妙音。」又作偈贊曰：「萬木千花欲向榮，臥龍猶未出滄溟。彤雲彩霧呈嘉瑞，依舊南山一色青。」見《五燈會元》卷十六。❻王公貴人信道之篤也　意謂富弼地位尊貴，而從信函詩偈中可見其崇信佛法之篤誠。❼自謂於顒有所警發　富弼自言，修顒說法對自己有所警醒、啟發，因此證悟。據載云：富弼執弟子禮，修顒見即曰：「相公已入來，富弼猶在外。」公聞汗流浹背，即大悟。見《五燈會元》卷十六。❽楊大年侍郎　楊億（西元九七四～一〇二〇年），字大年，福建浦城人，曾任翰林學士兼史館編修，後拜工部侍郎。他留心釋典禪觀之學。慧洪曾稱：「大年，士大夫，其辯慧足以達佛祖無傳之旨。見《林間錄》上。❾李和文都尉　李遵勗（西元九八八～一〇三八年），初名勗，字公武。他中進士後，娶宋真宗之妹萬壽長公主，授左龍武軍駙馬都尉。卒，謚曰和文。他篤信佛教，與禪師交往甚密，著有《天聖廣燈錄》。❿廣慧璉　元璉禪師（西元九五一～一〇三六年），俗姓陳，泉州晉江人，首山省念之法嗣，住持汝州廣慧禪院，世稱廣慧元璉。據載：楊億（大年）曾出守汝州，與元璉交往，請益甚密。楊億曾自述說：「去年假守茲郡，適會廣慧禪伯……退食之暇，或坐邀而至，或命駕從之，請叩無方，蒙滯頓釋。半歲之後，曠然弗疑。如忘忽記，如睡忽覺，平昔礙膺之物，曝然自落。」見《禪林僧寶傳》卷十六。⓫石門聰　蘊聰禪師（西元九六五～一〇三二年），俗姓張，南海人，首山省念之法嗣。他曾住襄州石門山，後移住谷隱山太平興國禪寺。據載：李遵勗曾向蘊聰問出家之事，蘊聰引前人法語答曰：「出家乃大丈夫事，非將相之所能為。」李遵勗言下大悟。乃作偈曰：「學道須是鐵漢，著手心頭便判。直趨無上菩提，一切是非莫管。」見《五燈會元》卷十二。⓬慈明　即石霜楚圓，宋代著名禪僧，其嗣法弟子中黃龍慧南、楊岐方會分別為黃龍、楊岐之開派祖師。卒，謚曰慈明。據載：李遵勗去世前，曾派使者邀請慈明相見曰：「海內法友唯師與楊大年耳。大年棄我而先，僕年內頓覺衰落，忍死以一見公。」李遵勗臨終前又畫一圓相，並作偈獻慈明曰：「世界無依，山河匪礙。大海微塵，須彌納芥。拈起幞頭，解下腰帶。若覓死生，問取皮袋。」見《五燈會元》卷十二。⓭楊無為　楊傑，字次公，自號無為子。他性喜禪道，歷參名宿，晚從天衣義懷遊，後又歸心淨土宗。元祐中，在朝任禮部侍郎，出為兩浙提點刑獄。著有《輔道集》及文集三十餘卷。參見《五燈會元》卷十六。⓮白雲端守端禪師（西元一〇二五～一〇七二年），衡陽葛氏（一說周氏）子，臨濟宗楊岐方會之法嗣，曾住持舒州白雲山海會禪院，為當時著名禪僧。本書卷一有「白雲謂無為子曰」一節，可知楊傑曾經向白雲守端問道。⓯張無盡　張商英（西元一〇四三～一一二一年），字天覺，號無盡居士，蜀州新津人。十九歲登第，官至資政殿學士，曾拜相。晚年篤信佛法，與當世禪師交往甚密。曾著〈發願文〉，又著〈護法論〉，為宋代著名居士。⑯兜率悅 從悅禪師（西元一〇四四～一〇九一年），俗姓熊，江西虔州人，參真淨克文得承法嗣，為臨濟宗黃龍派傳人。他曾住持隆興府兜率禪院，學通內外，為世所景仰。據載：張商英曾經向他請教禪學。從悅去世後，張商英遣使持祭，並且說：「老師於祖宗門下有大道力，不可使來者無所起敬。」見《五燈會元》卷十七。⑰張無垢侍郎 張九成（西元一〇九二～一一五九年），字子韶，號無垢居士，又號橫浦居士，錢塘人，紹興二年進士，官至禮部、刑部侍郎。他與妙喜（即宗杲禪師）交往甚篤，因為反對議和，為秦檜所惡，而遭放逐。見《五燈會元》卷二〇。⑱李漢老參政 李邴，字漢老，濟州任城縣人，崇寧五年進士，累官至尚書右丞、參知政事。後歸老泉州閑居，問道於妙喜，頗得心悟，乃圖畫妙喜之像以尊奉之。參見《五燈會元》卷二〇。⑲呂居仁學士 呂本中（西元一〇八四～一一四五年），字居仁，壽州（今安徽境內）人，祖籍東萊，學者或稱東萊先生。他平生好詩與禪，曾向妙喜請教佛法。《大慧普覺禪師語錄》卷二八載有〈答呂舍人居仁書〉三篇可證。⑳妙喜老人 大慧宗杲禪師，俗姓奚，號妙喜。他初隨圓悟克勤學習禪法，得傳心印。靖康元年受賜紫衣，後來因為對秦檜不滿而被放逐至衡州，又移梅州。遇赦後先後住育王山及徑山，威望盛極一時。紹興三十二年，賜號大慧禪師，去世後謚曰普覺。有《大慧普覺禪師語錄》三十卷及《宗門武庫》等傳世。㉑謂之方外道友 稱妙喜為佛門之友人，方外之同道。張浚〈大慧普覺禪師塔銘〉稱讚妙喜曰：「師雖為方外士而義篤君親，每及時事，愛君憂時，見之詞氣。……使為吾儒，豈不為名士？」所云與之意同，可互參。㉒觀者斂衽辟易 謂旁觀者驚異而又崇敬，紛紛退避。斂衽，整飭衣襟以表示尊敬。據載云：妙喜之談論「縱橫踔厲，無所疑於心，大肆其說，如蘇張之雄辯，孫吳之用兵，如建瓴水轉圓石於千仞之阪，諸老斂衽，莫當其鋒」。見《大慧普覺禪師語錄》卷六〈塔銘〉。㉓罔窺涯涘 形容縱橫開闊，難以窺其邊界。涯涘，界限；邊際。㉔書刺以稱門僧 書信、名帖，則自稱為門僧。刺，名帖。自唐代實行科舉制度，凡貢舉之士自稱門生，主司之官則稱座主。此以佛門而倣效世俗科舉之例，故作者非之。㉕奉前人為恩府 尊奉舉薦之師為恩府。恩府，受恩之地。本為世俗追求榮利者之稱謂，僧人應泯滅榮利之心，故不宜之。南唐劉崇遠《金華子雜編》卷下：「以恩地為恩府，始於唐馬戴。戴大中初為掌書記於太原李司空幕，以正言被斥，貶朗州龍陽尉。戴著書，自痛不得盡忠於恩府，而動天下之浮議。」㉖苞苴獻佞　以財物行賄，取悅於人。苞苴，以葦茅等包裹財物。《荀子・大略》楊倞注：「貨賄必以物苞裹，故總謂之苞苴。」㉗一瓶一缽　瓶以盛水，缽以盛飯，均為僧人食具。㉘折腰擁篲二句　掃除道路，恭迎俗客，曲身彎腰，小步行走，形容在權勢者面前畏懼退縮之表現。擁篲，手執掃帚清理道路以待客。跼蹐，形容曲身細步、畏懼之狀。㉙失德於無捄　喪失德操，後悔無及。捄，同「救」。㉚破法比丘二句　意謂敗壞佛法之僧人，實魔氣所鍾集、惡魔之化身。《叢林盛事》引此篇之後云：「其書以大法衰替、無人荷負為憂，頗如波旬（惡魔之別名）今日入我法中，詐妄自欺，以諛詐為得計。如師子身中蟲，自食師子身中肉。此書不作，可也哉？」與此意旨略同，可互參。㉛詐現知識身相　假作佛門法師高僧之身體容貌。知識，此謂善知識，佛門之師友。據引《首楞嚴經》曰：「我滅度後，末法之中，多此妖邪，熾盛世間，潛匿姦欺，稱善知識云云。」又曰：「云何賊人假我衣服，裨販如來，造種種業，皆言佛法。……由是疑誤無量眾生，墮無間獄。」見《叢林盛事》上。㉜白衣登床膜拜其下　白衣指俗人，緇衣指僧侶，以僧侶身分而拜倒俗人之前，不符合教義，故非之。晉代高僧慧遠有〈沙門不敬王者論〉五篇，可參。㉝嵩禪師原教　契嵩禪師，藤州鐔津人，從洞山曉聰門下得法，為宋初著名禪師，賜號明教，有《鐔津集》傳世。以下所引見該集卷二《廣原教》中。㉞古之高僧者二句　古之高僧不稱天子之臣，不行臣之禮儀。臣，一作「名」。晉慧遠〈答桓太尉書〉云「袈裟非朝宗之服，缽盂非廊廟之器」，與此二句意同。㉟預制書則曰公曰師　意謂君王與佛僧寫信則稱之為公，或稱之為師，以示尊崇。預，疑當作「御」。㊱鍾山僧遠二句　僧遠，俗姓皇甫，渤海重合人，幼而樂道，長而出家，為南朝之著名僧人。宋明帝曾請以為師，竟不能致。齊太祖登位前，入山探訪僧遠，他以年老有病而固辭。宋太祖鑾駕臨幸，將詣住室，僧遠仍是足不垂床。僧遠志節清高，蕭然物表，為時所重如此。見梁慧皎《高僧傳》卷八。㊲虎谿慧遠二句　慧遠（西元三三四～四一六年）俗姓賈，雁門樓煩（今山西境內）人，晉代著名高僧。初依道安出家，精研般若之學，後入廬山住東林寺傳法並從事著述。又與劉遺民等結白蓮社，共期往生西方淨土。據載云：慧遠卜居廬山三十餘年，足不出山，跡不入俗，每送客遊履，常以虎谿為界，故云虎谿慧遠。又據史載：桓玄西奔，晉安帝自江陵歸建康，輔國將軍何無忌曾勸慧遠下山至潯陽覲見，慧遠稱疾不行，晉安帝則降詔致意，又遣使慰問。見梁慧皎《高僧傳》卷六。㊳聖人之道振　指佛祖之道興盛一時。契嵩原文此下有「其徒尚德，儒曰貴德何為也？為其近乎道也。儒豈不然哉」數句，引文省略。㊴不須其人　不得其人，無人弘教。須，猶得也。㊵淳熙丁酉　宋孝宗淳熙四年（西元一一七七年），歲次丁酉。㊶余　古月道融自稱，即《叢林盛事》一書的作者。

【語　譯】歸雲如本和尚〈辨佞篇〉寫道：「本朝鄭國公富弼曾經問道於投子修顒禪師，富公所寫的書信、偈頌共有十四紙之多，勒石刻碑於臺州浮山鴻福寺之兩廊壁道之間。由此昭然可見前輩先師主持佛法之嚴明，以及王公貴人尊奉佛道之誠實。鄭國公富弼是朝廷重臣，晚年如此歸心佛門，尊奉三寶，修顒禪師也一定有超過常人的見識。富弼自己曾經說，修顒禪師對他有所警示與啟發。士大夫中真心誠信佛道，又能忘記輩份高下，不講究地位尊卑，奮發不懈，勇猛精進，一定要徹底證悟佛法而後已，如楊大年侍郎、李和文都尉謁見廣慧元璉、石門蘊聰以及石霜慈明諸位耆宿大師。他們之間互相激發，一酬一唱，明明白白地記錄在燈傳及語錄之中。楊傑無為居士相見白雲守端禪師，張商英無盡居士相見兜率從悅禪師，都在關鍵之處問學請益，從本源之地徹底證悟，絕對不是苟且從事的。近代則有張九成侍郎、李漢老參政、呂居仁學士，他們都曾親見妙喜老人，在佛學造詣上登堂入室。他們稱妙喜為佛門之同道，方外之友人。他們在一起談論時，抒發愛憎之情懷，評析逆順之事理，奮然揮斥如霹靂閃雷，灑脫不羈，超越世俗，不受拘束，毫無忌諱，使旁觀者屏息退避，驚詫不已，如見大海茫茫而莫測其邊際所止。然而士人君子之輩，在山林水濱空閒寂寞之境，安頓勞心於禪寂之中，亦不過是發揮其心中本有的妙性真如而已。

「後世僧徒沒能見到先師前賢莊重自尊的楷模，有些人便專以巧言令色、阿諛諂媚為事，用不正當的手段以求得個人榮譽地位的升遷。凡是得到住持禪師推薦擔任寺院長老者，常常在書信名帖中自稱門下僧，尊奉推薦者為恩府。這些人用寺院公共的財物去行賄獻媚，取悅於人。有識之士對此種行徑覺得可悲而又可笑，而這些人自己卻恬不知恥。可歎啊，我們佛門弟子理應一瓶一缽，像雲之飄遊、鳥之飛翔一樣自然自在，沒有饑餓寒冷的逼迫，沒有子女財產的牽掛，為甚麼要去折腰逢迎，小心畏懼，如此一副猥瑣之態，自作下賤，自取羞辱呢？稱推薦者為恩府，是出於受者個人一己的私利，在佛法義理上沒有依據。一個凡庸虛妄之輩唱之在前，一百個虛妄凡庸之輩和之在後，許多人爭先恐後地想去奉承，真是自我作賤的小人啊！削弱聖教，敗壞宗風，沒有比這種諂佞的行為危害更大的了。這種諂佞之舉，實為一切姦邪欺詐、陰謀詭計的開端。即使是正直之士，一旦誤中了這種諂佞乖巧者的詭計，就會身陷不義之場，喪失德操而無可挽救。這豈不可悲嗎？這些敗壞佛法的僧人，實為邪魔的化身。他們一味欺騙世人，行為狂妄怪誕，表面上泰然自若的樣子。他們假裝出一副佛門善知識的姿態，指禪林名宿大德為自己的授業之師，諂媚當權貴人將之說成是自己的宗屬。不待請益問道，主動向達官權貴表達敬意，敗壞佛法實由此而開端。世俗之輩高登上座，佛門弟子反而拜倒在其下。這違背了佛祖先師訂下的法規，是對佛法宗風最大的羞辱。佛門的衰落，至此已經達到極點了。可歎啊，即使天誅地滅、鬼神索命，萬死難贖其罪的，不正是這些諂佞姦詐的小人嗎？

「契嵩和尚在〈原教〉中寫道：『古代之高僧，面見天子自稱臣下，朝廷詔命制書則尊稱之曰某公、某師。南朝時鍾山高僧遠和尚，齊高祖前去探訪時，天子的鑾輿已經到了寺院門口，遠和尚卻辭以老病不前去迎候。晉代廬山高僧慧遠送客以虎溪為界，晉安帝駕臨潯陽請他前去見面，慧遠卻說身體有病不肯出山。當時之朝野尊重他們的道德人格，待之以禮，所以佛教得以興隆一世。後代受到世間仰慕的所謂高僧，他們與士大夫交往時還不能享受到對待下士之禮節。而他們的進退出處甚至不如平常人之自然，更何況與僧遠見天子之自尊相比呢，更何況如慧遠之泰然自若相比呢？如此而希望法門興盛，世人奉佛真修，怎麼可能呢？佛法雖存而不得其人，存之於世又有何益？想到這些，未嘗不令人痛心而落淚。』

「淳熙四年，我辭去顯恩寺的事務，回到平田西山小塢居住。因為近來看到禪林寺院中許多虛偽欺詐之事，古代淳厚重道之風日益凋落，我自己的言辭不足以對此褒貶輕重，聊且抄錄歸雲如本的〈辯佞篇〉以警示自己。」

圓極岑和尚❶跋云：「佛世之遠，正宗淡薄，澆漓風行❷，無所不至。前輩凋謝，後生無聞。叢林典刑，幾至掃地❸。縱有扶捄之者，返以為王蠻子❹也。今觀疎山本禪師〈辨佞〉，詞遠而意廣，深切著明，極能箴其病❺。第妄庸輩智識暗短，醉心於邪佞之域，必以醍醐❻為毒藥

也。」(《叢林盛事》)

【章　旨】禪林僧人應遵循正法，用如本禪師〈辨佞〉之作針砭弊病，勿將無上醍醐反認作有害毒藥。

【注　釋】❶圓極岑和尚　彥岑禪師，撫州臺城人，嗣雲居法如禪師，南嶽下十六世。見《五燈會元》卷二〇。❷正宗淡薄二句　正宗佛法衰落，姦詐之風流行於世。澆漓，以水澆之則味愈薄，比喻風俗浮薄。❸叢林典刑二句　寺院之法規被破壞殆盡。典刑，法度；規章。同「典型」。掃地，形容破壞無餘。❹王蠻子　未開化之人。或用以指廝役、奴僕之類。❺箴其病　醫治其病。箴，同「針」，針灸之具。又規諫、告誡，亦曰箴。❻醍醐　酥油之乳酪，味極甘美，或用以喻美酒。《涅槃經》卷三曰：「醍醐者名世間第一上味。」同書卷十四曰：「譬如從牛出乳，從乳出酪，從酪出生蘇，從生蘇出熟蘇，從熟蘇出醍醐。醍醐最上，若有服者，眾病皆除，所有諸藥悉入其中。……言醍醐者喻於佛性。」

【語　譯】圓極彥岑和尚在〈辨佞篇〉之後寫道：「釋迦牟尼辭世已經久遠了，佛祖倡導的正宗佛法日益衰落，虛偽浮薄之風泛濫於世，無所而不至。前輩先師凋謝，後生晚學無從見聞，失去了效法的楷模，禪林的規章法典幾乎被破壞以盡。縱然有人力圖挽救局面，嘗試克服這種頹敗墮落之風，反而被認為是未受開化的奴僕。今觀疎山如本禪師〈辨佞〉之作，詞旨遠而寄意廣，深入佛法真諦，將道理說得明明白白，最能針砭禪林流行的弊病。只恐怕那些虛妄平庸之輩，他們智識淺陋而又心地愚昧，沉迷於邪佞諂諛之境界，必然會將此無上美味之醍醐當作是有害的毒藥了。」

東山慧空禪師

【題　解】慧空禪師（西元一〇九六～一一五八年），福州陳氏子。他十四歲時落髮為僧，便開始周遊參學。曾與妙喜（即宗杲）一起拜謁圓悟克勤於雲居，又在江西雲門庵共同探討禪法。他後來在草堂善清門下得悟，承其法嗣。南宋高宗紹興二十三年（西元一一五三年），開法於福州雪峰山寺，一年後退歸東庵，屬南嶽下十四世。

慧空說禪縱橫騰挪，氣度雄闊，妙喜曾經形容是「金翅擘海，直取龍吞。……撥轉關棙子，宛如珠走盤」。他主張禪法應「不著佛求，不著法求，不著僧求，向父母未生已前會取」。他批評說：「今時一種風範，直是好笑，如袖紙燒香、求偈頌、覓法語之類是也。」他上堂說法：「一拳拳倒黃鶴樓，一趯趯翻鸚鵡洲。有意氣時添意氣，不風流處也風流。……心王不妄動，六國一時通。罷拈三尺劍，休弄一張弓。自在自在，快活快活！」這種境界，即自性了悟後的精神獨立、意氣自由與心情歡悅。

慧空善於偈頌，作品風韻高妙、事理圓融。他有〈送莫內翰〉云：「驚世文章夢裏花，出塵悟解眼中沙。怪來不打這鼓苗，親見江西老作家。」又〈貽修漏道者〉云：「是處叢林走一遭，敲磚打瓦不辭勞。忽然踏著通天竅，始覺從前立處高。」又〈與性上人〉云：「汝知東山空，胸中無窖子。說禪瞎人眼，書偈污人紙。不知禪家流，於空何所取？腳要汝自行，死要汝自死。道不假他成，佛豈離自己？」這些作品，都是勸人把握根本，真修實踐，方能有所成就。

慧空禪風嚴厲，慧昇說他「道高一世，俯視諸方。平居面目嚴冷，學者不可得而親近，或遭唾罵而出，此真善知識慈悲。……大慧老人每以東山為稱，今信道者咸生敬仰」。他的這一風格，從〈答余才茂借腳夫書〉可見一斑。

有《福州雪峰東山和尚語錄》一卷存世。其生平事蹟，可參看《嘉泰普燈錄》(卷十)、《五燈會元》(卷十八)，又見於《羅湖野錄》(卷二) 等。

東山空和尚〈答余才茂借腳夫書〉云❶：「向辱枉顧荷愛之厚❷，別後又承惠書，益自感愧。某本巖穴間人，與世漠然❸，才茂似知之。今雖作長老，居方丈，只是前日空上座❹。常住有無，一付主事❺，出入支籍，並不經眼。不蓄衣缽，不用常住，不赴外請，不求外援，任緣而住，初不作明日計❻。才茂既以道舊見稱，故當相忘於道❼。今書中就覓數腳夫，不知此腳出於常住邪，空上座邪？若出於空，空亦何有！若出常住，是私用常住。一涉私則為盜，豈有善知識而盜用常住乎？公既入帝鄉，求好事❽，不宜於寺院營此等事。公閩人❾，所見所知皆閩之長老，一住著院則常住盡盜為己有。或用結好貴人，或用資給俗家，或用接陪知己，殊不念其為十方常住招提僧物⑩也。今之戴角披毛，償所負者，多此等人⑪。先佛明言，可不懼哉？比年以來，寺舍殘廢，僧徒寥落，皆此等咎。願公勿置我於此等輩中。公果見信，則他寺所許者，皆謝而莫取，則公之前程未可量也。逆耳之言，不知以謂如何？時寒，途中保愛。」（《語錄》）

【章　旨】東山慧空禪師拒絕俗人的請求，不以寺院公共財物賣人情、謀私利，氣節凜然。

【注　釋】❶答余才茂借腳夫書　余才茂，歲貢生，為赴京城考試而致書東山慧空，欲借用寺中腳夫數人。余才茂來書云：「適承慈愛，容座下領教。自違法顏以來，不勝追感，法乳之恩未嘗忘也。近聞老師法位高遷，有缺奉賀。茲因京都科場一事，暫乏車從之給。因此冒瀆法顏，庶腳力人夫見數枚。倘若僥倖，帝都還返面謝。」慧空此書，即是對余才茂來信的答覆。❷向辱枉顧荷愛之厚　往昔承蒙厚愛，屈尊前來探望我。向，舊時。枉顧，屈尊來訪。荷，承受。此為書牘敬詞之套語。❸某本巖穴間人二句　意謂自己本是隱逸之士，對於個人的升沉榮辱看得十分淡漠。巖穴間人，本指隱士，借用指僧人。❹今雖作長老三句　意謂職位雖然有所升遷，而人之本性並無變化。上座，對有德僧人的尊稱。❺常住有無二句　寺院財產有無及日常用度，一切由主事僧人負責。常住，寺院房舍、田地、糧食、錢物等總稱常住物，歸眾僧集體所有。❻初不作明日計　一切隨任自然，從來不為個人明日如何而計較。初，本；從來。❼相忘於道　逍遙自適於大道之中，泰然自得，忘記了一切。《莊子・大宗師》云：「魚相忘乎江湖，人相忘乎道術。」❽入帝鄉二句　入京城，求取功名。帝鄉，帝王所在之都城。❾閩人　今福建人。❿十方常住招提僧物　選舉諸方高僧名宿任住持之寺院，即十方叢林，其財產為僧眾公有，不可謀為私用。招提，梵語招鬥提奢，譯曰四方，凡四方僧之財物為招提僧物，四方僧之住處為招提僧坊。⓫今之戴角披毛三句　意謂頭上有角、身上長毛的牛馬，多此等人變化而成，因前生盜用寺院公產，故今生化作畜生以償還欠債也。可參見《太平廣記》卷一三四〈報應・宿業畜生〉。

【語　譯】東山慧空和尚〈答余才茂借腳夫書〉寫道：「往昔承蒙厚愛，屈尊探望貧僧。離別之後又承你賜以書函，我愈加感到慚愧。我本是山林巖穴隱逸之人，對於世俗情懷一向淡薄，對此才茂你似乎應該知道。如今雖作寺院長老，坐在方丈之內，仍然只是從前的慧空上座。寺院財物或有或無，我一律交給主管僧人負責，收支帳冊是從不過目的。我自己不蓄積衣食物品，不支用寺中財物，不接受外面的請求，也不企求得到外人的援引。一切順從因緣變化，從來不計較個人明日如何。你既然稱為是故交道友，我們就應該優游於大道之中，忘懷一切，泰然無事才對。如今你在信中要求得到幾個腳夫，不知這幾個腳夫是出於寺院呢，還是出自於我慧空本人？若出於我本人，我又豈有腳夫！若是出自寺院，那就是私用寺院的公產。一涉及私人，就如同盜用公產一般。豈有佛門長老，反而盜用寺院公產之理？先生既然前去京城，追求科場功名，就不應當向寺院提出這種事情。先生是閩地人，你所目見耳聞的都是閩地的長老，一旦成為寺院住持就將寺中財物全部盜用，據為己有。他們或是用寺院公共財物去結交討好貴人，或是用寺院財物去資補在家親戚，或是用於接納朋友知己。一點也不想一想所用的都是十方叢林眾僧共有的財物。如今那些頭上長角、遍體生毛的牛馬，多是這些人變形而成，因為前生盜用公產所以今生變為畜生來償還欠債。如此因果報應，佛祖說得明明白白，難道還不知畏懼嗎？近年以來，寺院房舍殘破，僧徒越來越少，都是由於上述這些人的過錯。希望先生不要將我置於此等人當中。先生如果確實相信我的話，那麼即使有別的寺院答應了你的要求，你也應該謝絕他們的好意，勿以寺院公產為私人所用。若能如此，那麼先生的前程真是未可限量。上述逆耳之言，不知先生以為如何？天氣寒冷，希望途中善自保養，愛護身體。」

浙翁琰和尚❶云：「此書真閻老子殿前一本赦書❷也。今之諸方道眼不知若何？果能受持❸此書，則他日大有得力處。」浙翁每以此舉似於人❹。

璨隱山❺亦云：「常住金穀❻，除供眾之外，幾如鴆毒。住持人與司其出入者纔霑着則通身潰爛，律部載之詳矣。古人將錢就庫下回生薑煎藥❼，蓋可見。今之踞方丈者，非特刮眾人鉢盂中物以恣口腹，且將以追陪自己，非泛人情。又其甚則剜去搜買珍奇，廣作人情，冀遷大剎。

只恐他日鐵面閻老子與計算哉！」（《枯崖漫錄》）

【章　旨】禪林長老若能以東山慧空〈答余才茂借腳夫書〉警戒自己，將大有補益，若是侵佔佛寺公產以遂私欲，則必遭報應。

【注　釋】❶浙翁琰和尚　如琰禪師，俗姓周，臺州人，字浙翁。十八歲時出家，於育王德光門下得法，屬臨濟宗。嘉定十一年（西元一二一八年），敕住徑山寺，賜號佛心禪師。見《續燈存稿》卷一。❷閻老子殿前一本赦書　意謂有此一封文書，閻王便可察見其人之品行節操，而赦免其餘。閻老子，地獄之王。佛教宣傳人死之後，要接受陰間閻王的審判，清算一生的罪孽或福德，以定來生。❸受持　以信念之力，堅信並持行之。❹舉似於人　向人舉談，講說此事。似，向；與。❺璨隱山　《枯崖漫錄》卷上載有泉州法石隱山璨禪師法語，《續古尊宿語要》卷二載有〈隱山璨和尚語〉，下注「嗣退庵空」當即此人。❻常住金穀　佛寺眾僧公有之錢財、穀物之類。凡寺院公有之房舍、田地、糧食、錢物，皆稱常住。❼古人將錢就庫下回生薑煎藥　洞山自寶禪師，乃五祖師戒之法嗣，為人廉潔謹嚴，嘗任寺院司庫之職。適遇師戒生病，令侍者往庫中取生薑煎藥，自寶認為公產不應私用，乃叱責之。侍者回報師戒，師戒讓侍者拿錢去買，自寶才取庫中生薑給侍者。此事後來傳為佛門守身廉潔，不以公產為私用的典型範例，曰自寶生薑。

【語　譯】浙翁如琰和尚說：「東山慧空〈答余才茂借腳夫書〉真是閻羅王殿前一本釋放罪人的赦書。當今諸方長老看過以後，不知相比如何？如果確實能做到按照書中所說去實行，則將來對於禪林益處甚大，得力甚多。」浙翁如琰常常將此信向人談起，希望人們遵照行事。

璨隱山禪師也說道：「寺院中眾僧共有之金錢糧食，除了供給公共所用之外，不可作為私用，否則一毫一粒就如同毒藥一般。住持長老與主管僧人倘若竊為私有，才稍有沾著就會全身骨肉潰爛，佛門戒律書中對此記載很是詳細。古代五祖師戒禪師生病，洞山自寶要侍者拿錢來庫中買生薑煎藥，可見其公私分明。當今坐在方丈內的長老，不只是剋扣僧眾缽盂中的食糧，以滿足個人美味嘉肴的口腹之欲。而且還用作追陪之開銷，浪費錢財，以結交人情。其中更嚴重的，還將寺院財產竊去搜求珍寶異物，廣泛賄賂以拉攏私情，處心積慮希望藉此升遷到叢林十方名剎大寺住持的地位。只是恐怕有一天到了鐵面閻王那裏，要將這些行為一一計算，要如數追還欠債的啊！」

卷 三

雪堂道行禪師

【題解】道行禪師（西元一〇八九～一一五一年），俗姓葉，處州括蒼人，號雪堂。他在幼年時便萌生了出世之志，十九歲剃度為僧。參禮龍門佛眼清遠得嗣其法，為臨濟宗楊岐派傳人，屬南嶽下十五世。

道行出身於富貴之家，其父官居高位。他成年後，不貪戀繁華，決心皈依佛法。據載他離開父母兄弟時曾留偈曰：「莫嫌心似鐵，自己尚為冤。掃盡門前雪，方開火裏蓮。萬般休更問，一等是忘緣。箇事相應處，金剛種現前。」他初住南明寺，又住持壽寧、法海、天寧諸寺。後遷住衢州烏巨山，學徒接踵而至，禪風大盛，終於饒州之薦福寺。

道行平素以道自任，不尚文字，而著重實際的履踐與證悟。他曾經宣傳佛法云：「通身是口，說得一半。通身是眼，用得一橛。用不到處，說有餘；說不到處，用無盡。所以道：當用無說，當說無用。」機鋒指向，在於啟發僧徒超越言說，獲得自心的實證實悟。然而在道行看來，這種證悟既非人云亦云的濫調，更非模糊彷彿的癡禪。所以他又舉出璣和尚「以謗為義」公案，並申說道：「三世諸佛是謗，西天二十八祖是謗，唐土六祖是謗，天下老和尚是謗，諸人是謗，山僧是謗。……談玄說妙河沙數，爭似雙峰謗得親。」臨死之前，他又示以偈語：「識則識自本心，見則見自本性。識得本心本性，正是宗門大病。」又自注曰：「爛泥中有刺，莫道不疑好。」這些，都直指禪林痼弊，發人深思。

道行的禪風樸實而活潑，被形容為「名葩秋月，人人得而就之」。有《雪堂行和尚拾遺錄》（一卷），記載所見聞禪林之嘉言勝事。有關他的法語及生平事蹟，可參見《嘉泰普燈錄》（卷十六）、《五燈會元》（卷二〇）、《南宋元明禪林僧寶傳》（卷四）等書。另外《羅湖野錄》、《叢林勝事》也記載有他的若干軼事。

【校　注】「用不到處，說有餘；說不到處，用無盡。所以道：當用無說，當說無用。」牛頭宗法融大和尚的法語：「恰恰用心時，恰恰無心用。」當我們生滅生滅地「用心」，有朝一日，我們的心，卻有這樣生滅生滅作用到不了的地方，而就是這個地方，由於它的「廓落無依，十方通暢」，由於它的「真性有為空」，它是那麼樣地「無非不非，無是不是」的，是「離一切相而即一切法」的，因此它是說不盡而不可不說的——「說有餘」。當我們生滅生滅地「說言」，有朝一日，我們所要說及的事物，竟然不在我們生滅字詞之一切生滅組織結構之中，亦不是這些字詞所能符合地指說，而就是這個事物，由於它的「廓落無依」而「真性有為空」等等，它是那麼樣地「心行止滅言語道斷」的，因此它不可生滅地作用，而乃不生滅地無盡無量地清淨現前大用——「用無盡」。當清淨現前大用時，不現生滅之言說。當生滅言說之時，不現清淨無盡之用。

雪堂行和尚住薦福❶。一日問暫到僧：「甚處來？」僧云：「福州來。」雪堂云：「沿路見好長老麼？」僧云：「近過信州❷，博山住持本和尚❸，雖不曾拜識，好長老也。」雪堂曰：「安得知其為好？」僧云：「入寺路徑開闢，廊廡修整❹，殿堂香燈不絕，晨昏鐘鼓分明，二時粥飯精潔，僧行見人有禮。以此知其為好長老。」雪堂笑曰：「本固賢矣。然爾亦具眼也。」直以斯言達于郡守吳公傅朋曰：「遮❺僧持論頗類范延齡薦張希顏事❻，而閣下之賢不減張忠定公❼。老僧年邁，乞請本住持，庶幾為林下盛事。」吳公大喜，本即日遷薦福。（《東湖集》）

【章旨】雪堂道行選擇治績卓著、管理有法的悟本出任薦福寺住持長老，乃是禪林之盛事、後世之楷模。

【注釋】❶薦福　寺名，在饒州。❷信州　唐代乾元元年始置信州，舊治在今江西上饒。❸博山住持本和尚悟本禪師，江州人，自江西參侍妙喜得承法嗣，時任博山寺住持，故名。❹廊廡修整　堂前兩邊的廊屋裝修整齊。廡，走廊。❺遮　代詞，同「這」。❻范延齡薦張希顏事　據載：宋真宗時，張希顏任袁州萍鄉縣宰。范延齡為殿直（皇帝之侍從官員），押兵過金陵。當時張詠主管金陵事務，問范延齡云：「天使沿路來，曾見好官員否？」范延齡答云：「昨日經過萍鄉縣，邑宰張希顏，雖然未曾見識，但是知其為好官員。」張詠又問道：「何以見得？」范延齡復答云：「自入其縣境，只見驛站橋梁道路都修整完美，田園開闊，野無遊閒之農，城中無人賭博，市場無人爭吵，夜間更鼓分明，從這些事上可見縣宰善於治理地方。」張詠聽罷大笑道：「張希顏固然好，天使亦好官員也。」即日同薦於朝，皇上讚揚曰：「二人皆國之良使也。」於是升張希顏為發運使，升范延齡為閤門侯。范延齡，一作范延貴。見《宋人軼事彙編》卷六引《東軒筆錄》。❼張忠定公　即張詠。詠字復之，濮州鄄城人，太平興國五年登進士第，曾任昇、宣等十州安撫使，進禮部尚書。卒後贈左僕射，謚忠定。

【語　譯】雪堂道行禪師住持饒州薦福寺時，有一天他問一個初到暫住的僧人：「來自何處？」那位僧人回答：「從福州來。」道行禪師接著問：「沿途經過寺院，發現有優秀卓異的長老嗎？」僧人回答道：「不久前經過信州博山寺時，得知一個名叫悟本的和尚，雖然未曾參拜，但是我心中明白他是一位好長老。」道行禪師又問：「你怎麼知道他是好長老呢？」僧人回答道：「進入寺院，只見道路平坦開闊，兩邊廊廡修繕得整整齊齊，殿堂裡燈燭香火不息，早晨傍晚都鐘鼓分明，二時粥飯精細清潔，寺內僧眾對人彬彬有禮。從這些表現看，我便知道悟本和尚是一位優秀的長老。」道行禪師聽後，笑著說：「悟本和尚固然表現優異，不過你也具有一副慧眼哩！」道行禪師於是將這一番對話轉告饒州太守吳公傅朋，他說：「這個僧人的一番議論，跟當年殿直使范延齡推薦萍鄉縣宰張希顏的事情頗有幾分相似。而閣下的賢明，不會在忠定公張詠之下。老僧我已經年邁，請求准許悟本遷任薦福寺住持。這將是禪林中的一件盛事吧！」饒州太守吳公聽了非常高興，當即批准悟本遷任薦福寺之住持長老。

雪堂曰：「金隄千里，潰於蟻壤❶；白璧之美，離於瑕玷❷。況無上妙道❸，非特金隄白璧也；而貪慾瞋恚❹，非特蟻壤瑕玷也。要在志之端謹，行之精進，守之堅確，修之完美，然後可以自利而利他❺也。」

〈與王十朋書〉

【章　旨】學禪者應該先能警覺細處，然後志向堅定，精進不懈，徹底克服貪慾、嗔恚之心，才能獲得菩提真如，教化世間眾生。

【注　釋】❶金隄千里二句　千里堅固之堤防，或因螞蟻之穴而潰決。《淮南子・人間訓》：「千里之堤，以螻蟻之穴漏。」❷白璧之美二句　精美的白玉因為有小斑點而遭遺棄。瑕玷，玉的斑點。❸無上妙道　佛法精妙不可思議，無以過之，故稱。❹貪慾瞋恚　佛門以貪、瞋、癡為三毒，為一切煩惱之根本。有利者生貪慾，違逆者生瞋恚，皆有害於學禪。❺自利而利他　上求菩提為自利，下化眾生為利他，為佛門之二利。

【語　譯】雪堂道行禪師說：「堅固的堤防長達千里，會因為微小的螞蟻洞穴而造成潰決的禍患；精美潔白的璧玉，可能因為小的斑點而遭到遺棄的結局。佛法真如乃無上妙道，其貴重不是金堤白璧可以與之比擬的。而貪得無厭的欲望，瞋怒怨憤的禍害，又不是蟻穴、瑕斑可以相提並論的。所以尊奉佛法者，必須要立志端正不苟，施行精進不懈，信守堅定不移，修煉力求完美無缺。然後才可以利益自身，並且普濟世間眾生的。」

雪堂曰：「予在龍門❶時，昺鐵面住太平❷。有言昺行腳❸離鄉未久，聞受業一夕遺火❹，悉為煨燼❺。昺得書擲之於地，乃曰：『徒亂人意耳。』」（《東湖集》）

【章　旨】智昺禪師專心一意參究禪法，能不為世間情境變故所動，其志氣可嘉。

【注　釋】❶龍門　寺名，在舒州。❷昺鐵面住太平　智昺禪師，蜀之永康人，追隨佛鑒參學，得承法嗣。住持舒州太平寺，法席鼎盛。智昺為人嚴厲，不苟言笑，時稱昺鐵面。昺，同「炳」。❸行腳　僧人步行遠離家鄉，尋師訪友，以參究佛法。❹遺火　失火；發生火災。❺悉為煨燼　全部燒成灰燼。煨，熱灰。

【語　譯】雪堂道行禪師說：「我在舒州龍門寺時，智昺禪師任太平寺住持長老。有人對我說，智昺當初行腳訪道、離家未久時，聽說他受業之處發生火災，將房屋財物全部燒成灰燼。智昺接到報信的書函後，將書信丟在地上，說道：『這只能擾亂人的志意啊！』」

雪堂謂晦庵光和尚❶曰：「予弱冠❷之年，見獨居士❸言：『中無主不立，外不正不行，此語宜終身踐之，聖賢事業備矣。』予佩其語❹，在家修身，出家學道，以至率身臨眾，如衡石之定重輕❺，規矩之成方圓。捨此則事事失準矣。」（《廣錄》）

【章　旨】聖賢事業，貴在中正，不偏不倚，內心有主，行為有則，此應終身實踐之。

【注　釋】❶晦庵光和尚　慧光禪師，建寧人，住信州龜峰寺，號晦庵，烏巨道行之法嗣。其法語載《五燈會元》卷二〇，又見《續古尊宿語要》卷五。❷弱冠　古代男子二十歲（一說十九歲）舉行加冠之禮，表示成年。弱冠，指年少時。❸見獨居士　道行之父名仲謀，仕二千石，常遊禪社，棲心佛道，號見獨居士。❹佩其語　牢記此一段話。佩，原指佩帶在身，引申為牢記不忘之意。❺衡石之定重輕　衡器可度量物體之輕重，有準則也。衡，秤。石，古之重量單位，一百二十斤為一石。

【語　譯】雪堂道行對晦庵慧光和尚說：「我在年少之時，就聽見父親見獨居士說：『若是心中無主就不能立身，若是行為不端正就難以行世。此語應該終身去實踐它。倘若能夠如此去做，那麼聖賢事業就可以成就了。』我牢牢地記著這段話，在家中修煉身心，出家學習佛道，以至於身臨僧眾弘揚教化，時時刻刻遵照行事，就像依衡器確定輕重、依規矩成就方圓一樣。若是捨棄了，那麼一切的事情就失去標準了。」

【校注】「中無主不立，外不正不行。」這是莊子的兩句話，講得很好，很深刻地符合了一個人尋求高深知識的所以有效所以無效。「中無主」，是人自己本有（今日叫做主體）這一方面的事情，「外不正」，是方法上面的事情。莊子說：「中無主，而道不居也；外不正，而道不行也。」這意思是說，你自我反省時，這個道理根本就不是你內心的一份真實，那麼，這個道理對你來說，就像個無主孤魂一樣，一忽兒進來一下，待不住的，一忽兒又飄出去了，這叫做「不居」，待不下來的。「外不正」，在自己之外，若沒有別人告知你訓練你一切正確有效的方法，那麼，這個道理，是沒有腳的，它走不到你心智裏面來。

雪堂曰：「高庵❶臨眾，必曰『眾中須知有識者』。予因問其故，高庵曰：『不見為山道：「舉措看他上流，莫謾隨於庸鄙❷。」平生在眾不沉於下愚❸者，皆出此語。稠人廣眾中，鄙者多，識者少。鄙者易習，識者難親。果能自奮志於其間，如一人與萬人敵❹，庸鄙之習力盡，真挺特沒量漢❺也。』予終身踐其言，始得不負出家之志。」（《廣錄》）

【章旨】禪者修行遇事當力爭上進，與有識之士同參佛法，克服庸劣鄙俗之習性，才能真正成為挺拔超群的士大夫。

【注釋】❶高庵　善悟禪師，俗姓李，自號高庵，與雪堂道行同為佛眼清遠之法嗣。他稟性嚴毅，自奉簡樸，以身作則，頗得禪林好評。❷莫謾隨於庸鄙　不可忽意，追隨於凡庸鄙俗之輩。謾，通「漫」。❸不沉於下愚　意謂自己有所進取，不至於落入下愚之輩而不可改變。《論語・陽貨》：「唯上知與下愚不移。」❹如一人與萬人敵　《四十二章經》云：「夫為道者，譬如一人與萬人戰。」語本此。❺挺特沒量漢　獨立卓異、度量廣大無際之大丈夫。

【語譯】雪堂道行禪師說：「高庵每當面對僧眾，必定要說『眾人中須知定有見識卓越之輩』。我於是便問：『你怎麼知道呢？』高庵回答說：『你難道不知溈山和尚曾經說過：「禪者修行舉措之間應該向先進看齊，莫要怠慢輕忽隨順凡庸鄙俗之輩。」我一生處在大眾之中，所以不墮落至於下愚而能有所進步，都是得力於這句話。稠人廣眾之中，凡鄙者甚多，而見識超卓者甚少。凡鄙者容易染習而成，見識超卓者則難以追得上。如果自己果然能夠奮發上進於眾人之間，有如一人闖關萬夫莫擋，將頑庸鄙俗之習氣克服盡淨無餘，這才叫做出類拔萃、度量無際的大丈夫。』我平生依照高庵的這段話立身行事，始得不辜負我出家奉佛的一番心志。」

雪堂謂且庵❶曰：「執事須權重輕，發言要先思慮，務合中道❷，勿使偏頗。若倉卒暴用，鮮克有濟❸。就使得成，而終不能萬全。予在眾中，備見利病。惟有德者，以寬服人。常願後來有志力者，審而行之，方為美利。靈源❹嘗曰：『凡人平居內照，多能曉了。及涉事外馳，便

乖混融，喪其法體❺。必欲思紹佛祖之任，啟迪後昆❻，不可不常自檢責也。』」（《廣錄》）

【章　旨】禪者行事應當以寬服人，務必合於中道，勿使偏頗急躁，否則難以成就。

【注　釋】❶且庵　真州長蘆守仁禪師，上虞人，號且庵，雪堂道行之法嗣，南嶽下十六世。❷中道　佛法指真心不落兩邊的中正之道，此處有不偏不倚之意。❸若倉卒暴用二句　意謂急於求成，倉卒行事，態度粗暴，則少能成功。卒，通「猝」、「促」。克，能。❹靈源　惟清禪師，自號靈源叟，晦堂祖心之法嗣。見《禪林僧寶傳》卷三〇。❺法體　自身之法性，即真如本性。《唯識述記》卷九：「性者體義，一切法體，故名法性。」❻啟迪後昆　啟迪後學之輩。後昆，後代之子孫。

【語　譯】雪堂道行禪師對且庵守仁說：「執掌寺院事務必須要權衡輕重，發表言論之前先要周詳細緻地考慮一番。一定要符合中正之道，不要發生偏差。若是倉卒急遽、行為粗疏魯莽，很少有能成功的。就是一時取得效果，終究不能各方面完美無缺。我當年身處僧眾之間，對於不同作為的好處與弊端看得十分清楚。唯有道德之賢者能以寬大的態度處理事務。我常願後來有志向有法力的長老，能認真審視，並以之付諸實行，才是有利於佛門的美事。靈源惟清和尚曾說：『世人閑居獨處之時，攝心內照，反省自我，多能明白。一旦經涉事務，向外馳求，便難以做到洞察圓融，喪失了自身佛性真如。禪者若要擔當繼承發揚佛法祖道的責任，啟迪後學之子孫，是不可不經常自我檢查、嚴格要求自己的。』」

應庵華和尚❶住明果，雪堂未嘗一日不過從❷。間有竊議者，雪堂曰：「華侄❸為人不悅利近名，不先譽後毀，不阿容苟合❹，不佞色巧言。加以見道明白，去住翛然❺。衲子難得，予固重之。」（〈且庵逸事〉）

【章旨】雪堂尊人以德，推重的是端正的品格、誠實的性情與徹悟佛理的禪學造詣。

【注釋】❶應庵華和尚　曇華禪師，蘄州（今湖北蘄春一帶）人，俗姓江。十七歲時剃髮為僧，曾拜謁圓悟克勤，受其策勵。後於虎丘紹隆門下得法，有盛名。他與妙喜並被推為二甘露法門。妙喜對他的禪學造詣譽不絕口，曾寄偈贊曰：「生斷金輪第一峰，千妖百怪盡潛蹤。年來又得真消息，報道楊岐一脈通。」號應庵。❷過從　探訪；往來。❸華侄　應庵曇華為虎丘紹隆法嗣，虎丘紹隆之師佛果克勤與雪堂道行之師佛眼清遠同為五祖法演弟子。道行高曇華一輩而同出五祖之門，故稱之。❹阿容苟合　奉承諂媚，苟且依附世俗。❺去住翛然　意謂進退、去留之際，皆能超脫世俗，聽任自然。《南宋元明禪林僧寶傳》卷三贊曰：「虎丘命脈一有應庵，家聲始不寂寥，如珠中如意，花裏優曇，色色改觀。」曇華之為人風範，藉此可以想見。

【語譯】應庵曇華和尚住持明果寺時，雪堂道行沒有一天不去探訪他。有人在私下悄悄議論這件事。雪堂道行解釋說：「曇華賢侄為人不慕浮名、不貪俗利，對人不是讚譽於前而非毀於後，不阿諛奉迎、苟且附和，不花言巧語、曲意諂媚權勢。加上他明曉佛法，徹悟道旨，進退、取捨之際，表現得自然超脫，在僧人中實屬難能可貴，所以我看重他。」

雪堂曰：「學者氣勝志則為小人❶，志勝氣則為端人❷。正士氣與志齊❸，為得道賢聖。有人剛狠不受規諫❹，氣使然也。端正之士，雖強使為不善，寧死不二，志使然也。」（《廣錄》）

【章旨】學禪者志與氣不可偏存。志者氣之帥，氣者志之卒。正士氣與志齊，則可以成就聖賢。

【注釋】❶氣勝志則為小人　宋儒或以氣指所稟賦之血氣，以志指所存之心志。志為道體，氣為力用。認為血氣過盛，勝其向善之志，即有力用而乏道體，如此則將流為小人。志，志向，特指志於道、志於仁。❷端人　此指有志於道而乏力用，雖無幹辦之才，可稱端正之人。❸正士氣與志齊　正直之士既有志於道，又有行道之力用。《孟子．公孫丑上》云：「夫志，氣之帥也；氣，體之充也。夫志至焉，氣次焉。故曰：持其志，無暴其氣。」❹剛狠不受規諫　剛硬狠戾，不受規勸。狠，一本誤作「狼」。

【語譯】雪堂道行禪師說：「學禪者血氣勝過心志就會成為小人，心志勝過血氣就會成為品行端正之士。正人君子血氣與心志整齊和諧而結成一體，就會成為得道聖賢。有人凶狠倔強不接受正言規勸，是由於血氣太盛使他表現如此。品行端正之士，假使強迫他去做壞事，他寧死也不肯屈從，是由於心志堅定使他表現如此。」

雪堂曰：「高庵住雲居，普雲圓❶為首座❷，一材僧為書記❸，白楊順❹為藏主❺，通烏頭❻為知客❼，賢真牧❽為維那❾，華侄為副寺❿，用侄⓫為監寺⓬，皆是有德業⓭者。用侄尋常廉約，不點常住油。華侄因戲之曰：『異時做長老，須是鼻孔端正始得，豈可以此為得耶？』用侄不對。用侄處己雖儉，與人甚豐，接納四來，略無倦色。高庵一日見之曰：『監寺用心固難得，更須照管常住，勿令疏失。』用侄曰：『在某失為小過，在和尚尊賢待士，海納山容⓮，不問細微，誠為大德。』高庵笑而已。故叢林有用大碗⓯之稱。」（〈逸事〉）

【章　旨】高庵善悟住持雲居寺時，人才濟濟一堂，俱為法門美器。其中，用禪師自奉儉約而待人豐厚，度量廣大，尤其為人所推許。

【注　釋】❶普雲圓　南康軍普雲自圓禪師，綿州雍氏子。他曾經向高庵請益，後為雲居善悟之法嗣，屬南嶽下十六世。❷首座　處住持長老之下，眾僧之首，有表率叢林、領眾坐禪、分座說法等職責。❸一材僧為書記　一材僧，不詳所指。書記，僧職，掌書信文翰。❹白楊順　撫州白楊法順禪師，綿州文氏子。依止佛眼清遠，聞普說言下有省，得明大法，遂承法嗣。參見《五燈會元》卷二〇。❺藏主　佛寺執掌經卷圖書之僧職，又稱知藏、經藏堂主，是禪寺西序六頭首之一。❻通烏頭　指真州北山法通禪師，長蘆清了之法嗣，屬青原下十四世。❼知客　負責接待賓客，禪寺西序六頭首之一，又稱典客。❽賢真牧　南康軍歸宗正賢禪師，潼川陳氏子，佛眼清遠之法嗣。與師商榷佛法奧義，為佛眼所稱賞，因手書「真牧」二字授之，遂以為號。參見《五燈會元》卷二〇。❾維那　在首座之下，負責管理僧眾庶務，是禪寺東序六知事之一。❿華侄為副寺　華侄，指明州天童應庵曇華，注見前。副寺，又稱知庫、庫頭，掌管錢財出納，為禪寺東序六知事之一。⓫用侄　婺州雙林德用禪師，本郡戴氏子，雲居善悟之法嗣。因雪堂與雲居善悟同出佛眼清遠之門，高出德用一輩，故稱曰侄。⓬監寺　監督、總管一寺事務　為禪寺東序六知事之一，又稱監院、院主。⓭德業　行善積德，而得福報。業，一切善惡思想行為之謂。⓮海納山容　量如大海能納百川，心似山谷能容萬物，形容能包容一切。⓯大碗　對於特別富有者或其他非常人物的俗稱。

【語　譯】雪堂道行禪師說：「高庵善悟住持雲居寺時，普雲自圓擔任首座，一材僧擔任書記，白楊法順擔任藏主，北山法通擔任知客，真牧正賢擔任維那，曇華賢侄擔任副寺，德用賢侄擔任監寺，他們都是佛門有道德而得福報的高僧。德用賢侄平時自奉儉約廉潔，他自己點燈不用寺院公家的油。曇華賢侄與他開玩笑說：『以後當上長老，必須要鼻孔端正才是究竟，像這樣一味節省，有甚麼大用呢？』德用賢侄當時沒有回答。德用對待自己雖然十分節儉，對於他人卻給予甚為豐厚。他接待四方來人，毫無厭倦之色。高庵善悟有一天遇見他時說：『你的用心固然難能可貴，但是更應該照管好寺院財產，不要疏失了職責才對。』德用賢侄回答：『對於我而言，接引四方來人用度過於豐厚只是小的過失。對於和尚而言，師父您尊賢重士，像山川大海一樣容納一切，不計較細微之物，這的確是您宏大的德化啊！』高庵善悟聽後，一笑而已。所以在禪林之中，德用有『大碗』的稱呼。」

雪堂曰：「學者不知道之所向，則尋師友以參扣❶之。善知識❷不可以道之獨化，故假學者贊祐之❸。是以主招提❹有道德之師，而成法社必有賢智之衲子，是為虎嘯風冽、龍驤雲起❺。昔江西馬祖❻，因百丈❼、南泉❽而顯其大機大用❾；南嶽石頭❿，得藥山⓫、天皇⓬而著其大智大能。所以千載一合，論說無疑，翼然若鴻毛之遇風，沛乎似巨魚之縱壑⓭，皆自然之勢也。遂致建叢林功勳，增佛祖光耀，先師住龍門⓮，一夕謂予曰：『我無德業，不能浩歸湖海衲子，終愧老東山⓯也。』言畢潸然。予嘗思之，今為人師法者，與古人相去倍萬矣。」〈與竹庵書〉

【章旨】寺院長老必得僧眾輔佐贊助，才能形成虎嘯風生、龍起雲從之勢，從而建立禪林功動，增添佛祖光耀。

【注釋】❶參扣　同參；叩問；請益。❷善知識　指佛門中能引導、幫助信眾修習佛法的良師益友，此指寺院之住持長老。❸假學者贊祐之　藉助學禪僧徒之力以輔佐之。假，假藉。祐，助。❹招提　指十方叢林寺院，通常為大型寺院。❺虎嘯風洌龍驤雲起　古人認為虎嘯則生風，龍起則生雲，用以比喻同類事物或人才相互感應。洌，冷。驤，昂首飛升。《易・乾卦》云：「同聲相應，同氣相求。……雲從龍，風從虎。」❻江西馬祖　道一禪師，漢州什邡（今屬四川）人。初習禪於衡山，六祖慧能之高徒懷讓以磨磚不能成鏡啟發之，因而大悟，師事懷讓十年。後住鍾陵（今江西南昌附近）開元寺，四方學禪者雲集門下。因俗姓馬，故稱馬祖，又稱江西馬祖。❼百丈　指百丈懷海。懷海出家後，曾赴江西師事馬祖道一，隨侍六年，得承法嗣。他在江西大雄山（百丈山）傳禪，創立禪院制度，人稱百丈禪師。所訂之《禪門規式》，人稱「百丈清規」。❽南泉　指南泉普願。普願，俗姓王，新鄭人。少年出家，嗣法於馬祖道一。唐貞元十一年至池陽南泉山潛修，三十餘年足不下山，耕牧自給。後應請傳法，學徒雲集。人稱南泉禪師。❾大機大用　禪門宗師以非常之手段啟發學者證悟佛法，謂之機用。❿南嶽石頭　指石頭希遷。希遷，端州高要（今屬廣東）人，俗姓陳。初往曹溪參慧能，後師事青原行思，超悟絕倫。天寶初至南嶽衡山南寺，寺東有石如臺，希遷結庵其上，人稱石頭和尚。他與江西馬祖道一並稱為當時兩大禪匠。⓫藥山　指藥山惟儼。惟儼，俗姓韓，絳州人。十七歲出家，初參石頭希遷，得承衣缽。又謁馬祖道一，侍奉三年，復歸石頭處鍾煉。後往澧州藥山弘法，禪風大振。朗州刺史李翺曾入山參謁，有詩贊詠。卒謚弘道大師。⓬天皇　指天皇道悟。道悟，俗姓張，東陽人。參謁石頭希遷，始悟心源，得承法嗣。出居荊州天皇寺，弘揚石頭之道法，因稱天皇道悟。⓭千載一合四句　意謂千年難得之際會，師徒上下議論辨說皆深信不疑，有如鴻毛順風而飛翔於天空，又如巨魚趁勢而縱游於大川。翼，飛。沛，迅疾自得之貌。《文選》卷四七載王褒〈聖主得賢臣頌〉云：「千載一會，論說無疑，翼乎如鴻毛遇順風，沛乎若巨魚縱大壑。」王褒用以形容君臣際遇，雪堂移用以形容師徒相合之勢。⓮先師住龍門　指佛眼清遠住舒州龍門寺時。《南宋元明禪林僧寶傳》卷四云：「（道）行居薦福，謂眾曰：「我佛眼老人住龍門時，龍象滿席，尚自潸然太息，以為終愧老東山也。今山僧復愧老人倍倍耳。其流涕太息，可勝道哉！」與此意同，可互參。⓯老東山　東山老人，指五祖法演。法演住湖北黃梅五祖寺弘法，五祖寺即弘忍傳道處，俗稱東山，故名。

【語譯】雪堂道行禪師說：「學禪者不知佛法的旨歸，就要尋找高僧大德作為師友以叩問請益之。高僧大德亦不可以獨自一身去弘揚佛道，因而必得藉助學禪僧眾之力以輔佐贊助之。所以禪林若是有道高僧主持寺院，結為法社，其中必有賢善智慧僧徒的參與。這就是虎嘯則清風生，龍飛則陣雲起的意思。從前江西馬祖道一大師，因為有了百丈懷海、南泉普願等弟子方能顯示出他的大機大用；南嶽石頭希遷大師，因為有了藥山惟儼、天皇道悟等弟子方能表現出他的大智大能。所以千載一逢的師徒遇合，上下之間議論辨說毫無猜疑，就好像鴻毛隨風在空中自在的飛翔，又好像巨魚在大川之中隨意縱游，這些都是自然形成的局勢。於是他們也就建立了禪林非凡的功績，增添了佛門祖師的光輝。先師佛眼清遠住持舒州龍門寺時，有一天傍晚對我說道：『我沒有建立起德化業績，不能使天下僧眾如同江河流向湖海一樣皈依佛門，想起五祖法演老人，終究感覺慚愧啊！』他說畢之後，淚水便紛紛落下。我曾經想過，今天主持弘法的禪師，與古人相比真是相差萬倍之遠了。」

雪堂曰：「予在龍門時，靈源住太平❶，有司以非意擾之❷。靈源與先師❸書曰：『直可以行道，殆不可為；枉可以住持，誠非我志❹。不如放意於千巖萬壑之間，日飽蔬粟❺，以遂餘生。復何惓惓❻乎？』」

不徇浹❼間，有黃龍之命❽，乃乘興歸江西。」（《聰首座記聞》）

【章　旨】寺院住持應該正道直行，不可為權勢所屈而枉道求安，在這方面靈源惟清堪為表率。

【注　釋】❶靈源住太平　靈源惟清住持舒州太平寺。《禪林僧寶傳》卷三〇載云：「淮南使者朱京世昌請住舒州太平，乃赴，衲子爭趨之。」事當在此時。❷有司以非意擾之　有關職司衙門無故尋釁，干擾寺院寺務。有司，指衙門官員。❸先師　指晦堂祖心。❹枉可以住持二句　行邪曲之道，則可為長老，然而與我之素志不合。枉，邪曲不正，與直相反。《論語・微子》：「直道而事人，焉往而不三黜？枉道而事人，何必去父母之邦？」❺蒭粟　野草與小米。蒭，草，同「芻」。❻惓惓　心中煩悶，不能釋懷。❼徇浹　十日左右。浹，周；滿。❽黃龍之命　接替其師晦堂祖心，繼任江西黃龍寺住持。

【語　譯】雪堂道行禪師說：「我在龍門寺時，靈源惟清住持舒州太平寺。遇上有關衙門官員無故尋釁，干擾寺內事務，靈源惟清因此在給師父晦堂祖心的信中寫道：『要行佛法則必須持身正直不苟，然而當今又不能這樣做；要是枉曲偏邪就可以作寺院長老，然而這又的確不符合我的素志。不如放情縱意於千山萬壑之間，每天以粟米野草填飽肚子，以此度過有生之年。又何必要憂思煩悶、不能釋然呢？』過了十天左右，就來了要他繼承黃龍祖席的任命，他便乘興前往江西去了。」

雪堂曰：「靈源好比類❶衲子曰：古人有言，譬為土木偶人❷相似。

為木偶人，耳鼻先欲大，口目先欲小。人或非之，耳鼻大可以小，口目小可以大。為土偶人，耳鼻先欲小，口目先欲大。人或非之，耳鼻小可以大，口目大可以小。夫此言雖小，可以喻大矣。學者臨事，取捨不厭三思❸，可以為忠厚之人也。」（《記聞》）

【章　旨】禪者臨事，取捨之間不失機敏，還須三思而行，不可草率孟浪，以免造成難以補救的局面。

【注　釋】❶比類　打比方；譬如。❷土木偶人　泥塑木刻的人像，即土偶、木偶。❸三思　反覆考慮，三思而行。《論語・公冶長》：「季文子三思而後行。」

【語　譯】雪堂道行禪師說：「靈源惟清喜歡向僧眾打比方，他曾引用古人的話說，譬如用泥土或木頭做成人像一樣。用木頭做人像時，耳朵鼻梁先要做大些，眼孔口腔先要做小些。如果有人不滿初造的像，就把初時略大的耳朵鼻梁削減使它變小，眼孔口腔則開鑿使它變大。用泥土做成人像時，耳朵鼻梁先要做小些，口腔眼孔先要做大些。如果有人不滿初造的像，就把初時略小的耳朵鼻梁增補泥土使它變大，口腔眼孔則填充泥土使之變小。此話說的雖是小事，但可以比喻大事。學禪者臨事之際，或取或捨若能慎重思考，三思而行，就可以成為忠厚之人了。」

雪堂曰：「萬庵❶送高庵過天台❷，回謂予言：有德貫首座❸隱景星巖三十載，影不出山。有龍學耿公❹為郡，特以瑞巖迎之。貫辭以偈曰：『三十年來獨掩關，使符❺那得到青山？休將瑣末人間事，換我一生林下閒。』使命再至，終不就。耿公嘆曰：『今日隱山❻之流也。』萬庵曰：彼有老宿能記其語者，乃曰：『不體道本，沒溺死生❼；觸境生心，隨情動念；狼心狐意，諂行誑人❽；附勢阿容，狗名苟利❾；乖真逐妄，背覺合塵❿；林下道人終不為也。』予曰：『貫亦僧中間氣⓫也。』」（《逸事》）

【章　旨】有道高僧體悟道本，寧願隱跡山林真修實證，也不願阿容附勢，追逐世俗的名利。

【注　釋】❶萬庵　江州東林萬庵道顏禪師，潼川人，姓鮮于，初參圓悟，後至徑山依大慧宗杲，言下大悟，遂為嗣法弟子。他曾住薦福、報恩、白楊等寺，晚年住持江州東林寺。萬庵，一作卍庵。❷送高庵過天台　據載：圓悟歸蜀後，高庵善悟復為雲居寺住持。不久因靖康兵亂，乃避地天台，寓居韶國師庵。見《僧寶正續傳》卷四。❸有德貫首座　不詳。一說即佛眼清遠之弟子世奇首座。世奇為成都人，屬南嶽下十五世。佛眼命他分座說法，他辭云：「此非細事，如金針刺眼，毫髮若差，眼則破矣。願生生居學地，而自鍛煉。」佛眼贈偈讚美云：「有道只因頻退步，謙和元自慣回光。不知已在青雲上，猶更將身入眾藏。」後隱居景星巖。見《禪林寶訓筆說》。又有曇貫禪師，永嘉人，南嶽下十六世。四明太守命他住持雪竇寺，他辭之以偈曰：「鬧籃方喜得抽頭，退鼓而今打未休。莫把乳峰千丈雪，重來換我一雙眸。」所答與此類似。見《五燈會元》卷十八。❹龍學耿公　耿延禧，開封人，曾以龍圖閣直學士出知州府，疑指此人。龍學，龍圖閣學士之略稱。❺使符　指郡守知州發送的文書。漢代刺史稱使君，後世以指州郡長官，符指公文，故云。❻隱山　潭州龍山和尚，隱於深山中。據載：洞山良价行山間，見溪水中飄有菜葉，乃沿溪撥草而行，五七里後，忽見師羸形異貌，便問訊云云。洞山良价辭別後，師乃述偈曰：「三間茅屋從來住，一道神光萬境閑。莫把是非來辨我，浮生穿鑿不相關。」師因燒原所結草庵，更入深山，後人號為隱山和尚。見《五燈會元》卷三。❼不體道本二句　不能體悟佛法之根本，沉淪於生死輪迴之中，未得超越世俗。道本，指佛法之要義。死生，即生死海。佛教以眾生輪迴於六道中，生生死死如在大海，故喻為生死海。❽諂行誑人　用虛假怪異之行以欺騙於人。諂，疑。《荀子・性惡》：「其言也諂，其行也悖……是小人之智也。」❾附勢阿容二句　依附權勢，諂媚取悅於人，捨死以求名，苟且以求利。阿容，阿諛以取容。狥名，捨身為名。狥，「殉」之借字。❿乖真逐妄二句　違背佛法真諦，追求世俗虛妄。真如真實，本覺妙心，皆指佛法。不淨曰塵，不實曰妄，皆指世俗。⓫間氣　謂傑出之人才。

【語譯】雪堂道行禪師說：「萬庵道顏送高庵善悟往天台，回來之後曾對我說道：有一位名叫德貫的高僧在景星巖修行長達三十年，從來未曾出山。龍圖閣學士耿公來任州郡長官，特地禮請德貫出為瑞巖寺住持，德貫寫了一首偈頌推辭這件任命，偈曰：『三十年來我獨自在深山閉關修煉，郡守的公文書函怎麼送到了面前？請不要將人間瑣細的俗務，換去我一生山間林下的自在清閑。』耿公第二次派使者前來敦請，德貫終究還是不肯到任。耿公感歎說：『他是當今隱山和尚之流的人物！』萬庵道顏又說：那裏有一位老年僧人記得德貫的話，他曾經說道：『不體悟佛法的根本意旨，沉溺在生死輪迴的世俗中不能自拔；感應外在境遇而生心，隨著情慾而動念；懷著狼狠之心、狐媚之意，行為虛假，誑騙他人；趨附權勢，阿諛奉承，捨死邀名，苟且求利；乖離佛法真如之本性，迎合塵俗之虛妄，棲住山林的佛門弟子終究不會那樣去做的。』我聽後說：『德貫算得上佛門傑出不群的僧人了。』」

【校　注】「有道只因頻退步，謙和元自慣回光。不知已在青雲上，猶更將身入眾藏。」還是一樣的話。退步，回光，自生滅之粗處，迴向生滅之細處。青雲入眾藏，不是「隨流」，又會是啥呢？

「鬧籃方喜得抽頭，退鼓而今打未休。莫把乳峰千丈雪，重來換我一雙眸。」前兩句等於是回應佛眼讚美的退步回光。這位世奇首座的意思是說，不要啦不要啦，我要在一場熱鬧裏面抽身都來不及呢？重點在後面兩句。一切光景，再迷人再壯闊再美麗，即使它確曾有力地吸引著從前的我，但我今日已非從前的我，我今日不會再作一次這樣的戇事情了。「乳峰千丈雪」，山河風景不盡。「一雙眸」，清淨見處。

「三間茅屋從來住，一道神光萬境閑。莫把是非來辨我，浮生穿鑿不相關。」「三間茅屋」，山河，貪瞋癡。「一道神光」，眼睛，自己法王。祖師傳語：「見自己法王者，得解脫。」「是非」，淺識分別計量。「浮生穿鑿」，五蘊鈍相粗用如浮雲自體相。這首禪詩的受用，在於善悟「萬境閑」與「浮生穿鑿」有甚同與不同。一真一切真，萬境自如如——「萬境閑」——「隨流」了也！輾轉思惟，測於佛智——「浮生穿鑿」，來者不知所拒，去者不知所追，面對個體生命之生老病死，永遠只有瞠目結舌，生滅不能寂滅，生生不能不生，能夠使別的國家生出大火，不能在自己身中業緣糾結處生出大火。「般若如大火聚，四面不可觸。」這是龍樹菩薩的話。

雪堂生富貴之室❶，無驕倨❷之態，處躬節儉，雅不事物❸。住烏巨山，衲子有獻鐵鏡者，雪堂曰：「溪流清泚❹，毛髮可鑑，蓄此何為？」終卻之。（〈行實〉）

【章旨】雪堂道行雖然出生於富貴之家，卻處身節儉，無驕縱之態。

【注釋】❶雪堂生富貴之室　雪堂道行禪師，俗姓葉氏，其父仲諶，歷任高官，故云。《嘉泰普燈錄》卷十六云：「父仲諶，仕二千石。」❷驕倨　驕縱傲慢。倨，驕傲。❸雅不事物　從不經營外物，不貪圖外物之享受。雅，素；一向。事，經營；以之為事。❹清泚　清澈。泚，水清。

【語譯】雪堂道行出生在富貴人家，然而他出家之後，從來沒有顯露驕傲自負的態度。他對待自身很是節儉，從不追求世間物事的享受。在烏巨山寺院時，有個僧人將一面鐵鏡獻上給他，雪堂道行說：「山間溪水清澈，可以照見自己的毛髮，要這面鏡子有何用處？」他最終還是拒而不受這件物品。

雪堂仁慈忠恕，尊賢敬能，戲笑俚言❶，罕出其口。無峻阻❷，不暴怒。至於去就之際，極為介潔❸。嘗曰：古人學道，于外物淡然，無所嗜好，以至忘勢位，去聲色，似不勉而能。今之學者做盡伎倆❹，終不奈何。其故何哉？志不堅，事不一，把作匹似閑❺耳。（〈行實〉）

【章旨】古人學道，能夠淡泊外物，忘懷勢利，摒棄聲色。今人因為心思不誠、志向不堅，因而不能達到此種境界。

【注釋】❶俚言　此指鄙俗之言。❷峻阻　山勢高峻，令人難以攀登，比喻對待後學態度嚴厲，使人望而生畏，不敢依止請益。❸去就之際極為介潔　意謂對於榮名物利之取捨，堅持耿介高尚之節操，從不苟且妄為。介潔，高潔。❹做盡伎倆　做出各色姿態，使出各種巧偽手段。❺匹似閑　無所謂；不要緊。

【語譯】雪堂道行禪師為人忠誠，待人寬厚，尊重賢德之人，禮遇才能之士。調笑戲謔之辭，下流猥俗之言，很少從他口中講出。平日從不擺出孤高峻厲的顏色，也從不暴怒以待人。至於面對榮名物利取捨去就之際，表現極為耿介廉潔。他曾經說：「古人學道，對於身外之物淡泊無欲，沒有貪愛、嗜好。以至於忘懷權勢地位，遠離聲色享受，這些似乎並非勉強所致，而是自然如此。當今學道之人做出形形色色的表現，終究不能達到古人的境界，又是為甚麼呢？這是由於今人志向不堅定，遇事動搖不定，將求取佛道、修煉身心當作無關緊要之事的緣故。」

雪堂曰：「死心住雲巖❶，室中好怒罵❷，衲子皆望崖而退。方侍者❸曰：『夫為善知識，行佛祖之道，號令人天❹，當視學者如赤子。今不能施慘怛之憂❺，垂撫循之恩❻，用中和之教❼，奈何如仇讎❽，見則詬罵，豈善知識用心乎？』死心拽拄杖趁之❾，曰：『爾見解如此，他日諂奉勢位❿，苟媚權豪，賤賣佛法，欺罔聾俗⓫定矣。予不忍，故以重言激之，安有他哉？欲其知恥改過，懷慕不忘⓬，異日做好人耳。』

（〈聽首座記聞〉）

【章　旨】先輩禪師無論以怒罵為激勵，或以中和之教相誘導，皆為培育後學高尚的人品，只是天機手段不同而已。

【注　釋】❶雲巖　寺名。死心曾兩度出任潭州雲巖寺住持，在此傳法訓徒。❷室中好怒罵　死心禪師好罵人，聞名於禪林。據載：有人問：「如何是黃龍接人句？」他答道：「開口要罵人。」故佛眼清遠嘗評曰：「（死心）以罵風罵雨為訓徒，以種菜種蔬為作務。興災降禍，少喜多嗔。愚人見其攢眉，智者點頭相許。」見《古尊宿語錄》卷二九。❸方侍者　指吉州禾山惠方禪師，死心之弟子，屬南嶽下十四世。❹號令人天　佛又號天人師，故云。❺施慘怛之憂　以慈悲之念，惻隱之心，施於天下之眾生。慘怛之憂，此指父母念及子女痛楚，而生憂思也。《史記・屈原賈生列傳》：「疾痛慘怛，未嘗不呼父母也。」❻垂撫循之恩　如同父母垂撫養之恩於子女。撫循，安養；撫育。❼中和之教　以溫潤態度循循善誘，使之自然接受教化。《中庸》云：「喜怒哀樂之未發，謂之中；發而皆中節，謂之和。中也者，天下之大本也。和也者，天下之達道也。致中和，天地位焉，萬物育焉。」❽仇讎　仇人；對頭。讎，仇敵。❾拽拄杖趁之　拖著所拄手杖追著要打方侍者。趁，追趕。❿諂奉勢位　諂媚權貴，阿附勢要。⓫欺罔聾俗　欺侮、蒙騙世間愚昧眾生。聾俗，愚昧之世間眾生。⓬懷慕不忘　懷念佛法，永記在心。懷慕，思慕；愛慕。

【語　譯】雪堂道行禪師說：「死心悟新住持潭州雲巖寺時，喜歡怒斥、責罵入室請益的弟子，後學僧人因此都望之若險崖，心生畏懼而不敢見他。惠方侍者於是對死心禪師說：『作為禪門長老，宣傳佛祖之道，教化天下眾生，應當視後輩參學為親生孩子一般。如今老師不能將惻隱慈悲之心施於他們身上，不能像父母一樣降撫育之恩於子女，不能用和緩溫潤的態度誘導他們，為甚麼要對待他們如同仇人一樣，看見了便斥責怒罵，這難道是高僧大德應有的用心嗎？』死心禪師聽後，當時拖著手杖追著要打惠方侍者，一邊說道：『就是像你這樣的見解，將來才會發生諂媚權勢、趨附當局，將無上佛法賤賣於人，欺侮蒙騙世間百姓，這是肯定無疑的了。我不忍心看到這種局面，所以用嚴厲責罵之辭激勵前來參學的僧徒，難道還有別的用心嗎？不過是想讓他們知道羞恥，改正過錯，懷慕佛法，永記不忘，將來做個好人罷了。』」

死心悟新禪師

【題解】悟新禪師（西元一〇四四～一一一五年），廣東韶州曲江人，俗姓黃（一作王）。他二十八歲出家，遊方參學，初喜談禪林公案。曾拜謁晦堂祖心，祖心指示他說：「一塵飛而翳天，一芥墮而覆地。安樂處政忌上座許多骨董，直須死卻無量劫來全心乃可耳。」悟新受啟發而大悟，於是自號死心叟，所居曰死心堂。他曾經住持於潭州雲巖、洪州翠巖諸寺，政和元年移居黃龍寺。屬南嶽下十三世。

悟新乃佛門狂狷之士，他禪風峻厲，好罵人。有僧人問：「如何是黃龍接人句？」他回答道：「開口要罵人。」《雲臥紀譚》（上）載龍牙才獻偈云：「空腹高心，罵佛罵人。名傳天下，越古超今。」因為他這種奇特的接引手段，靈源惟清視他為「法門畏友」，黃山谷認他是「禪林奇秀」（參見《石門文字禪》卷十九）。他去世後，佛眼清遠評價說：『死心心已死，心死死由生。拗折黃龍角，翻身臥地行。』者老子從來翻著襴衫，倒攜席帽。口頭粗糙，肚裏柔和。點檢叢林，呵叱學者。雖傳晦堂道，愛用雲門禪。以罵風罵雨為訓徒，以種菜種蔬為作務。興災降禍，少喜多嗔。愚人見即攢眉，智者點頭相許。」他的風範，藉著這段話可以想見彷彿。

悟新禪師之好罵，並非故作怪誕，而是針對當時禪林日益嚴重的弊病而發的。大抵禪門自從五家七派之後，儘管不乏優秀禪師提倡正法，真修實證，然而空虛、頹靡之風日益彌漫禪林。重在生命體悟之般若智慧化為口舌之爭，佛門清淨修煉之地成了勢利角逐場。悟新禪師之好罵，便是對此頹風痼弊的大聲抗爭。

有《死心悟新禪師語錄》一卷（見《黃龍四家語錄》）。其法語及生平事蹟，見《五燈會元》（卷十七）、《佛祖歷代通載》（卷十九）等。

【校　注】「一塵飛而翳天，一芥墮而覆地。安樂處政忌上座許多骨董，直須死卻無量劫來全心乃可耳。」「一塵飛而翳天，一芥墮而覆地。」大禪師將要離開了，小禪師請問有甚麼更深更密的沒有？大禪師沒說有，沒說沒有，只是更重要地宣稱了那些其實都非關鍵所在。任何一位徹悟的成就者，過程之中，定有許多內在行相，這是否比諸經論而言，是真實證得的更深更密？沒有說是，也沒有說不是，因為它們既非是也非不是，但大禪師正面的說法是：那些你心目中更深更密的東西，是以某一修行者的正修因緣而現起的，當亦隨他正果因緣而滅，天下間有這麼多正修因緣現起的內在事物，就像空中塵粒、地上芥種一般，在寂滅法海裏面，一塵一芥的成就，不能譭謗它不是成就，但如果抱緊了它，反而就會障礙以後繼起的成就。「一塵飛而翳天」，翳得了幾多浩浩之天？「一芥墮而覆地」，覆蓋得了幾多浩浩之地？「安樂處政忌上座許多骨董。」這裏，祖心禪師提出大法正因緣的普遍所在：「安樂中」。據說，英國人非常重視智慧，但他都不這樣提，他會輕輕說一下：這人很有「幽默感」，這就代表他說你具有智慧了。禪宗當然重視寂滅，因為，生滅寂滅，即名涅槃，就佛法就禪宗而言，涅槃和生死根本兩回事，生滅寂滅，這個人活得好好的壯壯的，他還是涅槃了，而生滅不寂滅，這個人即使死上若干次，他還是不曾涅槃。祖心禪師提個「安樂處」，即是輕輕舒服不具壓迫感地說及禪宗寂滅內行，不恰當的比方，就像英國人說你很幽默。禪師正面而樸實，請你但寬心，寂滅現前，不是一次了結的，但它卻會讓你有所知悉——若你不犯錯不成天外慕那些「骨董」的話。「政忌上座許多骨董」，政就是正，恰恰正差在於：上座閣下心目外慕的，好些這位佛祖那位尊宿的，那些塵翳天芥覆地的，更深更密的，了不起但愛不得的「成品」。「空腹高心，罵佛罵人。名傳天下，越古超今。」了不起的「空腹」！空腹是甚麼？那就是禪宗臨濟黃蘗和尚的無上法訣：「總總一個無心」。空腹定然「高心」，為甚麼呢？總總一個無心，聖諦尚且不為，豈不「高心」？果真空腹，面對大眾時，大眾有佛，對面就要罵佛，大眾有人，對面就要罵人，臨濟傳語：「龍泉用了急須磨」，也不是一逕兒罵就足！因此說不定一千人等彼岸直航，就會「名傳天下」了。晦堂沒有黃蘗古，黃蘗沒有達摩古，達摩豈有迦葉古，豈有釋迦古呢？今天，說到底，還是釋迦最新、最現前了。「死心心已死，心死死由生。拗折黃龍角，翻身臥地行。」真心生處，幻心寂滅。「心死」，指幻心寂滅，幻心不會無故寂滅，幻心寂滅，是因為幻心的空性現前，幻心空性現前，即是真心生處。「死由生」，不要起文字煩惱，幻心寂滅說為「死」，這個「由」，如同由於或者基於或者因為，——由於煩惱中之清淨空性現前，幻心即時寂滅。「拗折黃龍角」，透過、撥棄一切塵翳天芥覆地的種種。「翻身臥地行」，一個活著的我如夢醒轉，透塵而掃芥，從此「身」「地」兩親依，——亦是另一方式表達了心法雙立，而其中絕無一絲可間可蒙可昧。「翻身臥地」，好個禪門新唱！「行」，普賢王即是行。

死心新和尚曰：「秀圓通❶嘗言，自不能正而欲正他人者❷，謂之失德；自不能恭而欲恭他人者，謂之悖禮。夫為善知識，失德悖禮，將何以垂範❸後乎？」（〈與靈源書〉）

【章　旨】寺院長老倘若自己的行為失德悖禮，就不能為人師表，垂範後學。

【注　釋】❶秀圓通　東京法雲寺法秀禪師，秦州隴城辛氏子。參謁天衣義懷，得承法嗣。朝廷詔住長蘆法雲為鼻祖，曾入皇宮說法，賜號圓通。參見《五燈會元》卷十六。❷自不能正句　孔子曰：「其身正，不令而行；其身不正，雖令不從。」見《新序・雜事四》。❸垂範　為下級、後輩作出榜樣，留下法則。範，典範。

【語　譯】死心悟新和尚說：「圓通法秀曾經說過，自己不能做到行為端正，而要別人行為端正，這就叫做喪失道德；自己不能身心恭敬，而想要使別人身心恭敬，這就叫做違背禮法。作為寺院長老而喪失道德、違背禮法，又怎麼能為後輩學者樹立楷模呢？」

死心謂陳瑩中❶曰：「欲求大道，先正其心。少有忿懥❷，則不得其正。少有嗜欲，亦不得其正❸。然自非聖賢應世❹，安得無愛惡喜怒，直須不置之於前，以害其正，是為得矣。」（《廣錄》）

【章　旨】學者欲求佛法，應當努力克服恚怒之心、嗜慾之心，將個人的喜怒哀樂置之於後，否則有害正直的本性。

【注　釋】❶陳瑩中　名瓘，南劍州沙縣人，字瑩中，號了翁，又號華嚴居士。他立朝骨鯁剛正，有古人之風。為諫官時，極言蔡京不可用，屢遭竄逐，宣和六年卒於楚州，諡忠肅。❷少有忿懥　謂內心稍有忿怒之憤。懥，憤怒。《大學》：「身有所忿懥，則不得其正。」❸少有嗜欲二句　謂內心為外物所誘惑，有所欲求，其心亦失其正。《大學》：「有所好樂，則不得其正。」❹應世　指佛、菩薩應眾生之緣，化身顯現於世間。

【語譯】死心悟新禪師對陳瑩中說：「要想求得佛法妙道，先要端正自己的心念，若要稍涉憤怒，心念就不能端正。若是對於外物稍有貪戀，難以棄捨，也不能做到心念端正。然而若非聖賢出世，怎麼能沒有愛戀、憎惡、喜怒、哀樂呢？只要將這些置諸腦後，勿使妨害心念的端正，這就可以了。」

死心曰：「節儉放下，最為入道捷徑❶。多見學者心憤憤、口悱悱❷。孰不欲繼踵古人❸，及觀其放下節儉，萬中無一。恰似世俗之家子弟不肯讀書，要做官人，雖三尺孺子❹，知其必不能為也。」（《廣錄》）

【章旨】奉佛學禪者應該自奉簡易，放下一切世俗的心念與欲望，否則必不能有所成就。

【注釋】❶節儉放下二句　意謂自奉節儉，捨棄一切世俗物慾，最是獲得佛法之捷徑。放下，指放棄、捨去世俗的觀念與欲望。佛經載佛語外道云：「我教你放下內六根、外六塵、中六識，並且放下的亦須放下。」放下之意本此。❷心憤憤口悱悱　形容有心求道意猶未通，口若有言而未能說出，是信眾問道之表情。憤憤，心求通而未得。悱悱，口欲言而未能。《論語．述而》：「不憤不啟，不悱不發。」❸繼踵古人　效法古之高僧，悟得佛法，成就佛果。繼踵，繼其足跡。❹三尺孺子　年幼之童子。孺子，兒童。

【語　譯】死心悟新禪師說：「生活儉約淳樸，放下一切世俗欲念，最是修煉佛道的入門捷徑。常見學禪者求師問道，思想未通，欲言又止，誠意形於顏色。學禪奉佛者誰不想追步古人，可是考察其中能夠將世俗欲望嗜好一切放下、以節儉淳樸自處者，萬人之中一個也沒有。這就好像世俗人家的子弟，平時不肯好好讀書，卻想入仕做官一樣。即使是三尺高的孩童也知道這是不可能的事情。」

死心謂湛堂❶曰：「學者有才識、忠信、節義者上也。其才雖不高，謹而有量❷者次也。其或懷邪觀望、隨勢改易❸，此真小人也。若置之於人前，必壞叢林而汙瀆法門❹也。」（《實錄》）

【章　旨】學者有才識信義者為上，那些心懷私念、隨勢改易者乃是法門之小人。

【注　釋】❶湛堂　隆興府泐潭文準禪師，興元府梁氏子。曾為真淨克文侍者，服勤十載，所往必隨，後嗣其法。初開法雲巖，遷泐潭，號湛堂。事見《僧寶正續傳》卷二。❷謹而有量　處事嚴謹，而有氣量。❸懷邪觀望　心懷私欲，行無操守，伺機觀望，追隨勢利。《荀子・不苟》云：「言無常信，行無常貞，唯利所在，無所不傾，若是則可謂小人矣。」❹壞叢林而汙瀆法門　敗壞禪林風氣，褻瀆佛門清規。瀆，輕慢；不敬。

【語　譯】死心悟新禪師對湛堂文準說：「學禪者中具有才華見識、講究忠信節義者，這是上等的了。其中雖然才識不高，然而立身處事嚴謹不苟並且有度量者，是稍次等了。至於那些心思偏邪、伺察顏色、隨風轉向、依附權勢者，這些是真正的小人。若是將這些人提拔安置在高位之上，是一定會污染佛門風氣、敗壞禪林清規的。」

死心謂草堂❶曰：「凡住持之職，發言行事要在誠信❷。言誠而信，所感必深。言不誠信，所感必淺。不誠之言，不信之事，雖平居庶俗❸猶不忍行，恐見欺于鄉黨❹。況為叢林主，代佛祖宣化，發言行事，苟無誠信，則湖海衲子孰相從焉？」（《黃龍實錄》）

【章　旨】寺院住持長老發言行事必須誠實守信，否則不會得到僧眾的信任和歸依。

【注　釋】❶草堂　善清禪師，號草堂，黃龍晦堂祖心門下得法，輔佐死心悟新達二十年。❷誠信　誠實、守信用。《六韜·文韜·上賢》：「取誠信，去詐偽。」❸庶俗　平民；世俗百姓。❹恐見欺于鄉黨　恐怕不見信於鄉親鄰居。鄉黨，指所居之鄉里。《周禮》以百家為族，五族為黨，五黨為州，五州為鄉，故云。

【語　譯】死心悟新禪師對草堂善清說：「凡是任寺院住持長老者，無論講話做事都應該誠實守信。發言誠實，講究信用，對人的感動必深。發言虛偽，不講信用，對人的感動必定浮淺。不誠懇的言談、不講信用的行為，連普通世俗百姓也不忍心去做，恐怕不見信於鄉里鄰居。況且身為寺院住持長老，代表佛祖宣傳教化，如果發言行事不講誠實信義，那麼五湖四海的僧眾誰肯前來相隨呢？」

死心曰：「求利者不可與道，求道者不可與利❶。古人非不能兼之，蓋其勢不可也。使利與道兼行，則商賈屠沽、閭閻負販❷之徒，皆能求之矣。何必古人棄富貴、忘功名，灰心泯智❸于空山大澤之中，澗飲木食而終其身哉！必謂利與道行之不相違礙，譬如捧漏巵而灌焦釜❹，則莫能濟矣。」（〈與韓子蒼書〉）

【章旨】佛法妙道與世俗財利不可兼得。求佛法者同時求物利，必不能有所成就。

【注釋】❶求利者不可與道二句　求財利者不可同時求得佛法，求佛法者不可同時追求財利，二者不可得兼。與，偕；及。❷商賈屠沽閭閻負販　泛指坐商行商、屠戶酒家、肩荷背負販運以謀利者。閭閻，里巷之門，代指民間。❸灰心泯智　指摒除世俗之智，專心修行，凝神靜慮，心神不為外界所動。灰心，心如死灰。泯，消滅。❹捧漏巵而灌焦釜　意謂以破漏酒巵之餘水而澆入已燒焦的鍋中，是無濟於事也。漏巵，有漏之酒器。《史記・田敬仲完世家》：「且救趙之務，宜若奉漏甕沃焦釜也。」

【語譯】死心悟新禪師說：「追求財富者不能同時得到佛法，追求佛法者不能同時求取財利。古人並非不能同時追求二者，只是因為情勢不允許才未那樣做。若是求財利與求佛道二者可以並行不悖，那麼行商坐賈、屠戶酒家、里巷小販之輩都可以求得佛法，古人又有何必要拋棄富貴、忘懷功名、斷絕塵念、泯滅世俗之智，遁身於空山荒澤之中，飲山澗之水，採草木為食，以修煉終生呢？若是一定要說求財利與求佛道二者可以互不妨礙，就好像手捧有漏之酒卮的餘水澆入燒焦的鍋中一樣，那是無濟於事的。」

死心曰：「晦堂先師昔遊東吳，見圓照赴淨慈請❶，蘇杭道俗爭之不已❷。一曰：『此我師也，汝何奪之？』一曰：『今我師也，汝何有焉？』」（一本見《林間錄》）

【章　旨】圓照宗本之道德風範深為世人景仰，以至蘇、杭二州競相延請而起爭端，此事傳為禪林之佳話。

【注　釋】❶圓照赴淨慈請　東京慧林宗本圓照禪師，無錫管氏子，參天衣義懷，有所契悟，得承法嗣。他受義懷推舉於蘇州瑞光寺開法，門眾達五百人。又遷杭州淨慈寺。元豐五年，受神宗詔為慧林禪剎第一祖，神宗召見問道。哲宗詔賜圓照禪師。參見《五燈會元》卷十六。❷蘇杭道俗爭之不已　據載：杭州太守陳襄以承天、興教二剎請圓照宗本擇居，蘇州人遮道挽留。陳襄又以淨慈寺堅請，並諭之曰：「借師三年，為此邦植福，不敢久占。」圓照宗本赴淨慈寺後，隨從來學者又倍於瑞光時。後來蘇州人又以萬壽、龍華二剎請圓照宗本擇居之，前往迎接者千餘人，曰：「始借吾師三年，今九載矣，義當見還。」欲奪以歸蘇州。杭州太守派縣尉率兵卒保護之，乃不敢奪。見《禪林僧寶傳》卷十四。

【語　譯】死心悟新禪師說：「晦堂祖心先師曾經遊歷於東吳之地，看見圓照宗本接受杭州淨慈寺的邀請前往主持弘法。蘇州、杭州兩地的佛門信眾及世俗百姓為此而爭論不休。一方說：『圓照宗本是我們的老師，你們為何奪去？』另一方則說：『現在圓照宗本是我們的老師，與你們有何關係？』」

死心任翠巖❶，聞覺範竄逐海外❷，道過南昌。邀歸山中，迎待連日，厚禮津送❸。或謂死心喜怒不常❹，死心曰：「覺範有德衲子，鄉者極言去其圭角❺，今罹橫逆，是其素分❻。予以平日叢林道義處之。」識者謂死心無私於人，故如此。（《西山記聞》）

【章　旨】死心悟新對待德洪覺範，始則極言規勸去其圭角，當其獲罪後又厚禮相待，皆以道義處之，而無所私心。

【注　釋】❶翠巖　寺名，在江西南昌府。紹聖四年（西元一〇九七年），死心由潭州雲巖寺遷洪州翠巖寺。

❷覺範竄逐海外　石門慧洪，一名德洪，字覺範，參謁真淨克文，得承法嗣。屬南嶽下十三世。覺範博覽子史

佛經，以文才詩名轟動京師。他曾與丞相張商英、太尉郭天民交遊。張商英遭讒外謫，覺範受牽連而獲罪，政和元年（西元一一一一年）被流放至海南島之崖州。❸厚禮津送　以豐厚之禮儀接待，臨別又以財物相贈，送其上路。津送，補貼；贈送。❹或謂死心喜怒不常　有人說死心昔日不喜覺範，今日又盛情相待，是喜怒無常也。❺鄉者極言去其圭角　往昔曾經極言規勸，使他勿露圭角於外，以免禍也。鄉，同「向」，先前。圭角，指棱角、鋒芒。❻今罹橫逆二句　意謂如今遭此橫禍，是他平素不善於韜光養晦，使鋒芒外現，以致如此。罹，遭遇。

【語譯】死心悟新禪師住持江西洪州翠巖寺時，聽說覺範被放逐前往海南之崖州，途經南昌。死心於是派人邀請他來到翠巖寺，殷勤款待了好幾天，臨別時又以財物相贈，送他上路。有人便說死心之喜怒沒有一定之規，死心悟新回答說：「德洪覺範是有道德的僧人。從前我曾經極力規勸他克服鋒芒外露的習氣，如今他蒙受冤屈、遭遇橫禍，乃是他平時不韜光養晦、行為不檢點的結果。我無論往昔，還是現在，都是遵循禪林道義原則對待他的。」有識者便說死心悟新待人無私心，所以能夠如此。

死心謂草堂❶曰：「晦堂先師言人之寬厚，得於天性❷。若強之以猛，必不悠久。猛而不久，則返為小人侮慢❸。然邪正善惡，亦得于天性，皆不可移❹。惟中人之性，易上易下❺，可從而化之。」（《寶錄》）

【章　旨】人生皆有稟性，或寬厚，或勇猛，不可強力使之改變。

【注　釋】❶草堂　善清禪師，俗姓何，南雄州人。他是晦堂祖心的嗣法弟子，曾輔佐死心悟新達二十年，繼任黃龍住持，終於泐潭。見《五燈會元》卷十七。❷人之寬厚得於天性　意謂為人寬厚從容，乃天然稟受之性，非後天習學所得。寬厚，與猛烈相對。❸侮慢　輕侮；不敬。❹然邪正善惡三句　舊注云：「此亦因人而施之說也。……昔天魔以百計惱亂世尊，世尊以軟硬二種語教化之，盡皆調伏。」見《禪林寶訓順硃》。❺中人之性二句　中等資性之人，可引導使之向上，亦易染習落於下流。《論語．雍也》云：「子曰：中人以上，可以語上也；中人以下，不可以語上也。」

【語　譯】死心悟新對草堂善清說：「晦堂祖心先師曾說過，為人心胸寬厚乃是天生稟性使然。若是以猛烈的毅力裝出寬厚的態度，必然不能持久。猛烈勉強而不能長久堅持，反會被人看破而受到小人的輕忽怠慢。然而，人之極邪極正或極善極惡，也都是得於天性而一時不可改變，只有中人之習性易上易下，可以隨順受到教化的陶冶。」

草堂善清禪師

【題　解】善清禪師（西元一〇五七～一一四二年），俗姓何，南雄州保昌（今屬廣東省）人。年三十始遊方，於黃龍晦堂祖心門下得法。去遊江浙，遍叩宗匠，退歸廬山，再參真淨。又應靈源惟清之招，輔佐死心悟新垂二十年。死心去世後，他繼任黃龍寺住持。越明年，辭謝院事，結茅寺側，自號草堂。

據載善清初悟之時，晦堂便教誡說：「得道非難，弘道為難。弘道猶在己，說法為人難。既明之後，在力行之。」他既傳晦堂之道，又深受死心禪風薰陶，「聞見淹博，機辯絕倫」。他勤於接物，應對不倦，佛道造詣備受推崇。他說法於州之東山時，傾城百姓外出觀看聽法，歎為未曾有過的盛事。他在垂暮之年，還應請居曹山，遷疎山，赴泐潭，學者雲集，宗風大盛。《高僧傳》載云：「厖鴻絕特之士至自遠方者五千指，軍興之後，叢林未有若此之盛。」境況可以想見。

善清禪師頗有超越世俗的隱逸思想。每遇來客語以世俗之事，他便張目直視，厲聲說道：「老僧耳重！」他又有贈空禪師偈曰：「十年聚首龍峰寺，一悟真空萬境閑。此去隨緣且高隱，莫將名字落人間。」（見《雪堂行和尚拾遺錄》）此偈既是贈人，亦可以認為是他自抒心志之作。

《釋氏稽古錄》卷四引《雲臥紀譚》說他是南閩人，名脩仰，曾參大慧宗杲於衡陽，又侍遷梅陽云云。考宗杲被追牒流放，事在紹興十一年（西元一一四一年），此時善清禪師已入衰暮之年，無隨侍之理。所記之事，當別是一人，不足為據。

有關善清禪師的法語及生平事蹟，見《五燈會元》（卷十七），又見《僧寶正續傳》（卷五）。

草堂清和尚曰：「燎原之火，生于熒熒❶；壞山之水，漏于涓涓❷。夫水之微也，捧土可塞，及其盛也，漂木石，沒丘陵❸。火之微也，勺水可滅，及其盛也，焦都邑，燔山林❹。與夫愛溺之水❺，瞋恚之火❻，曷常❼異乎？古之人治其心也，防其念之未生、情之未起❽，所以用力甚微，收功甚大。及其情性相亂，愛惡交攻，自則傷其生，他則傷其人，殆乎危矣，不可救也。」（〈與韓子蒼書〉）

【章旨】學禪者應當在世念未生、俗情未起之時修養心性，預防貪愛、瞋恚之患，若待情性已亂、愛惡交攻，則難以挽救。

【注釋】❶燎原之火二句　星星之小火不滅，可成燎原之勢。熒熒，小火閃亮貌。《六韜・文韜・守土》：「熒熒不救，炎炎奈何？」❷壞山之水二句　堤壩小洞穴滲漏之細流若不堵塞，一旦堤防崩潰則將淹沒山嶽。壞山，當作「懷山」。《尚書・堯典》：「湯湯洪水方割，蕩蕩懷山襄陵，浩浩滔天。」語本此。❸漂木石二句　沖毀房屋，淹沒丘陵。《呂氏春秋・慎小》云「巨防容螻，將漂邑殺人」，與此意略同。❹焦都邑二句　火勢之盛，將燒毀城市與山林。《劉子・慎隙》：「寸煙泄突，致灰千室。」❺愛溺之水　愛欲如水，能淹沒人，奪人性命。❻瞋恚之火　瞋恚，三毒之一，怨恨發怒。喻之如火，能燒毀一切功德。《智度論》卷三一云：「有利益我者生貪欲，違逆我者而生瞋恚。此結使不從智生，從狂惑生，故是名為癡。三毒為一切煩惱根本。」❼曷常　何嘗。曷，何。常，通「嘗」。❽古之人治其心也二句　古人治心，在人惡念未起、性情未亂之時便預先防範。賈誼〈陳政事疏〉云：「貴絕惡於未萌，而起教於微眇，使民日遷善遠罪而不自知已。」

【語譯】草堂善清和尚說：「草原上熊熊的大火，那本是微小的火星點燃的；淹沒山丘的滔天巨浪，那是堤防上滲漏的涓涓細流造成的。當水流細微的時候，一捧黃土就可以將它堵住。然而等到它形成洪流之後，其勢就可以沖毀村莊，淹沒房屋，漂木走石，包圍丘陵。當火光星星點點的時候，一勺清水就可以將它澆滅。然而等到火勢熊熊之時，它就可以將城市鄉鎮燒成一片焦土，可以焚毀山林。這與人世愛欲之水、瞋怒之火，又有甚麼不同呢？古代聖賢治理人心，在世人欲念未起、俗情未生時便加以預防，所以費力甚微而所獲得功效卻甚大。等到世俗欲望擾亂了人的本性，內心各種情感紛紜交攻，對於自己則戕害生命，對於他人則傷及對方，此時已經非常危險，不可挽救了。」

草堂曰：「住持無他，要在審察人情，周知上下。夫人情審則中外和，上下通則百事理，此住持所以安❶也。人情不能審察，下情不能上通，上下乖戾，百事矛盾，此住持所以廢❷也。其或主者自恃聰明之資，好執偏見，不通物情，捨僉議而重己權❸，廢公論而行私惠。致使進善之途漸隘，任眾之道益微。毀其未見未聞，安其所習所蔽❹。欲其住持經大傳遠，是猶卻行而求前❺，終不可及。」(〈與山堂書〉)

【章　旨】寺院長老要弘揚佛法，必須克服偏見，重視公論，體察人情，否則難以實現經大傳遠的目標。

【注　釋】❶住持所以安　住持之道得以暢通，而無阻隔。住持，本為久住而護持佛法之意，後指寺院長老。❷住持所以廢　住持之道不能貫通，佛法失去護持，故云。❸捨僉議而重己權　捨棄僧眾之公議，而任憑一己之私心。僉，眾；皆。權，計謀；權術。❹安其所習所蔽　囿於個人之所染習，受障蔽而不知，自滿自足。蔽，蒙蔽。❺卻行而求前　兩腳向後倒退，心中卻想前行，是所求與所行正相反也。韓愈〈復志賦〉：「諒卻步以圖前兮，不寖近而愈遠。」

【語　譯】草堂善清禪師說：「住持之道沒有別的訣竅，重要的是仔細體察僧眾之情，周詳地了解上下的意見。若能體察人情就會中外和睦，上下溝通則各項事務便有條不紊，如此則住持之道便得以施行了。若是不能體察僧眾之情，下方的情緒不能上達，上下意見對立，各項事務矛盾不斷，如此則住持之道便荒廢了。還有的住持長老，自以為稟賦聰明，喜歡固執一己的偏見，不能通達物情。這種長老捨棄了僧眾的公議，只是重視自己私心的謀劃，將眾人的意見置之不顧，而推行個人的小恩小惠。這樣的結果是使進獻善言的途徑越來越窄，採納僧眾的意見將愈益困難。住持長老對於自己未見未聞之事一概排斥毀棄，對於日常濡染、受其蒙蔽之事習以為常，無所察覺。如此而想開創佛門宏大的局面，並使流傳久遠，那就好像心想前進卻兩腳向後退卻一樣，是終究不能達到目標的。」

草堂曰：「學者立身須要正當，勿使人竊議。一涉異論❶，則終身不可立矣。昔大陽平侍者❷道學為叢林推重❸，以處心不正，識者非之，遂致終身坎坷，逮死無歸❹。然豈獨學者而已，為一方主人尤宜祗畏❺。」

（〈與一書記書〉）

【章　旨】禪者應該處心端正，不可奸邪偏私，否則終身難以樹立。

【注　釋】❶異論　因行為不正，而為人非議。❷大陽平侍者　宋代曹洞宗僧人，大陽警玄之弟子。他雖然依隨警玄禪師多年，然而心術不正，擠陷同列，忌出其上。警玄談及他時，曾以手指胸云：「此處不佳。」警玄去世後，他又因貪圖財物而私發師之墓塔，官府遂以圖謀塔中物而令其還俗。大陽，即太陽。❸道學為叢林推重　平侍者之佛學知解造詣，為禪林推許。道學，此指佛學。❹終身坎坷二句　謂平侍者因行為不端，為禪林所共棄，所到之處皆不受接納，至死流落無依。據載：平侍者後來自稱黃秀才，參謁瑯琊慧覺禪師，慧覺曰：「昔年平侍者，今朝黃秀才。我在太陽時，見你做出來！」慧覺不接納，他又投奔浮山法遠禪師，法遠亦不收留。他流浪無依，後於三叉路口遭大蟲（老虎）食之。見《宗門武庫》。❺祗畏　敬畏；警戒。祗，恭敬。

【語　譯】草堂善清禪師說：「學禪者立身處世必須正大光明，不要讓人有私下議論之處。若是給人留下私下非議的話題，則終生名節形象難以樹立。從前大陽平侍者，他的佛學造詣為禪林所稱道，然而因為心術不端正，受到有識者的批評，以至於終身坎坷，不受接納，一直到死也沒有歸依之處。然而豈只是學禪的僧徒如此，作為一方長老尤其應該敬畏謹慎才是。」

草堂謂如和尚❶曰：「先師晦堂言，稠人廣眾中賢不肖接踵❷，以化門❸廣大，不容親疏於其間也，惟在少加精選。苟才德合人望❹者，不可以己之所怒而疏之。苟見識庸常、眾人所惡者，亦不可以己之所愛而親之。如此則賢者自進，不肖者自退，叢林安矣。若夫主者好逞私心，專己喜怒而進退於人，則賢者緘默，不肖者競進，紀綱紊亂，叢林廢矣。此二者實住持之大體。誠能審而踐之，則近者悅而遠者傳❺，則何慮道之不行，衲子之不來慕乎？」（〈疎山石刻〉）

【章　旨】佛門廣大，應以教化眾生為心，不容親疏；而叢林之道，則以親賢者、遠不肖為住持之大體。

【注　釋】❶如和尚　安吉州道場法如禪師，衢州徐氏子，嗣雲蓋守智禪師。他與草堂善清同屬南嶽下十三世。❷賢不肖接踵　賢善之輩與不肖之徒腳跟相接，混雜在一起。踵，腳跟。❸化門　佛門。佛門教化眾生，故稱。❹才德合人望　以才能德操而受到眾人的擁戴。人望，眾人所仰望。❺近者悅而遠者傳　居近之人心情歡悅，而居遠者傳頌不絕。《論語・子路》云：「葉公問政。子曰：近者說，遠者來。」

【語　譯】草堂善清對法如和尚說：「先師晦堂祖心說過，在稠人廣眾中賢善之輩與不肖之徒混雜在一塊兒。因為佛門教化廣大，不可以對他們有所親疏差別。只是應該對參學者稍加考察、選擇。如果其人有才有德而受到大家的欽敬與信任，那就不可以因為自己的惱怒而疏遠了他。如果其人見識平庸而為眾人所厭惡，也不可以因為自己的喜愛而格外親近他。若能如此，則賢善之人自然得以上進，不肖之徒自然退後，叢林寺院就安定有序了。若是住持長老喜歡專憑私心用事，依著個人一己的喜怒來提拔或貶退僧徒，那麼賢善之人就閉口沉默不言，不肖之徒就會爭先恐後地向上攀附，寺院綱紀混亂無序，禪林之道就荒廢了。這兩條實在是寺院住持長老最應注意的大事。若是真能認真思考並將之付諸實踐，則近處的僧眾會為之歡喜，遠方的僧眾會紛紛傳揚，又何必憂慮佛法不得實行、僧徒不前來歸依呢？」

草堂謂空首座❶曰：「自有叢林已來，得人之盛，無如石頭❷、馬祖❸、雪峰❹、雲門❺，近代唯黃龍❻、五祖❼二老。誠能收拾四方英俊衲子，隨其器度淺深❽、才性能否❾，發而用之，譬如乘輕車、駕駿駟，總其六轡❿，奮其鞭策，抑縱在其顧盼之間⓫，則何往而不達哉？」（《廣錄》）

【章旨】禪林長老若能吸納四方英俊僧徒，並依據各自之器度才性隨時調度，必能造就大批人才，形成佛門興盛的局面。

【注釋】❶空首座　東山慧空禪師，福州陳氏子，遍遊諸方，曾與妙喜在江西雲門庵探討禪法，稱福州空首座，晚契悟於草堂。開法於福州雪峰山，屬南嶽下十四世。一說指性空妙普庵主，黃龍悟新之法嗣。❷石頭　唐代著名禪僧希遷，端州高要（今屬廣東）人，俗姓陳。他初往曹溪參慧能，後師事青原行思。天寶初至南嶽衡山南寺，寺東有巨石如臺，希遷結庵其上，人稱石頭和尚。門下弟子眾多，為一方之宗主。❸馬祖　唐代著名禪僧馬祖道一，漢州什邡（今屬四川）人。他師事南嶽懷讓十年。後住持鍾陵（今江西南昌附近）開元寺，四方參學者雲集門下，因稱洪州宗。俗姓馬，故世稱馬祖。得法弟子有百丈懷海等百餘人，盛極一時。❹雪峰　唐末著名禪僧義存，泉州南安曾氏子，十七歲落髮為僧，是德山宣鑒的嗣法弟子。咸通六年，他回閩中雪峰創建禪院，人稱雪峰義存。四方僧侶聞風而集，多達一千五百人。❺雲門　五代禪僧文偃，嘉興張氏子。曾謁雪峰義存，得承法嗣。他後來在韶州雲門山創建禪院，海內僧侶雲集，形成雲門宗，世稱雲門文偃。❻黃龍　宋代著名禪僧慧南，信州玉山人。往參石霜楚圓，得承法嗣。曾在江西黃龍山弘揚禪法，嗣法弟子甚眾，開臨濟宗下黃龍一派，故又稱黃龍慧南。❼五祖　宋代著名禪僧法演，西蜀綿州鄧氏子。往參白雲守端，得承法嗣。他曾經住持湖北黃梅五祖山傳法，故稱五祖法演。其門下弟子中有佛果克勤、佛鑒慧懃、佛眼清遠等，人稱三佛，為叢林稱道。❽器度淺深　器識量度之深淺，指對佛法領悟深廣度而言。❾才性能否　才能稟性之優劣。否，鄙劣；無知。❿總其六轡　總握馬轡繩，以調控行進的方向與速度。古代一車四馬共八根轡繩，其中兩驂馬之內轡繩繫於軾前不用，駕御者僅握其六轡，故云。⓫抑縱在其顧盼之間　顧視之間，依據情勢，隨時調度，使車駕順利行進。抑，收緊以使減速。縱，放鬆以便馳騁。還視曰顧，邪視曰盼。

【語譯】草堂善清禪師對空首座說：「自從建立十方叢林寺院制度以來，佛門人才興盛的局面沒有超過石頭希遷、馬祖道一、雪峰義存、雲門文偃的時候了。近代則只有黃龍慧南、五祖法演二位大老，的確能夠吸納天下英俊超凡的僧徒，根據各自個人器度的深淺、才能稟性的優劣，一一啟發磨勵，從而造就人才，使其各得所用。這就好比乘坐輕車、駕御駿馬，總握著轡繩，高舉著長鞭，或抑或縱全都在顧視之間，如此則甚麼目標不能達到呢？」

草堂曰：「住持無他，要在戒謹其偏聽自專之弊❶，不主乎先入之言，則小人諂佞迎合之讒❷，不可得而惑矣。蓋眾人之情不一，至公之論難見，須是察其利病❸，審其可否，然後行之可也。」（《疎山實錄》）

【章旨】寺院住持要克服偏聽偏信、憑心臆斷之弊，遇事認真考察，然後施行。

【注釋】❶戒謹其偏聽自專之弊　警惕、克服偏聽、專斷之弊端。《禪林寶訓筆說》云：「偏聽病於愚，自專病於傲，皆不起之症。能戒能謹，生意在矣。」所說可參。❷諂佞迎合之讒　阿諛逢迎，投其所好，以進讒言。諂佞，花言巧語，奉承獻媚。❸察其利病　考察各種言論之是非、利弊。

【語譯】草堂善清禪師說：「擔任寺院長老沒有其他訣竅，重要的是謹慎小心，時時警戒自己不要出現偏聽偏信、獨斷專行的弊病。對待僧徒的進言，不要抱持先入為主的成見，如此就不會受到小人巧舌如簧、諂媚迎合、所進讒言的迷惑了。由於眾人之情不會一樣，完全秉持公心的議論難以聽見，因此必須考慮進言背後的是非利弊，審察其能否實施，然後再推而行之，這樣就可以了。」

草堂謂山堂❶曰：「天下之事，是非未明，不得不慎。是非既明，以理決之，惟道所在，斷之勿疑❷。如此則姦佞不能惑，強辯不能移矣。」

（《清泉記聞》）

【章旨】凡事是非未明之前宜謹慎，是非既明之後則應遵循道理行事。

【注釋】❶山堂　道震禪師，金陵趙氏子。他為童子時即出家受戒。與草堂善清禪師一見契合，遂承法嗣。晚年退隱疏山，號山堂。❷惟道所在斷之無疑　以是否符合道作為決斷的準則，一切循道行事，而不猶豫。斷，判斷；決斷。

【語 譯】草堂善清禪師對山堂道震說：「天下的事情，在是非尚未分明之時不能不慎重體察。在是非分明之後，就應當依據道理決定自己的態度，只要符合道義就應決斷而不要猶豫。若能如此，就不會為奸邪之輩的巧言佞辭所迷惑，也不會因為蠻橫者的強詞奪理而改變態度了。」

山堂道震禪師

【題　解】道震禪師（西元一〇七九～一一六一年），俗姓趙，金陵人。少年得度，出家受戒，曾經歷參各門派之高僧尊宿，至黃龍山與草堂善清禪師一見契合，遂承法嗣。後來應請出世曹山，一度退隱踈山之山堂，因以為號。又應請住持江西黃龍祖山，直至去世。

道震習禪之初，曾追隨曹洞宗高僧丹霞子淳，得聞宗旨，嘗作偈曰：「白雲深覆古寒巖，異草靈花彩鳳銜。夜半天明日當午，騎牛背面著靴衫。」又遊湖湘，抵大溈山，作〈插鍬井頌〉曰：「盡道溈山父子和，插鍬猶自帶干戈。至今一井如明鏡，時見無風匝匝波。」他歸依草堂善清後，每日閱讀佛經，一夕聞晚參鼓聲，步出經堂舉頭見月而悟。可知他的禪心，是通過讀經、比較，長期證悟而得。他曾上堂說法云：「石人問枯椿，何時汝發華？枯椿怒石人，何得口吧吧！石人呵呵笑，枯椿吐異葩。紅霞輝玉象，白玉碾金砂。借問通玄士，何人不到家？」其宗旨在於指示人們認識自身生命的靈性，而不待向外求索，亦不必拘執於言詞。

道震為人剛正耿介，甘於枯淡，禪風樸實，務求精進。他不願意交結權勢。據載：紹興十九年，朝廷貴臣王繼先順應僧眾請求，推薦他出任江西黃龍寺院住持。事後有人建議他致書王繼先表達謝意，道震拒絕說：「若王公為佛法故，何謝之有？況吾與之素昧平生。」（見《羅湖野錄》卷二）。他因見黃龍寺院為兵火所焚，乃盡力修復，堅持數年終於有成。他在去世前告誡僧眾說：「汝等當究本法，倘透脫無滯礙，隨力量興作，利益眾生，無虛棄光陰！」這也可視為道震一生行事的自白。故僧傳以為「近代弘法，唯師（指道震）有古尊宿風韻」。

道震禪師的生平事蹟，見《嘉泰普燈錄》（卷十）、《五燈會元》（卷十八），又見《僧寶正續傳》（卷六）。

山堂震和尚初卻曹山之命，郡守移文勉之❶。山堂辭之曰：「若使飯粱嚙肥❷，作貪名之衲子，不若草衣木食❸，為隱山之野人❹。」（《清泉才庵主記聞》）

【章　旨】道震禪師寧可隱在深山，過簡樸的生活，也不願貪圖享受，追求虛名。

【注　釋】❶山堂震和尚初卻曹山之命二句　曹山在江西撫州宜黃縣北，舊名荷玉山，唐末本寂禪師禮拜曹溪祖山歸後，在此傳法，遂易名曹山。草堂善清住持曹山時，道震為首座，臨川郡守程公曾命道震出世，弘揚草堂之道。移文，下達官府文書。見《僧寶正續傳》卷六。❷飯粱嚙肥　享受美食佳餚。粱，精糧。肥，美味的肉食。❸草衣木食　編草為衣，野果為食。❹隱山之野人　潭州龍山和尚，隱於深山，不與世俗往來，後人號為隱山和尚。見《五燈會元》卷三。

【語　譯】山堂道震和尚初時不肯接受曹山禪寺住持的任命，郡守發來公函敦促他就任。山堂道震拒絕道：「倘若讓我享受美食佳餚，做一個貪圖名利的和尚，不如讓我結草為衣，採摘野果為食，做一個像隱山和尚那樣的野人。」

山堂曰：「蛇虎非鴟鳶之讎，鴟鳶從而號之❶，何也？以其有異心❷故。牛豕非鸜鵒之馭，鸜鵒集而乘之❸，何也？以其無異心故。昔趙州❹訪一庵主，值出生飯❺，州云：『鵶子❻見人為甚飛去？』主罔然，遂躡前語問州❼。州對曰：『為我有殺心在。』是故疑於人者，人亦疑之；忘於物者，物亦忘之。古人與蛇虎為伍者❽，善達此理也。老龐❾曰：『鐵牛不怕獅子吼，恰似木人見花鳥❿。』斯言盡之矣！」（〈與周居士書〉）

【章旨】修習禪法者應當滌除餘業習氣，方得親近萬物。忘機即是至道，疑人者人亦疑之。

【注釋】❶蛇虎非鴟鳶之讎二句　意謂蛇虎與鴟鳶並非同類相敵之物，然而蛇虎經過之處，鴟鳶則驚飛於天，啼鳴不止。鴟鳶，鷹之屬。讎，同類；敵對。❷異心　相互侵害之心。❸牛豕非鸜鵒之馭二句　意謂牛、豬並非為了馱載鸜鵒而行，然而牛、豬經過時，鸜鵒便落於其背，乘之前行。鸜鵒，一種小鳥，即八哥。❹趙州　從諗禪師，唐代著名禪僧，曹州郝氏子，南泉普願之法嗣。曾問曰：「如何是道？」普願答曰：「平常心是道。」又曰：「道不屬知，不屬不知。知是妄覺，不知是無記。」師於言下悟理，得證心法。應請住趙州觀音院數十年，其玄言法語遍佈天下，膾炙人口，世稱趙州古佛，卒後諡曰真際大師。❺出生飯　指僧人飯前以少許食物施捨給他人，略曰出飯、生飯。❻鵶子　小鳥、烏鴉之類。鵶，同「鴉」。❼躡前語問州　緊隨其後，用前面的話反問趙州從諗。躡，追蹤跟從。❽古人與蛇虎為伍者　據載：嚴陽尊者，名善信。唐天祐間來遊洪州，居明心寺，踞坐蟠石。嘗有一虎一蛇馴繞左右，隨從手中就食。參見《五燈會元》卷四，又見《明一統志》卷四九。❾老龐　唐代龐蘊居士，字道玄，衡陽人。家本儒業，而志在佛法。唐貞元初拜謁石頭希遷，豁然有所省悟。後參馬祖道一，言下頓得玄旨。元和中，北遊襄陽，隨處而居，所談皆機鋒語，世稱龐居士。有《龐居士語錄》三卷。❿鐵牛不怕獅子吼二句　比喻禪者應當忘懷外在物事，斷絕世俗塵念，便自然不受其驚擾。龐蘊有七言偈曰：「但自無心於萬物，何妨萬物常圍繞。鐵牛不怕獅子吼，恰似木人見花鳥。木人本體自無情，花鳥逢人亦不驚。心境如如祇箇是，何慮菩提道不成？」見《龐居士語錄》。

【語　譯】山堂道震禪師說：「蛇、虎並不是鴟鳶的同類敵手，然而蛇、虎所到之處，鴟鳶就會驚叫不止。為甚麼呢？這是由於牠們懷有相侵害之心的緣故。牛、豬並不是生來馱載八哥鳥鵲的，然而當牛、豬經過之時，八哥鳥鵲就會落在牠們背上，乘之而行。為甚麼呢？這是由於牠們彼此無侵害之心的緣故。從前趙州從諗曾經往訪一位寺院之主，正遇上這位院主施捨生飯。趙州從諗問道：『為甚麼人一到來，鳥鵲就飛走了呢？』這位院主感到迷惘，不知怎樣回答才是，便將此話回問趙州從諗。趙州從諗答道：『因為人有傷害鳥鵲之心，鳥鵲便飛走了。』所以懷疑別人者，也會受到別人的懷疑；忘懷於外物者，外物便相安無事。古代有人與蛇虎相伴為伍，也就是徹悟了這個道理。老龐居士曾說：『鐵牛不怕獅子吼，猶如木人見花鳥。』這兩句偈語說盡了此中的道理。」

山堂曰：「御下❶之法，恩不可過，過則驕矣；威不可嚴❷，嚴則怨矣。欲恩而不驕，威而不怨，恩必施於有功，不可妄加於人❸。威必加於有罪，不可濫及無辜❹。故恩雖厚而人無所驕，威雖嚴而人無所怨。功或不足稱而賞之已厚，罪或不足責而罰之至重，遂使小人故生驕怨矣。」(〈與張尚書書〉)

【章旨】處上位者賞罰皆應有道，賞賜必予有功，刑罰必加有罪，過之則生驕怨。

【注釋】❶御下　治理、統率下屬。御，駕馭；治理。❷威不可嚴　刑罰、威勢不可過嚴。《韓非子・難一》云：「設民所惡以禁其奸，故為刑法以威之。」❸恩必施於有功二句　意謂無功之人雖悅於己，不可妄施賞賜。《韓非子・難一》云：「明主賞不加於無功。」❹威必加於有罪二句　無罪之人雖不悅於己，不可濫行刑罰。《淮南子・繆稱訓》云：「明主之賞罰非以為己也，以為國也……逆於己便於國者，不可罰焉。」

【語譯】山堂道震禪師說：「管理下屬的方法，施加恩賞不可過厚，施恩過厚下屬就會驕縱放肆；施以懲罰不可過於嚴厲，懲罰過嚴下屬就會心懷怨憤。要想施加恩賞而下屬不驕縱放肆，施以懲罰而下屬不心懷怨憤，那就應該是恩惠只施加於有功者，而不可隨意賞給無功之人；懲罰只加之於有罪過者，而不可濫及無辜之眾。如此則恩賞即使豐厚而受恩者也不會驕縱放肆，懲罰即使嚴厲而受罰者也不會心懷怨憤。倘若功勞不足以稱道卻施加豐厚的恩賞，罪錯不足以懲處卻給以嚴重的責罰，那麼就會使下屬產生或者驕縱或者怨懟之心。」

山堂曰：「佛祖之道，不過得中❶，過中則偏邪。天下之事，不可極意，極意則禍亂❷。古今之人，不節不謹❸，殆至危亡者多矣。然則孰無過歟？惟賢達之士，改之勿吝❹，是稱為美也。」（〈與趙超然書〉）

【章旨】學者持身應謹慎，自我節制，務使合於中道，倘有缺失，則以改過為賢。

【注釋】❶得中　得中道之至理。佛法以不生亦不滅、不常亦不斷、不一亦不異、不來亦不去為八不中道。此之得中，又糅和了儒家致中和的思想。《中庸》云：「中也者，天下之大本也；和也者，天下之達道也。」❷極意則禍亂　放縱心志，肆意而行，至於極端，如此則會造成災禍與混亂。嵇康〈家誡〉云：「臨樂則肆情，處逸則極意……斯君子所以歎息也。」❸不節不謹　不加節制，致失中道；不自謹慎，而肆情極意。❹改之勿吝　改正過錯，而無所顧惜。《尚書．仲虺之語》：「改過不吝。」

【語譯】山堂道震禪師說：「佛祖之道，不過要使天下萬物不偏不邪，得其中道，違反中道就是偏邪了。天下的事情，不可隨心縱意至於極端，事情推向極端就會導致禍亂。古今各色人物，因為不節制、不謹慎而招致危亡的很多了。然而天下誰能不犯過錯呢？只有賢達之士，才能改正過錯而無所顧惜，所以這樣的人才會受到大家的讚美。」

山堂同韓尚書子蒼❶、萬庵顏首座❷、賢真牧❸，避難于雲門庵，韓公因問萬庵：「近聞被李成❹兵吏所執，何計得脫？」萬庵曰：「昨被執縛，饑凍連日，自度必死矣。偶大雪埋屋，其所繫屋壁無故崩倒，是夜幸脫者百餘人。」公曰：「正被所執時，如何排遣？」萬庵不對。公再詰之，萬庵曰：「此何足道！吾輩學道以義為質❺，有死而已，何所懼乎？」公頷之。因知前輩涉世禍害，死生皆有處斷矣。(《真牧集》)

【章　旨】學禪者立身以節操道義為本。在遭遇人間禍患時，無論生死皆有其堅定不移、執之不渝的原則。

【注　釋】❶韓尚書子蒼　韓駒，字子蒼，蜀之仙井監人。政和中，賜進士出身，曾官中書舍人，擢直學士院。宣和六年，韓駒曾以集賢殿修撰出為提舉洪州太平觀。高宗即位，他出任江州知州，卒於撫州。有《陵陽集》。❷萬庵顏首座　道顏，俗姓鮮于，蜀之潼川人。他幼年出家，歷參名宿，後為大慧宗杲之弟子，並承法嗣，號卍庵。卍原是梵文，本是如來佛胸前的符號，音讀為萬，故道顏又稱曰萬庵道顏。唐慧苑《華嚴音義》：「卍本非字。周長壽二年，權制此文，音之為萬，謂吉祥萬德之所集也。」❸賢真牧　正賢，俗姓陳，蜀之潼川人。他幼年出家，閱讀佛典能過目成誦，被稱為經藏子。後出蜀歷參諸尊宿，並成為佛眼清遠之弟子。佛眼清遠曾親手書寫「真牧」二字以授之，故名真牧正賢。❹李成　字伯友，宋雄州（今河北雄縣）人。他本行武出身，以勇悍著稱。金兵佔據河北時，他聚眾南下，曾經接受南宋任命的官職。後又意圖割據，佔領江淮十餘州，自號李天王。紹興三年（西元一一三三年），李成率軍侵犯襄陽，次年被岳飛軍擊潰。❺以義為質　以節操道義為根本。質，本體。

【語譯】山堂道震禪師與韓子蒼尚書、萬庵道顏首座、真牧正賢禪師一起在雲門庵避難，韓子蒼乘便問萬庵道顏說：「聽說你最近被李成叛軍的士兵捉住了，你是怎麼逃脫出來的？」萬庵道顏回答說：「前不久被李成的士兵捉住後，一連數日又凍又餓，內心裏想這次是死定了。偶然下起了大雪。積雪覆蓋，掩埋了屋舍，關押我們的屋舍無故崩塌。就在這一個晚上逃脫出來了一百多人。」韓子蒼又問道：「被叛軍捉住關押期間，怎樣排遣心中憤激，都在想些甚麼？」萬庵道顏沒有回答。韓子蒼又追問了一遍，萬庵道顏便說：「這有甚麼可說的呢？我們奉佛學道，以節操道義為立身之本。在那種情況下，不過一死而已，有甚麼可怕的呢？」韓子蒼聽罷，點頭表示理解。由此得知前輩禪師經歷世間禍難，無論生死都有堅定又平靜的心，而能始終不渝。

山堂退百丈❶，謂韓子蒼曰：「古之進者，有德有命，故三請而行，一辭而退❷。今之進者，惟勢與力。知進退而不失其正❸者，可謂賢達矣。」（〈記聞〉）

【章旨】賢者進退皆應遵循正道，而不能權衡勢力，宜三請而行，一辭即退。

【注　釋】❶山堂退百丈　指山堂道震辭退百丈禪院住持之職事。據載云：山堂「參草堂清公，獲印可。尋出世，三遷而至百丈」。見《羅湖野錄》卷二。❷三請而行二句　三次請求然後出任職事，一有辭意便離職而去。《禮記・表記》：「君子三揖而進，一辭而退，以遠亂也。」❸進退而不失其正　進位、辭職皆遵循正道，勿憑藉權勢與財力而行邪僻之事。

【語　譯】山堂道震辭退了百丈禪院住持的職位後，對韓子蒼說道：「古之進位出仕者，有德有命。所以多次禮聘方才接受任職，一有辭謝之意便立即告退。當今之追求職位者，只知道權衡勢力。若能知道進退皆須遵循正道而行的原則，就算得上賢達之士了。」

山堂謂野庵❶曰：「住持存心要公，行事不必出於己為是，以他為非。則愛惡異同❷不生於心，暴慢❸邪僻之氣無自而入矣。」（《幻庵集》）

【章　旨】禪寺住持應當存心公正無私，使邪僻之氣無從而入。

【注　釋】❶野庵　隆興府石亭祖璇禪師，大為善果之法嗣，號野庵。法語參見《五燈會元》卷二〇。❷愛惡異同　偏愛偏惡，妄生分別，不能以平等之心待之。❸暴慢　橫暴；驕慢，自以為是，欺淩他人。慢，自負；傲慢。

【語　譯】山堂道震對野庵禪師說：「禪寺住持遇事總要存以公心，處理事務不必總認為自己為是，他人為錯。若能如此，就不會有所愛惡偏私，而妄生分別異同之心；橫暴驕慢、邪僻不正之氣，也就無從而入了。」

山堂曰：「李商老❶言：『妙喜❷器度凝遠，節義過人，好學不倦。與老夫相從寶峰❸，僅❹四五載。十日不見，必遣人致問。老夫舉家病腫❺，妙喜過舍，躬自煎煮，如子弟事父兄禮。既歸，元首座責之❻，妙喜唯唯受教，識者知其大器。』湛堂❼嘗曰：『杲侍者再來人❽也，山僧惜不及見。』湛堂遷化，妙喜繭足千里❾，訪無盡居士於渚宮❿，求塔銘⓫。湛堂末後一段光明，妙喜之力也。」（《日涉記》）

【章旨】宗杲和尚器度宏大，節義過人，尊師重友，對於光耀師門，弘揚禪法，貢獻卓著。

【注釋】❶李商老　李彭，字商老，南康軍建昌（今江西永修）人。他是宋江西詩派成員，工於書法，與禪僧頗有交往。有《日涉園集》傳世。❷妙喜　宋代著名禪僧宗杲，俗姓奚，號妙喜。秦檜當權，他長期遭放逐。晚年住徑山，為天下學者景仰，朝廷賜以大慧禪師之號。❸寶峰　禪寺名，在江西靖安縣境內，真淨克文曾經住持此寺弘法，一時龍象聚集，為江西著名法窟。❹僅　至也，言其多。❺老夫舉家病腫　據載：李商老因修造動土，觸犯土神，致全家病腫，求醫無效。乃淨掃屋宇，各令齋心誦經，以禳所忤。未滿七日，夜夢白衣老人騎牛陷地，旋沒而去，翌日全家病愈。見《宗門武庫》。❻元首座責之　元首座，指徹庵道元，圓悟克勤之弟子，繼圓悟住持成都昭覺寺。據《宗門武庫》載云：「妙喜在寶峰時，元首座極見喜。一日請假往謁李商老，云一月日便歸，後四十日方歸。元見遽云：『噁野了也，無常迅速！』」所責即此事。❼湛堂　文準禪師，與元府梁氏子，真淨克文之弟子，號湛堂。妙喜曾到寶峰寺拜謁湛堂文準，文準指以入道門徑。文準臨終時，又囑咐他參謁圓悟克勤。❽再來人　謂前世為佛門中人，轉世再生也。據載：當時傳說，妙喜是著名禪僧雲峰文悅的後身。見《大明高僧傳》卷五。❾蠒足千里　遠行千里，腳上生蠒，磨出了硬皮。蠒，通「繭」。❿訪無盡居士於渚宮　前往荊州，拜訪張商英。張商英，字天覺，號無盡居士。他十九歲登第，官至資政殿學士，曾拜相。他與禪師交往甚密，當時寓住荊州。渚宮，春秋楚之別宮，代指荊州。⓫求塔銘　求無盡居士張商英撰寫湛堂文準禪師墓塔之銘文。據載：妙喜因湛堂和尚示寂，請覺範狀其行實，又得龍安照禪師書為紹介，特往荊南謁無盡居士求塔銘。詳見《宗門武庫》。

【語　譯】山堂道震禪師說：「李商老曾經評價，說：『妙喜器度凝遠，節操道義超過常人，又好學不倦。他在寶峰寺曾與老夫相處達四五年之久，其間若十天不見，就必定要託人表示問候。老夫有次全家染病，身體腫脹，妙喜特意前來我家，親自煎湯煮水，如同子弟服侍父兄輩一樣。返歸寶峰寺後，元首座責備他，妙喜態度謙恭地接受批評，並不加解釋。相識者都知道妙喜器量弘大。』湛堂文準曾經說：『宗杲侍者是佛子再生，非同尋常之人。老僧年事已高，可惜來不及看到他後來的諸多好處。』湛堂文準去世後，妙喜長途跋涉，步行千里前往荊州拜訪無盡居士張商英丞相，請求為湛堂文準禪師撰寫墓塔銘文。湛堂文準去世後，其禪風得到弘揚光大，呈現一派光明氣象，這全都有賴妙喜的努力啊。」

大慧宗杲禪師

【題　解】宗杲禪師（西元一〇八九～一一六三年），俗姓奚，字曇晦，號妙喜，宣州寧國（今安徽宣城）人。他十七歲出家，曾四方遊學。大觀三年，到江西靖安寶峰寺向湛堂文準問道，受到賞識。湛堂臨終前，囑咐他前往拜謁圓悟克勤。圓悟每舉「有句無句，如藤倚樹」令他參究，終得徹悟。圓悟便命他掌記室，並分座說法，一時聲譽鵲起，朝廷賜紫衣及佛日之號。

適遭靖康之亂，汴京陷落，二帝被俘，宋室南遷。宗杲輾轉奔波於江浙、福建等地。紹興八年，他應丞相張浚之請住持杭州徑山能仁禪院，僧眾雲集，宗風大振，被稱許為「臨濟再興」。紹興十一年，宗杲因為不滿當朝奸相秦檜，被誣以謗訕朝政，遭放逐至衡州（湖南衡陽），又移梅州（廣東梅縣），前後達十五年之久。紹興二十五年（西元一一五五年）遇赦，恢復僧籍。晚年再住徑山，學者仰之如泰山北斗，威望達到極盛，朝廷賜以大慧禪師之號，故世稱大慧宗杲，諡曰普覺禪師。

宗杲平生重視道德節義，富於意氣。生當國運多事之秋，他在與士大夫交遊中，議論朝政，抨擊權奸，雖然長期遭受迫害，而精神志氣不改。他在〈示成機宜〉中說：「予雖學佛者，然愛君憂國之心，與忠義士大夫等。」又說：「三教聖人所說之法，無非勸善誡惡、正人心術。……菩提心則忠義心也。」張浚曾經讚揚他說：「師雖為方外士而義篤君親，每及時事，愛君憂時，見之詞氣。……使為吾儒豈不為名士，而其學佛亦卓然自立於當世。」（〈大慧普覺禪師塔銘〉）所以宗杲是一個忠君憂國的僧人。

在禪宗史上，宗杲以提倡看話禪、反對默照禪而著稱。看話禪，即凝聚心神參看話頭以求得證悟的方法。它的提出，是為了救禪林之弊。當時的禪僧多陷於公案辯說、文字知解的泥潭，學者以記誦公案為資糧，以口舌鬥勝為功課，以瞠眉努眼為機緣，或者一味強調靜坐默照，迷失了本體證悟的正途。宗杲曾經批評說：「而今諸方邪師輩，各各自言得無上菩提，各說異端，欺胡謾漢，將古人入道因緣妄生穿鑿。或者以無言無說良久默然，為空劫以前事，教人休去歇去，歇教如土木瓦石相似。」（《大慧普覺禪師語錄》十四）為了遏阻、克服上述的弊病，宗杲提出若干話頭——其中最著名的如「狗子無佛性」、「庭前柏樹子」、「麻三斤」等——要學者參究，目的在於引導後學超越文字、杜絕知見、直接體悟禪的精神。為此他甚至燒毀了圜悟克勤所著《碧巖錄》的雕版，以表明自己的態度。他又提倡「參活句」，曾說：「夫參學者須參活句，莫參死句。活句下薦得，永劫不忘。死句下薦得，自救不了。」可見宗杲之禪，是為救現實之弊而施設的方便法門。

大慧宗杲法嗣眾多，在南宋影響甚大。有《大慧普覺禪師語錄》（三十卷）、《正法眼藏》、《宗門武庫》等傳世。生平事蹟見《五燈會元》（卷十九），又見《僧寶正續傳》（卷六）等書。

【校　注】「有句無句，如藤倚樹。」人是藤，句是樹。藤沒有樹，藤攀不上，更到不了頂端碧雲天。人沒有句，了解無門。藤愈攀愈高，樹在其下——樹永遠應在藤之下，藤才向上得了。人能得句遺落句，是真能依句，藤能得樹遺落樹，是真能攀樹。小樹小句如何？大樹大句如何？「心量大事，不行小道。」六祖種了棵大樹了。

妙喜杲和尚曰：「湛堂每獲前賢書帖，必焚香開讀，或刊之石。曰：『先聖盛德佳名，詎忍棄置❶！』其雅尚如此。故其亡也，無十金之聚❷，唯唐宋諸賢墨蹟，僅兩竹籠❸。衲子競相酬唱，得錢八十餘千，助荼毗禮❹。」（《可庵集》）

【章旨】湛堂自處廉潔，持身恭謹，雅好前賢書帖，身死之日，室無十金之聚。

【注釋】❶先聖盛德佳名二句　先輩聖賢之盛德及美名，寄之於墨蹟，豈能忍心棄而不顧。詎，豈；何。棄置，拋棄；擱置。❷無十金之聚　形容無多餘的錢財。《史記．游俠列傳》：「及劇孟死，家無餘十金之財。」❸僅兩竹籠　有兩竹籠之多也。僅，多至。竹籠，一種圓形的竹器。《文選．射雉賦》注：「凡竹器，箱方而密，籠圓而疏。」❹荼毗禮　火化之禮。荼毗，梵語音譯，謂焚燒。

【語譯】妙喜宗杲和尚說：「湛堂文準每當得到前賢大德的書帖，必要先點一炷香然後開讀，有的還將書帖刊刻在石碑上。他說：『先輩聖賢的盛德佳名，存於墨蹟中，豈可忍心棄而不顧！』他平素好尚便是如此。因此當他去世之時，檢點所存，無十金之財，只有唐宋先賢墨寶法帖裝了兩竹籠之多。僧徒競相酬唱，募得八十餘串錢，資助湛堂文準禪師火化的費用，以成葬禮。」

妙喜曰：「佛性❶住大溈，行者與地客相毆❷。佛性欲治行者，祖超然❸因言：『若縱地客摧辱行者，非惟有失上下名分，切恐小人乘時侮慢❹，事不行矣。』佛性不聽，未幾果有莊客弒知事❺者。」（《可庵集》）

【章　旨】禪林住持應當維持上下名份，否則將引起難以控制的禍亂。

【注　釋】❶佛性　潭州大溈佛性法泰禪師，漢州李氏子，圓悟克勤之法嗣。法語參見《五燈會元》卷十九。❷行者與地客相毆　寺院僧人與農民之間發生了爭鬥、毆打。行者，泛指佛門修行者、行腳僧人。地客，指租種寺院土地的佃戶、雇農。❸祖超然　臨安府超然文祖禪師，天衣義懷之法嗣。法語參見《五燈會元》卷十六。❹侮慢　傲慢、侮辱。《尚書・大禹謨》：「侮慢自賢，反道敗德。」❺知事　禪寺僧職，凡都寺、監寺、維那、副寺、典座、直歲皆稱知事。

【語　譯】妙喜宗杲和尚說：「佛性法泰住持大溈山禪寺時，寺中僧人與佃農相互爭執毆打。佛性法泰想以禪林法規懲處參預打鬥的僧人。超然文祖規勸說道：『若是縱容佃戶毆打僧人，不僅違背了上下的名份，還深恐小人會乘機滋事，傲慢欺主，發展下去就不可收拾了。』佛性法泰不聽勸告，不久果然發生佃戶弒殺寺院主事的事情。」

妙喜曰：「祖超然住仰山，地客盜常住穀❶。超然素嫌地客，意欲遣之，令庫子行者❷為彼供狀。行者欲保全地客，察超然意抑令供起離狀，仍❸返使叫喚，不肯供責。超然怒行者擅權，二人皆決竹篦❹而已。蓋超然不知陰為行者所謀。烏乎，小人狡猾如此。」（《可庵集》）

【章旨】寺院住持長老應當洞察下情，以免誤中小人暗設的計謀。

【注釋】❶地客盜常住穀　佃農盜竊寺院的稻穀。地客，指租種寺院田地的佃戶或雇農。常住，指寺廟的財產。❷庫子行者　掌管倉庫的僧人，即知庫。❸仍　乃。❹決竹篦　對於犯有小過失者，以竹篦抽打以表示懲罰。決，判決。《西湖志餘》：「高宗……怒云：『技藝之徒，乃敢對朕弄經語！』因命內侍決竹篦二十逐之。」

【語譯】妙喜宗杲和尚說：「超然文祖住持仰山禪院時，一個佃農偷盜了寺院的稻穀。超然文祖素來討厭這個佃農，想要收回租佃契約，讓他走人。超然文祖便指派庫子行者以盜竊穀物的事由寫狀紙。庫子行者卻想包庇這個佃農。他看出超然文祖有迫使這個佃農離開寺院之意，就反過來讓佃農呼叫冤枉，不肯承認盜竊穀物的責任。超然文祖惱怒庫子行者擅自行權，對他們二人都只能打一通竹板子了事。超然文祖並不知道他中了庫子行者謀算的奸計。嗚呼，小人暗中是多麼狡猾！」

妙喜曰：「愛惡異同，人之常情。惟賢達高明，不被其所轉❶。昔圓悟住雲居，高庵退東堂❷，愛圓悟者惡高庵，同高庵者毀圓悟。由是叢林紛紛然❸，有圓悟高庵之黨。竊觀二大士❹播大名于海上，非常流可擬。惜乎昧於輕信小人諂言❺，惑亂聰明，遂為識者笑。是故宜其亮座主❻、隱山❼之流，為高上之士也。」（《智林集》）

【章　旨】禪林高僧不可偏聽輕信小人之言，結為宗派以相互非議，而應超越愛惡異同之心，共同維持禪林安寧的局面。

【注　釋】❶不被其所轉　自性堅定，不由愛惡異同而轉移。依物之因緣而生起曰轉。❷昔圓悟住雲居二句　建炎初，宋高宗召見佛果克勤，問佛法心要。克勤奏對稱旨，帝心大悅，賜號圓悟禪師，頒旨住持雲居禪院。雲居禪院原住持高庵善悟，有敕移住金山寺，高庵稱疾固辭。參見《僧寶正續傳》卷四。❸叢林紛紛然　禪林紛擾，僧人相互爭執非議，一片混亂景象。叢林，泛指禪林寺院。❹大士　對菩薩的尊稱，代指有德高僧。❺諂言　疑惑之言。諂，或當作「謟」字，形近而訛。❻亮座主　唐代禪僧，馬祖道一之弟子，後來隱於洪州西山。據載云：政和年間，有熊秀才遊洪州西山，所經林壑陰翳。偶見一僧，貌古神清，厖眉雪頂，編葉為衣，坐於盤石。熊秀才嘗聞亮座主隱於西山，疑其猶在，因向前問曰：「莫是亮座主麼？」僧以手東指，熊秀才隨手東看，回顧則失僧所在。見《宗門武庫》。❼隱山　潭州龍山和尚，馬祖道一之弟子，隱於深山。據載云：洞山良價行潭州深山間，沿溪撥草而行，五七里後忽見師羸形異貌，便上前問訊。良價辭別後，師乃述偈曰：「三屋茅屋從來住，一道神光萬境閑。莫把是非來辨我，浮生穿鑿不相關。」因燒原來所結之草庵，更入深山處。後人號為隱山和尚。見《五燈會元》卷三。

【語譯】妙喜宗杲和尚說：偏愛偏惡，異同之心，此乃人之常情。只有賢德、通達、高明之士，才能不受其牽制，不因個人愛惡異同之心而轉移。從前朝廷降旨讓圓悟克勤住持雲居寺，高庵善悟退居禪院東堂。當時擁戴圓悟的便厭惡高庵，同情高庵的又不贊成圓悟。一時禪林之間紛紛擾擾不得安寧，便分成了圓悟、高庵不同的朋黨。我私下考察圓悟、高庵二位禪林高僧，威名流傳於海內，不是尋常之輩所能夠比擬的。可惜他們也受到小人蒙蔽，輕信了諂媚之言，以致使自己一時迷糊，視聽不明，為有識者所嘲笑。以此觀之，亮座主、隱山和尚之輩真是高尚之士啊！

妙喜曰：「古人見善則遷，有過則改❶，率德循行❷，思免無咎❸。所患莫甚於不知其惡，所美莫善於好聞其過。然豈古人之才智不足，識見不明，而若是耶？誠欲使後世自廣而狹於人❹者為戒也。夫叢林之廣，四海之眾，非一人所能獨知，必資左右耳目思慮，乃能盡其義理❺，善其人情。苟或尊居自重，謹細務，忽大體，賢者不知，不肖者不察，事之非不改，事或是不從，率意狂為，無所忌憚，此誠禍害之基。安得不懼？或左右果無可咨詢者，猶宜取法於先聖。豈可如嚴城堅兵，無自而

入耶！此殆非所謂納百川而成大海❻也。」（〈與寶和尚書〉）

【章　旨】住持長老應該見善則遷，聞過即改，不能妄自尊大，率意狂為，要虛心集中僧眾的智慧，而不能拒絕他人的批評意見。

【注　釋】❶古人見善則遷二句　古之君子見他人之善則效法以接近之，聞己之過則迅疾改正之。《易・益卦》：「君子以見善則遷，有過則改。」❷率德循行　遵循道德而力行之。率，服從；遵照。❸思免無咎　想要不犯錯誤，免除過失。《易・乾卦》：「君子終日乾乾，夕惕若厲，無咎。」❹自廣而狹於人　自以為器識、才能廣大，認為他人才能狹小，因而驕傲自負。《尚書・咸有一德》：「無自廣以狹人。」❺必資左右耳目思慮二句　必要借助左右之耳目以廣視聽，集中左右之智慧以使行為完全符合義理。邵雍〈觀物內篇下〉云：「此所以能用天下之目為己之目，其目無所不觀矣；用天下之耳為己之耳，其耳無所不聽矣；用天下之口為己之口，其口無所不言矣；用天下之心為己之心，其心無所不謀矣。」所論與此意近，可互參。❻納百川而成大海　容納江河百川之水，成就大海之廣闊。《荀子・勸學》云：「不積小流，無以成江海。」

【語　譯】妙喜宗杲和尚說：「古代賢德君子見善則學習以效仿，有過則幡然而改正，行為遵循道德的準則，時時心裏想著要避免發生過失。他們所憂慮的，莫過於不曉得自己的錯處；他們所希望的，莫過於聽到別人指出自己的過失。難道古人是因為才能智慧不足、見識不明，所以採取如此的態度？他們這樣做的目的，是要使後世那些自以為是、輕視別人者有所警惕，克服盲目自大的弊病啊！禪門廣大無際，四海萬象紛紜，不是某一個人所能完全獨自知曉的。寺院住持一定要借重左右之耳目以廣見聞，集中左右之智慧以助思慮，才能盡得事物的義理，符合眾人之情。如果住持長老高高在上，以威嚴自居，只知謹慎於細小瑣末之事，忽略寺院住持根本大體之所在，既不知誰是賢者，也不知誰是不肖之徒，對於錯誤的事不能制止改正，對於正確的事情不能照著去做，隨心所欲，恣意妄為，毫無忌憚，這真正是禍害之基、災難之根。怎能不有所畏懼呢？如果左右確實沒有可供諮詢者，那就應該效法前代的聖賢大德，學習他們的榜樣。豈可拒絕聽取不同的聲音，如同士兵手持利器、把守嚴城那樣，使欲建言者不得其門而入呢！這就不是所謂大海容納百川般寬闊的胸懷與正確的態度了。」

妙喜曰：「諸方舉❶長老，須舉守道而恬退❷者。舉之則志節愈堅，所至不破壞常住❸，成就叢林，亦主法者救今日之弊也。且詐佞狡猾之徒，不知羞恥，自能諂奉勢位❹，結托于權貴之門，又何須舉！」（〈與竹庵書〉）

【章　旨】諸方禪寺只有推舉遵守佛法而又淡泊榮利者出任長老，才能拯救今日禪林之弊。

【注　釋】❶舉　推薦；選任。❷守道而恬退　堅守佛法、道德，而又不慕權勢，淡泊退讓。恬退，安靜；淡泊。❸常住　指佛法，佛法無生無滅、不遷不變，故稱常住。❹諂奉勢位　諂媚奉承有權勢、佔據高位者。諂，原作「謟」，形近而訛。

【語　譯】妙喜宗杲和尚說：「各地推舉長老，應是選擇那種堅守佛法而又淡泊寧靜、甘於退讓的人出任。推舉了這種人，就可使之志節愈益堅定，所到之處不會破壞佛法，並且能使各地禪寺都有所成就。這也是主導佛法之尊宿大德拯救今日禪林之弊的辦法。再說那些奸詐、諂佞、狡猾之徒，他們不知羞恥為何物，平素奉承官府，自能巴結請託於權貴之門，又何必要人推薦呢？」

妙喜謂超然居士❶曰：「天下惟公論❷不可廢。縱抑之不行，其如公論何！所以叢林舉一有道之士，聞見必欣然稱賀。或舉一不諦當者❸，眾人必慽然嗟嘆❹。其實無他，以公論行與不行也。烏乎，用此可以卜❺叢林之盛衰矣。」（《可庵集》）

【章　旨】天下唯有公論不可廢棄，若舉薦用人符合公論則叢林可興，反之則衰。

【注　釋】❶超然居士　趙令衿，字表之，號超然居士。他是宋宗室成員，或稱郡王。多與禪僧交遊，曾向圓悟克勤問法，又曾拜謁妙喜。見《居士分燈錄》卷下。❷公論　公眾之議論；正論。陸游〈送芮國器司業〉：「萬事不如公論久，諸賢莫與眾心違。」❸舉一不諦當者　所舉薦某人不適合擔任其職務。諦當，恰當；準確。❹慽然嗟嘆　憂慮而歎息。慽，悲傷。❺卜　預測。

【語　譯】妙喜宗杲對超然居士說：「普天之下，唯有公論不可廢棄不顧。縱然壓抑一時，使之不能實行，然而公論具在，終究奈何不得！所以禪林推舉一個端正有道之士出任職事，聞見者必定會欣欣然互相稱賀；如果舉薦某一個品行不端的人出任職事，眾人一定會神情憂傷地為之歎息。此中並無其他緣由，只在於公論是否得到實行而已。嗚呼，由此就可以預測禪林將興盛抑或衰落了。」

妙喜曰：「節儉放下❶，乃修身之基，入道之要。歷觀古人，鮮有不節儉放下者。年來衲子遊荊楚，買毛褥，過浙右❷，求紡絲，得不愧古人乎！」

【章　旨】立身節儉，放下貪求之心，是修身的根基，入道的關鍵。

【注　釋】❶放下　佛門指斷絕塵念，捨棄世俗物欲。佛經載佛語外道云：「我教你放下內六根、外六塵、中六識，並者放下的亦須放下。」放下之意本此。❷浙右　浙江之西，指會稽、山陰一帶。

【語　譯】妙喜宗杲和尚說：「立身節約儉樸，捨棄物質私欲，乃是修養身心的根本，奉佛入道的關鍵。歷觀前代的高僧大德，沒有不是持身儉樸、摒棄物欲塵念的。近年來，有僧人到了荊楚之地就購買毛褥氈子，經過浙右之地就購買絲綢衣物。他們如此貪求享受，對照古代之高僧大德難道心中不感到慚愧嗎？」

妙喜曰：「古德❶住持不親常住❷，一切悉付知事❸掌管。近代主者自恃才力有餘，事無大小皆歸方丈❹，而知事徒有其虛名耳。嗟乎，苟以一身之資，固欲把攬❺一院之事，使小人不蒙蔽，紀綱不紊亂，而合至公之論，不亦難乎！」（〈與山堂書〉）

【章旨】禪院住持應當以維持佛法為心，掌握寺務大局，而不應包攬具體事務。

【注釋】❶古德　指已經去世的高僧大德。❷不親常住　意謂長老不直接處理寺院錢財物品之事。常住，指常住物，泛指寺中錢財物資。〈靈源門榜〉云：「住持實同寄客，但以領徒弘法、仰助教風為職事爾。若其常住財物，既非己有，理不得專。悉委職事僧徒，分局主執，照以公私合同支破。」見《石門文字禪》卷二六。又東山慧空〈答余才茂借腳夫書〉云：「今雖作長老……常住有無，一付主事，出入支籍，並不經眼。」見本書卷二。以上二事，皆長老不親常住之例。❸知事　主持具體職事的僧人，如知庫、知客之類。❹方丈　寺院住持長老的住所，代指住持。❺把攬　把持壟斷一切。

【語譯】妙喜宗杲和尚說：「古代的高僧大德擔任住持長老時，他們不直接經手處置寺院財物，一切都交付給具體職事僧人管理。近代寺院住持，他們自以為才力有餘，事情無論大小都權歸方丈，而主事僧人徒有其名。可歎息啊，如果僅以一人之身，要壟斷寺院所有的事務，做到不受小人的蒙蔽，使一切綱目有條不紊，而又符合僧眾的公論，這豈不是困難的事情嗎？」

妙喜曰：「陽極則陰生，陰極則陽生。盛衰相乘❶，乃天地自然之數。惟豐亨宜乎日中❷，故曰：『日中則昃，月滿則虧❸。天地盈虧，與時消息❹。而況於人乎？』所以古之人當其血氣壯盛之時，慮光陰之易往，則朝念夕思，戒謹彌懼。不恣情，不逸欲，惟道是求，遂能全其令聞❺。若夫隳之以逸欲，敗之以恣情，殆於不可救，方頓足扼腕而追之❻晚矣。時乎，難得而易失❼也。」（《薌林書》）

【章　旨】萬物盛極而衰，所以應當珍惜青春，勤修佛法，不可恣情享樂，虛度光陰。

【注　釋】❶盛衰相乘　興盛轉而衰落，二者不停地變化。乘，加；逐。❷豐亨宜乎日中　《周易》之〈豐卦〉，上卦震☳為雷，下卦離☲為日為火。上為震動，下為光明。〈豐卦〉呈現盛大的氣象，就像太陽正當空一樣。〈豐〉之卦辭：「豐，亨，……宜日中。」❸日中則昃月滿則虧　太陽正中，隨之便向西偏斜；月亮圓滿，隨之便會出現虧缺。〈豐〉之彖辭二句作「日中則昃，月盈則食」。❹天地盈虧與時消息　天地一盈一虧，隨著時間的推移而變化。消息，一消一長。虧，〈豐〉之彖辭作「虛」。❺令聞　美好的聲譽。令，美。❻頓足扼腕而追之　以腳跺地，以手握腕，追悔既往。扼腕，手握其腕表示痛惜。❼時乎難得而易失　《史記·淮陰侯列傳》云「功者難成而易敗，時者難得而易失也」，為此語所本。

【語　譯】妙喜宗杲和尚說：「純陽至極則一陰生於其下，純陰至極則一陽生於其下。有盛有衰，二者變化相逐，乃是天地之間自然的規律。《周易》中〈豐卦〉上震為雷，下離為火，火明而雷動，有盛大的氣象，應該像太陽正在當空一樣。所以象辭中又說：『太陽當空就要開始偏西，月亮圓滿就要開始殘缺。天地萬物一盈一虛，隨著時光而消長變化。更何況是人呢？』因此古人在血氣壯盛的青年時代，想到光陰容易流逝。他們朝夕念念不忘於此，並且時時警惕自己，謹慎畏懼，不放縱自己的情志，不貪圖安逸享樂，一心求道，因而能夠成就美好的聲名。若是沉浸在安逸享樂之中而毀滅了青春，縱情恣慾而敗壞了生命，以致到了不可挽救之時，然後才頓足扼腕地表示痛惜追悔，就為時已晚了。時間啊，是難以得到又容易失去的。」

妙喜曰：「古人先擇道德，次推才學，而進當時。苟非良器，置身于人前者，見聞多薄之❶，由是衲子自思砥礪名節而立❷。比見叢林凋喪❸，學者不顧道德，少節義，無廉恥。識淳素為鄙朴，獎囂浮為俊敏❹。是故晚輩識見不明，涉獵抄寫用資口舌之辯，日滋月浸遂成澆漓之風❺。逮語于聖人之道，瞢若面牆❻，此殆不可救也。」（〈與韓子蒼書〉）

【章旨】禪林用人不當，學者不顧道德廉恥，徒爭口舌之辯，語及聖人之道則一無所知，乃是不可救之痼弊。

【注釋】❶見聞多薄之　所見所聞者多輕視其人。薄，輕視；鄙薄。❷砥礪名節而立　磨鍊節操，積累德行，培養聲譽，以求立於當世。名節，節操、美名。❸叢林凋喪　禪林間風氣衰敗不振，僧徒品格墮落、頹喪。凋喪，衰敗至極。❹譏淳素為鄙朴二句　僧人中品格淳素、不事鑽營者，被譏諷為簡陋卑下；而喧鬧奔競、輕浮不實者被推獎為聰敏英俊。囂浮，浮躁；奔逐喧鬧。❺日滋月浸遂成澆漓之風　長期沉浸其中，弊病愈盛，於是形成浮薄之風氣。澆漓，由淳厚變為虛偽，世風浮薄。❻曹若面牆　面向牆壁，一無所見，形容因為不學而暗昧無知。曹，昏晦不明。《論語．陽貨》：「人而不為周南召南，其猶正牆面而立也與！」面牆一詞本此。

【語譯】妙喜宗杲和尚說：「古代禪林舉薦人才，首先選擇有道德者，其次推舉才學之士，使他們進用於當時。倘若不是道德卓越、才能優良者，置身於僧眾之前，所見所聞者常常對他們表示鄙視。因此僧人總是想到磨鍊節操，培養德行，以博得美好的聲譽。近來看到禪林風氣衰敗已極，學禪之人不講道德，缺少節義，沒有廉恥。僧人中有淳樸守節、不事鑽營者被譏諷為簡陋卑下，而那種浮躁不實、喧鬧奔競者則被推許為聰敏英俊。所以後輩初學認識不明，他們將泛泛瀏覽、東抄西寫而記誦的文字去作口舌爭勝的材料，長期沉浸其間，從而形成禪林浮薄之風。如果談起聖人之道，他們便暗昧一無所知。這真是不可救藥的痼弊了。」

妙喜曰：「晦堂❶作〈黃龍題名記〉曰：『古之學者，居則巖穴，食則土木，衣則皮草，不繫心於聲利，不籍名於官府❷。自魏晉、齊梁、隋唐以來，始創招提❸。聚四方學徒，擇賢者規不肖，俾❹智者導愚迷，由是賓主立、上下分矣。夫四海之眾聚于一寺，當其任者誠亦難能。要在總其大、捨其小，先其急、後其緩，不為私利，專利於人。比汲汲為一身之謀❺者，實霄壤矣。』

今黃龍❻以歷代住持題其名于石，使後之來者見而目之曰：孰道德，孰仁義；孰公于眾，孰利於身！嗚呼，可不懼乎！」(石刻)

【章旨】寺院住持應該提倡道德，講究仁義，不為私計，專利他人，方能仰對前賢，無愧後世。

【注釋】❶晦堂　祖心禪師，俗姓鄔，號晦堂，黃龍慧南之弟子。慧南去世後，他繼任黃龍禪寺住持十二年，法門大興。事見《禪林僧寶傳》卷二三。❷不繫心於聲利二句　心中沒有名利之念，姓名不記錄於官府。繫心，心中掛念；嚮往。籍名，登記其名。祖心曾辭潭州大溈住持之請，並說：「馬祖、百丈已前無住持事，道人相求于空閑寂寞之濱而已。其後雖有住持，王臣尊禮為人天師。今則不然，掛名官府如有戶籍之名。」所說與此意近，可互參。見《林間錄》卷上。❸招提　四方僧人之住處，即寺院。❹俾　使；以。❺汲汲為一身之謀　急急忙忙，追求一身之私利。汲汲，急切、繁忙貌。❻黃龍　指晦堂祖心。

【語譯】妙喜宗杲和尚說：「從前晦堂祖心曾作〈黃龍題名記〉道：『古代奉佛學道的人住的是山巖洞穴，吃的是野菜山果，穿的是槲皮草衣，心中從未想到榮名物利，名字也不記錄在官府簿冊之上。自從魏晉、南朝、隋唐以來，才開始創建寺廟。將四方的僧眾聚集在一起，選擇賢善之人規範不肖之徒，用聰明智者來化導愚昧之眾，因此便有了賓主的名義、上下的區分。四海的僧眾聚集在一所寺廟中，承當統領教化責任的住持長老亦屬不易。關鍵在於要總攬大局，分散小權，先辦急務，可緩則後辦，不存心謀取私利，專求有利他人。這比起那些為了一己的私欲而奔波不暇的人，真有天地之隔了。』

現在晦堂祖心將歷屆黃龍禪寺住持之名刻在石上，使將來者看到後便對照著名字說：某某住持有道德節操，某某住持講仁義廉恥，某某住持一心為公，某某住持只為自己一身謀利。嗚呼，任住持長老者難道不應該警惕、有所畏懼嗎？」

張侍郎子韶❶謂妙喜曰：「夫禪林首座之職，乃選賢之位。今諸方不問賢不肖，例以此為僥倖之津途❷，亦主法者失也。然則像季❸固難得其人，若擇其履行稍優、才德稍備、識廉恥節義者居之，與夫險進之徒❹，亦差❺勝矣。」（《可庵集》）

【章旨】禪寺首座之位，應選擇平素操行稍優、才德稍備、識廉恥者任之，而不可讓僥倖求利之輩所佔據。

【注釋】❶張侍郎子韶　張九成，字子韶，號無垢居士。他是紹興二年進士，官至禮部、刑部侍郎。與妙喜交遊，關係甚密，受秦檜迫害，被貶謫多年。事見《五燈會元》卷二〇。❷以此為僥倖之津途　以首座之職事為向上攀援鑽營、求取名利之路。僥倖，追求名利。津途，渡口；道路。❸像季　像法時之末季，佛法衰落訛替之時。像法時指佛教流行的一個時期，在正法時之後，修行者雖多而證果者少，故相對正法時而言處於衰落期。❹險進之徒　以邪惡手段求得名位升遷的人。險，不正派。《左傳》哀公十六年：「以險徼幸者，其求無饜。」❺差　稍。

【語譯】張九成侍郎對妙喜宗杲說：「禪寺首座一職，應是選舉賢者之位。當今各地寺院不管賢者還是不肖之徒，都將首座當成謀取私利及職位升遷的必由之路，這是主導禪林之高僧大德的失誤。雖然佛法衰落之時，難以覓得合適人才，但是若能選擇那些平素行為操守稍顯優秀、才能德行大體齊備、懂得廉恥節義的人擔當首座之職，比起那些邪惡偏私、冒險競進以謀取名利的人，總稍稍要好些了。」

妙喜謂子韶曰：「近代主法者無如真如喆❶，善輔弼叢林莫若楊岐❷。議者謂慈明❸真率，作事忽略，殊無避忌❹。楊岐忘身事之，惟恐不周，惟慮不辦。雖衝寒冒暑，未嘗急己惰容。始自南源，終于興化，僅三十載❺，總柄綱律，盡慈明之世而後已。如真如者，初自束包行腳，逮于應世領徒，為法忘軀，不啻如饑渴者❻。造次顛沛，不遽言，無疾言❼。夏不排窗，冬不附火，一室翛然❽，凝塵滿案。嘗曰：『衲子內無高明遠見，外乏嚴師良友，尠克有成器者。』故當時執拗如孚鐵腳❾，倔強如秀圓通❿，諸公皆望風而偃⓫。嗟乎，二老實千載衲子之龜鑑⓬也。」

（《可庵記聞》）

【章　旨】禪師應當以真如慕喆、楊岐方會為榜樣，為法忘身，輔佐教化，勤懇耐勞，不惰不懈，以期於必成。

【注　釋】❶真如喆　慕喆禪師，撫州臨川聞氏子，翠巖可真之法嗣，號真如。出世潭州大溈山寺，應詔住持京城大相國寺智海禪院。僧傳說他「為人剛簡有高識，以荷法為志，以精嚴立身」。見《禪林僧寶傳》卷二五。❷楊岐　方會禪師，袁州宜春冷氏子，石霜楚圓之弟子。據記載：方會輔佐楚圓，自請領監院一職，勤苦不懈，僧眾皆稱善。他後來住楊岐山普通禪院，大振禪風，開創臨濟宗楊岐派，世稱楊岐方會。事見《禪林僧寶傳》卷二八。❸慈明　即石霜楚圓。楚圓，俗姓李氏，少為儒生，二十二歲出家，依止汾陽善昭，盡領其旨，得承法嗣。曾住持石霜山崇勝寺，故稱石霜楚圓。他的弟子中以黃龍慧南、楊岐方會最為著名，開臨濟宗之黃龍、楊岐兩派。諡曰慈明。見《五燈會元》卷十二。❹作事忽略二句　意謂慈明處事不細緻周密，不知有所迴避、忌諱。《禪林僧寶傳》卷二一說他「忽繩墨」，「平生以事事無礙行心」，當指此。❺始自南源三句　意謂自從慈明住持袁州南源山廣利寺，中經潭州道吾寺、石霜崇勝寺、南嶽福嚴寺，終於潭州興化寺，方會皆輔佐之，時間長達三十年。僅，至。❻為法忘軀二句　唯求佛法而忘記其身，就像饑之思食、渴之思飲一樣。不啻，無異於。據記載：慕喆在湘西時，經常夜坐不睡，以圓木為枕，小睡則枕轉，覺而復起，安坐如故，率以為常。有人說他用心太過，慕喆答曰：「我於般若緣份素薄，若不刻苦勵志，恐為妄習所牽！」為法忘軀，由此可以想見。見本書卷一。❼造次顛沛三句　無論急遽倉卒時，亦或流離困頓中，因為心懷佛法，故言語神色未嘗粗暴急躁。顛，仆倒。沛，樹被拔起，形容遭遇困頓、動亂的情景。《論語・里仁》：「君子無終食之間違仁，造次必於是，顛沛必於是。」❽一室翛然　獨坐一室，自然無心，超脫世俗之貌。翛然，心無所繫之貌。❾孚鐵腳　瑞州洞山永孚禪師，泐潭懷澄之弟子，屬青原下十世。他性情執拗不屈，故禪林云：「平生孚鐵腳，道價喧宇宙。」❿秀圓通　法秀圓通禪師，秦州隴城（今屬甘肅）人，天衣義懷之弟子。曾住持真州長蘆山崇福禪院，後為東京法雲寺第一世長老，賜號圓通。法秀性情倔強孤高，叢林呼為「秀鐵面」。惠洪有贊云：「余至京師，秀化去已逾月。觀法雲叢林，其遺風餘烈尚可想見。及拜瞻其像，面目嚴冷，怒氣噀人。平生以罵為佛事，又自謂叢林一害，非虛言哉！」見《禪林僧寶傳》卷二六。⓫諸公皆望風而偃　禪林諸名宿仰慕其節操德化，如風至而草伏。偃，倒伏。仰倒為偃。《論語・顏淵》：「君子之德，風；小人之德，草。草上之風必偃。」⓬龜鑑　龜可卜吉凶，鑑可別美醜，比喻以為借鑑，自我省察。鑑，銅鏡。

【語　譯】妙喜宗杲和尚對張九成居士說：「近代主持弘揚佛法的僧人沒有能比得上真如慕喆禪師，善於輔佐弘法、成就叢林的僧人沒有能比得上楊岐方會和尚。有人議論說慈明性格率直任真，做事不夠周密細緻，不知道有時需要迴避忌諱。楊岐方會輔助慈明而不顧自身。他兢兢業業，唯恐事務做得不夠周全，唯恐還有地方沒有想到。即使冒著隆冬嚴寒、夏日酷暑，他也從未為自身著急，而顯出倦怠之容。從袁州南源廣利寺開始，到潭州興化寺，楊岐方會輔佐贊助慈明長達三十年之久。他總管寺院綱紀律條，直到慈明去世為止。又如真如慕喆禪師，他自從打起包裹行腳參學，到後來應請出世，率領僧徒，作寺院住持，一直是為了弘法而忘了自身，就像饑渴而思飲食一樣。無論情勢急迫，還是處境困窘，他從來不疾言厲色地對待別人。夏天不開窗乘涼，冬天不圍爐烤火，靜坐一室之中，神情自然而超脫世俗，几案上落滿了灰塵。他曾經說：『僧人如果自身沒有高明遠見，外面又無嚴師良友，少有能夠成就美器的。』所以當時像執拗不屈的孚鐵腳，倔強自負的秀鐵面，這些名僧都如風吹草伏般仰慕他的節操品格。可歎啊，真如慕喆、楊岐方會二位尊宿大德真是千載佛門的龜鑑，後世僧人應該對照省察自己啊！」

子韶同妙喜、萬庵❶三人詣前堂本首座❷寮❸問疾。妙喜曰：「林下人❹身安，然後可以學道。」萬庵直謂不然：「必欲學道，不當更顧其身。」妙喜曰：「爾遮❺漢，又顛耶！」子韶雖重妙喜之言，而終愛萬庵之語為當❻。（《記聞》）

【章　旨】萬庵道顏認為，決心修習佛道者不應當顧惜其身。

【注　釋】❶萬庵　道顏禪師，俗姓鮮于，蜀之潼川人，妙喜宗杲之弟子，號卍庵。卍原是梵文，音讀為萬，故又作萬庵。❷本首座　悟本，江州人，妙喜宗杲之弟子。曾住持饒州薦福寺，故又稱薦福悟本。參見《五燈會元》卷二〇。❸寮　僧舍，此指悟本的宿舍。❹林下人　隱於山間林下的隱士、僧人。❺遮　這。❻子韶雖重妙喜之言二句　《禪林寶訓筆說》云：「妙喜以情通為言，萬庵唯據理而論，各有所見，慎勿泥也。」

【語譯】張九成居士與妙喜宗杲、萬庵道顏三人一起來到悟本首座的住室，探望他的病情。妙喜對悟本說：「作為僧人，首先要身體安好然後才可以修習佛法。」萬庵道顏聽後不同意妙喜的話，他當即說：「決心修證佛法者，不應當顧惜自己的身體。」妙喜批評萬庵道顏說：「你這個人，又發顛狂了嗎！」張九成雖然重視妙喜的話，但還是比較喜歡萬庵道顏所說，因為砥礪後學更為切當。

子韶問妙喜：「方今住持何先？」妙喜曰：「安著禪和子，不過錢穀而已。」時萬庵在座，以謂不然：「計常住所得，善能撙節浮費❶，用之有道，錢穀不勝數矣，何足為慮？然當今住持，惟得抱道衲子為先❷。假使住持有智謀，能儲十年之糧，座下無抱道衲子，先聖所謂坐消信施❸，仰愧龍天❹，何補住持❺？」子韶曰：「首座所言極當。」妙喜回顧萬庵曰：「一個個都似你！」萬庵休去。（《可庵集》）

【章　旨】萬庵道顏主張，寺院住持應以發現與培養操守有道的禪僧為首要之務。

【注　釋】❶撙節浮費　節制開銷，杜絕浪費。撙，節省；節約。❷惟得抱道衲子為先　唯以得到能遵從道德、真修佛法之僧人為首要之事。抱道，持守佛法。❸坐消信施　徒然浪費信眾施捨的財物。《觀佛經》：「虛食信施，以此因緣，食諸鐵丸。」❹龍天　指佛天。佛典以龍（音譯那伽）比喻為佛、阿羅漢。《一切經音義》卷二三：「《孔雀經》名佛為那伽。」❺何補住持　意謂對於弘揚佛法，無所補益。此之住持，乃久住護持佛法之意。

【語　譯】張九成居士問妙喜宗杲和尚：「對於當今寺院長老而言，首要的事務是甚麼？」妙喜回答說：「要安頓好四方歸依的僧人，首先要使寺院錢糧充裕就行了。」當時萬庵道顏在座，他認為不是這樣的，便說：「寺院長老若能依據寺院的收成，量入為出，節約開銷，杜絕浪費，用之有道，則錢糧是用之不盡的，何足為慮？然則當今住持長老，應當以發現與培養真修實證的僧人為首要之務。假使住持長老富有智謀，能夠儲積十年所用的錢糧，然而法席之下沒有得道的僧徒，這就是先聖所說的白白浪費信眾施捨的錢糧，上則有愧於佛天諸祖，對於弘揚佛門大法有何補益？」張九成聽了說：「萬庵所說很有道理。」妙喜回頭對萬庵說：「一個個都像你一樣！」萬庵於是沉默不語。

萬庵道顏禪師

【題　解】道顏禪師（西元一〇九四～一一六四年），俗姓鮮于，潼川飛烏人。號卍庵。卍為佛門符號，表示吉祥之意，唐武后長壽二年敕定音讀「萬」，故又號萬庵。

道顏十七歲出家，曾廣泛地拜訪諸方名緇尊宿。後往參圓悟克勤，一日有得於心，欲往求證，圓悟批評曰：「汝以學解自負，意氣凌人。臘月三十日能自負否？」囑咐他依妙喜宗杲「就其磨礱」。妙喜住持徑山時，他前往參學，朝夕質疑，終得契悟。出世住持薦福、報恩諸寺，晚年住江州東林寺。

道顏立身，注重道德節操。妙喜宗杲被放逐時，他追隨左右，矢志不移。在李成之亂中，他遭叛軍俘獲，曾說：「吾輩學道以義為質，有死而已，何所懼乎！」故張孝祥在〈請道顏住撫州報恩疏〉中云：「顏公禪師傳妙喜之衣，得圓悟之髓，日光玉潔，雷厲風飛。……瞻之仰之，如是三請。」又作〈卍庵贊〉云：「氣骨清羸，抱負雄偉。江西、湖南，掀天撲地。生子當如孫仲謀，景升諸郎豚犬耳！」道顏在當時的聲譽，可以想見。

道顏禪風不俗。他住持圓通寺時，曾上堂說法：「圓通門戶，八字打開。若是從門入得，不堪共語；須是入得無門之門，方可坐登堂奧。」又云：「欲識諸佛心，但向眾生心行中識取；欲識常住不凋性，但向萬物遷變處會取。」這些，都是為了啟發僧眾在對日常萬物、眾生心行的關注與沉思中把握佛法真諦。道顏有〈明道〉偈云：「心如牆壁眼如眉，月餌煙簑下釣磯。湛湛寒光凝一片，波瀾不犯取魚歸。」這是說要在內省中獲得心靈的徹悟。又有〈示眾〉偈云：「磐陀石上共安居，水遠山高一事無。唯有多情峰頂月，夜深移影到階除。」這是要禪僧在天人會合中獲得圓明澄靜的境界。所以道顏的禪風，在堅韌果毅中又透露著平易澄澈的格調。

有關道顏的生平事蹟及法語，可參見《嘉泰普燈錄》（卷十八、卷二九）、《五燈會元》（卷二〇）等書。

【校注】「圓通門戶，八字打開。若是從門入得，不堪共語；須是入得無門之門，方可坐登堂奧。」法體清淨至無餘，說名「圓通門戶」，「圓」字不是一般的形容詞，大般若經每言「圓淨法性」，「通」字亦不是一般形容詞，般若「遠有所離」「遠有所到」，古尊宿謂「曠大劫來不曾壅滯」。圓通即是全方位打開。圓通渾無內外，更不可限不可隔，哪有甚麼門？若有門有戶，那就根本不是圓通。「入得無門之門」，入字是虛詞，絕不是一個人看見一個所在，然後步行進入這個所在。《大般若經》云：「色，自性空，不由空故。」色蘊乃至五蘊本來空性現前，說名為「入得無門之門」。「心如牆壁眼如眉，月餌煙簑下釣磯。湛湛寒光凝一片，波瀾不犯取魚歸。」「心眼」，總不外乎五蘊，「下釣磯」，要入流，要隨流去了。第三句凝住了五蘊，把它打合在一處，第四句最最重要，「波瀾不犯」，法體空性現前之時，五蘊粗用是一時不見的，五蘊六根等等界處一時不見，叫做「波瀾不犯」——若犯了波瀾，就取不了「魚」了。「魚」，活潑潑，自在自在，是解脫漢把握中的空性，這句最重要，確定了解脫漢的有證有得。《大般若經》：「能如實見，說名為證，後智通達，說名為得。」有證有得，你亦如是，我亦如是，一時如是，曠劫前後亦必將如是。「波瀾不犯取魚歸」，解脫漢證得這活潑潑，自在自在的實智慧，從今以後，直至漚滅，剎那剎那，皆可現前，信如六祖所言：若見得，言下即須自見。

萬庵顏和尚曰：「妙喜先師初住徑山❶，因夜參持論諸方❷，及曹洞宗旨❸不已。次日音首座❹謂先師曰：『夫出世利生，素非細事。必欲扶振宗教，當隨時以捄弊，不必取目前之快❺。和尚前日作禪和子❻，持論諸方猶不可妄，況今登寶華王座❼、稱善知識❽耶！』先師曰：『夜來一時之說焉。』首座曰：『聖賢之學，本於天性，豈可率然❾！』先師稽首謝之❿，首座猶說之不已。」

【章　旨】音首座勸告妙喜禪師應該謹慎言談，對於禪門宗派不得輕易評論，隨意褒貶。

【注　釋】❶妙喜先師初住徑山　紹興八年，妙喜應丞相張浚之請住持杭州徑山能仁禪院。❷夜參持論諸方　晚間說法時，妙喜評論各地寺院長老的主張與禪風。夜參，晚間集僧眾聽禪師講經說法。《百丈清規》卷二：「凡集眾開示皆謂之參。」❸及曹洞宗旨　評論中涉及到曹洞宗的思想、觀念及禪風。曹洞宗是由唐代僧人洞山良價與曹山本寂開創的禪宗派別，屬禪門五宗之一。妙喜出家後，一度追隨曹洞宗僧人參學，後來對曹洞宗旨及禪風表示不滿，認為「禪有傳授，豈佛祖自證自悟之法？」遂棄之（見《大慧普覺禪師年譜》）。妙喜評論中，應是對曹洞宗旨有所批評貶責。❹音首座　身世履歷不詳。密庵咸傑有〈讚徑山音首座〉曰：「氣宇雲閑，身心木槁。頂門正眼，紅日杲杲。早投長蘆剗草之機，晚分雙徑人天之座。名山屢招而不赴，一庵超然其高臥。夫是謂叢林前輩典刑，宜與趙州同年而並操者也。」當即此人。❺不必取目前之快　不必圖一時之快意，而隨心批評。❻禪和子　指一般行腳參禪的僧徒。❼登寶華王座　登上寺院住持的法席。寶華王座，即佛座，諸佛恆以蓮華為臺座說法，故用為借喻。❽善知識　佛門之師友，能引導眾人修道學佛者。此用為寺院住持的代稱。❾率然　輕率；馬虎。❿先師稽首謝之　妙喜賠禮認錯，表示道歉。《禪林寶訓筆說》云：「首座有直言敢諫之誠，和尚有寬宏納諫之量，咸可以為人天法式。」所說可參。

【語譯】萬庵道顏和尚說：「妙喜先師剛開始住持徑山禪院時，有次夜參議論各地寺院的禪法主張，說到曹洞宗的禪風手段，滔滔不絕。第二天，音首座便對妙喜先師進言道：『寺院長老應請出世教化眾生，事關重大。若要做到振興佛門，化導信眾，應當隨時糾正偏失，克服弊端，不必貪圖目前一時快意，隨心褒貶其他宗派。和尚您以前作行腳禪僧時，尚且不肯妄加評說諸方禪風，況且如今登上蓮華寶座、作了住持長老呢？』妙喜先師回答說：『昨晚未加深思，一時偶然說道罷了。』音首座又說道：『要成就聖賢之道，就要以自身本有的佛性為本，豈可以輕率從事？』妙師先師於是賠禮認錯。音首座聽了，還說個不肯罷休。」

萬庵曰：「先師竄衡陽❶，賢侍者錄貶詞，揭示僧堂前。衲子如失父母，涕泗愁歎，居不遑處❷。音首座詣眾寮白之，曰：『人生禍患不可苟免。使妙喜平生如婦人女子，陸沉下板❸，緘默不言，故❹無今日之事。況先聖所應為者，不止於是，爾等何苦自傷？昔慈明❺、瑯琊❻、谷泉❼、大愚❽結伴參汾陽❾，適當西北用兵，遂易衣混火隊中往❿。今徑山衡陽，相去不遠，道路絕間關⓫，山川無險阻。要見妙喜，復何難乎？』由是一眾寂然。翌日相繼而去。」（《廬山智林集》）

【章　旨】妙喜受到迫害，被貶逐衡陽，其弟子欽慕師父的道學人品，紛紛追隨而去。

【注　釋】❶先師竄衡陽　紹興十一年，妙喜宗杲因與朝臣張九成來往密切，為奸相秦檜所忌恨，遂誣以訕謗朝政。宗杲被開除僧籍，流放湖南衡陽凡十年。見〈大慧普覺禪師塔銘〉。❷居不遑處　形容惶惶不可終日。遑，閒暇。處，安定。❸陸沉下板　沉淪在下位，對於世事愚昧無知。陸沉，昏昧不解世事之意。《論衡・謝短》：「夫知古不知今，謂之陸沉。」❹故　固；必定。❺慈明　即石霜楚圓。俗姓李氏，二十歲出家。依止汾陽善昭，盡領其旨，得承法嗣。曾住持石霜山崇勝寺，謚曰慈明。他是宋代最著名的禪僧，其弟子黃龍慧南、楊岐方會分別開臨濟宗之黃龍、楊岐兩派。❻瑯琊　慧覺廣照禪師，西洛人。得法於汾陽善昭，後來住持於滁州瑯琊山，世稱瑯琊慧覺。與雪竇明覺並稱為「二甘露門」。見《五燈會元》卷十二。❼谷泉　泉州人，汾陽善昭之弟子，號大道。曾住持南嶽芭蕉庵，世稱芭蕉庵主、芭蕉谷泉。事見《禪林僧寶傳》卷十五。❽大愚　守芝禪師，汾陽善昭之弟子，住持瑞州大愚山弘法，世稱大愚守芝。見《五燈會元》卷十二。❾汾陽　善昭禪師，宋代著名禪師。他少年出家，廣泛參學，為首山省念之弟子。應請出世住持汾州太子禪院弘法，名振一時，天下道俗欽仰，稱曰汾陽禪師。有語錄傳世。事見《禪林僧寶傳》卷三。❿易衣混火隊中往　據載：慈明與守芝、谷泉俱結伴入洛中，聞汾陽昭禪師道望為天下第一，決志親依。時朝廷方問罪河東，潞澤皆屯重兵，多勸其無行。慈明不顧，渡大河，登太行，易衣類廝養，竄名火隊中，露眠草宿，遂造汾陽。易衣，換上俗人衣服。火隊，隊伍。事見《禪林僧寶傳》卷二一。⓫間關　崎嶇展轉，道途艱險難行。

【語譯】萬庵道顏和尚說：「妙喜先師遭受迫害，被貶逐衡陽。賢侍者將抄錄的貶逐文告張貼在僧堂前。僧徒們見到這份文告，如同失去父母的孤兒一樣憂愁歎息，落淚不止，惶惶不安，坐處不寧。音首座於是來到僧眾的住室，對大家說：『人生會遭遇禍患，這是不可以苟且求免的。如果妙喜老師平時像婦人女子一般蒙昧不知世事，處在下位，總是沉默不言，固然不會有今日遭受迫害之事。況且前輩宗師大德虔誠求法，每遇艱苦磨難，也並不會因此而停止，你們又何苦自尋悲傷？從前慈明與瑯琊慧覺、芭蕉谷泉、大愚守芝結伴往參汾陽善昭禪師，正遇上西北一帶發生戰事，他們便脫下僧衣，換上俗人服裝混在隊伍中前往。如今徑山到衡陽相距並不遙遠，道路沒有關隘，山川也不險阻。要見到妙喜老師又有何難處呢？』音首座一席話說得僧徒都靜默無語。第二天，這些僧徒都相繼往衡陽，追隨妙喜而去。」

萬庵曰：「先師移梅陽❶，衲子間有竊議者。音首座曰：『大凡評論於人，當於有過中求無過，詎可於無過中求有過！夫不察其心，而疑其跡❷，誠何以慰叢林公論？且妙喜道德才器，出於天性❸；立身行事，惟義是從❹。其量度固❺過於人。今造物抑之，必有道矣❻。安得不知其

為法門異時之福耶？』聞者自此不復議論矣。」（《智林集》）

【章　旨】評論人物應該考察其本心，在有過中求無過；而不可僅僅看重其形跡，在無過中求有過。

【注　釋】❶先師移梅陽　妙喜在放逐衡陽期間，裒集古尊宿機緣法語，略加按語評點，編為三卷，名曰《正法眼藏》。又因前參政李公大發、翰林汪公彥章多次通信問道，引起當政者不滿，妙喜被再次貶逐廣東梅陽。其地更荒僻，條件更惡劣。見《佛祖歷代通載》卷三〇。❷不察其心二句　意謂妙喜意在弘揚佛法，存心正大光明，而有人不察妙喜之本心，僅僅置疑於具體的形跡。跡，外在之形相。❸妙喜道德才器二句　意謂妙喜之道德、才調、器識，皆出自本性，故真實無欺也。妙喜〈示成機宜〉云：「忠義者處奸邪中，如清淨摩尼寶珠置于淤泥之內，雖百千歲不能染污。何以故？本性清淨故。」與此意相通，可參。❹立身行事二句　妙喜〈示成機宜〉云：「菩提心則忠義心也，名異而體同。但此心與義相遇，則世出世間一網打就，無少無剩矣。」所說與此相通，可互參。見《大慧普覺禪師語錄》卷二四。❺固　自；本。❻今造物抑之二句　意謂妙喜遭受如此迫害，被再貶此荒僻瘴癘之地，乃因果定數使然。造物，世間萬物之主宰，隱指朝廷。道，指定數。妙喜〈答馮給事濟川書〉中云：「今坐此得罪，事體昭明，豈非偶然！皆前報世中因緣會遇，一切歡喜順受，償足自定矣。」參見〈大慧年譜〉。

【語　譯】萬庵道顏和尚說：「妙喜先師再度被放逐梅陽，當時僧徒中有人在私下議論。音首座說道：『大凡評論一個人，應當在此人有過失之中，探求無過失之理。怎麼可以在無過失之中，尋求其有過之理呢？不考察妙喜老師的光明本心，而置疑其外在形跡，這樣何以安撫禪林之公論呢？

再說妙喜老師的道德才華、見識格調均出自本性，平時立身應世、言談行事都是以道義為準繩。他的器量胸襟本來超過常人，如今遭受造物的壓抑，必然有其定數在內。今日之禍，何以知道不是將來佛門之福呢？』凡聽了音首座這一番話的僧徒，從此便不再議論了。」

音首座謂萬庵曰：「夫稱善知識❶，當洗濯其心❷，以至公至正接納四來。其間有抱道德仁義者，雖有讎隙❸必須進之。其或姦邪險薄❹者，雖有私恩必須遠之。使來者各知所守，一心同德，而叢林安矣。」

（〈與妙喜書〉）

【章旨】寺院住持應以至公至正之心接納四方信眾，而不可待之以私心。

【注釋】❶善知識　本指佛門之師友，能引導信眾修道奉佛者，此用指寺院住持長老。❷洗濯其心　去其偏私之心，莫存染污之念。濯，洗去污垢。❸讎隙　怨仇隔閡。讎，仇。隙，指情感上的裂痕。❹險薄　邪惡刻薄。

【語譯】音首座對萬庵道顏說：「作為寺院住持，被人尊稱為佛門善知識，就應當洗滌自己的偏私之心，以完全公正的態度接待四方的信眾。其中若有堅持道德、胸懷仁義者，即使他與自己有過怨恨隔膜也必須要推薦進用。其中若有心思奸邪、性情險薄者，即使他與自己有過私遇之恩也必須疏遠他。這樣使前來歸依者心中都知道堅守道義的原則，上下同心同德，如此則禪林寺院便自然安寧了。」

又曰：「凡住持者，孰不欲建立叢林❶，而鮮能克振者，以其忘道德、廢仁義、捨法度、任私情，而致然也。誠念法門凋喪，當正己以下人❷，選賢以佐佑❸，推獎宿德❹，疏遠小人，節儉修於身，德惠及於人。然後所用執侍之人，稍近老成者存之，便佞❺者疏之，貴無醜惡之謗、偏黨❻之亂也。如此則馬祖、百丈可侔❼，臨濟、德山可逮❽。」（《智林集》）

【章旨】寺院住持應該勤修道德，選任賢者，推獎宿德，疏遠小人，方能建立振興叢林的功業。

【注釋】❶建立叢林　意謂振興禪林、重新建立馬祖道一、百丈懷海在世時那種叢林興盛的局面。叢林，大寺院。❷正己以下人　端正自己的道德風範，謙虛以待僧眾。下人，謙讓待人。❸選賢以佐佑　選擇賢者以相輔助，置之左右。佐，輔助，又通「左」。佑，幫助。又通「右」。❹推獎宿德　推崇獎勵老成有德者。宿德，指老成持重而有德望者。❺便佞　言辭乖巧、善於阿諛逢迎。便，善辯。佞，善諛。❻偏黨　為謀求私利，而勾結成朋黨。黨，阿附以徇私。《尚書・洪範》：「無偏無黨，王道蕩蕩。」❼馬祖百丈可侔　可以建立與馬祖道一、百丈懷海同等的功業。馬祖道一，慧能高徒南嶽懷讓之弟子，俗姓馬，人稱馬祖。他在唐大曆年間曾在鍾陵開元寺弘法，學者雲集，得法弟子有一百三十九人之多。百丈懷海，俗姓王，馬祖道一之弟子。他曾在江西大雄山（百丈山）弘法，創立禪院制度，制定《禪門規式》，對後世影響極為深遠，人稱百丈禪師。侔，相等。❽臨濟德山可逮　可以追步臨濟義玄、德山宣鑒，獲得同樣的成就。臨濟義玄，俗姓邢，唐大中年間在鎮州建臨濟院弘法，開禪門臨濟宗。德山宣鑒，俗姓周，唐大中初曾住持德山古德禪院，大振宗風，蔚為一大叢林。二人對於後世禪風影響巨大，他們接引學人的手段被概括為「臨濟喝，德山棒」。

【語　譯】音首座又說：「大凡寺院住持，誰不願意振興禪林，重現佛門興盛繁榮的場面，然而卻少有人能夠達成這一目標。因為他們忘記了道德、荒廢了仁義、捨棄了法度，放縱一己之私情，因此便出現了上述局面。如果寺院長老真誠地憂慮佛法衰敗、宗門凋弊的局面，想要有所挽救，就應當端正自身的道德風範，謙虛地對待僧眾，選舉賢者在自己的左右，推崇獎勵有道德的僧人，疏遠奸邪小人。對自己節儉以修身，對僧眾施德以惠人。然後對於身邊執事侍奉之人，稍近老成持重者便留下來，對於花言巧語、阿諛逢迎者便疏離他們。貴在使得耳邊沒有醜惡卑污的讒言，身邊沒有偏私之輩的攪亂。若能如此，則可以再建馬祖道一、百丈懷海同等的功業，可以追步臨濟義玄、德山宣鑒，而取得同樣的成就。」

音首座曰：「古之聖人以無災為懼❶，乃曰：天豈棄不穀乎❷！范文子❸曰：『惟聖人能內外無患，自非聖人，外寧必內憂❹。』古今賢達知其不能免，嘗謹其始，為之自防。是故人生稍有憂勞，未必不為終身之福。蓋禍患謗辱，雖堯舜不可逃❺，況其他乎？」（〈與妙喜書〉）

【章　旨】憂勞是人生的良藥。故當外在環境安寧之時，應在內心保存一份憂患意識。

【注　釋】❶以無災為懼　天不降災，國君則生畏懼之心。據載云：楚莊王時天不見妖，地不出孽，莊王則心生戒懼，祈禱於山川曰：「天其忘予！」見唐余知古《渚宮舊事》卷一。古人認為「妖孽者，天所以警天子諸侯也」（見《說苑・敬慎》），「見妖而為善，則禍不至」（見《呂氏春秋・制樂》）。今無天災，即天不降妖孽警示世人，是上天遺棄此國君也，故生畏懼之心。❷天豈棄不穀乎　上天難道忘記我了嗎。棄，遺忘。不穀，不善，古代王侯自稱。❸范文子　春秋時晉之大夫，名士燮，士會（隨季）之子。士會初食邑於隨，後更受范地。士燮卒諡文子，故又稱范文子。❹惟聖人能內外無患三句　意謂唯有聖人治國可使既無內憂，又無外患。既非聖人治國，則無外患必有內憂。三句見《左傳》成公十六年。❺禍患謗辱雖堯舜不可逃　遭逢禍災，受到誹謗或侮辱，如此之事即使堯舜那樣的聖君亦不可逃脫。據載：堯曾殺其長子（見《莊子・盜跖》），故有人說他不慈；舜之父瞽叟與弟象欲合謀殺舜，舜乃放逐瞽叟、殺象（見《韓非子・忠孝》），故有人說舜不仁不孝。《呂氏春秋・當務》云：「堯有不慈之名，舜有不孝之行。」《淮南子・氾論訓》云：「堯舜湯武世主之隆也……然堯有不慈之名，舜有卑父（謂瞽叟遭放逐，降在庶民）之諺，湯武有放弒之事。」皆此之類也。

【語　譯】音首座說：「古代的聖人若是國內不遇災禍就會心生戒懼，便說：難道上天將我忘記了嗎？范文子曾經說道：『只有聖人治國方能內外都無禍患。自非聖人，則外在之安寧必生內憂。』古今賢達之士知道憂患不能免除，於是從一開始便克謹克慎，為之自我防範。所以人生稍有憂患勞累之事，未嘗不是長遠之福。因為遭逢禍患、受到誹謗侮辱，即使堯舜那樣的聖人也不可逃脫，更何況其他人呢！」

萬庵顏和尚曰：「比見叢林絕無老成之士，所至三百五百，一人為主，多人為伴，據法王位❶，拈槌豎拂❷，互相欺誑。縱有談說，不涉典章，宜其無老成人也❸。夫出世利生，代佛揚化，非明心達本，行解相應❹，詎敢為之？譬如有人妄號帝王，自取誅滅，況復法王，如何妄竊❺！烏乎，去聖逾遠，水潦鶴之屬又復縱橫❻，使先聖化門日就淪溺❼。吾欲無言，可乎？屬❽庵居無事，條陳傷風敗教、為害甚者一二，流布叢林。俾❾後生晚進知前輩兢兢業業，以荷負大法為心，如冰凌上行，劍刃上走❿，非苟名利也。知我罪我，吾無辭焉⓫。」（《智林集》）

【章旨】寺院住持應該明悟本性，行解一致，兢兢業業，以擔荷佛法為心，而不能欺誑世人，苟且以獲得名利。

【注　釋】❶據法王位　指住持據法席之上，代佛說法。法王，佛的稱號。❷拈槌豎拂　拈起槌柄，豎起拂子，是禪師示機說法，接引學人的常用動作。槌，或作「椎」。拂子，是禪寺中撣灰塵、驅蚊蠅的用具。❸不涉典章二句　意謂上堂說法，不依歷代祖師正法眼，因此難以培育出老成有德者是自然的事了。《詩・大雅・蕩》曰：「雖無老成人，尚有典刑。」❹明心達本二句　明悟自身之本心，所行與所解相一致。行解，修行與知解。❺譬如有人妄號帝王四句　猶如世間窮人妄自稱王稱帝，則將遭誅殺，自取滅亡。況且法王乃佛之尊號，自心未明，如何妄據住持之法席，而竊法王之名！此四句見《楞嚴經》卷六。❻水潦鶴之屬又復縱橫　指違背佛祖意旨之論說，如水潦鶴之類又縱橫泛濫於禪林。水潦鶴，又作水白鷺、水白鶴、水老鶴，是一種難見的鳥。據《毗奈耶雜事》卷四〇載：「阿難陀與諸比丘在竹林園，有一比丘說頌曰：『若人壽百歲，不見水白鶴。不如一日生，得見水白鶴。』時阿難陀聞已，告彼比丘曰：『汝所誦者，大師不作是語。然佛世尊作如是說：若人壽百歲，不了於生滅。不如一日生，得了於生滅。』……彼聞教已，便告其師。師曰：『阿難陀老闇，無力能憶持。出言多忘失，未必可依信。汝但依舊如是誦持。』」又見《阿育王傳》。❼先聖化門日就淪溺　佛祖教化之門日復一日趨於衰沒不振。淪溺，沉沒；湮沒。❽屬　值；遇。❾俾　使。❿如冰凌上行二句　如同行走在層冰、劍刃之上，小心翼翼，唯恐因不慎而傷害佛法教化。凌，積冰。⓫知我罪我二句　意謂自己揭示如此傷風敗教、為害叢林之事，有人以此知我之心志，有人反以此為我之罪錯，我都接受而不予推辭。《孟子・滕文公下》：「孔子懼，作《春秋》……曰：知我者其惟《春秋》乎，罪我者其惟《春秋》乎！」

【語　譯】萬庵道顏和尚說：「近來所見禪林之中，竟絕無老成篤實之士。所到之處，或三百人，或五百人共處一方禪院，以一人居在方丈為住持，多人為輔助的伴侶。住持登上法王的寶座，拈起槌柄，豎起拂子，裝模作樣，互相欺騙。縱然有些談論，都是信口杜撰，與歷代祖師正法眼藏沾不上邊，這怎麼可能培育出老成篤實的禪師呢？作為住持長老，出世弘法，利益眾生，代表佛祖宣揚教化，倘非明悟自心，洞徹本源，所行與所解完全一致，豈可以妄意為之？譬如有百姓妄自稱王稱帝，只能是自取其罪，招致誅戮的下場。何況法王乃佛的化身，豈可無真實道德而竊據法席呢？嗚呼，距離佛祖之世愈遠，水潦鶴之類違背佛祖意旨的謬論邪說縱橫泛濫，先輩祖師教化之門日漸衰落。我若是沉默不語，行嗎？恰值寺院閒暇無事，謹將我所觀察到的傷風敗教、為害叢林最為嚴重的事端略陳一二，公佈通告於諸方禪寺間。使後生晚進之輩知道前代禪師兢兢業業，全心全意地以擔負佛法為己任，這就像在積冰之上小心翼翼，又像行於劍刃般心懷戒懼，而絕非僥倖圖得名利的事情。知我者以我之言為是，罪我者以我之言為非，我都一概接受，而不會推辭的。」

萬庵曰：「古人上堂，先提大法綱要，審問大眾❶，學者出來請益，遂形問答。今人杜撰四句落韻詩❷，喚作釣話❸。一人突出眾前，高吟古詩一聯，喚作罵陣。俗惡俗惡，可悲可痛，前輩念生死事大❹，對眾決疑，既以發明，未起生滅心❺也。」

【章旨】當今禪師說法已落俗惡程式，喪失了佛門宗旨，裝腔作勢，可悲可痛！

【注釋】❶審問大眾　多方設問，啟發僧眾。審，詳細。《中庸》：「博學之，審問之。」❷杜撰四句落韻詩　編造四句不合聲韻要求的詩。杜撰，胡亂編造。落韻，即出韻、犯韻。寫舊體詩有用韻的規範，逸出規定韻部之外，便是落韻。❸釣話　又稱釣語、索話，引出學者疑問之義，故云。❹生死事大　禪宗認為只有證悟自身佛性，認識本來面目才能超脫生死輪迴，事關重大。《六祖壇經・機緣品》：「生死事大，無常迅速。」❺生滅心　指執著於生滅、人我之心，是一種妄見。

【語譯】萬庵道顏和尚說：「古代禪師上堂說法，首先提出所說佛法之宗旨，概舉其綱要，多方發問以啟發僧眾，有學者出來請教，於是形成問答。今人胡編四句不符合聲韻格調的詩，叫做釣話。一人突然出現在僧眾前，高吟一聯古詩，叫做罵陣，以為法戰。真是庸俗惡劣、庸俗惡劣啊，令人可悲可痛！前輩禪師想到引導信眾超脫生死輪迴事關重大，所以對眾解答疑問，都是為了發明宗旨，本身並沒有生起辯論勝敗的顛倒計著之心，更不會希望後學生起這樣的心。」

萬庵曰：「夫名行尊宿❶至院，主人陞座，當謙恭敘謝，屈尊就卑❷，增重之語。下座同首座大眾，請陞于座，庶聞法要❸。多見近時相尚舉古人公案，令對眾批判，喚作驗他❹。切莫萌此心。先聖為法忘情，同建法化，互相訓唱，令法久住❺。肯❻容心生滅，與此惡念耶？禮以謙為主，宜深思之。」

【章　旨】禪林寺院對待前來的尊宿，應當謙遜有禮，切勿生爭強好勝之心，有傷佛門教化。

【注　釋】❶尊宿　指年高有德望的僧人。宿，前輩。❷屈尊就卑　委屈尊貴的身分，與地位較卑下的人交往，表示對客人的尊敬。《禮記・郊特牲》：「此降尊以就卑也。」❸庶聞法要　希望聽來者講說佛法要旨。庶，希冀；願。❹多見近時相尚三句　近來常見對待來訪之尊宿，舉一古人公案，讓他當眾評說，測量其領悟深淺、機鋒水準，名曰考驗他，相互如此，成為時尚。驗，勘驗；考察。❺互相詶唱令法久住　意謂前代高僧大德相互拈提評唱，並非由於人我之念、好勝之心，而是為了弘揚佛法，使之長久安住世間。詶，同「酬」。❻肯　豈肯，反詰之意。

【語　譯】萬庵道顏和尚說：「若是年高有德的禪師來到寺院，住持長老登座說法，應當態度謙遜恭順，表示感謝前輩來此，實在是降尊以就卑，言語要格外厚重有加。下座之後，與首座及僧眾一起邀請前來的禪師陞上法席，表示希望聽他主動宣講佛法要旨。近期常見的做法是，先舉一段古人公案，令來者當眾評說判斷，喚作勘驗來者，相互成為時尚。切切不要萌生這種心思！前輩高僧大德為了弘揚大法，忘懷個人之情，他們為了共建佛門教化，相互酬答評唱，為的是使佛道長久流傳人間。豈肯萌生這種執著人我、爭強好勝之心，興起如此惡劣的意念呢？賓主之禮儀原以謙讓為主，人們對此應當深思。」

萬庵曰：「比見士大夫、監司、郡守❶入山有處，次日令侍者取覆長老：『今日特為某官陞座。』此一節猶宜三思。然古來方冊❷中雖載，皆是士大夫訪尋知識❸而來，住持人因參次，略提外護教門、光輝泉石❹之意。既是家裏人，說家裏兩三句淡話，令彼生敬，如郭公輔❺、楊次公❻訪白雲❼，蘇東坡❽、黃太史❾見佛印❿，便是樣子也。豈是特地妄為，取笑識者？」

【章　旨】禪林長老接待朝中士大夫及地方官員應存大體，格調自然，不宜特意安排，以免貽笑於人。

【注　釋】❶監司郡守　泛指州郡地方長官。監司，宋代轉運使、提點刑獄官有監察地方官員之責，又稱監司。❷方冊　舊謂通版為方，串聯竹簡為冊，方冊泛指典籍。❸訪尋知識　探訪佛門善知識。知識，朋友之異名，此指有道禪師。❹外護教門光輝泉石　意謂希望來者以官員身分護持佛門，使山寺因之而泉石生輝。外護，指供給衣服飲食，使得佛徒能安穩修行，是自外之護持。❺郭公輔　名祥正，字一作功輔，號淨空居士，太平州當塗人。少時有詩名，後登進士第，曾任端州知州。白雲守端住廬山歸宗寺時，他曾前往叩問心法。白雲守端遷舒州海會寺，他又自當塗渡江往謁。問答機語，參見《羅湖野錄》卷四。❻楊次公　楊傑，字次公，自號無為子。他性喜禪道，歷參名宿，晚從天衣義懷遊，後又歸心淨土宗。本書卷一有「白雲謂無為子曰」一節，可知楊傑曾經向白雲守端問道。❼白雲　守端禪師，衡陽葛氏（一說周氏）子，臨濟宗楊岐方會之弟子，曾經住持舒州白雲山海會禪院，故稱白雲守端，為宋代著名之禪僧。見《禪林僧寶傳》卷二八。❽蘇東坡　蘇軾，字子瞻，號東坡居士。他是宋代著名學者、文學家。他一生好與禪僧遊，尤與佛印禪師交情深厚。據載：一日佛印正與學徒坐次，適東坡居士前來。佛印曰：「此間無坐榻，居士來此作甚麼？」東坡曰：「暫借佛印四大為坐榻。」佛印曰：「山僧有一問，居士若道得即請坐。道不得，即輸腰下玉帶子。」東坡欣然曰：「便請！」佛印曰：「居士適來道暫借山僧四大為坐榻。只如山僧四大本空，五陰非有。居士向甚麼處坐？」東坡不能回答，遂留玉帶。佛印卻贈以雲山衲衣。東坡乃作偈曰：「百千燈作一燈光，盡是恆沙妙法王。是故東坡不敢惜，借君四大作禪床。」又曰：「病骨難堪玉帶圍，鈍根仍落箭鋒機。會當乞食歌姬院，奪得雲山舊衲衣。」又曰：「此帶閱人如傳舍，流傳到我亦悠哉。錦袍錯落猶相稱，乞與佯狂老萬回。」佛印則以二偈謝曰：「石霜奪得裴休笏，三百年來眾口誇。爭似蘇公留玉帶，長和明月共無瑕。」又曰：「荊山卞氏三朝獻，趙國相如萬死回。至寶只應天子用，因何留在小蓬萊！」事見《叢林盛事》卷上。❾黃太史　黃庭堅，字魯直，號涪翁、山谷道人，洪州分寧（今江西修水）人。他是宋代著名文學家、書法家，「蘇門四學士」之一，曾官秘書省校書郎、秘書丞兼國史編修官。他因受到黨爭牽連，一再遭貶逐。最後被羈管宜州（今屬廣西），死於該地。黃庭堅喜好禪學，曾經向晦堂祖心問道。據載：他曾隨佛印參禪，問佛印道：「雙林滅後誰為佛，海印發光印是誰？」佛印答曰：「江南東瓜江北種，江北西瓜江南栽。」黃庭堅未悟，次日佛印復曰：「天地玄黃未見黃，輸盤造閭未見堅。如何是黃庭堅？」黃乃起身拱立。佛印曰：「我不問這黃庭堅。」見《禪林寶訓筆說》。❿佛印　了元禪師，字覺老，賜號佛印，宋代雲門宗僧人。他一生九坐道場，名動朝野。與朝中士大夫交往甚密，能文善詩。事蹟見《禪林僧寶傳》卷二九。

【語　譯】萬庵道顏和尚說：「近來看到朝中士大夫或監司、郡守等地方官員進山處理事務，第二天就讓侍者通報寺院長老：「今天請專為某官上堂說法。」」這件事還應慎重，三思而後行。從古以來的佛門典冊雖然對這類事有所記載，但都是士大夫專門尋訪善知識而來。住持長老在參禪說法之餘，隨機開導，稍稍提及官員應護持法門，使禪寺泉石生輝之意。既入禪寺尋訪善知識，便是佛門自家人，自家人在一起說兩三句平常話，使他生出敬佛之心。就像郭功甫、楊次公拜訪白雲守端，蘇東坡、黃山谷拜訪佛印了元一般，便是榜樣了。難道有必要特地升堂、專設法席嗎？倘若節外生枝，隨心妄為，那只能為有識之士所笑。」

萬庵曰：「古人入室❶，先令挂牌。各人為生死事大，踴躍來求決擇❷。多見近時，無問老病，盡令來納降款❸。有麝❹自然香，安用公界驅之？因此妄生節目，賓主不安，主法者當思之❺。」

【章　旨】禪寺長老應以佛法引導僧眾悟道，而不可強令信徒入室以示誠敬之意。

【注　釋】❶入室　指久參弟子入禪師之室問道，聽師說法，故又稱入室弟子。禪師亦藉此機會考察弟子，有所針對地重點指導。敕修清規曰：「入室者，師家勘辨學子，策其未至，擣其虛亢，攻其偏重。」❷決擇　判明道理，斷除疑惑。汾陽善昭曾說：「古德已前行腳，聞一箇因緣未明，中間直下飲食無味，睡臥不安，火急決擇，莫將為小事。」見《五燈會元》卷十一。❸降款　順服；誠心歸依。款，忠實；誠敬。❹麝　獸名，似鹿而小，腹部有香腺，香氣濃烈，名曰麝香。❺主法者當思之　《筆記》云：「敬生於誠，誠仰其德。我果備德，鬼神將來室，何況人乎？」所說可參考。

【語　譯】萬庵道顏和尚說：「古代寺院入室之前，先讓侍者掛牌以曉示僧眾。僧徒為了證得自心佛法、超越生死輪迴的大事，故爭先恐後地踴躍前來求長老為他判斷是非、釋疑解惑。近時以來，常見寺院長老不問僧徒是老者抑或病人，都強令他們前來表示忠誠歸順之心。所謂有麝自然香氣遠播，有佛法自然有人前來問道皈依，何必要劃定界限強使前來呢？因此而妄自生出枝節條目，賓主都不得安寧。禪林主法者對此應當想一想。」

萬庵曰：「少林初祖衣法雙傳❶。六世衣止不傳❷，取行解相應，世其家業❸。祖道愈光，子孫益繁。大鑑❹之後，石頭❺、馬祖❻皆嫡孫，應般若多羅懸讖❼『要假兒孫腳下行』❽是也。二大士玄言妙語，流布寰區，潛符密證者比比有之❾。師法既眾，學無專門，曹溪源流，派別為五❿。方圓任器，水體是同⓫，各擅佳聲，力行己任。等閑垂一言，出一令，網羅學者，叢林鼎沸，非苟然也。由是互相酬唱，顯幽闡微，或抑或揚，佐佑法化⓬，語言無味，如煮木札羹、炊鐵釘飯⓭，與後輩咬嚼⓮，目為拈古⓯。其頌始自汾陽⓰，暨雪竇宏其音⓱，顯其旨，汪洋乎不可涯。後之作者，馳騁雪竇而為之⓲，不顧道德之奚若，務以文彩煥爛相鮮為美，使後生晚進不克見古人渾淳大全之旨。烏乎，予遊叢林，及見前輩非古人語錄不看，非百丈號令⑲不行。豈特好古，蓋今之人不足法也。望通人達士，知我於言外⑳可矣。」

【章旨】佛門僧眾應體悟禪宗祖師渾淳精妙之旨，而不要為後世表面華麗的文字辯說所炫惑，以免誤入歧途。

【注釋】❶少林初祖衣法雙傳　意謂禪宗初祖菩提達摩傳法於二祖慧可，當時既傳袈裟，又傳心法，故為雙傳。據載：達摩，本為天竺僧人，南朝蕭梁時來到廣州，並遊歷各地傳授禪學。他曾經至建康面見梁武帝蕭衍，後又渡江北上至嵩山少林寺面壁靜修，人莫能測，稱之為壁觀婆羅門。他傳法慧可時，告之曰：「昔如來以正法眼付迦葉大士，展轉囑累，而至於我。我今付汝，汝當護持。並授汝袈裟，以為法信。」又曰：「內傳法印，以契證心；外付袈裟，以定宗旨。」見《五燈會元》卷一。❷六世衣止不傳　禪宗六祖慧能以前，傳法之際，同時交付袈裟，以為法信。到慧能之時，只傳佛法，不傳袈裟。《六祖壇經・付囑品》：「今為汝等說法，不付其衣，……衣不合傳。」❸取行解相應二句　選擇修行與知解內外相符的僧徒繼承禪門宗風，世代相傳。行解相應，指內得心法、外能履行、真修實證者。❹大鑑　指六祖慧能。唐憲宗時，詔諡大鑑禪師。見柳宗元〈賜諡大鑑禪師碑〉。❺石頭　指石頭希遷。希遷，端州高要人，俗姓陳。他初往曹溪參慧能，後來師事青原行思，超悟絕倫，得承法嗣。天寶初，他來到南嶽衡山南寺，寺東有巨石如臺，希遷結庵其上，人稱石頭和尚。見《五燈會元》卷五。❻馬祖　指馬祖道一。道一，漢州什邡人，因俗姓馬，故稱馬祖。他初習禪於衡山，遇六祖慧能之高徒懷讓以磨磚不能成鏡啟發他，因得大悟，師事懷讓十年。後來住持鍾陵（今江西南昌附近）開元寺，四方參學者雲集門下，宗風大盛。他與石頭希遷並稱為當時兩大禪匠。見《五燈會元》卷三。❼般若多羅懸讖　般若多羅是西天第二十七代祖師，是禪宗東土初祖菩提達摩之師。懸讖，預言未來的讖語。據載：般若多羅傳法於菩提達摩之後，指示云：「待吾滅後六十七載，當往震旦（即中國），設大法藥，直接上根。」般若多羅並留下偈語預言佛教在中國的發展盛衰，即懸讖。見《五燈會元》卷一。❽要假兒孫腳下行　《五燈會元》載般若多羅偈云：「震旦雖闊無別路，要假兒孫腳下行。金雞解御一粒粟，供養十方羅漢僧。」注云：「事具《寶林傳》及《聖冑集》。」語本此。❾潛符密證者比比有之　謂暗中修行以求證悟者甚眾，故有待傳法引導也。據載：初祖達摩傳法二祖慧可時說：「至吾滅後二百年，衣止不傳，法周沙界。明道者多，行道者少。說理者多，通理者少。潛符密證，千萬有餘。汝當闡揚，勿輕未悟。」語本此。❿曹溪源流二句　六祖慧能傳法於曹溪，後來禪門形成為仰宗、臨濟宗、曹洞宗、雲門宗、法眼宗五派，各具特色，即所謂「一花開五葉」也。⓫方圓任器二句　意謂禪門五派宗風有異，接引學人之手段方式不同，然而弘揚佛法，證悟自性，則並無差別，猶如盛水之器皿有方有圓，然而所盛水之本體來源則是相同的。⓬或抑或揚二句　禪師相互酬唱時有抑有揚，都是為了啟發學人，輔助佛門之教化。佐佑，或左或右以相輔助。⓭語言無味二句　意謂前代禪師所舉之公案，如「庭前柏樹子」、「洞山麻三斤」、「乾屎橛」、「狗子無佛性」之類，其言語本身毫無滋味，猶如木頭之羹、鐵釘之飯，令人無從下口一樣。如妙喜說到參「狗子無佛性」時云：「狗子還有佛性也無？無。提撕得熟，口議心思不及，方寸裏七上八下，如咬生鐵橛沒滋味時，切莫退志。」生鐵橛，與木札羹、鐵釘飯意通。語見《大慧普覺禪師語錄》卷二一。⓮咬嚼　本為咀嚼食物，此處意謂反覆體味、琢磨、參究公案之意旨。如圓悟克勤評唱「麻三斤」公案云：「這個公案多少人錯會，直是難咬嚼，無你下口處。何故？淡而無味。」見《碧巖錄》卷二。⓯拈古　舉出古代禪師之機緣法語來加以評議，演說佛法禪理，是禪師說法的形式之一。如《圓悟佛果禪師語錄》卷十六至十八均為拈古。⓰其頌始自汾陽　宋代禪師汾陽善昭開始用有韻的文字來闡釋古代禪師的語錄及公案，名曰頌古。頌古是宋代禪師教人學禪悟道的重要手段。汾陽善昭有《頌古百則》。⓱雪竇宏其音 宋代禪師雪竇重顯，字隱之，俗姓李，遂川人。他二十二歲時在成都出家，後來出川遊學，是雲門宗僧人。他曾住持明州雪竇山資聖寺達三十餘年，故稱雪竇禪師。他仿汾陽善昭頌古之體，舉前賢公案百則分別詠頌，成《雪竇頌古》。雪竇重顯頌古之作喜用儒釋經典，既融入情感，又注重辭藻修飾，故為時人所稱道。⓲馳騁雪竇而為之 意謂後之禪僧追隨雪竇重顯的後塵，紛紛撰寫頌古，成為流行風尚。據載：淳熙二年編成《禪宗頌古聯珠集》，登錄禪僧一百二十二人所作頌古二千一百首，其風氣可想而知。⓳百丈號令 即唐代著名禪師百丈懷海所制定的禪寺制度儀規，後世遵照施行，如同號令，稱《禪門規式》，又稱「百丈清規」。⓴知我於言外 意謂勿拘泥我的言辭，而理解我在言辭之外的一片苦心。

【語　譯】萬庵道顏和尚說：「菩提達摩來到少林寺，修證並傳授禪法，成為東土禪宗初祖。他外傳袈裟、內傳心法於二祖慧可。到禪宗六祖慧能時，便只傳授心法，而將袈裟停止不傳。六祖慧能挑選那些修行與知解內外一致的僧徒繼承祖業，以為法嗣，因此禪門法道愈加興盛輝煌，佛門徒子徒孫愈益眾多。六祖慧能圓寂之後，石頭希遷、馬祖道一都是嫡傳子孫，禪門盛極一時。這就與西天第二十七代祖師般若多羅所說『要假兒孫腳下行』的預言相照應了。石頭希遷、馬祖道一二位大師精妙玄遠的法語流傳天下各地，暗中修煉、密求證悟的人比比皆是。傳授的法師眾多，學禪者沒有一定之法，於是六祖曹溪禪門便分為臨濟、雲門、溈仰、曹洞、法眼五個派別。各宗派禪師雖然傳授有異，接引後學的手段不同，然而所闡揚之佛法本體並無差別，猶如盛水之器有方有圓，然而水的本體完全相同一樣。各宗派禪師都有著美好的名聲，努力承當弘揚佛法的職責。他們隨意自然地講說佛法，制定禪門規式，所發一言，所出一令，流傳天下，人們紛紛參學，造成禪林一派興盛繁榮的局面。此乃必然之勢，並非苟且而成。在這種形勢之下，各派禪師相互酬唱，發揮佛法精微之妙旨，闡明其中深奧的玄理，接引學人的手段有抑有揚，而同為輔助法門，教化眾生。他們所舉之公案，其語言並無滋味，就像用木頭片煮成的羹，用鐵釘蒸成的飯，要後輩僧徒去咀嚼體會其中的意味，叫作拈古。其後又有頌古之作，始於汾陽善昭禪師，到雪竇重顯禪師時頌古聲勢更為宏亮，意旨更趨顯明，如同一片汪洋無邊無際。此後的作者追隨雪竇重顯的腳步，大量創作頌古，而不管自己的道學德行能否與他相比。這些後來的作者務必追求燦爛的辭藻，以文彩雕飾的鮮麗為美，使得後生晚輩無由見識前代祖師渾然淳厚的佛法大全之旨。應該歎息啊，我行腳遊學時，往參各地禪寺的前輩高僧，還趕上見到他們非古人的語錄便不去讀它，若非百丈懷海制定的規式便不依照執行。這不是由於前輩禪師特別愛好古代，而是由於當今之人不值得效法之故。希望通達之士能夠理解我言外的一番苦心，也就可以了。」

萬庵曰：「比見衲子好執偏見，不通物情❶，輕信難迴，愛人佞己❷。順之則美，逆之則疏❸。縱有一知半解，返被此等惡習所蔽，至白首而無成❹者多矣。」（已上並見《智林集》）

【章旨】習禪者貴在圓融，能通達情理，莫以偏見惡習遮蔽內心之良知。

【注　釋】❶物情　萬物之情；人情物理。❷愛人佞己　喜愛他人諂媚於己，愛聽奉承阿諛的話。❸順之則美二句　順從自己則親近之，違背自己則疏遠之。美，內心喜悅。❹白首而無成　雖老而未得佛法，無所成就。

【語　譯】萬庵道顏和尚說：「近來看見有的禪師喜歡堅持偏執之見，不通於人情物理。他們容易輕信，又難以改正成見，愛聽阿諛諂媚自己的話。對於順從者則親近之，反對者則疏遠之。他們容或對於佛學有一知半解，也會被如此惡劣的習氣所遮蔽，以至於終生無所成就。這樣的人是不少的。」

萬庵曰：「叢林所至邪說熾然❶，乃云『戒律不必持，定慧不必習❷，道德不必修，嗜慾不必去』。又引《維摩》❸、《圓覺》❹為證，贊貪、瞋、癡、殺、盜、淫為梵行❺。烏乎，斯言豈特起叢林今日之害，真法門萬世之害也！且博地凡夫，貪瞋、愛慾、人我❻、無明❼，念念攀緣❽，如一鼎之沸，何由清冷❾？先聖必思大有於此者，遂設戒定慧三學❿以制之，庶可迴也。今後生晚進戒律不持，定慧不習，道德不修，專以博學強辯搖動流俗，牽之莫返，予固所謂斯言乃萬世之害也。惟正因行腳高士⓫，當以生死一著辨明⓬，持誠存信，不為此輩牽引。乃曰：此言不可信，猶鴆毒⓭之糞、蛇飲之水，聞見猶不可，況食之乎？其殺人無疑矣，識者自然遠之矣。」（〈與草堂書〉）

【章旨】正面申言近世所云「戒律不必持」等四句，乃法門萬世之害。

【注釋】❶邪說熾然　違反佛法的論說如同烈火燃燒之強盛。熾然，形容火勢猛烈。❷定慧不必習　不必修習禪定與般若智慧。定指摒除外緣，心神專注。慧指體悟佛法，達到解脫。《六祖壇經．定慧品》：「我此法門，以定慧為本。」❸維摩　指《維摩詰經》，其中載云：維摩詰居士是住在毗耶離城中一位德劭年高的長者，他辯才無礙，遊戲神通，資財無量，而深得佛法，雖有妻子，常修梵行。他為了以大乘佛法教導世人，曾經身入妓院淫舍顯示色慾的罪過，又到酒肆中勸人戒酒立志。見該書卷二〈方便品〉。❹圓覺　指《圓覺經》。其中載如來佛說：「無上法王有大陀羅尼門，名為圓覺，流出一切清淨真如、菩提涅槃及波羅蜜，教授菩薩。」圓覺，意謂覺性圓滿。該書是禪宗尊奉的佛教經典之一。❺贊貪瞋癡殺盜淫為梵行　宣揚貪婪、瞋怒、癡迷以及殺生、偷盜、淫邪都是修持清淨之行。貪瞋癡為三毒，殺生、偷盜、淫邪是佛門五戒的前三戒，都是佛門弟子應該堅決克服、戒除的。《圓覺經》中如來回答清淨慧菩薩提問時說：「成法破法，皆名涅槃。智慧愚癡，通為般若。……無明真如，無異境界。諸戒定慧及淫怒癡，俱是梵行。」此說是為了闡明「如來隨順覺性」，不可執著而以辭害意。❻人我　又稱我執、人我執。佛教認為五蘊和集的有形體之身為人我，乃是假相。執著於人我是世間煩惱之根、萬惡之源。❼無明　愚癡、暗昧，不明佛法真實。佛教認為無明是眾生陷於輪迴流轉的根本原因。❽念念攀緣　謂心念因追逐外物而紛馳不已，無一時停息，如同猿猴攀扯樹枝搖曳不定。《維摩詰經．文殊師利問疾品》：「何謂病本？謂有攀緣。從有攀緣，則為病本。何所攀緣？謂之三界。」❾清冷　指平息世俗追逐，斷絕塵念，達到清淨之境界。❿三學　戒學、定學、慧學，合稱三學，亦稱三無漏學。戒學，即嚴守戒律，防止惡業。定學，即靜慮澄心、坐禪修定。慧學，指斷除妄惑，增進佛法智慧。佛教認為只有修習三學，才能證悟佛法，進入涅槃境界。⓫正因行腳高士　指心存正法因緣、行遊以參學問道的高人。正因，正法內因，指佛性。⓬當以生死一著辨明　應當在生死大事上明辨是非。禪宗教人洞徹生死輪迴，不攀緣外物，以保持自性清淨，如此方能超越生死，故又曰生死大事。⓭鴆毒　傳說鴆鳥之羽有毒，以鴆羽泡酒，殺人立死。

【語譯】萬庵道顏和尚說：「禪林寺院之間，所到之處都是邪說流行，如同烈火漫延熊熊不息。有人甚至說『佛徒不必持守戒律，不必參悟禪定與般若智慧，不必修行積累道德，不必克服世俗慾念』。恐人不信，這些人又牽引《維摩詰經》、《圓覺經》作為立論的證據，贊頌貪婪、瞋怒、愚癡三毒與殺生、偷盜、淫邪為清淨修行。嗚呼，這些謬論邪說豈只是引發禪林當今一時的禍害，真是佛門千萬世無窮的禍害啊！再說廣闊大地上的世俗凡夫，他們心中有貪婪、瞋怒、愛欲及種種私念，固執人我，愚昧虛妄，不明佛法，追逐外物，沒有一刻停止，就像爐鼎之中開水沸騰，如何得以清冷下來！前代佛祖一定特別認真地考慮到這些，因而創設戒定慧三學來節制世俗的欲望，使人們或許可以迷途知返。如今晚生後學之輩，他們不持守戒律，不參習禪定，不體悟般若智慧，不修行道德，專門追求廣覽文字，強作辯說，搖動流俗之輩，迷惑無知之人。世人受其牽引，不知返歸本原。所以我認為這四句謬論邪說乃是佛門萬世無窮的禍害。那些心存佛法參學問道的高士，應當在超越生死這一大事上分辨明白，保持誠心，堅守正信，不受這些邪說之輩的牽連影響。因而自立主張說道：這些妄談邪說不可相信，就像鴆毒之糞、毒蛇飲過之水一樣，這兩種毒物聞見尚且不詳，何況食用它們呢？它們將致人於死地是毫無疑問的。有識之士自然要遠離這些妄談邪說了。」

【校　注】「成法破法，皆名涅槃。智慧愚癡，通為般若。……無明真如，無異境界。諸戒定慧及淫怒癡，俱是梵行。」「如來隨順覺性。」用我們的思惟知識來表達，這裏面，有兩個有所不同的意涵，其一是佛性，另一是佛智。所云佛性，即是自性空，所云佛智，即是在把握中的自性空。可以說一切眾生都有佛性，因為一切眾生都自性空，青蛙與老鷹，都自性空，人也自性空；但是不可以說一切眾生都有佛智，因為自性空這實智慧，不在青蛙與老鷹的把握之中，只在人，只在解脫漢的把握之中，即是這個活潑潑，自在自在，剎那剎那現前的圓淨法性。「成法」自性空，「破法」亦自性空，這一系列都在表達佛性，乃至戒定慧淫怒癡，沒有不自性空的。「如來隨順覺性」，獨獨指點佛智，即是這活潑潑，自在自在的實智慧。「如來」，即是法體的另稱，「隨順」即是隨流，「覺性」，指的是在把握中的般若——無非是這一條「魚」。

萬庵曰：「草堂❶弟子惟山堂❷有古人之風。住黃龍❸日，知事公幹必具威儀❹，詣方丈受曲折❺，然後備茶湯禮，始終不易。有智恩上座為母修冥福❻，透下金二錢，兩日不尋，聖僧才侍者因掃地而得之，挂拾遺牌，一眾方知。蓋主法者❼清淨，所以上行下效也。」（《清泉集》）

【章旨】山堂道震禪師立身嚴正，一絲不苟，有古人之風，堪為後世之榜樣。

【注釋】❶草堂　善清禪師，俗姓何，南雄州保昌（今屬廣東）人，晦堂祖心門下得法，自號草堂。事蹟參見《五燈會元》卷十七、《僧寶正續傳》卷五。❷山堂　道震禪師，俗姓趙，金陵人。他與草堂善清一見契合，遂承法嗣。號山堂。道震為人剛正耿介，僧傳稱「近代弘法，唯師有古尊宿風韻」。事蹟參見《僧寶正續傳》卷六。❸黃龍　即臨濟宗黃龍派之祖山，黃龍慧南、晦堂祖心、草堂善清與山堂道震先後住持於此。❹必具威儀　一定遵照規式，具足威德，嚴守儀則。行住坐臥皆合於儀則，稱四威儀。❺受曲折　處理事務，作出具體安排。曲折，指具體事務之委曲經過。❻為母修冥福　舉行法會為去世的母親修福，以求超度。冥福，死後之福。❼主法者　住持長老，指山堂道震禪師。

【語譯】萬庵道顏和尚說：「草堂善清的弟子之中，唯有山堂道震保持著古人的風範。道震禪師住持黃龍山寺之時，主持公務必要遵照禪門規式，嚴守儀則，先到方丈聽取並處理具體事務，然後始備茶湯之禮，如此始終不改。有位智恩上座為了超度去世的母親，修幽冥之福，而舉行法會，會後遺落了二錢銀子，兩天仍未尋找。聖僧才侍者掃地時撿到這二錢銀子，便將它掛在拾遺牌上，僧眾才知道這件事。這是由於寺院住持長老有清淨的風範，僧徒效法以為榜樣，才有如此的局面出現。」

萬庵節儉，以小參普說❶當供，衲子間有竊議者。萬庵聞之，曰：「朝饗膏粱，暮厭麤糲❷，人之常情。汝等既念生死事大❸，而相求於

寂寞之濱，當思道業未辦，去聖時遙❹。詎可朝夕事貪饕❺耶？」（《真牧集》）

【章　旨】僧人處身應該自奉簡樸，專心求法，不可貪圖美食，動搖本性。

【注　釋】❶小參普說　指禪寺舉行的不定時法會，由寺院長老為僧徒信眾講說佛法。普說時，除本寺僧人外，還有寺外僧人信眾參加。❷朝饗膏粱二句　意謂世人貪圖美食，早上膏粱美味入口，暮來便厭棄粗食。饗，宴飲；享用。膏粱，肥肉、精米。麤糲，粗米飯。麤，通「粗」。❸生死事大　意謂超脫生死輪迴，為禪者修行之根本目的，茲事最為重大。《六祖壇經・機緣品》：「生死事大，無常迅速。」❹去聖時遙　上距佛祖之世已經久遠，法脈微細，末法之時，證得佛法者少，故尤應精進不懈，以求修成正果。❺貪饕　貪得無厭。饕，貪吃。

【語　譯】萬庵道顏平時節儉，而在不定時舉行的普說法會時卻要向參會的僧人信眾供給粥飯食物。有些僧徒心中不快，私下悄悄議論。萬庵聽見後，便說：「世俗之人朝食美味佳餚，晚上便厭棄粗糙飯菜，這本是人之常情。但是你們既然想要超脫生死輪迴，而來到寂寞山水之間修行求道，就要想到尚未得佛法，距離佛祖之世已經久遠，更應專心以求悟道。豈可早晚一味貪求口腹之欲呢？」

萬庵天性仁厚，處躬廉約❶。尋常出示語句，辭簡而義精。博學強記，窮詰道理，不為苟止而妄隨❷。與人評論古今，若身履其間，聽者曉然如目覩❸。衲子嘗曰：「終歲參學❹，不若一日聽師談論為得也。」

《記聞》

【章　旨】萬庵講說佛法能直探精微，不苟且而止，亦不隨意附和，僧徒內心曉然，獲益良多。

【注　釋】❶處躬廉約　處身儉樸，自奉廉潔。躬，指自身。❷窮詰道理二句　探討佛道之理，窮盡本源，不苟且而停止，亦不隨意附和別人。窮詰，追問到底。❸曉然如目覩　有如親眼看到當時的情景，因而對其意旨了然於心，一清二楚。覩，見。❹參學　坐禪念誦，獨思默想。

【語　譯】萬庵道顏和尚天生稟性仁慈寬厚，對待自身清廉儉約。他平常講說佛法，開示僧眾，言語簡明扼要，而義理精深。他博覽經典，能夠窮究詳探佛道義旨，既不苟且而止於浮淺，也不妄意附和、人云亦云。他對別人講說古今公案事理，就像身臨其境一樣，聽者曉然於心，如同親眼見到一般。所以僧人說：「終年勤參苦學，不如聽老師一天談論佛法，獲益更多些。」

萬庵謂辯首座❶曰：「圓悟師翁❷有言，今時禪和子少節義，勿廉恥，士大夫多薄❸之。爾異時儻不免做遮般蟲豸❹，常常在繩墨上行，

勿趨勢利，佞人顏色。生死禍患，一切任之，即是不出魔界而入佛界❺也。」（《法語》）

【章　旨】僧人處世要正道直行，勿計生死禍患，不可喪失廉恥，趨附勢利。

【注　釋】❶辯首座　大溈法泰之弟子，出世住持廬山棲賢寺，後歸成都府昭覺寺。❷圓悟師翁　克勤禪師，俗姓駱，彭州崇寧（今四川彭縣）人。宋高宗曾召問佛法，賜號圓悟，又號佛果。萬庵先向他參學，有得於心，後依妙喜，終得契悟。參見《五燈會元》卷十九。❸薄　輕視；看不起。❹遮般蟲豸　這種人，指禪僧。遮，同「這」。《大戴禮・曾子天圓》稱禽為羽蟲，獸為毛蟲，龜為甲蟲，魚為鱗蟲，人為倮蟲。《爾雅》謂「有足謂之蟲，無足謂之豸」，故以「蟲豸」代指人。❺不出魔界而入佛界　比喻為身在人世間而心已入佛天。魔界，喻為地獄輪迴之最高總稱。佛界，諸佛之清淨解脫世界。

【語　譯】萬庵道顏和尚對辯首座說：「圓悟克勤師翁曾經說過，當今的禪僧少有節義，不講廉恥，所以士大夫中多有對他們的行為表示輕視。你將來若是不免要做這般角色，總要依著規矩正道直行，不要趨從附和勢利之門，不要奴顏佞色諂媚於人。至於個人的生死禍患，一切聽之自然。若能做到這樣，就是身不出魔界而心已入佛天了。」

昭覺辯禪師

【題 解】辯禪師，身世不詳。他是臨濟宗大溈法泰的弟子，屬南嶽下十六世。他出世後先住廬山棲賢寺，後歸成都昭覺寺。

辯禪師持身簡樸，勸人處世真實，勿事華飾。他批評禪僧：「內無實德，外恃華巧，猶如敗漏之船，盛塗丹艧。……一旦涉江湖，犯風濤，得不危乎？」他提倡的是「渴飲曹溪水，饑吞栗棘蓬」式的真修實證。又告誡寺院長老「臨眾行事，當盡其誠」，莫因利害而轉移。《錦江禪燈》卷七又載其法語云：「毫釐有差，天地懸隔。隔江人唱〈鷓鴣詞〉，錯認〈胡笳十八拍〉。要會麼，欲得現前，莫存順逆。五湖煙浪有誰爭，自是不歸歸便得。」大意是勸人出世證悟，莫失之毫釐，錯認本性，造成天地懸隔，悔之晚矣。

昭覺辯禪師傳世的法語，又見於《五燈會元》（卷二〇）。

辯首座出世❶住廬山棲賢，常攜一筇❷，穿雙屨❸，過九江。東林混融老❹見之，呵曰：「師者人之模範也。舉止如此，得不❺自輕！主禮甚滅裂❻。」辯笑曰：「人生以適意為樂，吾何咎焉！」援毫書偈而去。

偈曰：「勿謂棲賢窮，身窮道不窮。草鞋獰似虎，拄杖活如龍❼。渴飲曹溪水❽，饑吞栗棘蓬❾。銅頭鐵額漢❿，盡在我山中。」混融覽之有愧。

《月窟集》

【章旨】禪者立身不貴外在服飾的華貴，而在內心修證佛法的快樂適意。

【注釋】❶出世　指禪師應世人之請求，出住寺院為長老，以弘揚佛法。❷一笻　一根竹杖。笻，竹名，又名扶老竹。❸雙屨　此指草鞋。屨，鞋子。❹混融老　普融禪師，福州人，五祖法演之弟子，曾在黃梅五祖寺典藏主。凡有同鄉僧人來謁，他便以閩方言誦俚語，人謂之混融。參見《五燈會元》卷十九。❺得不　無乃，反詰之詞。❻禮甚滅裂　意謂此種行色，有違禮法太甚。滅裂，破壞。❼草鞋獰似虎二句　以草鞋喻為威猛之虎，以竹杖喻為神力的龍，形容禪風勇猛非凡，無敵於天下。獰，兇猛狀。❽渴飲曹溪水　禪宗六祖慧能曾經住韶州曹溪寶林寺傳法，倡導頓悟法門。此後禪門之五宗七派皆奉慧能為祖師，曹溪遂成為禪宗之代稱。❾饑吞栗棘蓬　栗樹果實有堅殼，上面長滿利刺，又稱栗蓬。饑吞栗蓬，比喻奉佛者須真修實證、不畏艱難、堅毅果敢也。楊岐方會示眾說法云：「透得金剛圈，吞得栗棘蓬，便與三世諸佛把手共行，歷代祖師共一鼻孔。其或未然，參須實參，悟須實悟者也。」與此句意同。❿銅頭鐵額漢　銅鐵性堅固不壞，形容修煉者勇敢精進、不畏懼、不退縮也。

【語譯】辯禪師應請出世，住持廬山棲賢寺。他時常攜帶一柄竹杖，穿著一雙草鞋，前往九江去。東林寺普融老師看見，便呵責他道：「住持禪師是世人學習效法的榜樣。你舉止如此，豈不是過於輕忽了嗎？這樣違背禮儀規範，太過份了。」辯禪師笑著回答：「人生在世，自心適意便是快樂。我又有甚麼過錯呢？」他於是提筆寫了一首偈頌，然後離去。這首偈頌道：「不要說棲賢寺的長老窮，我是身雖窮而道性不窮。腳蹬草鞋威猛如虎，手拄竹杖神力如龍。渴了喝的是曹溪水，餓了吞下是栗棘蓬。銅頭鐵額、勇猛修行者，他們都在我的山寺中。」混融老師看後，面有慚愧之色。

【校注】「勿謂棲賢窮，身窮道不窮。草鞋獰似虎，拄杖活如龍。渴飲曹溪水，饑吞栗棘蓬。銅頭鐵額漢，盡在我山中。」一、二句，若是真道，通流無礙，圓淨無外，怎會窮？「草鞋」，表達解脫漢之踐履實在運作之處，大無畏，而為眾所畏。「拄杖」，表達解脫漢之指揮篤定大機大用。《大般若經》：「一切法空，一切法空空。」「渴飲曹溪水」，一切法空空。「饑吞栗棘蓬」，一切法空。「銅頭鐵額漢」，自不壞，而能壞壞，心如鐵石，凝住虛空，等等等等。再提一句：「拄杖活如龍」，或者「杖頭起清風」，這等句子，無非表達解脫漢所把握到的空性，是如何的真實，如何的活潑潑，自在自在，絕無虛發的實智慧，即是這條「魚」。禪家最怕「死」，當然亦不認同「野」，然而，在把握中的空性是不是真真徹底，還須看看它在指揮中，是否剎那上起，而無軍不摧，無虛空不成世界。

辯公謂混融曰：「像龍不足致雨❶，畫餅安可充饑❷。衲子內無實德，外恃華巧，猶如敗漏之船，盛塗丹艧❸，使偶人❹駕之。安於陸地，

則信然可觀矣。一旦涉江湖，犯風濤，得不危乎？」（《月窟集》）

【章旨】禪僧應當真修實證，培養內在道德，不可徒恃浮華，表裏不符。

【注釋】❶像龍不足致雨　外形似龍而非真龍，不能使天降雨。像龍，指土龍或畫龍。漢代董仲舒認為雲從龍，故設土龍以招雨。王充曰：「夫土虎不能而致風，土龍安能而致雨？」見《論衡・亂龍》。❷畫餅安可充饑　紙上畫餅，終究不能使人免於饑餓，比喻僅憑語言辯說、文字知解，無益於心性之修煉。《五燈會元》卷九載云：「（智閑）將平日看過底文字從頭要尋一句酬對，竟不能得。乃自嘆曰：畫餅不可充饑。」語本此。❸敗漏之船二句　將破敗漏水之船，塗飾以丹彩。丹雘，一種紅色的油漆、顏料。❹偶人　木偶之人。

【語譯】辯禪師對普融說：「土龍的形狀像是真龍，但是不能興雲佈雨；紙上的畫餅雖然樣子相似，但是不能使人免除饑餓。僧人如果自身沒有真實德行，僅僅依仗花言巧語，就像一條破敗漏水的木船，塗上了一層鮮艷的油漆，讓土木之人去駕船。將這條木船陳放在陸地上，還使人相信真是那麼一副樣子。然而一旦將這條船放在江湖中，讓它經歷驚濤激浪，那不就危險了嗎？」

辯公曰：「所謂長老者，代佛揚化❶，要在潔己，臨眾行事，當盡其誠❷。豈可擇利害，自分其心？在我為之，固當如是。若其成與不成，雖先聖不能必❸。吾何苟❹乎？」（《月窟集》）

【章　旨】寺院長老職在弘揚佛法教化，遇事要本於至誠天性，勿為利害而遷移。

【注　釋】❶長老者代佛揚化　住持之職，在於代佛宣傳大法，弘揚教化。長老，指禪寺住持。❷當盡其誠　應當完全本於本性中的至誠。宋人所言之誠，與禪宗之自心佛性相通。周敦頤《通書》：「誠者，聖人之本……純粹至善者也。」❸雖先聖不能必　即使前代聖者也不能肯定其必然成功，不能保證其必不失敗。雖，縱然；即使。❹苟　隨便；苟且。

【語　譯】辯禪師說：「所謂寺院長老，乃是代表佛祖弘揚教化，關鍵在於清淨自心。面對僧眾處理事務，應該完全本於自己的至誠天性。豈可為個人利害的選擇，而分散了本心？確定我的行為，本來就應當如此。至於事情成功與否，即使前者聖人也無法肯定。我又豈可放棄準則，苟且以求之呢？」

辯公曰：「佛智❶住西禪❷，衲子務要整齊。惟水庵❸賦性沖澹❹，奉身至薄，昂昂然在稠人中，曾❺不屑慮。佛智因見之，呵曰：『奈何藞苴❻如此！』水庵對曰：『某非不好受用，直❼以貧無可為之具。若使有錢，亦欲做一兩件皮毛，同入社火❽。既貧固無，如之何！』佛智笑之，意其不可強，遂休去。」（《月窟集》）

【章　旨】水庵師一稟性沖澹，自奉儉薄，不尚虛飾。

【注　釋】❶佛智　端裕禪師，俗姓錢，本為吳越王後裔，圓悟克勤之弟子，號佛智。參見《南宋元明禪林僧寶傳》卷三。❷西禪　指福州壽山西禪寺，佛智曾任該寺住持。見《五燈會元》卷十九。❸水庵　淨慈師一禪師，婺州馬氏子，號水庵。他是佛智端裕的弟子，屬南嶽下十六世。❹賦性沖澹　天賦本性淡泊，不尚富貴榮華。澹，恬靜；淡泊。❺曾　乃，副詞。❻藞苴　邋遢；粗糙馬虎。❼直　但。❽社火　大伙；伙伴。火，同「伙」。

【語　譯】辯禪師說：「佛智端裕住持福州西禪寺時，要求僧眾一定穿著整齊，威儀端肅。唯有水庵師一本性淡泊，處身非常節儉樸拙。他總是昂首特立、超然不屑的姿態，似乎是無意考慮到穿著一樣。佛智端裕看見後，便呵責道：『為何穿著如此馬虎！』水庵師一回答說：『我並非不喜歡穿著整齊可觀，但是因為貧窮而沒有能力做到。若是有錢的話，我也想做一兩件皮毛衣服，同大伙一起排場。既然是窮，也就無可奈何了。』佛智端裕一笑，想到水庵稟性如此，難以勉強，也就不說甚麼了。」

卷四

佛智端裕禪師

【題解】端裕禪師（西元?～一一五〇年），賜號佛智。俗姓錢，本為五代十國時吳越王之後裔，因其六世祖曾任會稽郡守，故為會稽人。他十四歲出家，十八歲時受具足戒，去謁諸高僧耆宿，皆以穎秀超邁而受到推許。後又依止圓悟克勤，因文采煥發，命掌記室。出世住丹霞、遷虎丘，歷主名山法席。紹興十八年秋，任明州育王寺住持，兩年後去世。謚曰大悟。

其師圓悟有〈示丹霞佛智裕禪師〉云：「祖師宗風，步驟闊遠」，「要須如天之高、地之厚、海之淵、虛空之廣，尚未髣髴。信過量大解脫人，回天轉地，吸海枯竭，喝散虛空，奮大機，顯大用，……貴慧命流於無窮，差可人意耳。」圓悟之意，在於教導弟子超越淺近，達到廣闊遠大、無遮無礙的境界，以證得並傳佈無窮的慧命。

端裕說禪，始終貫穿了其師指示的這一精神。他曾經上堂說法云：「德山入門便棒，多向皮袋裏埋蹤；臨濟入門便喝，總是聲塵中出沒。若是英靈衲子，直須足下風生，超越古今途轍。」又說：「假使黃金為城，白銀為壁，禪悅為食，解義為漿，本色衲子不肯回顧。何也？豈不見道：明眼漢投窠臼，縱饒萬里空寥寥，正好一槌俱摵碎。」主張超越當時禪林因循的風氣與僵化的範式，是端裕一貫的追求。

端裕重視自身的修持。他說：「易填巨壑，難滿漏卮。若有操持，了無難易。拈卻大地，寬綽有餘。放出纖毫，礙塞無路。」他理想的境界是「一法不墮緣塵，萬法本無罣礙」。他平時立身嚴正，燈錄記載他「色必凜然，寢室不背眾，唱道無倦」，其人格風度可以想見。

有關端裕禪師的事蹟及法語，可參見《五燈會元》（卷十九）、《南宋元明禪林僧寶傳》（卷二）、《續傳燈錄》（卷二七）。

【校注】「一法不墮緣塵，萬法本無罣礙。」這個功夫，可真是「圓淨」到不得了！每一自覺的存在事物——「一法」，這位解脫漢不讓任何自覺底五蘊六根等等界處沙塵般大小的事物不在他所把握的空性之中！這才稱得起「一法不墮緣塵」。同州察祖〈十懸談〉：「了了了時無可了，玄玄玄處亦須呵。」真淨法性才是佛法本懷，豈容一絲「神祕」？若有神祕，即屬緣塵。

佛智裕和尚曰：「駿馬之奔逸而不敢肆足者，銜轡之御也❶；小人之強橫不敢縱情者，刑法之制也❷；意識之流浪❸不敢攀援❹者，覺照❺

之力也。烏乎，學者無覺照，猶駿馬無銜轡、小人無刑法，將何以絕貪慾、治妄想乎？」（〈與鄭居士法語〉）

【章旨】學禪者應從自心生起正覺，徹照萬象，以制服世俗貪慾，杜絕虛妄之想。

【注釋】❶駿馬之奔逸二句　駿馬奔馳日行千里，然而不得離開道路肆意奔突，乃有賴銜轡之力。肆足，放肆亂跑。銜轡，馬勒與轡頭。《荀子・性惡》：「驊騮、騹驥、纖離、綠耳，此皆古之良馬也。然而前必有銜轡之制，後有鞭策之威，加之以造父之御，然後一日而致千里也。」❷小人之強橫二句　小人雖然性情強暴，因畏懼刑法，故不敢縱情妄為。《抱朴子・用刑》：「刑者御世之轡策。」❸意識之流浪　佛教說人有八識，因為外境的作用生起意識，能產生我癡、我慢、我見、我愛，生起煩惱，如同大海之波浪，令人流轉於生死之途。《楞伽經》卷一：「譬如海水變，種種波浪轉。七識亦如是，心俱和合生。謂彼藏識處，種種諸識轉。謂以彼意識，思維諸相義。」❹攀援　心思馳逐外界的事物，流動不定，如同猿攀樹枝，忽彼忽此，謂之攀援。❺覺照　以菩提智慧，觀照世事。

【語譯】佛智端裕禪師說：「駿馬奔馳日行千里，迅疾如風，然而不能肆意東西奔突，是由於馬勒轡繩駕馭著牠；小人性情橫暴倔強，然而不敢恣意放縱地胡作非為，是由於刑典法律制約著他；世俗之人意識流動、變幻不定，然而修習禪法者不敢攀援外物，是由於心存正覺觀照世相之故。嗚呼，修習禪法者心無正覺觀照，就像奔馳的駿馬沒有馬勒轡繩的駕馭，又像世俗小人沒有刑典法律的制約，怎麼能夠斬斷世間的貪慾、杜絕虛妄的心念呢？」

佛智謂水庵❶曰：「住持之體❷有四焉：一道德，二言行，三仁義，四禮法。道德、言行，乃教之本也。仁義、禮法，乃教之末也❸。無本不能立，無末不能成。先聖見學者不能自治，故建叢林以安之，立住持以統之。然則叢林之尊，非為住持；四事❹豐美，非為學者。皆以佛祖之道故。是以善為住持者，必先尊道德，守言行；能為學者，必先存仁義，遵禮法。故住持非學者不立，學者非住持不成。住持與學者，猶身之與臂、頭之與足，大小適稱而不悖，乃相須而行❺也。故曰：學者保於叢林，叢林保於道德。住持人無道德，則叢林將見其廢矣。」（《寶錄》）

【章　旨】住持之道以道德、言行、仁義、禮法為宗旨，學者保於叢林，叢林保於道德。

【注　釋】❶水庵　師一禪師，號水庵，俗姓馬，佛智端裕之弟子。他曾經住持杭州淨慈寺六年之久，故禪林又稱淨慈師一。參見《五燈會元》卷二〇。❷住持之體　寺院長老管理僧眾、弘揚佛法之道。體，本體；本然。❸教之末也　指教化最終之表現。末，最後結果。❹四事　指佛門四種供養：飲食、衣服、臥具、湯藥。一說指房舍、衣服、飲食、湯藥，見《無量壽經》。❺相須而行　意謂互相配合、照應以前行。相須，相應；相待。

【語　譯】佛智端裕禪師對水庵師一說：「寺院住持之道有四個要點：一是住持長老本人要修行

道德，二是長老的言行堪為僧眾的表率，三是推行仁義的原則，四是提倡遵守禮法。住持長老本人的道德修行與言行表率，這是弘揚教化的根本。在僧眾之中推行仁義與提倡遵守禮法，這是弘揚教化的具體結果。沒有根本，佛法教化便不能樹立，沒有具體結果，佛法教化便難以成就。前代佛祖看到學禪者不能獨自修煉成功，因而建立禪林寺院來安頓學者，設立住持來統率僧眾。如此說來，寺院長老高居尊崇的地位並非為了住持一人；寺院之飲食、衣服、臥具、醫藥四事皆能豐盛完美，也並非為了滿足僧眾的享用。這一切都是為了推行大法、弘揚佛祖之道的緣故。所以善為住持長老者必要尊崇道德原則，恪守言行準繩；善能為學者必要先存有仁義之心，要遵循禮法的規範。所以住持長老若無僧眾的輔助，佛法教化就難以確立；僧眾若無住持長老的引導，則修行佛果亦難以成就。住持長老與僧眾學者的關係，就像人的軀體與胳臂、頭腦與雙足的關係一樣，只有上下配合、得心應手、互不違背，才能協調一致地前進。所以說：學者得到叢林禪寺的保護，叢林禪寺受到道德佛法的護持。住持禪師若不堅守佛法道德，禪林寺院就要衰落、荒廢了。」

水庵師一禪師

【題 解】師一禪師，號水庵，俗姓馬，婺州東陽人。他十六歲時出家，歷參禪門名宿大德，後來成為佛智端裕的弟子。出世臺州慈雲寺。乾道七年，他由寶林寺遷杭州淨慈寺，住持該寺達六年之久，故又稱淨慈師一。

師一自幼倜儻有大志，日常行止注重大節，不注意細處，被認為外行粗糙，叢林謂之「一糙」（見《叢林盛事》上）。然而出世後，「經歷四郡，住持八院，所至兢兢業業，以行道建立為心」。當他離開淨慈寺時，曾有偈曰：「六年灑掃皇都寺，瓦礫翻成釋梵宮。今日功成歸去也，杖頭八面起清風。」其勤苦耐勞，矻矻不倦，可以想見。

師一的禪風，頗有不循常徑之處。他早年久參月庵果禪師，一日月庵舉「雲門話墮」公案（參見慧開《無門關》）問他，他作偈頌曰：「二八佳人美態嬌，繡衣輕整暗香飄。偷身華圃徐徐立，引得黃鶯下柳條。」又曾引圓悟克勤語「參禪參到無參處，參到無參始徹頭」，而申說自己的態度是「參禪參到無參處，參到無參未徹頭。若也欲窮千里目，直須更上一層樓」。他辭世之前留下偈語云：「平生要用便用，死蛇偏解活弄。一拳打破虛空，佛祖難窺罅縫。」可知在水庵師一所展示的禪理中，蘊涵著某種不受羈縛的生機與活力。

水庵師一的法語及生平事蹟，可參見《五燈會元》（卷二〇）、《補續高僧傳》（卷一）。

【校注】「六年灑掃皇都寺，瓦礫翻成釋梵宮。今日功成歸去也，杖頭八面起清風。」古尊宿唐代破墮竈和尚講及眾生個體，「本是泥瓦合成」，很可能證得「無自性」，因此功德智慧度了山神，《大般若經》云：「若無自性，即是般若波羅蜜多。」這裏所云「瓦礫翻成釋梵宮」，即是此意，釋梵宮只是般若，不是別的。「功成歸去」，是出入兩向度的歸去，是山河無不是虛空，虛空皆可成世界，這樣的歸去，「色即是空」——山河無不是虛空，「空即是色」，虛空皆可成世界。「杖頭八面起清風」，又提到「杖頭」了，這指揮如意，心法雙立，松竹引清風，春風趁馬蹄，這橋流水不流，動上有不動——這條「魚」。「杖頭」，「魚」，專就佛智而言，講實了，即是在把握中的佛性。實智慧關涉於語言，千句百句，寫詩作文，出謎語，瞪眼珠，只是一句，因為唯有一個樣子，你亦如是，我亦如是。懂錯了，就有不知幾個樣子，你亦不如是，我亦不如是。「參禪參到無參處，參到無參未徹頭。若也欲窮千里目，直須更上一層樓。」為甚麼「參到無參未徹頭」，為甚麼？「魚」呢？海裏無魚，莫非死海，動且不得，何況更有不動？「杖頭」是動的，人卻不動，「魚」是動的，海卻不動。六祖：動上有不動。玄覺和尚：心法雙立性則真。

水庵一和尚曰：「《易》言『君子思患而預防之』❶。是故古之人思生死大患❷，防之以道❸，遂能經大傳遠。今之人謂求道迂闊，不若求利之切當。由是競習浮華，計較毫末，希目前之事❹，懷苟且之計。所以莫肯為周歲之規者，況生死之慮乎？以至陵夷顛沛❺，殆不可救。嗟

乎，可不鑑哉！」（《雙林實錄》）

【章　旨】不能解脫生死、超越輪迴乃是人生最大的憂患，應當早做思考，以證悟佛法為終生努力的目標。

【注　釋】❶君子思患而預防之　君子事先便要想到可能的禍患而早做防範。《易・既濟》象辭曰：「水在火上，既濟。君子思患而豫防之。」❷生死大患　佛教認為落入生死輪迴之中，乃人生之大憂患。《楞嚴經》曰：「生死、死生，生生、死死，如旋火輪，未有休息。」❸防之以道　證悟佛法，以免飄流沉淪於生死之海。道，指佛法。《無量壽經》曰：「要當成佛道，廣濟生死流。」❹希目前之事　迎合目前之事，追求世俗利益。希，迎合。❺陵夷顛沛　指佛道衰微，顛倒混淆，如同丘陵之漸平。陵夷，衰落。顛沛，傾倒。

【語　譯】水庵師一和尚說：「《周易》中講『有道君子總是想到可能的憂患而事先預防它』。所以古代的高僧大德想到人生落入生死輪迴的宿命乃是最大的憂患，於是體悟佛法、修煉正果以為預防，因而使佛法興盛闊大而傳之久遠。當今之人說修道求佛迂闊無際，不如求取錢財來得現實真切。因此爭先恐後地追逐世俗榮華富貴，計較毫釐細末之小利，只知迎合經營眼前的俗務，懷著苟且求財、得過且過的心思，甚至不肯預作一年的計畫安排，又何況終生久遠的生死憂患呢？所以學禪者日益鄙陋，禪林風氣日益凋殘，綱紀法度日益崩壞，以至於顛倒衰弊，將不可拯救。令人可歎啊，有志之士難道不應以此為鑑戒嗎？」

水庵曰：「昔遊雲居，見高庵❶夜參，謂：『至道徑挺，不近人情❷，要須誠心正意，勿事矯飾偏邪。矯飾則近詐佞，偏邪則不中正，與至道皆不合矣。』竊思其言近理，乃刻意踐之❸。逮見佛智先師❹，始浩然大徹❺，方得不負平生行腳之志。」（〈與月堂書〉）

【章　旨】奉佛學道者必須誠心正意，不得矯飾偏邪。矯飾則虛偽近詐，偏邪則居心不正，皆與佛法不合。

【注　釋】❶高庵　善悟禪師，號高庵，俗姓李。他是佛眼清遠之嗣法弟子，曾住持江西南康之雲居寺七年，弘揚禪法，宗風大振，故又稱雲居善悟。事見《僧寶正續傳》卷四。❷至道徑挺二句　意謂佛法妙旨要人立身正直，不屈不撓，不循世俗之人情。人情，指世俗貪慾之類。《維摩詰經．菩薩品》：「直心是道場，無虛假故。」❸刻意踐之　專心一意，遵照實踐。踐，依循實行。❹佛智先師　端裕禪師，號佛智。他本是吳越王的後裔，俗姓錢，為圓悟克勤之弟子，是水庵師一的傳法之師。先師，指已去世的老師。❺浩然大徹　大徹大悟，洞明佛旨。大徹，完全貫通明瞭。

【語　譯】水庵師一和尚說：「我從前行腳參學到雲居寺，聽高庵善悟禪師夜參時講說佛法。他說：『無上妙道的根本精神，是本於佛性的正直不撓，遠離世俗人情。關鍵在於必須存心誠實，立意端正。處世不得矯情虛飾，不得邪僻偏私。處世矯飾，則近於諂佞欺詐；存心偏邪，則有失於中正。這些都有違於佛法要道的宗旨。』我聽了他的這一番話，暗想其言有理，因此努力遵照去實踐。及至後來遇見佛智端裕先師，始得徹悟佛法的真實，如此方能不辜負平生行腳參學求法的一片心志。」

水庵曰：「月堂❶住持，所至以行道為己任。不發化主❷，不事登謁❸，每歲食指隨常住所得用之❹。衲子有志充化導者多卻之，或曰：『佛戒比丘持缽以資身命❺，師何拒之弗容？』月堂曰：『我佛在日則可。恐今日為之，必有好利者，而至於自鬻❻矣。』因思月堂防微杜漸❼，深切著明，稱實之言❽，今猶在耳。以今日觀之，又豈止自鬻而已矣。」

《法語》

【章　旨】月堂道昌所至以推行佛道為己任，他不派遣化主，不拜謁官府，還告誡僧徒勿貪財利，以免斷送了自身的慧命。

【注　釋】❶月堂　道昌禪師，俗姓吳，湖州寶溪人，自號月堂。他是雲門宗妙湛思慧的弟子，曾經住持蔣山、徑山、靈隱、淨慈等著名禪寺。他注重道德節操，禪風孤峻嚴冷，為時所稱許。參見《嘉泰普燈錄》卷十二。

❷不發化主　不派遣使者到外地化緣、募集錢物。化主，僧職，代表寺院四處化募以供寺用。❸不事登謁　不高攀、拜會官府權貴。登謁，攀結、拜訪高位。❹每歲食指句　意謂依據寺院的收入所得，視僧眾人口多寡，以計畫開銷，量入為出。食指，指寺院吃飯的人數。❺比丘持缽以資身命　僧人手托飯缽乞食，以資養色身。隋吉藏《法華義疏》卷一：「比丘名為乞士，……下從俗人乞食以資身。」❻自鬻　自賣其身，此處意謂為了錢財而葬送、出賣了自身之慧命。❼防微杜漸　在事物呈現不良跡象之初就及時加以防止，杜絕其可能的危害，預防於未然。❽稱實之言　所言符合實際，真實不假。

【語　譯】水庵師一和尚說：「月堂道昌出任禪林寺院住持，他所到之處都是以推行佛道來作為自己的責任。他不派遣僧徒充任化主外出募捐，也不攀附拜訪官府權貴。每年僧眾的日用消費，都是依據寺院的收入與僧人的多寡來作計畫安排，量入為出。僧徒中有人想要充當化主替寺院募集錢財，月堂道昌多加以拒絕。有人因而問道：『佛祖在世之時，曾經要求諸位僧侶入城托缽乞食，以養活自己的身命。師父為甚麼要加以拒絕、不允許外出募化呢？』月堂道昌回答道：『佛祖在世的時候，如此作為是可以的。當今之世再這樣去做，我恐怕一定會有貪財好利之徒盜用名義，最後會連自身也一起賣掉的。』我由此想到月堂道昌防患於未然，杜絕可能滋生的弊病，他的用心深切，道理明白。他的這番話講得符合實際，彷彿今天還迴響在耳邊。以當今禪林的狀況來看，其弊病又豈止是出賣了自身而已。」

水庵謂侍郎尤延之❶曰：「昔大愚❷、慈明❸、谷泉❹、瑯琊❺結伴參汾陽❻。河東苦寒，眾人憚之，惟慈明志在於道，曉夕不殆。夜坐欲睡，引錐自刺，歎曰：『古人為生死事大❼，不食不寢。我何人哉，而縱荒逸！生無益於時，死無聞於後，是自棄也。』一旦辭歸，汾陽歎曰：『楚圓今去，吾道東矣❽。』」（《西湖記聞》）

【章旨】慈明禪師追隨汾陽善昭時，專志佛道，日夜參究禪法，不憚苦寒，終於獲得傑出的成就。

【注釋】❶尤延之　尤袤，字延之，無錫人，自號遂初居士。他是紹興十八年進士。在朝曾任秘書丞兼國史館編修，出為臺州知州，遷江西漕運兼知隆興府。淳熙十四年任禮部侍郎，後授禮部尚書兼太子侍講。他與楊萬里、范成大、陸游並稱為「中興四大詩人」。見《宋史・尤袤傳》。❷大愚　守芝禪師，少時出家於潞州承天寺，後為汾陽善昭之弟子。住持瑞州大愚山弘法，世稱大愚守芝。參見《五燈會元》卷十二。❸慈明　即石霜楚圓。俗姓李，二十歲出家，依止汾陽善昭盡得其旨，遂承法嗣。曾住持石霜山崇勝寺，謚曰慈明。他是宋代最著名的禪僧，其弟子黃龍慧南、楊岐方會分別開臨濟宗之黃龍、楊岐兩派。參見《五燈會元》卷十二。❹谷泉　泉州人，汾陽善昭之弟子。號大道。他性喜放言，放蕩不檢，往來湖湘，曾住南嶽芭蕉庵，世稱芭蕉谷泉。參見《禪林僧寶傳》卷十五。❺瑯琊　即慧覺廣照，西洛人。出家之後，曾遊方參學，得法於汾陽善昭。後來住持於滁州瑯琊山，世稱瑯琊慧覺。他與雪竇明覺同時唱道，四方稱許謂「二甘露門」。參見《五燈會元》卷十二。❻汾陽　善昭禪師，太原人，俗姓俞。他少年出家，廣泛參學，為首山省念之弟子。應請出世住持汾州太子禪院弘法，名振一時，天下道俗欽仰，稱曰汾陽禪師。有語錄傳世。參見《禪林僧寶傳》卷三。❼生死事大　禪宗教人洞徹生死輪迴，認為超脫生死輪迴是參禪修行之根本目的，茲事最為重大。《六祖壇經・機緣品》：「生死事大，無常迅速。」❽吾道東矣　意謂慈明辭歸之後，吾所傳之佛法亦將隨慈明而流布。據載：東漢鄭玄曾向馬融問學，鄭玄告辭東歸後，馬融喟然歎曰：「鄭生今去，吾道東矣。」見《後漢書・鄭玄傳》。

【語譯】水庵師一禪師對尤延之侍郎說：「當年大愚守芝、慈明楚圓、芭蕉谷泉、瑯琊慧覺一起結伴前往參訪汾陽善昭禪師。善昭所在地處黃河以東，當地氣候嚴寒，大家都心存畏懼，害怕寒冷。其中唯有慈明楚圓立志專心追求佛道，早晚參禪而毫不懈怠。當夜坐參學困倦欲眠之時，他便用尖錐去刺痛自己的兩股，感歎說：『古人為了超脫生死輪迴這件大事，可以不吃飯、不睡覺，專志於求得佛法。我算是甚麼人呢，竟然如此貪圖安逸，放縱享樂！生則不能有益於當時，死則沒沒無聞於後世。這是自廢自棄的作為啊！』後來慈明告辭南歸之時，汾陽善昭便感歎說道：『慈明楚圓現在走了，我所傳授的佛法也隨他而流傳了。』」

水庵曰：「古德❶住持，率己行道，未嘗苟簡自恣。昔汾陽每歎像季澆漓，學者難化❷。慈明曰：『甚易，所患主法者不能善導耳！』汾陽曰：『古人淳誠，尚且三二十年方得成辦。』慈明曰：『此非聖哲之論。善造道者，千日之功。』或謂慈明妄誕不聽，而汾地多冷，因罷夜參。有異比丘謂汾陽曰❸：『會中有大士六人❹，奈何不說法？』不三年，果有六人成道者。汾陽嘗有頌曰：『胡僧金錫光，請法到汾陽❺。六人成大器，勸請為敷揚❻。』」（《西湖記聞》及《僧傳》）

【章旨】寺院住持長老若能努力弘揚佛道，而不苟且偷慢，三年便可引導學者證得佛法，當年慈明楚圓等六人隨汾陽成就大器便是證明。

【注釋】❶古德　古代之高僧大德。佛教尊稱年高德盛之僧人曰大德。❷像季澆漓二句　意謂像法之末世，風俗衰薄，奉佛學禪者難於教化以修成正果。佛教以佛祖去世初五百年為正法時，此後一千年為像法時。像法時因佛祖去世已久，道化訛替，故少證果者。澆漓，指風氣浮薄。❸有異比丘謂汾陽曰　此乃當時流行之神異傳說。據李遵勗《天聖廣燈錄》載云：「師（指汾陽善昭）因北地寒，僧眾難立，云：『且住小參，候春暖。』不經旬日，忽有一僧兩耳帶環，手持金錫，來到方丈云：『和尚何得住卻小參？眾中自有不憚寒暑為佛法者，當中見有六人是法器。』言訖而退，不知處所。」異比丘，非同尋常之僧人。❹會中有大士六人　謂禪堂法會有六位大士待聽佛法。大士，對菩薩的通稱，此處暗示汾陽善昭有六弟子俱為菩薩轉世之化身。據《古尊宿語錄》卷十載云：「時（慈明）楚圓、（大愚）守芝、（瑯琊）慧覺、（龍潭）智圓、（芭蕉）谷泉、（法華）齊舉等，俱在座下，叢林知名。」此六弟子即「大士六人」。❺胡僧金錫光二句　胡僧，即所謂「異比丘」。《佛祖歷代通載》卷十八云：「並汾地苦寒，昭罷夜參。有梵僧振錫而至」云云。梵僧，即胡僧也。❻勸請為敷揚　勸請宣講佛法，勿停夜參。《古尊宿語錄》卷十「敷揚」作「宣揚」。《天聖廣燈錄》此句作「今我為提綱」，蓋傳聞之異辭。

【語　譯】水庵師一禪師說：「古代的高僧大德出任寺院住持，他們身體力行以弘揚佛道，未嘗苟且隨意而自我放縱。從前汾陽善昭禪師曾經歎息像法末世的人心不古，風氣浮薄，學禪的僧徒難得教化以修成正果。慈明楚圓卻說：『教化僧徒並不困難，值得憂慮的是住持長老不能善為誘導而已。』汾陽善昭答道：『古代的人淳厚篤實、誠懇無欺，尚且還需用三二十年的工夫才能成就這件大事的。』慈明又說：『此非聖哲真實之論。若是誠心篤志、勇猛精進不懈、善於證悟者，成就此一大事只須千日的工夫。』有人認為慈明楚圓的話狂妄虛誕，不肯相信。而汾州之地氣候嚴寒，汾陽善昭於是暫停了夜間小參。忽然有一形貌異常的和尚來到汾陽善昭的面前，對他說：『禪堂法會有六位大士，為何要因天寒而停止夜參說法呢？』未到三年，汾陽善昭門下果然有六位弟子得道悟法。汾陽善昭曾有偈頌道：『有位胡僧手持錫杖閃閃發光，為了請說佛道來到了汾陽。弟子中有六人將成就大法器，故而勸我不憚嚴寒把大法弘揚。』」

投子清和尚❶畫水庵像求贊❷曰：「嗣清禪人，孤硬無敵。晨昏一齋，脅不至席❸。深入禪定，離出入息❹。名達九重，談禪選德❺。龍顏大悅，賜以金帛。力辭者三，上乃嘉歎。真道人也，草木騰煥。傳予陋質，炷香請贊。是所謂青出於藍而青於藍❻者也。」（見畫像）

【章　旨】水庵師一稱許其弟子嗣清求道篤誠，修行精嚴，品德高尚，讚揚他能青出於藍而青於藍。

【注　釋】❶投子清和尚　嗣清，號簡庵，曾住持袁州仰山，水庵師一之弟子。嗣清住持投子山，其事未詳。宋代有投子義清，為曹洞宗禪師，屬青原下十世，別是一人。❷贊　此指畫像旁的題語，寄託褒貶之意，同「讚」。《文心雕龍・頌讚》：「讚者，明也；助也。……結言於四字之句，盤桓乎數韻之辭，約舉以盡情，昭灼以送文，此其體也。」❸脅不至席　謂勤於坐禪，未曾臥睡。據載：西天禪宗十祖「值九祖，執侍左右，未嘗睡眠，謂其脅不至席，遂號脅尊者焉。」見《五燈會元》卷一。❹深入禪定二句　意謂修習禪定造詣甚深，能不以口鼻呼吸，即道家之胎息也。《抱朴子・釋滯》云行氣「得胎息者，能不以鼻口噓吸，如在胞胎之中，則道成矣」。佛教有四禪八定之說，不同之階地有不同之氣象感受，與此略同。❺名達九重二句　嗣清之名上達於天子，故應詔入宮為君王談禪。九重，傳說皇宮之門九重，代指天子。選德，內宮殿名。水庵致投子清書中有云「爾昨來召對宸庭，誠為法門之幸」，當即此事，見後。❻青出於藍而青於藍　青色顏料乃由藍草中提取，而其色更勝於藍草，比喻弟子勝過老師。語出《荀子・勸學》。

【語　譯】投子嗣清和尚繪製了一幅水庵師一的畫像，請求水庵題寫贊語。水庵題寫道：「我的弟子嗣清禪者，他的禪風孤高剛硬無可匹敵。每日晨昏僅食一餐，長時間打坐他身不臥席。修習禪定他的造詣甚深，能不用口鼻以為呼吸。他的高名傳到君主耳中，特為召見在選德殿宣講禪機。君主聽後十分喜悅，賞賜給他錦帛與金幣。他三番幾次地盡力謝絕賞賜，君主乃為之讚美歎息。誇他是個真正的佛徒，草木也煥發光彩顯示出絢麗。嗣清描繪出我的陋形，焚香請求我題寫贊語。這就是古人所說『青出於藍而青於藍』的例子啊！」

水庵曰：「佛智先師❶言，東山演祖❷嘗謂耿龍學❸曰：『山僧有圓悟❹，如魚之有水、鳥之有翼。』故丞相紫巖居士❺贊曰：『師資相可，希遇一時❻。始終之分，誰能間之？』紫巖居士可謂知言矣。比見諸方尊宿懷心術以御衲子，衲子挾勢利以事尊宿❼，主賓交利，上下欺侮❽，安得法門之興、叢林之盛乎？」（〈與梅山潤書〉）

【章旨】五祖法演與圓悟克勤師徒以道相從，如魚得水，如鳥有翼，故佛門興盛；後世師徒以利相合，上下相欺，故佛門衰頹。

【注釋】❶佛智先師　端裕禪師，俗姓錢，本為吳越王後裔，圓悟克勤之弟子，號佛智。他是水庵師一的老師。事見《南宋元明禪林僧寶傳》卷三。❷東山演祖　即五祖法演禪師。法演，綿州鄧氏子，白雲守端之嗣法弟子。他長期住持湖北蘄州五祖東山禪寺，故稱五祖法演。東山，指五祖山。❸耿龍學　耿延禧，開封人，曾以龍圖閣直學士出知州府。本書卷三又稱「龍學耿公」，疑指此人。龍學，龍圖閣學士之略稱。❹圓悟　克勤禪師，四川彭州人，俗姓駱，五祖法演之弟子。朝廷賜號圓悟，又號佛果。他曾經是五祖法眼的侍者，深受賞識，五祖法演遍謂禪林耆宿大德曰：「我侍者參得禪也。」與佛眼清遠、佛鑒慧懃並稱為法演門下之「三佛」，聲譽藉藉一時。參見《五燈會元》卷十九。❺紫巖居士　張浚，字德遠，漢州綿竹人。他是宋代名臣，曾知樞密院事，後任宰相，力主武裝抗金。秦檜掌權後，他遭貶斥在外近二十年。他自號紫巖居士，曾向圓悟克勤問道。

參見《佛法金湯編》卷十四。❻師資相可二句　師者傳道於弟子，弟子助師弘法，師徒精神相感，心心相印於一時。資，輔助。希，仰慕。❼衲子挾勢利以事尊宿　僧徒以附勢牟利之心對待住持長老，並非為求得佛法。尊宿，德高望重之僧人，指主法之長老。❽主賓交利二句　寺院禪師與僧徒上下皆唯利是求，交相有欺侮之意。《孟子·梁惠王上》曰「上下交征利，而國危矣」，與此意近，可參。

【語譯】水庵師一說道：「佛智端裕先師曾經說過，五祖法演對龍圖閣學士耿公講：『山僧我有了圓悟克勤這樣的嗣法弟子，就像游魚得水而悠然適意，又如鳥有了翅膀而沖舉高翔一般。』所以丞相紫巖居士讚頌道：『師徒配合，相得相知。兩心感應，遇合一時。始終默契，原於本分。勢不可離，誰能間之？』紫巖居士真是有遠見卓識的了。每每見到近來諸方寺院主法長老巧用心術以控制僧徒，僧徒則懷勢利之心以對待寺院長老，主人與賓客交相以牟利為目的，上下皆有欺侮之心。如此又怎能指望法門興盛，禪林氣象怎能蒸蒸向上呢？」

水庵曰：「動人以言，惟要真切。言不真切，所感必淺，人誰肯懷？昔白雲師祖❶送師翁住四面❷，叮嚀曰：『祖道凌遲，危如累卵❸。毋恣荒逸，虛喪光陰，復敗至德！當寬容量度，利物存眾❹，提持此事❺，報佛祖恩。』當時聞者孰不感慟？爾昨來召對宸庭❻，誠為法門之幸。切宜下身尊道，以利濟為心，不可矜己自伐❼。從上先哲，謙柔敬畏，

保身全德，不以勢位為榮，遂能清振一時，美流萬世。予慮光景不長❽，無復面會，故此切囑。」（見〈投子書〉）

【章　旨】水庵教導嗣清要記取白雲師祖當年的教誨，應當以寬容利物、謙柔敬道為心，保身全德，不慕勢位，使清名永傳於世。

【注　釋】❶白雲師祖　守端禪師，衡陽葛氏子，楊岐方會之法嗣，曾住持舒州白雲山海會院，故稱白雲守端。白雲守端是五祖法演的老師，五祖法演三傳而至水庵師一，故稱師祖。❷送師翁住四面　師翁指法演，法演出世初住持安徽潛山縣四面山禪寺。《法演禪師語錄》卷上有「演和尚初住四面山語錄」。❸祖道淩遲二句　意謂法門衰落，佛道搖搖欲墜，形勢十分危急。危如累卵，以卵相重疊，形容形勢極端危險。❹利物存眾　利益萬物，保全眾生。存，安頓；保全。❺提持此事　教導弟子，指授佛法，並努力修持之。提，提撕；提引。❻爾昨來召對宸庭　此前有云「名達九重，談禪選德，龍顏大悅，賜以金帛」，即此事。宸庭，君王之宮廷。宸，北極星，喻君王。❼矜己自伐　驕傲自誇。矜己，自負。自伐，誇耀自己的才能。❽予慮光景不長　自我慮及不久於人世。光景，光陰，指在世的時光。

【語　譯】水庵師一禪師說：「言辭若要能感動人，必須真誠切實。倘若言辭不真誠切實，聽者的感受必然浮淺，誰肯將它永記在心、念念不忘呢？從前師祖白雲守端送法演前往住持四面山禪寺之時，曾殷切叮囑說：『佛道衰頹，禪林凋弊，形勢危如累卵。你不可放縱情志，不可荒逸懈怠，那樣不僅浪費了光陰，而且敗壞了自己的大德。應當胸懷寬容，器量廣大，利益萬物，護佑眾生。

向僧徒指授佛法，並且身體力行，以報答佛祖的恩德。』當時聽到這番話的人誰又不為之感動而難過呢？你昨天蒙召進宮，面見君王講說禪法，這是佛門中值得慶賀的事情。你應切切記住要謙虛謹慎，尊崇道德，將利益萬物、普渡眾生時刻存放心上，不可自矜自大，妄自吹噓。要效法前輩賢哲，謙柔處下，敬畏審慎，保身全德，不以權勢名位為榮耀，所以能夠清名傳頌於一時，榜樣永垂於萬世。我因為想到自己在世的日子不多了，沒有再度見面的機會，所以切切叮嚀囑咐如此。」

水庵少倜儻❶，有大志，尚氣節，不事浮靡。不循細檢❷，胸次岸谷❸，狥身以義❹。雖禍害交前，不見有殞穫之色❺。住持八院，經歷四郡，所至兢兢業業，以行道建立❻為心。淳熙五年，退西湖淨慈，有偈曰：「六年灑掃皇都寺❼，瓦礫翻成釋梵宮❽。今日功成歸去也，杖頭八面起清風。」士庶遮留不止。小舟至秀之天寧，未幾示疾，別眾告終。

《行實》

【章旨】水庵師一平生胸懷大志，崇尚氣節，他歷任八院住持總是兢兢業業，以弘法行道作為自己終身的追求。

【注　釋】❶倜儻　卓越豪邁，瀟灑不羈。❷不循細檢　行為粗豪，不注意細節。據載云：水庵外在行為粗糙，叢林謂之一糙。見《叢林盛事》。❸胸次岸谷　胸懷中是非明白，處世態度如高岸深谷之界線分明，毫不含糊。五代貫休〈寶禪師見訪〉：「山兄心似我，岸谷亦難交。」❹狥身以義　獻身道義，至死不變。狥，「徇」之俗字。❺不見有殞穫之色　意謂遵循道義節操之準繩，不因禍福得失，而改變顏色。殞穫，殞落與收穫，指得失。❻行道建立　推行佛道，興建寺院，弘大禪林。建立，指興建、維修寺院。❼皇都寺　指杭州淨慈寺。南宋紹興八年建都杭州，號臨安，故云。❽釋梵宮　梵天之宮殿，指佛寺。

【語　譯】水庵師一自幼卓異不群，瀟灑不羈，胸有遠大之志。他平生崇尚氣節，不追求浮華虛榮。他處世豪放，不重細節，然而在是非面前態度如同高岸深谷之分明，為了道義願意獻出自己的生命。即使禍害交錯眼前，他也從來沒有患得患失的顏色。他一生住持過八所禪院，經歷了四個郡府，所到之處總是兢兢業業，將推行佛道、興建禪寺時刻掛在心上。淳熙五年，水庵辭去杭州淨慈寺住持一職時，寫下偈頌說：「六年來在皇都淨慈灑掃、維修從未間斷，當初的瓦礫場已建成佛宮禪院。如今佛殿成就我當歸去，手持錫杖應有八方清風拂面！」杭州各界士人與庶民百姓紛紛挽留，未能打消他的去意。他於是乘小舟來到秀水的天寧寺，不久告病，於是升堂與僧眾道別，便去世了。

月堂道昌禪師

【題　解】道昌禪師（西元一〇八九～一一七一年），號月堂。他俗姓吳，湖州寶溪人。他十三歲時剃髮出家，年輕時曾經行腳參學於淮楚湖湘之間，依止長靈卓、保寧璣、圓悟勤諸位高僧，頗受賞識。他後來成為雲門宗妙湛思慧的嗣法弟子。先後住持蔣山、徑山、靈隱等有名的禪院，乾道二年（西元一一六六年）應請住持杭州淨慈寺。賜號佛行禪師。

雲門宗風本來就孤危聳峻，人難湊泊。其大致在於「截斷眾流，不容擬議，凡聖無路，情解不通」，又道是「劍峰有路，鐵壁無門」、「烈焰豈容湊泊，迅雷不及思量」。（《人天眼目》卷二）這種接引學人的手段，自然令眾多的僧徒望而卻步。而道昌的禪法尤為「孤風嚴冷，學者罕得其門而入」（《叢林盛事》）。他曾經對僧徒講法道：「與我相似，共你無緣。打翻藥銚，傾出爐煙。還丹一粒分明在，流落人間是幾年。」又上堂道：「雁過長空，影沉寒水。雁無遺蹤之意，水無留影之心。若能如是，正好買草鞋行腳。所以道動則影現，覺則冰生。不動不覺，正在死水裏。」又說：「鴛鴦繡出從君看，莫把金針度與人。」其宗旨仍然是要啟發學人內心的自悟，不過較少假藉暗示而已。

道昌十分重視僧人道德節操的修持。他任禪院住持時「以行道為己任，不發化主，不事登謁」，對於禪林「賤守節、尚浮華、薄真素」的澆漓風氣曾表示強烈的不滿。他曾經對眾人說：「吾欲得真實慕道之士，令大徹大悟，起雲門一派。俾天下向吾教者，知有此宗，則人自然如水赴壑。

豈為枉道而涉叢林耶？」可知振興佛法（具體是雲門宗），是他終生追求的目標。

道昌曾經有一個嗣法弟子，即臨安府五雲悟法師，然而在他之前因病去世。道昌法脈，遂無傳於世。這確實是一個悲劇。

有關道昌禪師的生平事蹟及法語，參看《嘉泰普燈錄》（卷十二）、《五燈會元》（卷十六）、《聯燈會要》（卷二九）等書。

【校　注】「劍峰有路，鐵壁無門。」「烈焰豈容湊泊，迅雷不及思量。」山河高高，再高高，總有路可登上，鐵鑄水凝，只有從內中才可燒煉才可解溶，實智慧只從五蘊內中出，即是說，只有生生不生，否則六祖為何一起始即說言：「但用此心，直了成佛。」「鐵壁無門」，絕對不是問題所在，關鍵在於，你的「鐵壁」在哪裏？若果你真的成了鐵壁，你就不會擔憂它有門沒門。「烈焰」，證行中的般若大力的別稱。「迅雷不及思量」，證行中，金剛喻的無漏之力。「所以道動則影現，覺則冰生。不動不覺，正在死水裏。」以禪宗實修之關涉乎文字而論，「動則影現」，是五蘊本來之空性鬆動了自己的假綑綁，這時侯，有點譜了，五蘊不再那麼粗鈍了，一切界處，不再如是公式化的業積如儀了，因此講作「影現」，然後五蘊本來的空性更生大力，所云「覺則冰生」，是合做一處了，合做一處之後，就更有譜了。「不動不覺，正在死水裏。」死水沒有「魚」。「鴛鴦繡出從君看，莫把金針度與人。」多半傳誦這句禪語的人，都不曾警惕聽者不要聽作是一句文學的話。波紋若是「鴛鴦」，「金針」就是看不見的那條「魚」。五蘊界處若是「鴛鴦」，「金針」則是剎那自見的本來面目。一切開示論言乃至偈頌禪語，伸手揭棒若是「鴛鴦」，「金針」則是凡聖莫測的「杖頭」。揮舞處，八面清風，凡聖一同喪生失命，可惜就在於這八面的清風，始終吹著這個解脫漢，吹不著旁人。《大般若經》，舍利弗問彌勒菩薩，尊者所說，如所證否？彌勒菩薩答言，我之所說，不如所證。「清風」吹不到面前來，「金針」拿不著手中來，言說所關乎證行者，了不起只是相似相似，舉似舉似，說似說似，禪師千餘年來所表現的說似的能力，十方天人，同聲稱羨。「白毫光照紫薇宮，無限天人淚如語。」

月堂昌和尚曰：「昔大智禪師❶慮末世比丘驕惰，特製規矩以防之。隨其器能各設攸司❷，主居丈室❸，眾居通堂，列十局頭首❹之嚴肅如官府。居上者提其大綱，在下者理其眾目。使上下相承如身之使臂，臂之使指，莫不率從。是以前輩遵承翼戴、拳拳奉行❺者，以先聖之遺風未泯故也。比見叢林衰替，學者貴通才、賤守節、尚浮華、薄真素。日滋月浸，漸入澆漓。始則偷安一時，及玩習既久，謂其理之當然，不謂之非義，不謂之非理。在上者惴惴焉畏其下❻，在下者睽睽焉伺其上❼。平居則甘言屈體以相媚悅，得間則狠心詭計以相屠獪❽，成者為賢，敗者為愚。不復問尊卑之序，是非之理。彼既為之，此則傚之。下既言之，上則從之。前既行之，後則襲之。烏乎，非彥聖之師乘願力❾，積百年

之功，其弊固❿則莫能革矣。」（〈與舜和尚書〉）

【章　旨】禪林應當遵循先聖規定的禮法儀制，提倡道義節操，革除歷年因襲之澆漓苟媚的弊病，以重建佛門規範，弘揚真素之風。

【注　釋】❶大智禪師　懷海，俗姓王，福州長樂人，生於唐玄宗開元八年，卒於唐憲宗元和九年。曾追隨馬祖道一大師，為馬祖門下「三大士」之一。後至江西大雄山弘揚佛法。大雄山巖巒陡峻，故號百丈，人稱百丈懷海，諡曰大智禪師。傳見《五燈會元》卷三。❷攸司　所司，執掌具體職事之部門或人員。攸，所。❸主居丈室　主法之住持居在方丈之室。丈室，即方丈。百丈懷海所定《禪門規式》云：「既為化主，即處於方丈，同淨名（維摩詰）之室，非私寢之室也。」❹十局頭首　指禪寺東西兩序之僧職：首座、書記、藏主、知客、侍者、監寺、都寺、副寺、維那、典座等。❺遵承翼戴拳拳奉行　遵循、繼承百丈懷海所定之規式，衷心擁戴並認真奉行之。翼戴，輔佐擁護。拳拳，忠誠而謹守之。❻在上者惴惴焉畏其下　主法長老心懷私欲，苟且偷安，故畏其下。惴惴，小心恐懼。❼在下者睽睽焉伺其上　處下者覬覦上位，暗中窺伺，等待時機，以求一逞。睽睽，張目注視，以便待機而動。❽屠獪　意謂傷害，欲置之死地也。獪，疑為「劊」字之訛。❾乘願力　立下誓言，堅定不移，藉此心力以實現願望。願力，誓願之力也。❿弊固　歷時長久，難以克服的弊病。同「固弊」。

【語　譯】月堂道昌和尚說：「昔日百丈懷海大智先師憂慮末法世之僧人驕奢怠惰，特為制定禪門規式以端肅佛門風氣，預防可能的弊端。依據各自之器能，各設所司以執掌其事。主法長老居住於方丈之室，僧眾則集中住在通堂之內。分別設首座、書記、藏主、知客、侍者、監寺、都寺、副寺、維那、典座等十局頭首各司其職，如同官府職事分工嚴明一般。尊居上位者總領禪院庶務之綱要，處在下位者則分頭負責具體的事項。如此上下相互承接，就像身軀指使兩臂，兩臂能動十指一樣，全體無不協調一致。所以前代禪師繼承擁戴，嚴格遵照奉行，忠謹不渝，這是百丈遺風猶存的緣故啊。近來只見叢林佛道衰微，奉道習禪者以博通才識為貴重，以端守節操為卑賤，崇尚時風浮華，鄙薄真淳樸素。日積月累，弊端滋長，禪林風氣愈益浮薄。開始則苟且偷安於一時，不知不覺間沉浸玩習，日子長久便認為事理本來是如此，不覺得這樣不合道義，不認為這樣有違佛理。在上主法長老畏懼下屬的非議，在下的僧徒窺伺著上面的職位。閒暇無事時則巧言蜜語、卑顏屈體以相諂媚，瞅住機會就在背後施展詭計、心狠手辣地相互殘害。成功了便稱讚為賢者，失敗了便指責為愚人。不再考慮上下尊卑的秩序，不再問及是非善惡的道理。一個人這樣做了，另一個人就去依照效法。下面有所鼓吹，上面就聽從辦理。前面的如此推行，後來者也因循照舊。可歎息啊，若非卓異超邁的聖賢之師發下誓願，經過百年不懈的努力以建立功效，禪林之間如此深重頑固的弊端是難以革除的。」

月堂住淨慈最久。或謂：「和尚行道經年，門下未聞有弟子，得不辜妙湛❶乎？」月堂不對。他日再言之，月堂曰：「子不聞昔人種瓜而愛甚者，盛夏之日，方中而灌之，瓜不旋踵而淤敗❷。何也？其愛之非不勤，然灌之不以時，適❸所以敗之也。諸方老宿提挈衲子❹，不觀其道業內充❺，才器宏遠，止欲速其為人。逮審其道德則淫汙，察其言行則乖戾，謂其公正則邪佞，得非愛之過其分乎？是正猶日中之灌瓜也。予深恐識者笑，故不為也。」（《北山記聞》）

【章旨】住持長老挑選嗣法弟子，一要看其德業福慧是否內充，二要看其才能器量是否廣遠，若德才不符而輕易傳法，結果只能適得其反。

【注釋】❶妙湛　福州雪峰思慧妙湛禪師，錢塘俞氏子，雲門宗僧人，屬青原下十三世。他是月堂道昌的授法之師。法語參見《五燈會元》卷十六。❷瓜不旋踵而淤敗　盛夏土潤溽暑，大雨時降，日中灌溉，上蒸下淤，瓜苗萎根爛，迅速便死。不旋踵，未曾轉足，形容時間很快。❸適　則。❹諸方老宿提挈衲子　指各地寺院長老提拔僧徒。老宿，指齒德俱尊之禪師。提挈，扶持；汲引。❺道業內充　證悟佛法，勤修善業，福慧內充於自己的生命。道業，可成佛果之善業。

【語譯】月堂道昌住持杭州淨慈寺的時間最為久長。有人對他說：「和尚您弘揚佛法已有許多年頭，可是門下未曾聽說有嗣法弟子。如此豈不辜負了妙湛思慧的希望嗎？」月堂當時未作回答。後來有一天再次提起這番話，月堂道昌便答道：「你難道沒有聽說過：從前有個人種瓜，他由於心中愛之太甚，便在盛夏太陽當頭的正午時分去為瓜苗灌水。結果上蒸下淤，瓜苗反而很快糜爛而死。這是為甚麼呢？此人熱愛種瓜並非勞作不勤，然而為之灌溉卻不是合適的時候，所以瓜苗爛根而死。各地寺院長老提攜自己的僧徒，不考察其是否證悟佛道，勤修善業，福慧內充，是否才能宏大，器量深遠，堪當重任，只想盡快地造就其聲譽地位。若要考察其為人，則毫無操守，道德污穢；審視其言行，則口是心非，表裏不符；若論處事公正，則其人善於阿諛逢迎，徇私舞弊。培養這樣的僧徒作為嗣法弟子，難道不是愛得過份了嗎？這就像盛夏正午去給瓜苗灌水一樣。我因為深恐為有識者所嘲笑，所以不這樣去做。」

月堂曰：「黃龍居積翠❶，因病三月不出。真淨❷宵夜懇禱，以至然頂煉臂❸，仰祈陰相。黃龍聞之，責曰：『生死固吾分也。爾參禪不達理若是！』真淨從容對曰：『叢林❹可無克文，不可無和尚。』識者謂真淨敬師重法，其誠至此，他日必成大器。」（《北山記聞》）

【章旨】真淨克文尊師重道，出於內心至誠，所以他後來能夠成就大器。

【注釋】❶黃龍居積翠　黃龍慧南禪師住在積翠庵之時。黃龍慧南，信州玉山章氏子，石霜楚圓之弟子。他長期在隆興府（今江西境內）黃龍山弘法，禪席之盛可與馬祖道一、百丈懷海相比，遂創立臨濟宗下黃龍一派。據載云：慧南曾「住黃蘗，結庵於溪上，名曰積翠」。見《禪林僧寶傳》卷二二。❷真淨　克文禪師，陝府閿鄉鄭氏子，黃龍慧南之弟子。克文在禪林享有盛譽，神宗詔賜「真淨」之號，被讚為「一代法施主」。❸然頂煉臂以鐵鉤鉤住皮膚，在頭頂或兩臂掛油燈或燒香，表示懺悔、感恩之誠。這是佛教徒自殘之苦行，後來被禁止。然，同「燃」。《大宋宣和遺事．前集》：「大觀四年，禁燃頂、煉臂、刺血、斷指之類。」❹叢林　泛指佛教界、禪林寺院。

【語　譯】月堂道昌和尚說：「黃龍慧南禪師住在積翠庵時，曾經因病而未能上堂說法達到三月之久。真淨克文為此事在夜間誠懇禱告，乃至於在頭頂、兩臂上燃燈點香，祈求陰司保佑慧南禪師早日消除疾病，恢復健康。黃龍慧南聽說之後，責備真淨克文道：『生死乃是我命中的本份。你參悟佛法，怎能如此不明事理！』真淨克文從容回答道：『當今佛門禪林可以沒有我克文，但是不能沒有您啊！』知道此事的人都說真淨克文尊敬師輩，推重佛法，其真心至誠達到如此程度，將來一定能夠成為佛門傑出的人士。」

月堂曰：「黃太史魯直❶嘗言，黃龍南禪師器量深厚，不為事物所遷❷，平生無矯飾，門弟子有終身不見其喜怒者❸。雖走使致力之輩，一以誠待之。故能不動聲氣，而起慈明之道❹，非苟然也。」（一本見《黃龍石刻》）

【章　旨】黃龍慧南待人真誠而不矯飾，不因世俗事物而改變態度，所以能夠弘揚禪風，振興臨濟法脈。

【注　釋】❶黃太史魯直　黃庭堅，字魯直，號山谷居士，洪州分寧（今江西修水）人。曾任國子監教授、著作佐郎、秘書丞兼國史編修官。他曾向晦堂祖心問道，與黃龍派禪師交往甚密。太史，舊稱修史之官。❷不為事物所遷　不因為世俗事物、吉凶禍福而改變態度。據載：慧南嘗入獄，獄吏拷掠百至，慧南禪師絕口不言，唯不食而已。兩月後得釋，鬚髮不剪，皮骨僅在。真點胸迎於中途，見之泣下，曰：「師兄何至是也？」慧南叱曰：「這俗漢真不覺！」蓋其面對禍患、不動如山如此。見《林間錄》卷上。❸門弟子有終身句　黃龍慧南威儀嚴肅，舉止莊重，有的弟子終身未見他顯出喜怒之色。《林間錄》卷下云：「南禪師風度凝遠，人莫涯其量。故門下客……有終身未嘗見其破顏者。」與此意同。❹起慈明之道　振興石霜楚圓之法脈，開創臨濟宗黃龍一派。石霜楚圓，俗姓李，依止汾陽善昭盡得其旨，得承法嗣。他曾經住持石霜山崇勝寺，謚曰慈明。

【語　譯】月堂道昌和尚說：「黃庭堅太史曾經說道，黃龍慧南禪師器識深遠，度量廣大，不因為一切世間之吉凶禍福而影響情緒。他平生真率，從不矯飾做作，其門下弟子中有人終身未曾看見他顯露喜怒之色。即使是往來使者與體力勞作之輩，他也一律以誠懇的態度同樣對待。所以能夠不動聲氣地振興石霜楚圓的法脈，弘揚其禪風。這種結果並不是隨便就可以取得的。」

月堂曰：「建炎己酉上巳日❶，鍾相❷叛於澧陽，文殊導禪師❸厄於難。賊勢既盛，其徒逸去，師曰：『禍可避乎❹？』即毅然處於文室，竟為賊所害❺。無垢居士❻跋❼其法語曰：夫愛生惡死，人之常情。惟至人悟其本不生❽，雖生而無所愛；達其未嘗滅，雖死而無所畏。故能臨死生禍患之際，而不移其所守。師其人乎！以師道德節義，足以教化叢林，垂範後世。師名正導，眉州丹稜人，佛鑒❾之嗣也。」（一本見《廬山岳府惠大師記聞》）

【章旨】禪者面臨死生禍福之際，應當堅持節操，無所畏懼，不改平生所守之志。在此一方面，文殊導禪師的行為足以教化叢林，垂範後世。

【注釋】❶建炎己酉上巳日　指宋高宗建炎三年（西元一一二九年）之三月三日。三月上巳，為古代節日，魏代以後一般指三月初三。❷鍾相　宋鼎州武陵人，高宗建炎三年率眾起事，自稱楚王，主張均貧富、等貴賤，曾經佔領桃源等十九縣。次年為宋官軍擊敗，後被殺。❸文殊導禪師　心導（一作道），俗姓徐，眉州丹稜（今屬四川）人，佛鑒慧懃之法嗣。政和二年，開法於襄陽天寧寺。宣和年間，出任鼎州文殊院住持。傳見《嘉泰普燈錄》卷十六。❹禍可避乎　據載：建炎三年春，心導上堂說法時，曾舉臨濟入滅囑三聖因緣曰：「正法眼藏瞎驢滅，臨濟何曾有是說！今古時人皆妄傳，不信但看後三月。」至閏三月，鍾相率眾反叛朝廷，僧徒意欲奉心導師南奔以逃避禍難。心導曰：「學道所以了生死，何避之有？」參見《五燈會元》卷十九。❺竟為賊所害　據載：賊至，心導師曰：「速見殺，以快汝心！」賊即舉槊殘之，血皆白乳。賊駭，引席覆之而去。見《五燈會元》卷十九。❻無垢居士　張九成，字子韶，號無垢居士，又號橫浦居士。他是紹興二年進士，官至禮部、刑部侍郎。他與大慧宗杲（妙喜）關係甚密，受秦檜迫害而被貶謫多年。事見《五燈會元》卷二〇。❼跋　文字之後的題語。原本作「拔」，據《乾隆大藏經》本改。❽悟其本不生　體悟無生之理，以破生死之煩惱。佛教認為生為幻化之假相，追求無生無滅之涅槃境界，故對於生無所眷戀，對於死無所畏懼。❾佛鑒　慧懃禪師，俗姓王，舒州人，五祖法演門下得法，朝廷賜號佛鑒。他與佛果克勤、佛眼清遠並稱，被呼為法演門下之「三佛」。

【語　譯】月堂道昌和尚說：「高宗建炎三年上巳日這一天，鍾相率眾在澧州反叛朝廷，文殊心導禪師被陷於困境之中。反叛者的勢力愈來愈強盛，文殊禪院的僧徒都逃走了。心導禪師卻說：『既然有了禍患，難道可以躲避嗎？』於是他毅然決然地留在方丈室內，最後竟被反叛的軍士殺害。無垢居士張九成在心導禪師法語之末題寫道：愛惜生命而厭惡死亡，這是世俗人之常情。只有得道高人才會體悟道生之虛幻，雖然活在人世卻能無所眷戀；能夠明白人之死亡並非寂滅，即使面臨死亡也能無所畏懼。所以他們能夠在生死關頭、禍害當前之際，而能毫不改變平日的操守。心導禪師不就是這樣的人嗎？他的道德節義，足以教化禪林信眾，並且為後輩學人樹立一個永恆的楷模。他名正導，是眉州丹稜人，乃是佛鑒慧懃的嗣法弟子。」

心聞曇貫禪師

【題　解】曇貫（一作賁）禪師，字心聞，永嘉人，從育王介諶門下得法。他曾經住持江心寺、長蘆寺、瑞巖寺及天台山萬年寺。後四明太守邀請他住持雪竇山寺，曇貫堅辭不就。

曇貫的禪風有質樸澹遠的一面。他認為「人事周足，佛法現成」。他曾經對僧眾說法道：「不作青見，不作黃見，不作不青不黃見，這樣禾在汝諸人自性田中，成熟久矣。……看，刈禾鐮上見南泉，無限黃雲俱割盡！」其意在於說明諸人心田之中，佛法早已成熟，只要處以自然平常態度，便可收割。他又曾舉長靈和尚「天旱為民愁」一句發揮道：「吞盡山川風雲，吐出江河日月，能為暗，能為明，能為陰，能為陽，能該括眾妙，無有遺餘，能包含萬類，不露形品，無出是這『天旱為民愁』一句。」他又說：「驀然變作龍自在王菩薩，往十方世界興雲吐霧，抉雷掀電，扇清涼風，灑甘露雨，使焦者潤、渴者涼、枯者榮、死者活。……無限蒼生待霖雨，不知龍向此中蟠。」這些法語，表露了曇貫濟世救民的大關懷、大慈悲之心。他又曾說：「名高不用鐫頑石，路上行人口似碑。」

曇貫的禪風之中，又有活潑飄逸的一面。有僧人舉雲峰文悅說佛法門徑：第一要「蛇穿鼠穴」，第二要「猢孫上樹」，第三要「村裏草鞋」。曇貫評論說：「雲峰只知認許多路途走，不知背後被人點背！」他說自己的答覆是：第一要「李白歌詩」，第二要「公孫舞劍」，第三要「張顛草書」。他還借小詩說法云：「濃將紅粉傳了面，滿把真珠蓋卻頭。不識佳人真面目，空教人唱〈小涼州〉。」

可知曇賁提倡人性的真實自然之中，不乏性靈自在飄逸、素潔爛漫的光華。

有關曇賁禪師的事蹟與法語，可參看《五燈會元》（卷十八）、《續古尊宿語要》（卷四）等書。

【校注】「天旱為民愁」，鳩摩羅什翻譯《小品般若經》，無受三昧的開示，反覆申明，若無有「受」，則亦無有色受想行識。天不施雨，修行人不受，五蘊粗鈍積聚開始鬆動，說似為「天旱民為愁」，是真善知識。「無限蒼生待霖雨，不知龍向此中蟠。」前章所云：「死心心已死，心死死由生。」這條「龍」，有朝一日，即是那條「魚」。魚龍活杖，銅頭鐵額，你亦如是，我亦如是。這位善知識透出此一段修行，功用應溥。這雙鴛鴦，特別教人認得金針的行跡。

心聞賁和尚曰：「衲子因禪致病者多：有病在耳目者，以瞠眉努目、側耳點頭為禪❶；有病在口舌者，以顛言倒語、胡喝亂喝為禪❷；有病在手足者，以進前退後、指東劃西為禪❸；有病在心腹者，以窮玄究妙、超情離見為禪❹。據實而論，無非是病。惟本色宗師明察幾微，目擊而知其會不會，入門而辨其到不到。然後用一錐一劄❺，脫其廉纖，攻其搭滯❻，驗其真假，定其虛實。而不守一方便，昧乎變通❼，俾終踏於安樂無事之境❽，而後已矣。」（《實錄》）

【章　旨】本色禪師接引學人，應是對症下藥，變通施治。世人誤以瞠眉努目、胡喝亂喝、指東劃西、窮思玄妙為禪，皆是病態表現。

【注　釋】❶以瞠眉努目側耳點頭為禪　中唐以後，禪林流行以揚眉動目表達禪意的風氣，宋代此風愈盛，徒具姿態，違背真實。大慧宗杲曾批評有些禪師「凡舉覺時先大瞠卻眼如小兒患天弔見神見鬼一般，只於瞠眉努眼處領略」。又曰：「癡漢，不可瞠眉努眼時便有禪，不瞠眉努眼時便無禪也。」見《大慧普覺禪師語錄》卷十四。❷以顛言倒語胡喝亂喝為禪　臨濟禪僧常以大聲吆喝來顯示禪機，以截斷語言葛藤、袪除分別妄心，或相互勘驗對方，稱為臨濟喝。後世不明根本，徒然倣效形式，乃成痼疾。大慧宗杲曾批評曰：「近世學語之流，多爭鋒逞口，快以胡說亂道為縱橫，胡喝亂喝為宗旨。一挨一拶，如擊石火，似閃電光。擬議不來，呵呵大笑，謂之機鋒俊快，不落意根。殊不知，正是業識弄鬼眼睛，豈非謾人自謾、誤他自誤耶！」見《大慧普覺禪師語錄》卷二四。❸以進前退後指東劃西為禪　據載：佛祖初生下，一手指天，一手指地，東西南北各行於七步，目顧四方，云：「天上地下，唯我獨尊。」後世效法而以手足動作來表現禪機，如豎起手指、翻筋斗、踢倒淨瓶之類，其末流則生出種種弊端。❹以窮玄究妙超情離見為禪　脫離平常之心，冥思苦索前人之公案，探求其中文字之玄妙，誤以此為參禪。大慧宗杲曾批評曰：「近年以來，禪有多途……或以古人入道因緣聚頭商榷云：這裏是虛、那裏是實，這語玄、那語妙，或代或別為禪者」，指出此等人「自既不曾悟，亦不信有悟底」。參見《大慧普覺禪師語錄》卷三〇。❺一錐一箚　意謂以一針一錐刺人穴位，治療疾病。錐，尖銳的器具，亦可指針。箚，扎；刺。❻脫其廉纖攻其搭滯　或者解除細微之疾，或者攻破積滯之病。廉纖，此指細小不易覺察的毛病。搭滯，此指長久滯累連帶引起的痼疾。❼而不守一方便二句　意謂弘揚佛法當知變通，不可死守某一固定的方法而不改。方便，指接引學人的手段、方法。❽安樂無事之境　指超脫世俗、隨緣任運、徹證佛法，因而精神上快樂無事之禪境。《密庵語錄》云：「一切處恰恰地，天自高，地自厚，飢餐渴飲，一切尋常。到遮境界，便是一員無事道人，方敢稱為行腳高士。」所說與此意近，可互參。

【語譯】心聞曇賁和尚說：「如今僧人因為參禪而染上形形色色的毛病，這樣的事例甚多。有的病在耳目之間，認為接引學人時橫眉瞪眼、側耳點頭就是禪；有的病在口舌之間，認為機緣應對時顛倒言說、胡喝亂叫就是禪；有的病在手足之間，認為在法堂上前進後退、東指西劃就是禪；有的病在心腹之間，認為超離常情去窮思苦索、探究公案文字之玄妙就是禪。從實際上說，這些全都是病態的表現。只有真正的本色宗師，能夠透過細微之處明察其實質，才一相見就知道其人是否真正體悟得佛法，剛一進門就可以分辨來者是否達到了真如境界。然後根據來者的情況，或用一錐一刺，使其細微難察的症候一時脫去，長期鬱結不暢的積病盡皆解除，更要驗證其所得是真是假，確定其體悟是虛是實。接引後學不可只守著某種成法，不可不明白隨時變通之理。其目的最終要使參學者進入安樂無事的境地，然後才告罷休。」

心聞曰：「古云千人之秀曰英，萬人之英曰傑❶。衲子有智行聞於叢林者，豈非近英傑之士邪？但能勤而參究，去虛取實，各得其用，則院無大小，眾無多寡，皆從其化矣。昔風穴之白丁❷，藥山之牛欄❸，常公之大梅❹，慈明之荊楚❺，當此之時，悠悠之徒❻，若以位貌相求，必見而詒之❼。一日據師席、登華座，萬指圍繞❽，發明佛祖叔世之光明，叢林孰不望風而靡❾？矧❿前輩皆負瓌偉之材，英傑之氣，尚能區區於未遇之際，含恥忍垢，混世同波而若是，況降茲者⓫歟！烏乎，古猶今也，此猶彼也。若必待藥山、風穴而師之，千載一遇也；若必待大梅、慈明而友之，百世一出也。蓋事有從微而至著，功有積小而成大，未見不學而有成、不修而先達者。若悟此理，師可求，友可擇，道可學，德可修，則天下之事何施而不可？古云：知人誠難，聖人所病⓬。況其他乎！」（〈與竹庵書〉）

【章旨】禪僧應當勤修道德，虛心向學，積少成多，從微至著，要參破古今、聖凡相通之理，如此則師可求，友可擇，道可學，德可修。

【注釋】❶古云千人之秀曰英二句　意謂英傑皆千萬人之中的卓越特出之士。《白虎通義．聖人》云：「五人曰茂，十人曰選，百人曰俊，千人曰英，倍英曰賢，萬人曰傑。」二句本此。❷風穴之白丁　汝州風穴延沼禪師，餘杭劉氏子，南院慧顒之法嗣，南嶽下七世。白丁，一說在郢州，延沼因寇亂隱居於此數年，人無知者。又據載：延沼曾至汝水，見草屋數椽依山，如逃亡人家，問之乃古風穴寺。延沼留止，日乞村落，夜燃松脂，單丁者七年。白丁事或指此，未詳孰是。參見《禪林僧寶傳》卷三。❸藥山之牛欄　澧州藥山惟儼禪師，絳州韓氏子。他曾依石頭希遷，密證心法。住持藥山時，僧眾雲集，禪風大振。中唐著名學者李翺曾經入山參謁問道，當即警悟。牛欄山，舊注稱在燕京東北，惟儼嘗隱居於此，未知所據。❹常公之大梅　明州大梅山法常禪師，襄陽鄭氏子，幼年出家，曾經參謁馬祖道一，言下大悟。遂往四明梅子真舊隱居處靜修，有偈曰：「摧殘枯木倚寒林，幾度逢春不變心。樵客遇之猶不顧，郢人那得苦追尋！」馬祖道一曾派僧徒前往勘驗，譬曰：「梅子熟也！」自此學者漸至，師道彌著。見《五燈會元》卷三。❺慈明之荊楚　石霜楚圓禪師，俗姓李氏，全州（今廣西境）人。他是汾陽善昭的弟子，曾經住持石霜山崇勝寺，諡曰慈明。據載云：他曾放縱形跡，以竹杖荷骨董箱遊於襄沔一帶，所至或為老宿所呵斥。參見《禪林僧寶傳》卷二一。❻悠悠之徒　普通常人；平凡之輩。《史記．孔子世家》：「悠悠者天下皆是也。」❼若以位貌相求二句　意謂以其當時的地位與形貌，必遭輕忽怠慢。詒，欺。❽萬指圍繞　形容成千的僧眾信徒環繞簇擁在其周圍。萬指，千人。《漢書．貨殖傳》唐顏師古注曰：「指千則人百。」❾望風而靡　意謂承受其佛法教化，如風吹草伏。靡，倒伏。《論語．顏淵》：「君子之德，風；小人之德，草。草上之風，必偃。」❿矧　況且。⓫降茲者　意謂才能器具不及他們的僧人。茲，指風穴延沼、藥山惟儼、大梅法常、石霜楚圓等高僧。⓬知人誠難二句　意謂要認識一個人的真實面目的確很難，聖哲也可能犯錯誤。《尚書．皋陶謨》載皋陶與夏禹的對話，皋陶說為政「在知人，在安民」，夏禹則感歎道：「吁，咸若時，惟帝其難之。」二句本此。

【語　譯】心聞曇賁和尚說：「古人道千人之中卓異超群者方能稱作英才，萬人之中英才蓋世者方能稱作傑士。禪僧若有智慧德操，美名傳頌於禪林寺院之間，豈不是與英傑之士相近嗎？禪師只要能勤於參究，精進不止，去其虛浮，取其實證，各以當前情事而用之，則無論禪院規模之大小，也無論僧眾人數之多寡，都可以使眾人歸依於他所宣講的佛法教化。從前風穴延沼住在白丁之日，藥山惟儼棲止牛欄山時，法常禪師隱居於大梅山下，慈明禪師遊歷在荊楚之間，當此之時尋常平庸之輩若以地位容貌看待這些大師，一定會輕忽怠慢他們。可是一旦他們登上說法的蓮花寶座，成千的僧徒將他們環繞簇擁，四眾紛紛前來歸依，他們的言談舉止在此衰敗之世仍然煥發出佛法璀璨的光華。此時叢林禪院的僧眾誰個不是望風欽仰、承受其教化呢？上述前輩大師都有著瑰美非凡的才器，英傑超邁的氣度。當他們時勢未遇之際，尚且要忍受羞辱、包容污垢，混同世間尋常之輩，遭受世上如此的境遇。況且才具氣度不如他們的人呢？可歎息啊！古之人猶如今之人，此之時猶如彼之時。如果一定要等待像藥山惟儼、風穴延沼這樣的人為師，那是千年才能一遇的事情啊！如果一定要等到像大梅法常、石霜楚圓這樣的人為友，那是百代才能一有的機緣啊！因為事情總是從微小發展到顯著的，功德總是積少而成宏大的。未見有不學習而能有所成就，不修煉而先期達到目的的。若是能悟得此番道理，則可以尋求得良師，可以選擇到善友，可以學習得佛法，可以修煉成道德。若能做到這些，則天下甚麼事情不可以去做呢？古人曾經說：認知一個人的本來面目是很難的事情，聖人有時也可能犯錯誤。更何況其他人呢？」

心聞曰：「教外別傳之道❶，至簡至要，初無它說。前輩行之不疑，守之不易。天禧❷間，雪竇❸以辯博之才，美意變弄，求新琢巧，繼汾陽為頌古❹，籠絡當世學者，宗風❺由此一變矣。逮宣、政❻間，圓悟又出己意，離之為《碧巖集》❼。彼時邁古淳全之士，如寧道者❽、死心❾、靈源❿、佛鑒⓫諸老，皆莫能迴其說。於是新進後生，珍重其語，朝誦暮習，謂之至學，莫有悟其非者。痛哉，學者之心術壞矣。紹興初，佛日入閩⓬，見學者牽之不返，日馳月騖⓭，浸漬成弊，即碎其板⓮，闢其說。以至祛迷援溺⓯、剔繁撥劇，摧邪顯正，特然而振之，衲子稍知其非，而不復慕。然非佛日高明遠見，乘悲願力，救末法之弊，則叢林大有可畏者矣。」(〈與張子韶書〉)

【章旨】禪門宗要在於身體力行，以求證悟佛法。近世以文字解說公案為禪，沉溺不返，故大慧宗杲極力闢除此風，以救末世之弊。

【注釋】❶教外別傳之道　禪宗主張不設文字，不落言筌，不涉理路，直傳心印，證悟成佛，區別於佛門其他教派，故稱。據載：佛祖在靈山會上拈花示眾。是時眾皆默然，唯有迦葉尊者破顏微笑。佛祖便曰：「吾有正法眼藏，涅槃妙心，實相無相，微妙法門，不立文字，教外別傳，付囑摩訶迦葉。」語本此。參見《五燈會元》卷一。❷天禧　宋真宗之年號(西元一〇一七～一〇二一年)。❸雪竇　重顯禪師，字隱之，俗姓李，遂川人。他二十二歲時在成都出家為僧，後來出川遊學，成為雲門宗禪師智門光祚的嗣法弟子。他住持明州雪竇山資聖寺達三十餘年，故稱雪竇重顯。他是北宋文字禪的代表人物。參見《禪林僧寶傳》卷十一。❹繼汾陽為頌古　善昭禪師，俗姓俞，太原人。他少年出家，廣泛參學，成為首山省念的嗣法弟子。應請住持汾州太子禪院弘法，名振一時，稱曰汾陽善昭。他開始用有韻的文字來闡釋古代禪師語錄及公案，以教人學禪悟道，名曰頌古。汾陽善昭有《頌古百則》。雪竇重顯倣效汾陽善昭，舉前代公案百則分別詠頌，成《雪竇頌古》。雪竇頌古之作喜用儒釋典故，融入情感，又重視修飾辭藻，故稱道於一時。元代僧人行秀嘗曰：「吾宗有雪竇、天童，猶孔門之有游、夏；二師之頌古，猶詩壇之李、杜。」可見雪竇對於後世影響之大。❺宗風　禪門之風氣，祖師所傳之禪風。❻宣政　指宋徽宗之年號政和、宣和，（西元一一一一～一一二五年）。❼圓悟又出己意二句　克勤禪師，四川彭州人，俗姓駱，五祖法演之法嗣，朝廷賜號圓悟，又號佛果。圓悟克勤是宋代文字禪的重要代表人物。他住持澧州靈泉院、湘西道林寺時，曾經講說禪宗公案，辨析佛理，門人筆記整理為《碧巖錄》一書。該書對於幫助初學者讀懂禪宗燈錄故籍有所俾益，一時大受歡迎，文字禪之風氣更加濃厚。❽寧道者　道寧禪師，歙溪汪氏子，出家之後曾遍參諸名宿，後為五祖法演之法嗣。住持潭州開福寺，世稱開福道寧。參見《五燈會元》卷十九。❾死心　悟新禪師，韶州曲江黃氏（一云王氏）子，晦堂祖心之法嗣。他自號死心叟，題所居曰死心堂。參見《五燈會元》卷十七。❿靈源　惟清禪師，俗姓陳，江西武寧人。他師從晦堂祖心，得承法嗣。晚年自號靈源叟，世稱靈源惟清。參見《禪林僧寶傳》卷三〇。⓫佛鑒　慧懃禪師，俗姓王，舒州人。他少年出家，在五祖法演門下得法。繼靈源惟清住持舒州太平寺，聲譽大盛，朝廷賜號佛鑒。他與佛果克勤（即圓悟）、佛眼清遠並稱為五祖法演門下之「三佛」。參見《五燈會元》卷十九。⓬紹興初佛日入閩　紹興四年，大慧宗杲離開雲門庵往福建，結茅長樂洋嶼，其事或在此時。紹興，宋高宗之年號（西元一一三一～一一六二年）。佛日，即大慧宗杲禪師，號妙喜。他是圓悟克勤的弟子，在禪林享有盛名，欽宗時朝廷曾賜號「佛日大師」。⓭日馳月騖　成天累月，奔走追求於此。馳騖，奔波從事以求之。⓮即碎其板　指毀碎《碧巖錄》的刻板。據元僧淨日云：「老妙喜深患學者不根於道，溺於知解，由是毀之。」又元僧齋陵云：「大慧禪師因學人入室，下語頗異，疑之。才勘而邪鋒自挫，再掬而納款自降。曰：『我《碧巖集》中記來，實非有悟。』因慮其後不明根本，專尚語言，以圖口捷，由是火之，以救斯弊也。」所記述為同一事件，可互參。見〈碧巖錄後序〉。⑮ 祛迷援溺　治癒迷狂之疾，援救落水之人。三教老人〈碧巖錄序〉謂「大慧救焚拯溺之心多，故立毀《碧巖集》」，與此意近，可互參。

【語　譯】心聞曇賁和尚說：「作為直傳佛祖心印、有別其他教門的禪宗，其旨歸至為簡明扼要，開始時並無其他枝辭蔓說。前輩高僧大德身體力行，堅持不變，從來沒有疑惑。天禧年間，雪竇重顯禪師以廣博善辯之才，刻意求美求新，精雕細琢，繼汾陽善昭之後舉前代公案分別加以詠頌而成《雪竇頌古》，籠罩羈絆當時學人的心神，禪門風氣由此發生一大變化。到政和、宣和年間，圓悟克勤禪師又依照自己的理解分別進行講說，其門人編為《碧巖集》。那時的一些超邁卓傑、道性渾淳的佛門高士，如開福道寧、死心悟新、靈源惟清、佛鑒慧懃諸位老宿，都未能扭轉這種風氣。於是後世禪門僧徒，對於這種文字解說公案的話語格外重視，早晚誦讀練習，將它當成最高的學問，沒有人認識到這是一種錯誤的傾向。值得痛心啊，禪門學者的心術從此便敗壞了。紹興初年，大慧宗杲禪師到了福建，看到禪林僧眾沾染這種風氣，受其影響而迷不知返，成天累月追求於此，成為了叢林一大弊端。他有感於此，便毀棄了《碧巖錄》的印板，排斥這種文字解說公案的習氣。以至於就像治療迷狂之疾、援救落水之人一樣，他剪除繁辭，清理積弊，摧毀邪說，顯現真理，以卓然特立的姿態力圖振興禪林風氣。從此學者稍稍意識到以文字解說公案為禪是不正確的，而不再仰慕、追隨此種風氣了。然而若非大慧宗杲禪師具有高明深遠的見識，憑藉實現慈悲濟世宏願的毅力，以克服末世禪林的積弊，則佛門事態的發展就很令人憂慮、前景可怕了。」

拙庵德光禪師

【題解】德光禪師（西元一一二二～一二〇三年），號拙庵，俗姓彭，江西新喻人。他出家後，歷參諸名宿，後來成為大慧宗杲之弟子。他初住臺州光孝寺。孝宗淳熙三年（西元一一七六年），敕住杭州靈隱寺，屢次應詔入宮講說佛法。宋孝宗嘗賜以偈曰：「大暑流金石，寒風結凍雲。梅花香度遠，自有一枝春！」並賜號佛照。晚年移住育王寺，又住徑山寺。卒諡普慧宗覺大禪師。

德光繼承其師宗杲的禪風，不滿當時流行的以文字解說辨析公案為禪的積習。他曾經批評道：「說佛說祖，泥中洗土。談妙談玄，十萬八千。現成公案，已落言詮。」又說：「德山入門便棒，臨濟入門便喝。著甚死急！……當門不用栽荊棘，後代兒孫惹著衣！」他主張超越繁瑣隱晦的文字禪風，復歸正心正念與平易篤實的日常修行，將出世法與世間法結合起來修煉。他說：「具大種智，有大信根，豁開心眼，洞徹威音於一毫端。現寶王剎，坐微塵裏，轉大法輪，便見山林、城市初無兩般，佛法、世法打成一片！」

德光禪師與士大夫交游，多揭示向上修煉的意旨，以提升學者人格與心靈境界。當被問及「和尚家風」時，他的回答是：「靈隱全提向上機，不知誰是丈夫兒？嶺梅漏泄春消息，雪裏橫開三四枝。」由此可見其精神意趣的所在。他又說：「若是上流，直下掣斷金鎖，擊碎玄關，萬里雲開，青天獨露。……苟或未然，萬機喪盡猶呵叱，千種修行徒苦辛。」

德光禪師在當時極得朝廷恩寵，名聲隆盛一時。然而他臨死前自述云：「八十三年，彌天罪過。末後殷勤，盡情說破！」又有自贊云：「辭九重，歸東越。聽松風，對江月。冷笑老胡得一橛！」可知他對於自己一生之出處行止，有著難以言傳的心理感受。

有《奏對錄》、《佛照光和尚語要》傳世。有關他的事蹟，可參看《五燈會元》（卷二〇）、《佛祖歷代通載》（卷二一）等書。

【校注】「辭九重，歸東越。聽松風，對江月。冷笑老胡得一橛。」如來十力，天人同欽，而這位禪師好像有了第十一力，因為他敢於「冷笑老胡」。釋迦就是禪師所要冷笑的那個「老胡」。一切眾生，皆有佛性，若無佛智，豈非一切有情，天人鬼神，盡如蟲蟎，為「佛性」所綑綁——即所謂「橛」——無助無援？無奈？這位善知識發真獅子吼，激昂青雲，高唱佛智之自在無方，而繾綣一切精微動靜！由今日語言：他活化了如來的十力！

拙庵佛照光和尚初參雪堂於薦福❶。有相者一見而器之❷，謂雪堂曰：「眾中光上座❸頭顱方正，廣額豐頤，七處平滿❹，他日必為帝王師。」孝宗皇帝淳熙初，召對稱旨，留內觀堂七宿❺，待遇優異，度越前來。賜佛照之名，聞于天下。（《記聞》）

【章旨】拙庵德光行腳之時即氣度非常，故相者預言他日後必能成就大器。

【注　釋】❶初參雪堂於薦福　初時行腳至饒州薦福寺，參謁雪堂道行禪師。道行禪師，俗姓葉，處州括蒼人，佛眼清遠之法嗣，號雪堂。本書卷三謂「雪堂行和尚住薦福」，即此時。❷一見而器之　初見即賞識之，以為必能成就大器。器，器重；重視。❸上座　對有德僧人的尊稱。❹七處平滿　福智圓滿者其外在形貌亦具有三十二大人相，其中第十七為七處平滿相，意謂兩手、兩足、兩肩及頸項皆豐滿而端正。❺孝宗皇帝淳熙初三句　據《叢林盛事》載云：「孝宗皇帝在位二十七年，每宣諸山長老論道，唯佛照禪師最為知遇。淳熙初住冷泉，宣入選德殿論宗門事，五宿禁闈，從古未有也。」所說即此事。

【語　譯】拙庵佛照德光和尚初入叢林，行腳至饒州薦福寺參謁雪堂道行禪師。有善於相面者，一見便賞識德光，認為他器具非凡。這個相面者對雪堂道行說：「僧眾之中，德光上座頭顱方正，前額寬闊，面頰豐滿，手足兩肩及頸項都平正端莊，將來一定能為帝王之師。」孝宗皇帝淳熙初年，德光應召入宮，面見君主，對答稱旨，留宿內觀堂七個夜晚。他所蒙受的待遇特別優厚，超過了歷來的僧人，被賜佛照禪師之號，名聲傳揚於天下。

拙庵謂虞允文丞相❶曰：「大道洞然，本無愚智❷。譬如伊、呂起於耕漁，為帝王師❸，詎可以智愚、階級而能擬❹哉？雖然，非大丈夫，其孰能與焉！」

【章　旨】眾生稟性莫非佛法的表現，本無高下、智愚的區別，故不得以階級論人才。

【注　釋】❶虞允文丞相　南宋大臣。字彬甫，紹興年間中進士，孝宗乾道元年任參知政事兼知樞密院事，乾道五年八月拜相。據史載：「允文多薦知名士，如洪適、汪應辰。及為相，籍人才為三等，有所見聞即記之，號《材館錄》。」拙庵所說，或即為此而發。見《宋史・虞允文傳》。❷大道洞然二句　意謂佛法性空，廣大無私。洞然，明澈無礙貌。《六祖壇經・般若品》：「當知愚人智人，佛性本無差別。只緣迷悟不同，所以有愚有智。」❸伊呂起於耕漁為帝王師　伊尹，商初大臣。傳說他曾耕於有莘之野，商湯任以國政，後來輔佐商湯攻滅夏桀，被尊為阿衡。呂尚，名望，姜姓，俗稱姜太公。傳說他曾釣於磻溪，後來成為周文王之師，輔佐武王滅商有功，封於齊。❹擬　揣度；估量。

【語　譯】拙庵德光禪師對虞允文丞相說：「佛道性空，其內廣大無私，眾生稟賦莫非佛法的表現，本來並無智與愚的差別。比如伊尹耕於有莘之野，本是種田的農民，呂尚釣於磻溪，本是一介漁夫，然而後來都成了帝王之師。怎麼能從他們出身於下層卑賤的階級來估量其才能智愚呢？雖然如此，倘若不是大丈夫之輩，又怎麼能夠建立這樣的成績呢！」

拙庵曰：「璇野庵❶常言黃龍南禪師❷寬厚忠信，恭而慈愛❸，量度凝遠，博學洽聞。常❹同雲峰悅❺遊湖湘，避雨樹下。悅箕踞相對，南獨危坐。悅瞋目視之曰：『佛祖妙道，不是三家村古廟裏土地，作死模樣！』南稽首謝之，危坐愈甚。故黃太史魯直❻稱之曰：『南公動靜不

忘恭敬，真叢林主也。』（《幻庵集》）

【章　旨】黃龍慧南禪師器量廣大而神情凝遠，一動一靜皆不忘恭肅敬慎，故能成為叢林教化之主。

【注　釋】❶璇野庵　隆興府石亭祖璇禪師，大溈善果之法嗣，號野庵。法語參見《五燈會元》卷二〇。❷黃龍南禪師　慧南禪師，信州玉山章氏子，石霜楚圓之弟子。他長期在隆興府黃隆山弘法，禪席極盛，開臨濟宗黃龍一派。參見《禪林僧寶傳》卷二二。❸恭而慈愛　本書卷一載云：黃龍慧南「進止嚴重，見者敬畏。……惟聞省侍親老，氣色穆然見於顏面，盡禮津遣。其愛人恭孝如此」。與此可互為照應。❹常　通「嘗」。❺雲峰悅　文悅禪師，南昌徐氏子，臨濟宗大愚守芝之弟子。歷住翠巖、雲峰禪院，世稱雲峰文悅。他曾經與慧南一起遊方參學。參見《禪林僧寶傳》卷二二。❻黃太史魯直　黃庭堅，字魯直，號山谷居士，洪州分寧（今江西修水）人。曾任國子監教授、著作佐郎、秘書丞兼國史編修官。他與黃龍派禪師交往甚密。太史，舊稱修史之官。

【語　譯】拙庵德光和尚說：「野庵祖璇曾經講，慧南禪師平素寬厚忠信，立身端恭，慈愛為懷，度量廣大，凝重深遠，而又博學多聞。他曾經同雲峰文悅一起行腳遊歷於湖湘之間，有次因為避雨坐在大樹底下。文悅禪師長伸兩足，以手按膝，隨意叉開腳坐著。慧南禪師卻是神態端正不苟，危然而坐。文悅禪師大瞪著雙眼說：『佛祖無上妙道豈是要你執著形相，做出一副三家村古廟中土地神的僵死模樣嗎？』慧南禪師聽後，稽首稱謝，卻坐得更加端正筆直了。所以黃庭堅太史稱讚說：『慧南禪師無論是動是靜，心中不忘恭敬，他真是十方叢林教化眾生之主啊。』」

拙菴曰：「率身臨眾要以智❶，遣妄除情須先覺❷。背覺合塵❸則心蒙蔽矣，智愚不分則事紊亂矣。」（〈晝監寺書〉）

【章旨】學道應以般若智慧遣除妄情，否則心遭蒙蔽則諸事紊亂。

【注釋】❶率身臨眾要以智　意謂立身行事為僧眾之表率，當以智慧主之。佛門之智，即般若智慧。本書卷二引佛鑒小參「調貪欲瞋恚過如冤賊，當以智敵之」，與此意近，可互參。❷遣妄除情須先覺　克服妄念、排除世情必須以覺悟為先。情，指世俗欲念。覺，覺悟；菩提。❸塵　指一切世俗事相，如同塵埃污染人之真性，故曰塵。有五塵、六塵之說。

【語譯】拙菴德光和尚說：「住持長老以身為表率，統領禪寺僧眾，靠的是般若智慧。至於修行中克服虛妄之念、平息世俗之情，應以覺悟為先導。若是違背正覺、落入塵俗，自有之心性便受到蒙蔽；若不能分辨智愚、正邪，則行事就會乖謬紊亂。」

拙菴曰：「佛鑒住太平❶，高菴❷充維那❸。高菴齒少氣豪，下視諸方，少有可其意者。一日齋時鳴楗，見行者❹別器置食于佛鑒前。高菴出堂厲聲曰：『五百僧善知識，作遮❺般去就，何以範模後學？』佛鑒如不聞見。逮下堂詢之，乃水齏菜❻。蓋佛鑒素有脾疾，不食油故。高庵有愧，詣方丈告退。佛鑒曰：『維那所言甚當，緣慧懃病乃爾。嘗聞聖人言以理通諸礙，所食既不優於眾，遂不疑也。維那志氣明遠，他日當柱石宗門，幸勿以此芥蔕❼。』逮佛鑒遷智海❽，高庵過龍門，後為佛眼❾之嗣。」

【章　旨】高庵年輕氣盛、耿直豪壯，佛鑒老成持重、胸懷無私。是故二人雖有誤會，終無隔閡。

【注　釋】❶佛鑒住太平　慧懃禪師，舒州人。他少年出家，在五祖法演門下得法。元符二年，他繼靈源惟清任舒州太平寺住持，聲譽大盛。政和年間，朝廷賜號佛鑒。❷高庵　善悟禪師，洋州興道人，俗姓李。他是佛眼清遠的嗣法弟子，號高庵。曾住持南康雲居寺，故又稱雲居善悟。事見《僧寶正續傳》卷四。❸維那　寺院之僧職，位在首座、寺主之下，管理僧眾庶務，為寺院「三綱」之一。❹行者　此指住持長老之侍者。❺遮　這。❻水齏菜　清水煮成的腌菜。齏，細切的腌菜或醬菜之類。❼幸勿以此芥蔕　希望不要因此而生出隔閡與不快。芥蔕，細小的草梗、莖蒂之類，比喻心有所憾而生隔膜。❽佛鑒遷智海　佛鑒初任舒州太平寺住持長老。徽宗政和初，朝廷詔命佛鑒遷居東都智海寺。見《五燈會元》卷十九。❾佛眼　清遠禪師，臨邛李氏子。他幼年出家，南遊江淮參學，從五祖法演禪師門下得法。曾隱居四面山，應請住持龍門寺，道行上達朝廷，賜號佛眼禪師。事見《僧寶正續傳》卷三。

【語譯】拙庵德光和尚說：「佛鑒慧懃住持舒州太平寺時，高庵善悟任寺院維那一職。當時高庵年輕氣盛，下視十方尊宿，好像沒有能令他滿意的。有一天禪院敲鐘用餐時，他見侍者將一件與眾有異的食器放在佛鑒面前，高庵便出堂大聲說道：『身為五百僧眾的住持長老，做出這種行為，怎麼能為後學之輩作出表率呢？』佛鑒當時好像沒有聽見一樣。高庵下堂之後詢問，才知道擺在佛鑒禪師面前的是清水齏菜。原來佛鑒禪師一向脾胃有病，不吃油膩的食物，所以如此。高庵因為錯怪了佛鑒禪師，感到慚愧，便到長老方丈中要求免去自己的職務。佛鑒對他說：『維那你所說的話很合道理。只是慧懃我有病，故而如此。我曾經聽聖人說過：應以道理，通諸滯礙。我所吃的既然不優於眾人，所以也就不會懷疑甚麼。你的志氣高明遠大，將來一定會成為禪門的柱石。千萬不要將這件小事放在心上！』後來佛鑒禪師奉詔住持東都智海寺，高庵善悟便去了龍門寺，在那裏成為了佛眼清遠的嗣法弟子。」

拙庵曰：「大凡與官員論道酬酢❶，須是剗去知解❷，勿令他坐在窠窟裏❸，直要單明向上一著子。妙喜先師❹嘗言：『士大夫相見，有問即對，無問即不可。又須是個中人❺始得。』此語有補於時，不傷住持之體，切宜思之。」（〈與興化普庵書〉）

【章旨】與官員士大夫談論佛法，關鍵是指出向上一路，使他鏟除文字知解，不要落在前人的現成窠臼之中。

【注釋】❶論道酬酢　相與交談，討論佛道。酬酢，本指賓主相互敬酒，泛指應酬。❷剗去知解　斷除由文字思辨去理解佛法的思路。剗，鏟除；斷滅。知解，通過思維推理得以悟解。❸坐在窠窟裏　意謂落入前人設定的格式之中，不能從自心體會無上妙義。窠窟，洞穴；鳥獸之巢。❹妙喜先師　宗杲禪師，俗姓奚，號妙喜。他十二歲出家，隨圓悟克勤學習禪法，得承法嗣。靖康元年，朝廷賜號佛日大師。秦檜當國，他被流放至衡州，遷梅州，後遇赦。孝宗即位，妙喜受賜號大慧禪師，卒諡普覺禪師。參見《五燈會元》卷十九。❺個中人　此中之人，指信奉佛法者。個，這。

【語譯】拙庵德光和尚說：「大凡與朝廷官員談論佛法、往來對答之際，務必使對方鏟除文字知解的思理，不要落在前人現成的格式套路之中，要單提直指向上修行的路子。大慧宗杲先師曾經說道：『凡與士大夫相見，有問就回答，無問就不要輕易認可，又必須來者是佛門中人才可以與之談論大法。』這段話對當今禪林很有補益，可以不損害住持長老弘揚佛法的宗旨，值得切實認真的思考。」

拙庵曰：「地之美者善養物，主之仁者善養士❶。今稱住持者，多不以眾人為心❷，急己所欲，惡聞善言，好蔽過惡。恣行邪行，從快一

時之意。返被小人就其好惡取之❸。則住持之道，安得不危乎？」（〈與洪老書〉）

【章　旨】寺院住持長老應以眾人之心為心，以培養善士。倘若惡聞正言，好蔽己過，就會受到小人的利用。

【注　釋】❶主之仁者善養士　仁厚之主善於培育人才。《漢書‧賈山傳》：「地之美者善養禾，君之美者善養士。」❷以眾人為心　本書卷二引靈源惟清曰：「善住持者以眾人心為心，未嘗私其心。」又引圓悟克勤曰：「住持以眾智為智，眾心為心。」與此意通，可互參。❸小人就其好惡取之　意謂小人投其所好，攻其所惡，博得住持長老的歡心，以逞其私欲。

【語　譯】拙庵德光和尚說：「肥沃的土地善於養育萬物，仁厚的主人善於培養人才。當今被稱為住持長老者，他們多數不以眾人之心為心，而是為了一己的私欲，不願意聽取正論善言，喜愛掩飾自己的過錯惡行。他們為了求得一時的快意，恣意從事邪僻的勾當，結果反而被小人投其所好而利用以逞其私欲。如此行止，住持之道怎麼能不遭遇危險呢？」

拙庵謂野菴曰：「丞相紫巖居士❶言：『妙喜先師平生以道德節義勇敢為先❷，可親不可劫，可近不可迫，可殺不可辱❸。居處不淫，飲

食不溽❹。臨生死禍患，視之如無。正所謂干將鏌鋣❺，難與爭鋒，但虞傷闕❻耳。』後如紫巖之言❼。」（《幻庵記聞》）

【章旨】大慧宗杲禪師為人剛正不屈，將個人的生死禍患視之若無，猶如寶劍難與爭鋒，但易於折損。

【注釋】❶丞相紫巖居士　張浚，字德遠，漢州綿竹人。他中進士後，曾知樞密院事，力主抗金，後任宰相。秦檜掌權後，他被貶斥在外近二十年，為宋代之名臣。他自號紫巖居士，曾延請大慧宗杲住持杭州徑山能仁禪院。宗杲去世後，他寫了〈大慧普覺禪師塔銘〉。參見《佛法金湯編》卷十四。❷以道德節義勇敢為先　勇於承擔道德節義之責任。張浚所作之〈塔銘〉云：「師雖為方外士，而義篤君親，每及時事，愛君憂時見之詞氣，其論甚正確。」所說與此意通，可參。❸可親不可劫三句　意謂妙喜為人剛直不撓，可親而不可以暴力威服，可近而不可遭受逼迫，可殺卻不能受到侮辱。劫，原本作「疎」，據《禮記・儒行》、《孔子家語・儒行解》改。❹居處不淫二句　意謂所居之處端正而不傾邪，飲食之味樸素而不濃膩。溽，指厚味。《禮記・儒行》云：「儒有可親而不可劫也，可近而不可迫也，可殺而不可辱也。其居處不淫，其飲食不溽，……其剛毅有如此者。」數句本此。❺干將鏌鋣　傳說春秋時吳人干將與妻莫邪善鑄劍。鑄有二劍，一名干將，一名莫邪，鋒利無比，獻給吳王闔閭。後代稱利劍。參見《吳越春秋・闔閭內傳》。❻但虞傷闕　只是擔心易於折斷而缺損。闕，通「缺」。《劉子・和性》云：「夫歐冶鑄劍，太剛則折。」據載：唐代盧藏用語李邕曰：「君如干將莫邪，難與爭鋒，然終虞缺折耳。」語本此。見《資治通鑑・唐紀三十一》。❼後如紫巖之言　謂妙喜後來被貶逐衡州，再遷梅州，歷時十五年之磨難，皆由於性情剛毅不撓所致，其生平遭遇皆如紫巖居士張浚所曾經預言的那樣。

【語　譯】拙庵德光對野庵祖璇禪師說：「紫巖居士張浚丞相曾說：『妙喜先師平生注重道德節操，勇於承擔責任。他之為人可親而不可以暴力威服，可近而不可受人逼迫，寧可被殺也不願受到侮辱。他之住處陳設端正而不傾邪，飲食樸實清淡而不貪美味。他將個人的生死禍患，完全不放在眼裏。就像世人所說的寶劍干將、莫邪，其鋒利無比，只是擔心太過剛直，容易折損啊！』後來事態的發展果然如同紫巖居士張浚所說的那樣。」

拙庵曰：「野庵住持❶，通人情之始終，明叢林之大體。嘗謂予言：『為一方主者，須擇有志行衲子相與毗贊❷，猶髮之有梳、面之有鑑，則利病好醜不可得而隱矣。如慈明得楊岐❸、馬祖得百丈❹，以水投水❺，莫之逆也。』」（《幻庵集》）

【章　旨】寺院住持長老應選擇賢德僧人，上下協調配合，互為鑑鏡，方能弘揚佛法，以成就大業。

【注　釋】❶野庵住持　知亭祖璇禪師，號野庵，曾住持溈山、仰山寺。據《叢林盛事》卷上「佛照光初在仰山璇野庵會中」條下小注：「知亭祖璇嗣月庵果，歷住溈仰二山，佛照光嘗為其首座」云云，與此可互證。❷毗贊　輔佐；贊助。❸慈明得楊岐　慈明即石霜楚圓，宋代著名禪師，他的弟子中以黃龍慧南、楊岐方會最為卓異，開臨濟宗之黃龍、楊岐兩派，謚曰慈明。楊岐，指方會禪師。據載：方會輔佐楚圓，自領監院一職，勤苦不懈，僧眾皆稱善。他後來住持楊岐山普通禪院，大振禪風，世稱楊岐方會。本書卷三載云：「議者謂慈明真率，作事忽略，殊無避忌。楊岐忘身事之，惟恐不周，惟慮不辦。雖衝寒冒暑，未嘗急己惰容。始自南源，終于興化，僅三十載，總柄綱律，盡慈明之世而後已。」與此可互參。❹馬祖得百丈　馬祖即道一禪師，六祖慧能之再傳弟子，唐代著名禪僧。他曾住鍾陵（今江西南昌附近）開元寺講說禪法，四方學者雲集門下。因俗姓馬，故稱馬祖。百丈即懷海禪師，他師事馬祖道一六年，得承法嗣。他長期在江西百丈山（即大雄山）弘揚禪法，創立禪院制度，人稱百丈懷海。他所訂立之《禪門規式》，世稱「百丈清規」。本書卷三云：「昔江西馬祖，因百丈、南泉而顯其大機大用。」與此可互參。❺以水投水　以同類事物相合無間，比喻師徒契合一體，難以分開。

【語譯】拙庵德光和尚說：「野庵祖璇禪師任寺院住持之時，自始至終都能通達人情，昭明禪林之基本禮法宗旨。他曾經對我說：『作為一方弘揚佛法、教化眾生之主，必須選擇立志堅定、行為端方的僧人來相互贊助，以為輔佐，就像整理頭髮應有梳子、觀看面容應有鏡子一樣。若能如此，則自己行事之利弊、作為之美醜，也就清清楚楚、一目了然了。猶如慈明楚圓遇到楊岐方會、馬祖道一得到百丈懷海一樣，師徒上下和諧一體，就同心同德、無所忤逆了。』」

拙庵曰：「末學膚受，徒貴耳賤目❶，終莫能究其奧妙。故曰：山不厭高，中有重巖積翠❷；海不厭深，內有四溟❸九淵❹。欲究大道，要

在窮其高深，然後可以照燭幽微，應變不窮矣。」（〈與覲老書〉）

【章　旨】學習佛道必須努力不懈，方能深究精微奧妙，以應變無窮。

【注　釋】❶末學膚受二句　指無本之學，淺嘗輒止，未得深入，僅及皮毛，推重耳聞之辭，輕忽親眼所見。張衡〈東京賦〉云：「若客所謂末學膚受，貴耳而賤目者也。」為此二句所本。❷山不厭高二句　以攀登高山比喻求學之上進，不斷進入新的境界，獲得豐富的知識。《荀子・勸學》云：「故不登高山，不知天之高也；不臨深溪，不知地之厚也；不聞先王之遺言，不知學問之大也。」❸四溟　四海之深處。溟，指深海。❹九淵　九重之淵，泛指大海最深處。賈誼〈弔屈原賦〉：「襲九淵之神龍兮，沕深藏以自珍。」

【語　譯】拙庵德光和尚說：「那些不明根本的淺學之輩，他們僅及皮毛，未能深入，推重傳聞之辭，輕忽親眼所見，最終仍不能探究其內在的奧妙。所以有云：登山不厭其高，高山之中有層巒疊翠之雄奇氣象；探海不厭其深，深海之內有雄渾奇異之景物。探究佛法要道，就像登山探海一樣要窮盡其高深境界，然後才可以洞悉幽深，把握精微妙道，應對變化無窮而俱不離佛法了。」

拙庵謂尤侍郎❶曰：「聖賢之意，含緩而理明，優游而事顯❷。所用之事，不期以速成，而許以持久，不許以必進，而許以庶幾❸。用是推聖賢之意，故能亙萬世而持之❹無過失者乃爾。」（《幻庵集》）

【章 旨】欲求聖賢之學問與事業，貴在長久堅持，積累細小的進步，而不必期以速成。

【注 釋】❶尤侍郎 尤袤，字延之，號遂初居士，江蘇無錫人。淳熙十四年，他權任禮部侍郎。出守臺州時，他經常與拙庵德光討論佛法。❷含緩而理明二句 意謂持久體悟，道理自明，堅持不懈，功效自然表現出來。含緩，涵之於心，慢慢體會。優游，從容不迫。❸許以庶幾 告誡學人不宜浮誇，應從細微之處著手，只要有所進步就可以了。庶幾，些微；少許。❹亙萬世而持之 綿延萬世，堅持不懈。亙，貫通。

【語 譯】拙庵德光對尤袤侍郎說：「前輩聖人賢哲宣講的意旨，貴在涵泳於心、仔細體會，時間長久則道理自明。從容不迫地持之不懈，積以歲月則功效自顯。凡所奉行之事，不必期望倉促之間取得成功，只要長久不斷地有所進步就可以了。用這種態度來推行前輩聖人賢哲的意旨，就能千秋萬世堅守不失而保其永無過錯了。」

尤袤侍郎

【題 解】尤袤（西元一一二七～一一九四年），字延之，號遂初居士，江蘇無錫人。他早在太學時，便以詞賦知名一時。紹興十八年中進士，在朝曾任秘書丞兼國史館編修，出為臺州知州，遷江西漕運兼知隆興府。淳熙十四年，權充禮部侍郎，後授禮部尚書兼太子侍講。他與楊萬里、范成大、陸游齊名，並稱「中興四大詩人」。

尤袤對於佛門出世之法一向留心，有欽慕之意。他曾經參謁廬山歸宗禪師，「欲謀歸計」。朱熹寄詩，勸他「逃禪公勿遽，且畢區中緣」（《佛法金湯編》卷十四）。出守臺州時，孝宗戲問他：「朕聞方廣有五百應真大士，原來是強人，忽然一時出現，卿以何法治之？」尤袤便豎起拳頭答道：「臣有金剛王寶劍在。」可知他對於佛教典籍非常熟悉，且運用自如。

尤袤出任地方官期間，實能體恤百姓疾苦。他任臺州知州時，嘗有詩曰：「三日淫霖成汗漫，才晴三日人憂乾。向來盡道天難做，天到臺州分外難。」「百病瘡痍費撫摩，官治（一作洪）仍愧拙催科。自憐鞅掌成何事，贏得霜毛一倍多。」他既有如此的心懷，故民間多讚頌的聲音。他在政務的餘暇，還經常到報恩寺與佛照德光談論佛法。

尤袤傳見《宋史》（卷三八九），事蹟又見《佛法金湯編》（卷十四）、《叢林盛事》（卷上）。

侍郎尤公曰：「祖師已前，無住持事❶。其後應世行道，迫不得已。然居則蓬蓽，取蔽風雨❷；食則麤糲，取充饑餒❸。辛苦憔悴，有不堪其憂，而王公大人至有願見而不可得者，故其所建立皆磊磊落落，驚天動地。後世不然，高堂廣廈，美衣豐食，頤指如意❹。於是波旬之徒始洋洋然動其心❺。趑趄權門❻，搖尾乞憐，甚者巧取豪奪，如正晝攫金❼，不復知世間有因果事。妙喜此書豈特為博山設❽，其拈盡諸方自來習氣，不遺毫髮，如飲倉公上池之水，洞見肝腑❾。若能信受奉行，安用別求佛法！」（〈靈隱石刻〉）

【章旨】禪林住持應該以濟世行道為心，而不能依附權勢，巧取豪奪，沉耽享受，從而斷送自身的慧命。

【注釋】❶祖師已前二句　建立禪林寺院、設置住持之職事始於唐代，故云。據《林間錄》卷上載晦堂祖心嘗云：「馬祖、百丈已前無住持事，道人相求於空閑寂寞之濱而已。」所說與此意同，可參。❷居則蓬蓽二句　意謂住在草房之中僅能擋風遮雨。蓬蓽，以柴草編結為門窗。蓬，蓬蒿。蓽，蓽茇，草名。❸食則麤糲二句　意謂吃的是粗糙食物，僅能充饑。麤，通「粗」。糲，粗米。❹頤指如意　以表情示意役使他人，隨心所欲，無不如意。頤指，用面部表情指使下人。❺波旬之徒始洋洋然動其心　意謂魔鬼入心，開始活動起來。波旬，指斷人慧命的惡魔。《六祖壇經・付囑品》：「真如自性是真佛，邪見三毒是魔王。……性中邪見三毒生，即是魔王來住舍。」所說與此意通，可參。❻趦趄權門　在權貴門前徘徊，欲進不進，形容追求名利之態。趦趄，欲行而不前。❼正晝攫金　大白天搶奪他人之金錢。攫，抓取；搶。據載：昔齊人清晨衣冠而至街市，適鬻金者之所，因攫其金而去。被捕後，吏問曰：「人皆在焉，子攫人之金何？」對曰：「取金之時，不見人，徒見金。」見《列子・說符》。❽妙喜此書豈特為博山設　意謂大慧宗杲之寫作此封書函，不只是為博山一人而發。博山，疑指悟本，為妙喜之弟子。悟本曾任博山寺住持長老，故云。本書卷三載妙喜法語，謂晦堂〈黃龍題名記〉云云，文末注稱出自〈石刻〉，內容與此相通。此謂出自〈靈隱石刻〉，或指同一事，則此乃尤袤轉述妙喜法語，故曰「妙喜此書」云云。❾如飲倉公上池之水二句　意謂閱讀此書，便可洞見禪林弊病之由來及癥結所在。傳說長桑君以秘方傳扁鵲，曰：「飲是以上池之水，三十日當知物矣。」扁鵲依照所說飲用藥水三十日後，可盡見病人五臟癥結，遂成神醫。上池之水，指竹木上的露水，未至地者。見《史記・扁鵲倉公列傳》。

【語　譯】尤袤侍郎說：「祖師以前，並無禪院住持長老一事。其後為了濟世行道，迫不得已，始建禪寺，設置住持長老一職。然而彼時他們居住在茅草房舍之中，僅僅能夠遮蔽風雨。他們吃的是粗糙食物，僅僅能夠果腹充饑。他們的生活艱苦，面容憔悴，承受著常人難以忍受的辛勞困楚。然而當時的王公大人，有的想見到他們一面尚且難得如願。所以他們能建立光明磊落、驚天動地的業績。後世的住持長老則不是如此，他們住在高堂廣廈之中，穿著細軟的衣裳，享受著豐厚的美味，頤指氣使，一切隨心所欲。於是邪見三毒之類的魔鬼便在他們心中活躍起來了。他們有的人在官府權貴門前徘徊，像狗一樣搖尾乞憐。更厲害的則巧取豪奪，就像大白天搶劫他人金銀一般，不再知道人間有因果報應之事。大慧宗杲之寫作此通書函，豈只是為博山禪師一人而發？此書將各地禪院流傳因襲的不良習氣揭露得淋漓盡致，使得禪林弊端一毫一髮都完全顯露出來，就像扁鵲服用了上池之水能夠看穿人的五臟六腑一樣。若能信受此書並且依照奉行，還用得著另外去求佛法嗎？」

侍郎尤公謂拙庵曰：「昔妙喜中興臨濟之道❶於凋零之秋，而性尚謙虛，未嘗馳騁見理。平生不趨權勢，不苟利養，嘗曰：『萬事不可佚豫為，不可奢態持❷。蓋有利於時而便於物者，有其過而無其功者。若縱之奢佚則不濟矣。』不肖佩服斯言❸，遂為終身之戒。老師昨者遭遇主上，留宿觀堂❹，實為佛法之幸。切冀不倦悲願❺，使進善之途開明，任眾之道益大。庶幾後生晚輩不謀近習，各懷遠圖，豈不為叢林之利濟❻乎？」（《然侍者記聞》）

【章旨】禪師立身應是不趨權勢，不慕奢華，不貪利養，不圖安逸，方能振興禪林，成就宏業。

【注　釋】❶妙喜中興臨濟之道　紹興八年，大慧宗杲禪師（即妙喜）住持杭州徑山說法，僧眾雲集，「宗風大振，號臨濟再興」。又宗杲去世之後，「道價愈光，法嗣日盛，天下學禪者仰之，如泰山北斗云」。參見《僧寶正續傳》卷六。❷萬事不可佚豫為二句　意謂一切事業，若佚豫則難以成就，若奢華則不可持久。佚豫，安逸享樂。❸不肖佩服斯言　自己將這段話永遠銘記在心，不敢忘懷。不肖，謙詞，自指。佩服，隨身佩帶，表示不忘之意。謝朓〈酬德賦〉：「結德言而為佩，帶芳猷而為服。」❹老師昨者遭遇主上二句　淳熙三年冬，拙庵德光入對選德殿，孝宗問佛法大意，應答稱旨，孝宗大悅，留宿禁中觀堂五夜，所記即此事。遭遇主上，指應詔面見君主。❺不倦悲願　以大慈悲為心，立救世之宏願，而堅持不倦怠也。悲願，慈悲濟世之誓願，如阿彌陀佛四十八願、藥師如來十二願等。❻利濟　有益之事。

【語　譯】尤袤侍郎對拙庵德光禪師說：「從前大慧宗杲處在臨濟宗風衰落之秋，他努力振作弘揚之，被譽為臨濟中興。他有功績如此，卻又性尚謙虛，從來不誇飾炫耀，驕傲自負。他平生不肯趨奉權勢，不苟且貪求財物利養。他曾經說道：『天下萬事，若是貪圖安逸享樂是不能有所作為的，若是陷於奢侈浮華是不能堅持長久的。要看到某些事情做了以後有益於時而有濟於物，另外有些事情做了以後只能增加過失而未見其功。若是放縱自我，沉醉在奢華享樂之中，那就做不成事了。』我牢記他的這段話，將它當作終生警戒自己的格言。老師昨天面見君主，留宿宮中觀堂之內，實為佛門的一大幸事。我真切地希望老師繼續以大慈大悲之心，實現濟世利生的宏願，堅持不懈，使皈依佛法之路途坦蕩光明，僧眾心向佛門而呈現一派昌盛景象，使得後學之輩不受世俗衰弊習氣的影響，各自胸懷遠大的志向。這豈不是對於佛門叢林的興盛發展大有補益嗎？」

密庵咸傑禪師

【題　解】咸傑禪師（西元一一一八～一一八六年），號密庵。俗姓鄭，福州人。他生而穎悟，幼年出家，曾遍參各地高僧，後來成為楊岐派禪師應庵曇華的弟子。他初說法於衢州烏巨，一生七鎮名山，譽滿天下，法席盛大，座下常達千人。淳熙四年，他應詔入宮講說佛法大要，孝宗還曾派中使降香。淳熙十三年，逝於天童。

咸傑的禪風活潑，頗有不同尋常之處。僧傳說他「梗概大類應庵（曇華），應接渾如妙喜（宗杲）」。他自己則說「有時拈一莖草作丈六金身，有時將丈六金身作一莖草，舒卷自在，縱奪臨時」。其師應庵曇華曾問他：「如何是正法眼？」他回答是「破沙盆」。曇華因此十分賞識，贈詩中說：「大徹投機句，當陽廓頂門。相從今四載，徵詰洞無痕。雖未付缽袋，氣宇吞乾坤。卻把正法眼，喚作破沙盆。此行將省覲，切忌便躲（一作跺）跟。吾有末後句，待歸要汝遵。」他在《示應禪人》法語中，認為釋迦牟尼在靈山法會上說將「正法眼藏、涅槃妙心」付囑摩訶迦葉，是「劈頭一錯，直到如今」。他認為釋迦牟尼並無禪道佛法可以分付與人，而後世學者不明根本，紛紛「奔南走北，向諸方老和尚舌頭上覓禪覓道、覓佛覓法，將心等他分付，殊不知劍去久矣，方乃刻舟」。他認為佛法「人人具足，物物圓成」。只要能參透自己的本來面目，明瞭自己本地風光，自然一斬一切斬，一染一切染，「通上徹下，全體是箇大解脫門」。

咸傑批評禪林浮薄躁進、馳逐名利的風氣。他說：「當此際京畿宮觀金碧交輝，古德高風杳不聞矣。而躁進孟浪之病，庶幾老成持重者有以振之。」由於這種浮躁的心態，便滋生了種種的弊端。

咸傑雖然思想活潑，立身卻嚴謹務實。他主張「參須實參，悟須實悟」，朝廷欲賜封號，他「屢以疾辭」。平時「應機接物，威儀峻整。晝則危坐正襟，以表眾視；夜則巡堂剔炬，以警眾昏」（〈塔銘〉）。這顯示其禪風中有著篤實的一面。

有《密庵和尚語錄》傳世。其生平事蹟，可參看《南宋元明禪林僧寶傳》（卷五）、《五燈會元》（卷二〇）等。

密庵傑和尚曰：「叢林興衰在於禮法❶，學者美惡在乎俗習❷。使古之人巢居穴處、澗飲木食❸行之於今時，則不可也。使今之人豐衣文采、飯粱嚙肥❹行之於古時，亦不可也。安有他哉？習不習故。夫人朝夕見者為常，必謂天下事正宜如此。一日驅之就彼去此，非獨生疑而不信，將恐亦不從矣。用是觀之，人情安於所習，駭其未見，是其常情。又何足怪！」（〈與施司諫書〉）

【章 旨】禪林盛衰取決於禮法清規的嚴明與否。所以應從日常習俗入手，長久堅持不懈，使得佛法深入人心，漸成自然。

【注 釋】❶叢林興衰在於禮法　意謂禪林之禮法規矩能否認真貫徹，決定叢林之盛衰。本書卷二載佛眼謂高庵曰：「百丈清規，大概標正檢邪，軌物齊眾，乃因時以制後人之情。夫人之情猶水也，規矩禮法為隄防。……亦助入道之階墀也。」所說與此相通，可互參。❷學者美惡在乎俗習　意謂禪林學者人才之或美或惡，皆由日常風俗染習而成。《戰國策・趙策二》：「常民溺於習俗，學者沈於所聞。」❸巢居穴處澗飲木食　住在樹巢上或土室洞穴之中，饑則摘食野果，渴則飲山澗水。形容太古人民生活的艱苦簡樸。❹豐衣文采飯粱嚙肥　穿著各種各樣色彩華麗的衣服，吃著精細的美味佳餚。形容今人生活的富足奢華。粱，精米。肥，厚味的肉食。

【語 譯】密庵咸傑和尚說：佛門叢林的興盛或衰落，是由禪林禮法規矩之嚴明或廢弛所決定的；學禪僧人之才器美惡，是由日常風俗習氣所制約的。如果像古人那樣住在巢穴土屋之中，渴飲澗溪之水，饑食樹上野果，將那種生活方式推行於當今之時，是必然行不通的。如果像當今之人這樣，穿著多種多樣色彩鮮麗的衣服，吃著精美厚味的食物，將這一套生活方式推行於古代之世，也是必然行不通的。之所以如此，難道有別的原因嗎？這只是在於人們習慣與不習慣的緣故。世人總是將早晚所見的事物當成是古今常有的，一定要說天下之事正應該如此。一旦強力驅使人們改變習慣去適應另一種生活方式，則他們不僅會產生疑惑，恐怕也將難以服從。由此看來，世俗安於已成的習慣，驚奇於未見的事物，這是人之常情。又有甚麼值得奇怪的呢？

密庵謂悟首座❶曰：「叢林中惟浙人輕懦少立❷，子之才器宏大，量度淵容，志尚端確，加以見地穩密，他日未易言。但自韜晦，無露圭角，毀方瓦合❸，持以中道❹，勿為勢利少枉，即是不出塵勞而作佛事也。」（〈與笑庵書〉）

【章　旨】密庵勉勵弟子應韜晦養德，持以中道，勿為勢利而改變處世的準則。

【注　釋】❶悟首座　杭州靈隱了悟禪師，號笑庵，姑蘇人。他是密庵咸傑的嗣法弟子。參見《續燈存稿》（卷二）。❷輕懦少立　輕浮懦弱，少有成就，難以樹立。❸毀方瓦合　意謂立身處世，破除圭角鋒芒而與凡眾相合。方，調物之方正而有鋒芒。瓦合，與瓦器相合。《禮記．儒行》云：「儒有博學而不窮，……毀方而瓦合。」❹中道　佛法以真心不落兩邊、智慧觀照一切為中道之要旨，通常以「不生亦不滅，不常亦不斷，不一亦不異，不來亦不去」為八不中道。

【語　譯】密庵咸傑和尚對了悟首座說：「十方禪林僧眾之中，唯有浙江人輕浮軟弱，少有卓然自立而能有所建樹的。你的才能器具宏大，度量深厚，能包容事物，又志氣高尚，立身端正而行為堅定，加之見解周密穩重，將來的發展前途未易限量。你只要韜光養晦，不要鋒芒外露，要親近大眾、平易待人，奉行中道不偏不倚的原則，又不要因為外在的權勢與物利而絲毫改變自己的人生態度，這就是不離世俗塵勞而行佛法了。」

密庵曰：「應庵先師❶嘗言，賢不肖相反，不得不擇。賢者持道德仁義以立身，不肖者專勢利詐佞以用事❷。賢者得志必行其所學❸。不肖者處位多擅私心，妬賢嫉能，嗜慾苟財，靡所不至。是故得賢則叢林興，用不肖則廢。有一于斯❹，必不能安靜。」（見〈岳和尚書〉）

【章旨】賢者持道德仁義立身，不肖之徒逐勢利詐佞用事，禪林對此應認真選擇，以任用賢者。

【注釋】❶應庵先師　曇華禪師，號應庵，俗姓江，蘄州人。他十七歲時剃髮為僧，曾向圓悟克勤參學，後來在虎丘紹隆門下得法。他曾經住持明州天童寺，在當時享有盛名。密庵咸傑是他的嗣法弟子，故云。❷專勢利詐佞以用事　行事之目的專在依附權勢、追求利養，為人品德則狡詐無實且善於巧言便佞也。用事，處世行事。❸行其所學　將平素所學施行於世。所學，指濟世理想與道德人格。❹有一于斯　有一名不肖之徒處禪林之位。斯，指寺院僧職。

【語譯】密庵咸傑和尚說：「應庵曇華先師曾經講過，賢德之人與不肖之徒的處世態度及其對於禪林的作用完全相反，因此不能不認真選擇。賢者堅持道德節操作為立身的準則，不肖之徒依附權勢、追逐物利，以詐偽諂媚作為應世的竅門。賢者得志就推行平生所學的人生理想與道義原則。不肖之徒一旦竊據職位則專一逞其私心，嫉妒賢能，追逐財利，以求滿足個人的欲望，無所不用其極。所以能得賢德之人在位，則叢林禪寺就會日臻興盛。若是任用了不肖之徒，則叢林禪寺就會逐漸荒廢。有一個如此的小人在位，禪林就必然不得安寧。」

密庵曰：「住持有三莫，事繁莫懼❶，無事莫尋❷，是非莫辯❸。住持人達此三事，則不被外物所惑矣。」（《慧侍者記聞》）

【章　旨】住持長老處事的原則，應是事繁莫懼，無事莫尋，是非莫辯。

【注　釋】❶事繁莫懼　事務繁多，莫要畏懼，沉著以料理之。據載：密庵「應機接物，威儀峻整。晝則危坐正襟，以表眾視；夜則巡堂剔炬，以警眾昏」。密庵處理事務之守規矩，於此可想。❷無事莫尋　無事之時，莫要生事。禪門提倡清靜無為，密庵嘗云：「一切處恰恰地，天自高，地自厚，饑餐渴飲，一切尋常。到遮境界，便是一員無事道人，方敢稱為行腳高士。」所說與此相通，可互參。❸是非莫辯　禪宗提倡心悟，認為以言辭爭辯是非違背佛法，障蔽了人的自性，能使人墮入生死之海中。《六祖壇經・付囑品》云：「此宗本無諍，諍即失道意。執逆諍法門，自性入生死。」

【語　譯】密庵咸傑和尚說：「寺院住持長老應遵守三莫的原則：若遇事務冗雜繁劇時，宜沉著處理，莫要畏懼；若是清靜閒暇時，應恬然處之，莫要無事找事；若是遭遇是是非非、或順或逆之時，要聽其自然，莫要口舌分辯。住持長老明白這三條原則，就不會為外物所惑亂了。」

【校　注】「此宗本無諍，諍即失道意。執逆諍法門，自性入生死。」實功夫上面用事，略言分別，應該也是必須的,因此六祖並不拒絕文字,並且六祖也明言可以多讀經論,正所謂「經有何過?豈障汝念?」但是盲頭瞎氣的言語紛諍,就「失道意」了。所云「道意」,起碼是「解行相證」,達摩傳語,在「事」中解脫,氣力大,在「文字」中解脫,氣力弱。「執逆諍法門」,執持堅執逆於道意的「諍法門」。「自性入生死」,那麼,清淨圓明,活潑自在的五蘊本來自性,就會因此而遭你拋擲入於生死荊棘叢了。當五蘊都在爭鬥,它們就一直處於急劇的積聚行業中,而這裏,全是闇面一向的生滅世界,生滅生滅地積聚著生滅,這就叫做「自性入生死」。用一句語體文作為大致上的翻譯:清淨圓明活潑自在的本來的自性,就因此而不走向大用現前的這個方向,而走向積聚生滅的這個方向了。

密庵曰:「衲子履行傾邪❶、素有不善之迹者,叢林互知之,此不足疾❷。惟眾人謂之賢、而內實不肖者❸,誠可疾也。」(〈與普慧書〉)

【章旨】那種外有賢者之名而內藏邪僻之心,這樣的人最值得警惕。

【注釋】❶履行傾邪　行為邪僻,操守不端。傾邪,乖僻不正。❷此不足疾　如此之人不足以為患。疾,病患。❸眾人謂之賢而內實不肖者　外有賢者之名,而內藏陰邪之心者。不肖,不正派;奸邪。

【語譯】密庵咸傑和尚說:「如果禪僧行事邪僻、操守不端,一向有不好的表現,禪林寺院之間都相互知道,這樣的人不足為患。只有眾人都紛紛傳說某人是賢者,而實際上他內藏奸邪之心,這樣的禪僧才是真正的心腹之患。」

密庵謂水庵❶曰：「人有毀辱，當順受之。詎可輕聽聲言，妄陳管見❷！大率便佞有類，邪巧多方❸：懷險詖❹者，好逞私心；起猜忌者，偏廢公議。蓋此輩趨尚狹促，所見暗短，固以自異為不群，以沮議為出眾❺。然既知我所用終是，而毀謗固自在彼。久而自明，不須別白❻，亦不必主我之是而訐觸❼於人，則庶可以為林下人也。」（〈與水庵書〉）

【章旨】禪者存性須要渾厚，當遭遇無端毀辱之時，不必爭執，亦不必解說，時久而自明。

【注釋】❶水庵　師一禪師，號水庵，俗姓馬，佛智端裕之弟子。他曾經住持杭州淨慈寺六年，故禪林又稱淨慈師一。參見《五燈會元》卷二〇。❷妄陳管見　意謂在細小枝節處妄加陳述，見而不廣，恐傷法體。管見，以管窺物，見識狹小。❸便佞有類二句　便佞邪巧之人，其表現種種色色，有不同的類型。便佞，善於巧言逢迎，取悅於人。多方，多個方面。❹險詖　邪諂；不正派。詖，同「陂」。❺固以自異為不群二句　故意表現得與眾不同，以此顯得卓爾不群；專門非毀別人的建議，以此認為是超越出眾。沮，毀壞，阻止。❻別白　分辨明白。別，區別；分析。❼訐觸　揭發隱私，對立抵觸。

【語譯】密庵咸傑禪師對水庵師一說：「若是受到別人的誹謗與侮辱，應當順從忍受下來。怎麼可以輕信傳聞之辭，隨便陳說一管之見！大抵那些善於花言巧語、諂媚逢迎的人，其表現有不同的類型：心胸險詐而虛假迎合的人，愛逞其邪僻的私心；喜歡猜疑嫉妒的人，專門毀謗眾人公正的議論。這些人境界狹隘，見識短淺，暗昧不明。他們故意標新立異，以此顯示自己卓爾不群；專門詆毀他人的意見，認為這樣就是超越出眾。然而既然知道自己的作為終究並無錯處，那麼毀謗他人者也就成為自謗自毀了。時間一長，真相自然明白，不必另作分辨解說，也不必堅持自己為是而與人發生爭執衝突。若能如此，便大致可以稱為林下之高僧了。」

自得慧暉禪師

【題　解】慧暉禪師（西元一〇九七～一一八三年），俗姓張，會稽（今屬浙江）人。他幼年即辭親出家，曾雲遊禪林，拜謁耆宿大德，「所遇叢社如逆旅」。他最後成為曹洞宗禪師宏智正覺的嗣法弟子。紹興七年（西元一一三七年），開法補陀寺，遷萬壽、吉祥、雪竇諸寺。淳熙三年（西元一一七六年），奉詔住持杭州淨慈寺，大振曹洞宗風，賜號自得禪師。

慧暉隨師參學之時，宏智正覺正倡導默照禪。正覺〈默照銘〉中云：「默照之道，離微之根。徹見離微，金梭玉機。……宗家默照，透頂透底。」其中「離微」之說，出自姚秦僧肇〈寶藏論〉，僧肇有云：「無眼無耳謂之離，有見有聞謂之微。無我無造謂之離，有智有用謂之微。……又離者涅槃，微者般若。」據載：慧暉初見宏智正覺之次日，當正覺舉出「堪嗟去日顏如玉，卻歎回時鬢似霜」時，他便回答說：「其入離，其出微。」可知慧暉對於默照禪，有著獨到的領悟，從此慧暉就成了宏智正覺的「室中真子」。

相對而言，慧暉的禪風仍較為自在。他主張禪者應以平常心情體悟佛法自性中的光明。他初說法即云：「朔風凜凜掃寒林，葉落歸根露赤心。萬派朝宗船到岸，六窗虛映芥投針。本現成，莫他尋，性地閒閒耀古今。戶外凍消春色動，四山渾作木龍吟。」在詩的意境中，展現的是心地證悟時的實情。他又認為人生遭際與個性不同，體會有異，不必過於計較。他曾經說：「巢知風，穴知雨，甜者甜兮苦者苦。不須計較作思量，五五從來二十五。萬般施設到平常，此是叢林飽參句。」他又說：「妙明田地，達者還稀。識情不到，唯證方知。」

慧暉有著較濃重的隱逸思想。他有〈栽竹頌〉云：「高節深雲藏不得，幽人移向矮窗前。靈根瑞葉驚群目，將著清風動碧天。」退歸雪竇之後又有偈曰：「重重去盡自平常，春暖風和日漸長。戶外鳥啼聲細碎，巖花狼藉滿山房。」是故僧傳稱讚他「履滿不溢，順而能節，抑何謙以退也」。

其生平事蹟及法語可參見《五燈會元》（卷十四）、《南宋元明禪林僧寶傳》（卷六）等書。

【校注】「無眼無耳謂之離，有見有聞謂之微。無我無造謂之離，有智有用謂之微。」「離者涅槃，微者般若。」這裏所謂「離者涅槃」，是佛性之事。這裏所謂「微者般若」，是佛智之事。「冷笑老胡得一橛」，是顯出若不因於佛智，佛性將成一截枯槁的木頭樁，豈非大大可惜？禪宗不去著意爭論《大般若經》所云「當知實無少法，可名般若波羅蜜多」，是空性的當體，還是微細之極微細。亦不著意去評論《大般若經》所云「以一剎那金剛喻定，現證無上正等菩提」，這個喻為金剛的「定」，是空性的當體，還是微細之極微細。禪宗所著意的，乃是木人木馬，乃是銅頭鐵額，乃是「踐履處」，乃是「魚」，乃是「杖」，乃是「橋流水不流」，乃是「松竹引清風」，乃是「春風趁馬蹄」。釋迦垂教「以一剎那金剛喻定」，六祖則是「言下即當自見」。

自得暉和尚曰：「大凡衲子誠而向正❶，雖愚亦可用；佞而懷邪❷，雖智終為害。大率林下人❸操心不正，雖有才能而終不可立矣。」（見〈簡

堂書〉）

【章　旨】禪僧若誠心向道，雖愚可用；若心懷邪僻，雖聰明亦終將為害。

【注　釋】❶誠而向正　為人誠實而心向佛法。宋人以誠為道德之根本，故云。《通書》：「誠，五常之本、百行之源也。」❷佞而懷邪　心思邪惡而又善於巧言。佞，逢迎諂媚，以取悅於人。❸林下人　指僧人、出世隱逸者。

【語　譯】自得慧暉和尚說：「大凡禪僧若是品行誠實端正，一心向佛，即使愚蠢也可以量才任用；若是心地邪僻而又善於巧言逢迎，即使聰明也終將成為禪林的禍害。大致而言，禪僧操心不正，雖有幾分才能，終究不能樹立，難得有所成就。」

自得曰：「大智禪師特創清規❶，扶救末法比丘不正之弊。由是前賢遵承，拳拳奉行❷，有教化，有條理，有始終。紹興❸之末，叢林尚有老成者能守典刑❹，不敢斯須而去左右。近年以來，失其宗緒，綱不綱，紀不紀。雖有綱紀，安得而正諸？故曰：舉一綱則眾目張❺，弛一機則萬事隳❻。殆乎綱紀不振，叢林不興。惟古人體本以正末，但憂法度之不嚴，不憂學者之失所，其所正在於公。今諸方主者以私混公，以末正本。上者苟利不以道，下者賊利不以義❼，上下謬亂，賓主混淆❽。安得衲子向正，而叢林之興乎？」（〈與尤侍郎書〉）

【章旨】能否嚴格執行禮法清規是佛門興衰的關鍵，故諸方寺院長老應持以公心，體本正末，克服弊端，共同振興叢林。

【注釋】❶大智禪師特創清規　百丈懷海，唐代著名禪僧。他俗姓王，福州長樂人，曾追隨馬祖道一大師，為馬祖門下「三大士」之一。他長期在江西大雄山弘揚佛法。大雄山又名百丈山，懷海曾撰《禪門規式》，訂立禪林寺院的儀規制度，以規範僧人的日常行為及寺院活動，被稱為「百丈清規」，對後世禪林制度影響深遠。❷前賢遵承二句　前輩賢德高僧遵循繼承，忠實執行之。拳拳，忠誠謹守之貌。❸紹興　南宋高宗之年號。❹叢林尚有老成者能守典刑　意謂彼時叢林寺院之間，尚餘年高有德的禪師能堅持奉行百丈懷海所訂立的制度儀規。老成，指德高望重者。典刑，舊法。《詩經．大雅．蕩》：「雖無老成人，尚有典刑。」❺舉一綱則眾目張　意謂禪林制度法規為綱，庶務為目，綱舉則目張。《呂氏春秋．用民》：「一引其綱，萬目皆張。」❻弛一機則萬事隳　意謂禪林之關鍵制度廢弛不修，則萬事皆遭失敗。機，樞要，此指制度法規。隳，壞。❼上者苟利不以道二句　住持長老苟且求利不守道德，寺院僧眾爭奪錢財不擇手段，不講仁義。賊，偷盜、搶劫之行。❽賓主混淆　主法者與參學者皆唯利是圖，混同以牟利。

【語譯】自得慧暉禪師說：「當年百丈懷海特為創立禪門清規，以此救治末法世佛門中種種偏邪的弊病。此後前輩賢德高僧遵循繼承，認真奉行，禪林間宣講佛法有教化，上下配合有條理，行事規矩有始終。紹興末年，禪林尚有齒德俱尊的高僧謹守前代先師所傳下來的禪林清規，一時一刻也不敢違背。近年以來，宗風凋弊，喪失傳統，主法者既失其綱要，法規律條都不能貫徹。即使存有綱紀的名目也徒為虛設，怎麼能端正禪林風氣呢？所以說：把握了這一綱要，眾目自然開張有序；廢弛了這一樞機，萬事也就毀壞無成。禪林綱紀不修，叢林寺院衰落不振，已是危險了。古代的高僧大德能把握根本，以糾正末緒。他們只憂慮禪林法度不嚴，而不擔心學者之失所。他們糾正偏邪，弘揚正法，乃是出以公心。當今各地寺院的住持長老以私慾混雜公心，想以枝節末緒的作為來樹立佛法的根基。處在上位者苟且求利不遵道德，處在下位者攫取錢財不講禮義。上下皆是顛倒荒謬，主法長老與參學僧徒混同一起不守禪林法度。如此怎麼能指望僧眾心向佛法正見，怎麼能使叢林得以振興呢？」

自得曰：「良玉未剖，瓦石無異❶；名驥未馳，駑駘相雜❷。逮其剖而瑩之❸，馳而試之，則玉石、駑驥分矣。夫衲子之賢德而未用也，混於稠人之中，竟何辨別？要在高明之士以公論舉之❹，任以職事，驗以才能，責以成務，則與庸流迥然❺不同矣。」（〈與或庵書〉）

【章　旨】住持長老應當聽取公論，從平凡眾人中識取並培養優秀的人才。

【注　釋】❶良玉未剖二句　意謂美玉蘊藏在石中，未曾雕琢加工之前則與瓦石沒有差別。石內蘊玉謂之璞，剖而理之則為玉，故云。❷名驥未馳二句　意謂駿馬未能騁足奔馳之前，與下等劣馬混雜在一起似無區別。名驥，著名駿馬，千里馬之類。駑駘，能力低下的劣等馬。❸剖而瑩之　將璞石剖開之後，雕之琢之，則色彩晶瑩，美玉現矣。❹以公論舉之　採納公正的意見，舉薦賢能。公論，公正的言論，或公眾的議論。❺迥然　顯然；分明。

【語　譯】自得慧暉禪師說：「原生的璞石未開鑿之前，在世人眼中與石塊磚瓦並無差異；日行千里的駿馬在放足奔馳之前，與下等劣馬混雜一處難以辨別。等到璞石剖開後，美玉閃現出晶瑩的光彩；放足奔馳之後，駿馬表現出非凡的能力。這時美玉與頑石、名驥與駑馬的差別便看得一清二楚了。僧人也是如此，在未曾試用之前，賢德之士與芸芸眾人混在一起，怎麼好辨別呢？這就要靠見識高明之士依據公論來選拔人才，讓他負責具體職事，檢驗他的才能，敦促他完成任務。這樣優秀人才便與平庸之輩顯得完全不同了。」

或庵師體禪師

【題　解】師體禪師（西元？～一一七九年），號或庵，俗姓羅，臺州黃巖人，此庵景元之法嗣。證悟之後，他一度匿跡天台，居無定所。瞎堂慧遠住持國清寺時，請為首座，出住蘇州覺報寺，後遷鎮江府焦山寺，又稱焦山師體。

師體禪師為人勇猛果敢，行事不辭辛勞，立身推崇真實。他隨此庵學禪時，便「勇於謀道，雖百冗終歲，未見喜慍之色」。後來出世說法，性情率真，不假虛飾，《叢林盛事》說他「性粗糙，遇事敢為，受業上下號體亂擾」。他自我評價則是：「歲寒節操，水月精神。隨所住處，無過任真。」

師體說禪能不蹈窠臼，不拘常格，境界闊大。他曾在法堂上摩捋一把苕帚柄對僧眾說：「依稀苕帚柄，仿佛赤斑蛇。」僧眾欲擬議，他便揮舞苕帚柄驅趕，又解說是「棒下無生忍，臨機不見爺」。他將此番顯示禪機的表現稱為「拈苕帚柄，破疑網於劍樹刀山」。他又曾示眾說：「暗撒驪珠成瓦礫，閒傾鴆毒是醍醐。冤將恩報滅胡種，舉眼無親真丈夫！」他對於當時流行的以文字雕飾說禪頗不以為然，曾在僧堂題寫偈頌曰：「〈陽春〉〈白雪〉非難和，藻鑑冰壺豈足觀？一把柳絲收不得，和風（一作煙）搭在玉欄干。」他主張應以真誠自在的心地領悟並實踐禪的精神，曾說：「少室無師句，曹溪絕學禪。……天之自高，地之自厚，人之自在，道之自然。廣額屠兒，立便成佛。清淨行者，不入涅槃。」禪的精要在於真實的悟與行。

有關師體禪師的事蹟及法語，參見《五燈會元》（卷二〇）、《南宋元明禪林僧寶傳》（卷二）、

《續古尊宿語要》（卷六）等書。

【校　注】「廣額屠兒，立便成佛。清淨行者，不入涅槃。」這個大力「屠兒」，清光了五蘊，豈不成佛？佛性如是，豈不如是？這個污染不得的行者，卻忙煞在踐履繁行處，只見他，「草鞋獰似虎，柱杖活如龍」，豈是「入涅槃」的行當？偈頌的事，總在勘驗，總不要錯認。

或庵體和尚初參此庵元布袋❶於天台護國。因上堂舉龐馬選佛頌❷，至「此是選佛場」之句，此庵喝之。或庵大悟，有〈投機頌〉❸曰：「商量極處見題目，途路窮邊入試場。拈起毫端風雨快，遮回不作探花郎❹。」自此匿迹天台。丞相錢公❺慕其為人，乃以天封招提勉令應世❻。或庵聞之曰：「我不解懸羊頭賣狗肉也。」即宵遁去。

【章　旨】師體禪師隨此庵參學，得以徹悟自身佛性，後隱跡天台，不為名譽所動。

【注　釋】❶此庵元布袋　景元禪師，號此庵，永嘉楠溪人，俗姓張。他是圓悟克勤的嗣法弟子，曾住持臺州護國寺。他因體胖肢短，又恆以布袋自隨，故人稱元布袋。❷龐馬選佛頌　據載：唐代龐蘊居士至江西參見馬祖道一，問曰：「不與萬法為侶者是甚麼人？」馬祖道一回答：「待汝一口吸盡西江水，即向汝道。」龐居士言下頓悟，作偈頌曰：「十方同一會，個個學無為。此是選佛場，心空及第歸。」選佛頌，即指此首偈頌。❸投

機頌　以偈頌寫徹悟之機緣感受。佛教指悟得佛法、合於佛祖心機，謂之投機。❹遮回不作探花郎　意謂從此悟得佛法真諦，真如在心，不再屈居人後。遮，通「這」。探花郎，南宋專稱殿試一甲第三名。❺丞相錢公　指錢象祖，字公相，號止庵，曾任吏部尚書、資政殿學士，開禧二年除右丞相兼樞密使，嘉定元年轉左丞相。他曾經向此庵景元請學禪法，故識師體。❻以天封招提勉令應世　敦請出任天封山寺住持，以弘法濟世。招提，寺院之別稱。

【語　譯】或庵師體初始時在天台護國寺依隨此庵景元禪師參學佛法。有次此庵景元上堂說法，或庵師體舉出龐居士問馬祖道一「不與萬法為侶者是甚麼人」的公案，到「此是選佛場」的句子時，此庵景元大聲叱喝讓他停下來，或庵師體當時便大徹大悟了。或庵有〈投機頌〉道：「商量佛法恰到精微之處便見題目，我經歷漫長的路途進入了考場。拈起筆管落毫如同風急雨驟，這回佛法在心從此不用屈居探花郎！」此後或庵師體便在天台山隱居修煉。錢象祖丞相欽慕或庵師體為人的風範，就請他出世住持天封寺院。或庵師體聽到這個消息後，說：「我是不會掛羊頭賣狗肉——說的一套，做的另是一套的！」當天晚上他就躲藏起來了。

【校　注】「商量極處見題目，途路窮邊入試場。拈起毫端風雨快，遮回不作探花郎。」首句二句，是「參禪參到無參處」之上，「直須更上一層樓」之時也。「毫端」，不就是柱杖嗎？「不作探花郎」，不作這個那個郎，想起青原行思謁見六祖時，說出「何階級之有」。「我不解懸羊頭賣狗肉也。」《大般若經》彌勒菩薩回答舍利弗：「我所言者，不如所證。」所證就是佛法踐履，是不顯身段的龍虎，「掛羊頭賣狗肉」是一種本事，能夠以身段招呼大眾，而大眾之所得者將是不顯身段的「真貨色」。這位禪師自問沒這個本領，因此辭謝領眾的事情。不是禪師指責批判別人掛羊頭賣狗肉。

乾道❶初，瞎堂住國清❷，因見或庵贊圓通❸像曰：「不依本分，惱亂眾生❹。瞻之仰之，有眼如盲❺。長安風月貫今昔，那個男兒摸壁行？」瞎堂驚喜曰：「不謂此庵有此兒！」即遍索之，遂得於江心❻，固於稠人中請充第一座。（《天台野錄》）

【章旨】或庵師體所作圓通像贊表現了卓異非凡的證悟與見識，瞎堂慧遠因而舉之為首座。

【注釋】❶乾道　宋孝宗之年號。❷瞎堂住國清　慧遠禪師，自號瞎堂，圓悟克勤晚年之弟子。乾道年間，曾住持天台國清寺，後奉詔住杭州靈隱寺。他曾經多次應召入內宮說法，賜號佛海。❸圓通　舊說此指圓通大士，即觀音菩薩，與以下贊語所云「不依本分，惱亂眾生」頗不相合，非是。此之圓通，疑指東京法雲寺法秀禪師。法秀嘗為神宗講說佛法，賜號圓通，禪林呼為「秀圓通」。參見《五燈會元》卷十六。❹不依本分二句　意謂圓通禪師不依禪者本分，平生好罵人，當時之芸芸眾生皆因此而惱怒也。據載：李公麟（字伯時，晚號龍眠居士）擅長畫馬，秀圓通呵之曰：「汝士大夫以畫名，矧又畫馬，期人誇以為得妙。妙入馬腹中，亦足懼！」勸畫觀音像以贖其過。又黃庭堅（字魯直，號山谷道人）嘗作艷詞，人爭傳之。秀圓通呵之曰：「翰墨之妙，甘施於此乎？」黃庭堅笑曰：「又當置我於馬腹中耶！」秀圓通曰：「汝以艷語動天下人淫心，不止馬腹，正恐生泥犁（即地獄）中。」故慧洪嘗云：「余至京師，秀（即圓通禪師）化去已逾月。……及拜瞻其像，面目嚴冷，怒氣噀人。平生以罵為佛事，又自謂叢林一害，非虛言哉！」參見《禪林僧寶傳》卷二六。❺瞻之仰之二句　意謂後人雖然瞻仰圓通禪師之遺像，然而不識其真實精神所在，如同盲人。❻得於江心　在江心寺找到或庵師體。舊說江心指焦山寺，非是。此之江心，當指浙江溫州之中川寺，高宗時改名江心寺。

【語譯】乾道初年，瞎堂慧遠禪師住持國清寺時，看見或庵師體為圓通禪師寫真像所作的贊語道：「圓通您不依禪者的本分，以呵罵為佛事惱怒了芸芸眾生。後人雖然瞻仰您的遺容，但是卻不識您的真實精神。長安風光月色古今皆同，哪個男兒願意繼承宗風摸壁行？」瞎堂慧遠看後，又驚又喜地說：「真想不到此庵景元禪師有這樣一位嗣法弟子！」瞎堂四處打聽，終於在江心寺找到了或庵師體。於是在眾多人選中，瞎堂堅持讓或庵充任首座之職。

或庵乾道初，翩然訪瞎堂於虎丘❶。姑蘇道俗聞其高風，即詣郡舉請城中覺報。或庵聞之曰：「此庵先師囑我他日逢老壽止❷，今若合符契❸矣。」遂欣然應命。蓋覺報舊名老壽庵也。（《虎丘記聞》）

【章旨】姑蘇道俗欽慕或庵師體的高尚風操，迎請他住持城中覺報寺，或庵似有見識於前緣，欣然應允。

【注釋】❶訪瞎堂於虎丘　乾道三年，尚書沈介以虎丘寺久不得人，特邀瞎堂慧遠出任該寺住持，道聲聞於遐邇。或庵往訪，即此時。❷此庵先師囑我句　據載：此庵景元嘗密書片紙交給或庵師體云：「老壽開花，佳火結子。」所說與此「逢老壽止」意近。「隹火」，合為「焦」字，隱喻或庵終於焦山寺。見《南宋元明禪林僧寶傳》卷二。❸若合符契　如同符節，二者完全相合。古人以竹木或金玉書寫文字，剖而為二，作為朝命的憑證，謂之符節，或曰符契。

【語譯】乾道初年，或庵師體翩然一身來到虎丘山，拜訪瞎堂慧遠。蘇州一帶的僧俗大眾早就聽說過或庵師體禪風高邁，便前往郡府舉薦請求或庵住持城中覺報寺。或庵師體得到消息後說道：「此庵先師曾經囑咐我，將來遇上名叫老壽的寺院便住在那裏，而今事態與他的預言完全相合。」於是他高興地應承下來了。這是由於覺報寺從前名叫老壽庵的緣故。

或庵入院後，施主請小參❶，曰：「道常然而不渝❷，事有弊而必變。昔江西❸、南嶽❹諸祖若稽古為訓❺，考其當否，持以中道❻，務合人心，以悟為則❼，所以素風凌然❽，逮今未泯。若約衲僧門下言前薦得，屈我宗風❾，句下分明，沉埋佛祖❿。雖然如是，行到水窮處，坐看雲起時⓫。」由是緇素⓬喜所未聞，歸者如市。（《語錄》異此）

【章旨】或庵師體說法，主張稽古為訓，考其當否，持以中道，以真心自悟為準則，受到蘇州僧俗大眾的敬愛。

【注 釋】❶小參　應請說法，與定時上堂之早參、晚參相比規模稍小，故名。❷道常然而不渝　佛法無生滅變遷，永遠常住而不壞。〈物不遷論〉云：「如來功流萬世而常存，道通百劫而彌固。」❸江西　指馬祖道一，唐代著名禪師。他是六祖慧能的再傳弟子，住持江西鍾陵之開元寺，四方學者雲集，盛極一時。因俗姓馬，故稱江西馬祖。❹南嶽　指石頭希遷，唐代著名禪師。他曾往曹溪參慧能，後來師事青原行思，承其法嗣。天寶初年，他至南嶽衡山南寺，寺東有巨石如臺，希遷結庵其上，人稱石頭和尚。他與馬祖道一並稱為當時兩大禪匠，享有盛名。❺若稽古為訓　意謂考察古代之事，作為後人的法則。《尚書・堯典》諸篇，皆以「曰若稽古」開端，為此句所本。❻中道　佛法以真心不落兩邊、智慧觀照一切為中道。通常以「不生亦不滅，不常亦不斷，不一亦不異，不來亦不去」為八不中道。❼務合人心二句　以悟得自性中的佛法為準則。人心，指本心、自性。石頭希遷嘗云：「吾之法門，先佛傳受。……即心即佛，心佛眾生，菩提煩惱，名異體一。汝等當知，自己心靈，體離斷常，性非垢淨，湛然圓滿，凡聖齊同。」所說與此二句可互參。❽素風凌然　禪風高邁，超越於世。素風，指脫略情執思量的禪門清風。凌然，超越於上。❾言前薦得二句　意謂由言語口舌而得解，人云亦云之詞，非由自心體悟，以此為禪，只會辱沒我佛門宗風。宗風，禪門宗師之風儀，此指以心傳心的禪風。❿句下分明二句　句下思量分明，這就埋沒了佛祖的宗旨。沉埋，使隱沒不彰；遮蔽。⓫行到水窮處二句　意謂世事變動不居，須用心靜觀體會。二句出自王維〈終南別業〉詩。⓬緇素　指僧俗二眾。緇衣，黑色僧服。素衣，印度俗眾多服白衣，故云。

【語 譯】或庵師體住持覺報寺後，應施主請求小參說法。他講道：「佛法是清淨常住不壞的，而事務產生弊端就必須有所變更。從前江西馬祖道一、南嶽石頭希遷諸位先師，他們稽考古事以為法則，審察其是否恰當，秉持中道的準繩，以啟示學者體悟自心的佛法為旨歸，所以清風超邁，一直到今天還未消逝。若是僧人大體上只是從言語口舌中記誦文字公案，就會辱沒前代宗師的門風，障蔽了佛祖的宗旨。雖然如此，且如古人所說：行到水窮處，坐看雲起時。」蘇州的僧眾聽了他的一番說法，都是以前從未聽到過的，便非常歡喜，人們都紛紛地前來歸依。

或庵既領住持，士庶翕然❶來歸。衲子傳至虎丘，瞎堂曰：「遮個山蠻杜拗子❷，放拍盲禪❸，治你那一隊野狐精❹！」或庵聞之，以偈答曰：「山蠻杜拗得能憎，領眾匡徒似不曾❺。越格倒拈苕帚柄❻，拍盲禪治野狐僧！」瞎堂笑而已。（《記聞》）

【章旨】或庵師體能以拙拗手段，開方便法門，教化蘇州信眾，因而得到瞎堂慧遠的稱許。

【注釋】❶翕然　一起；趨向一致之貌。❷遮個山蠻杜拗子　意謂或庵禪風拗峭，不依常格，用山蠻樸拙生猛之手段說禪。遮，通「這」。杜拗，舊說「不依軌轍曰杜，不順人情曰拗」。按：「杜」疑「村」字之訛。村拗，意謂粗野、違拗。劉克莊〈水龍吟〉（丁巳生日）：「幅巾短褐，有些野逸，有些村拗。」❸放拍盲禪　不用尋常言詞說禪，而用拍打盲者的方法顯示禪機。舊說：「拍，拊也。自不能行，拍人肩而行之。」意思不明。按：佛經謂有八種人難以教化，其中第六種是盲聾瘖啞難。認為此等人諸根不具，雖說佛法亦不能聞。「拍盲禪」當即由此引出。❹野狐精　比喻頑劣難化之僧徒。據載：昔日有僧人談禪，因誤下一轉語，五百世墮為野狐身。後得百丈懷海指正之後，得以開悟，始獲解脫。參見《五燈會元》卷三。❺領眾匡徒似不曾　意謂此前用如此手段統領寺院、教導僧眾，似未曾有過。匡徒，匡正、教化僧徒。❻越格倒拈苕帚柄　據載：或庵師體說禪超越常格，他常在室中摩捋苕帚柄，問參學者曰：「依稀苕帚柄，仿佛赤斑蛇？」參學者欲擬議，或庵便揮舞苕帚柄驅之。有老僧請問旨意，或庵師體答曰：「棒下無生忍，臨機不見爺。」參見《南宋元明禪林僧寶傳》卷二。

【語譯】或庵師體就任住持長老之後，蘇州的士人百姓都紛紛前來歸依，聽他弘揚佛法。有僧人將此情況傳到虎丘寺。瞎堂慧遠聽到後，說道：「這個山蠻子粗野拙拗，不循常規，他施用敲打盲聾的手段，專一整治你們那一隊野狐精！」或庵師體聽說後，寫了一首偈頌作為回答道：「山蠻子粗野拙拗招人嫌憎，統領寺院教化僧徒如此的手段以前似未曾有過。我超越常格喜愛倒拈苕帚柄，用敲打盲聾的禪法專去整治野狐僧！」瞎堂慧遠聽後，只是一笑而已。

或庵謂侍郎曾公逮❶曰：「學道之要，如衡石之定物❷，持其平❸而已，偏重可乎？推前近後❹，其偏一也。明此可學道矣。」（見〈曾公書〉）

【章旨】學習佛道關鍵在於居心平直，持以中道，不可偏重一端。

【注釋】❶侍郎曾公逮　曾逮，字仲躬，曾幾（字吉甫）之子，曾開（字天游）之侄。師事王蘋，累官至戶部侍郎，學者稱之為習庵先生，有《習庵集》。見《宋元學案》卷二九。❷如衡石之定物　如同用秤測定物體的重量一樣。衡石，測重的器具。❸持其平　此處兼有居心平直、精神和平、處事不傾不偏之意，又與佛門所提倡的中道相通。❹推前近後　指稱物之時，秤星推前或靠後，秤桿都不得其平。

【語　譯】或庵師體對曾逮侍郎說：學習佛法的關鍵，就像用衡器測定物體的重量一樣，只要平正適中就行了。偏邪不正怎麼可以呢？不論將秤星提前或者推後，都會失去平衡。明白這一道理，就可以學習佛法了。

或庵曰：「道德乃叢林之本❶。住持人棄厭衲子，是忘道德也。道德既忘，將何以修教化、整叢林、誘來學❷？古人體本以正末❸，憂道德之不行，不憂叢林之失所。故曰：叢林保於衲子，衲子保於道德❹。住持無道德，則叢林廢矣。」（見〈簡堂書〉）

【章　旨】僧眾乃是教化之本，道德乃是叢林之本。住持長老無道德，則叢林便有荒廢的危險。

【注　釋】❶衲子乃道德之本　意謂若無僧眾，教化便失去了施行的對象，佛道無從弘揚，故僧眾是推廣道德教化的根本。❷誘來學　誘導信眾前來參學佛法。誘，引導。❸體本以正末　以道德為本而正叢林，以僧眾為本而施教化。❹叢林保於衲子二句　意謂有僧眾，叢林的發展興盛才有保障；有道德，僧眾的培育成就才有保障。

【語　譯】或庵師體禪師說：「佛法道德乃是叢林禪院得以建立的根本，僧徒信眾乃是推廣佛法道德的根本。住持長老若厭棄僧徒，就是忘記了佛法道德。忘記了佛法道德，用甚麼來推廣教化、整頓叢林、誘導信眾前來歸依向學呢？古代的高僧大德把握根本以整頓枝末，他們憂慮的是佛法道德不能推行，而不憂慮叢林之失所。所以說：僧徒信眾是叢林禪院的保障，佛法道德是僧徒信眾的保障。住持長老若無佛法道德，則叢林禪院便要衰沒荒廢了。」

或庵曰：「夫為善知識❶，要在知賢，不在自賢❷。故傷賢者愚，蔽賢者暗❸，嫉賢者短❹。得一身之榮，不如得一世之名。得一世之名，不如得一賢衲子。使後學有師，叢林有主❺也。」（〈與圓極書〉）

【章　旨】作為禪林住持長老，重要的是發現賢者，只有發現並培養了賢者以為法嗣，才能使宗門興旺，後繼有人。

【注　釋】❶善知識　一般指能引導、輔助人們學習修煉佛法的師友，此處特指禪林住持長老。❷要在知賢二句　關鍵在於善能識別賢者，而不在於自以為賢。自以為賢，疏於識人，則孤立無輔，難以弘法。《列子・說符》：「治國之難在於知賢，而不在自賢。」❸蔽賢者暗　障蔽賢者的人暗昧無知。蔽，隱瞞不使人知。暗，愚昧。❹嫉賢者短　妒忌賢者的人見識短淺。短，指識見淺陋。❺叢林有主　禪林寺院有了主法之高僧。主，指主持弘法者。

【語　譯】或庵師體禪師說：「作為禪林長老的善知識，關鍵在於能識別賢者，而不是自以為賢。

所以損傷賢者的是愚蠢無知的人，障蔽賢者的是暗昧不明的人，嫉恨賢者的是見識淺陋的人。寺院長老享受一身的榮耀，不如得到一世的美名。得一世的美名，不如得到一個賢德之僧以為法嗣，可以使後學之輩能有良師，使禪林寺院能有教化之主。」

或庵遷焦山❶之三載，寔❷淳熙六年八月四日也。先示微恙，即手書并硯一隻，別郡守侍郎曾公逮❸，至中夜化去。公以偈悼之曰：「翩翩隻履逐西風❹，一物渾無布袋中❺。留下陶泓將底用❻？老夫無筆判虛空❼。」（〈行狀〉）

【章旨】或庵師體辭世之際，郡守曾逮以詩偈悼念，對其佛法造詣表達欽慕之意。

【注釋】❶焦山　古名樵山，漢末處士焦先隱居於此，因名焦山，屹立長江之中，上建有佛寺，宋時屬鎮江府。❷寔　是也，通「實」。❸別郡守侍郎曾公逮　曾逮，字仲躬，曾任戶部侍郎。《叢林盛事》載曰：「(或庵)後遷焦山，潤州郡守曾侍郎仲躬常問道焉。師既入滅，以石硯寄曾」云云，可證。❹翩翩隻履逐西風　據載：東土禪宗初祖菩提達摩去世後，葬於熊耳山。後三歲，魏之使者宋雲奉使西域，回國途中遇菩提達摩於葱嶺，見菩提達摩手攜隻履，翩翩獨逝。宋雲問：「師何往？」菩提達摩回答：「西天去。」宋雲歸國說其事，及門人啟壙唯見空棺，一隻革履存焉。參見《五燈會元》卷一。❺一物渾無布袋中　意謂或庵禪師洞明佛法，脫盡世情，而來去自由也。布袋，喻形相之體。❻留下陶泓將底用　意謂或庵禪師留下石硯，於我何用？陶泓，石硯之別名。底，何；甚麼。❼老夫無筆判虛空　意謂或庵禪師佛道廣大，虛空光明，我無此巨筆，故難以評判也。此為曾逮自謙之詞。

【語　譯】或庵師體遷住焦山禪寺的第三年，到了淳熙六年八月四日這一天，或庵禪師先表現出生了小病的樣子。他當即寫了一封信，並附一只石硯，叫人送達郡守曾逮侍郎，向他告別。至夜半時分，或庵禪師便去世了。郡守曾公寫了一首偈頌表示悼念，其詞曰：「你如同達摩初祖手提隻履翩然歸向西天，脫盡世俗因此而毫無牽掛。你留下一只石硯又有何用途？佛法猶如光明虛空老夫無筆評判。」

瞎堂慧遠禪師

【題解】慧遠禪師（西元一一〇三～一一七六年），自號瞎堂，俗姓彭，四川眉山人。他十三歲出家，數年後至成都昭覺寺追隨圓悟克勤參學佛道，深受器重，得承法嗣。圓悟克勤去世之後，他乘扁舟飄然出蜀，屢住名剎。紹興二十一年，奉朝旨住持衢州光孝寺，遷杭州靈隱寺。孝宗乾道、淳熙年間，多次應召入內宮講說佛法，賜號佛海。

慧遠禪風峻峭，不守軌跡。據載他隨圓悟參學時，某次圓悟舉「龐居士問馬祖不與萬法為侶」公案，他於言下頓悟，當時仆倒在地，眾僧以為他中風了。扶起之後，他乃說：「吾夢覺矣。」他向圓悟提出的要求是：「淨裸裸空無一物，赤骨律貧無一錢。戶破家亡，乞師賑濟。」圓悟則要他「七珍八寶一時拏」。從此他機鋒峻發，無所牴牾。知府葛郯嘗參究「即心即佛」，久而未契悟，慧遠發揮道：「即心即佛眉拖地，非心非佛雙眼横。蝴蝶夢中家萬里，子規枝上月三更。」葛郯豁然有省，說偈道：「非心非佛亦非物，五鳳樓前山突兀。艷陽影裏倒翻身，野狐跳入金毛窟。」當慧遠再度見到葛郯時，他卻問道：「何不道『金毛跳入野狐窟』！」慧遠禪機變化任意，可見一斑。大體而言，慧遠強調的是心靈的真實頓悟。他說：「才涉思惟便成剩法。……參禪如斫輪，擬議則沒交涉，如擊石火，如閃電光，已是鈍置了。何故？法無二法，心無別法。」

僧傳評瞎堂慧遠提倡說禪「如赤帝子斷蛇，而神姥夜號。其出沒縱横，與五祖演公類也」。他自己的辭世偈則云：「拗折秤錘，掀翻露布。突出機先，鴉飛不度。」在他的門下，還出了一位著名僧人道濟，人稱濟顛，俗稱濟公和尚。這與慧遠倡導的禪風也有著內在的聯繫。

有關瞎堂慧遠的法語及事蹟，參見《五燈會元》（卷十九）、《南宋元明禪林僧寶傳》（卷四）、《續傳燈錄》（卷二八）等書。

【校　注】「非心非佛亦非物，五鳳樓前山突兀。艷陽影裏倒翻身，野狐跳入金毛窟。」當慧遠再度見到葛剡時，他卻問道：「何不道『金毛跳入野狐窟』？」首句，莫非「魚」？二句，心法雙立，歷歷分明。三句，「艷陽」不動，「翻身」者動。四句，剩不到一片骨頭了！玄覺和尚證道歌的子孫，心法雙立。「金毛跳入野狐窟」，入流去隨流去，杖頭八面起清風！不是說，總是一個樣子，你亦如是，我亦如是嗎？

瞎堂遠和尚謂或庵曰：「人之才器，自有大小，誠不可教。故楮小者不可懷大，綆短者不可汲深❶。鴟鵂❷夜撮蚤，察秋毫，晝出瞋目之不見丘山❸，蓋分定也。昔靜南堂❹傳東山之道❺，穎悟幽奧，深切著明❻。逮應世住持，所至不振。圓悟先師歸蜀，同範和尚訪之大隨❼，見靜率略，凡百弛廢❽，先師終不問。回至中路，範曰：『靜與公為同參道友❾，無一言啟迪之，何也？』先師曰：『應世臨眾，要在法令為先。法令之行，在其智能。能與不能，以其素分❿，豈可教也？』範領之。」（《虎

丘記聞》）

【章　旨】人的器度才能自有大小之別，乃由稟性素分所決定，不是簡單幾句言語可以改變的。

【注　釋】❶故褚小者不可懷大二句　意謂小的容器不可以包藏大的物品，短的繩索不可以汲引深井之水。楮，當作「褚」，形近而訛。褚，裝衣的袋子。綆，繩索。《莊子・至樂》：「昔者管子有言，丘甚善之，曰：『褚小者不可以懷大，綆短者不可以汲深。』夫若是者，以為命有所成而形有所適也，夫不可損益。」為此二句所本。❷鴟鵂　貓頭鷹，夜則目明，能察見秋毫，白天則視若無睹。一說「鵂」為衍文。❸夜撮蚤察秋毫三句　夜間能捉食蚤蝨而不失，能看清毫末之物，白天張目卻不能見丘山。《淮南子・主術訓》云：「鴟夜撮蚤蚊，察分秋毫，晝日顛越不能見邱山，形性詭也。」為此語所本。又見《莊子・秋水》。❹靜南堂　元靜禪師，閬州玉山趙氏子。他自幼博通經傳，因病出家，歷參諸名宿，後來成為五祖法演之弟子。他在彭州大隨山開創南堂，世稱南堂元靜。❺傳東山之道　傳布、弘揚五祖法演的禪法。法演住蘄州黃梅五祖寺，為禪宗五祖弘忍弘揚禪風之處，俗稱東山，弘忍之道法又稱東山法門，故云。❻穎悟幽奧二句　意謂南堂元靜能領悟佛法幽微奧妙之旨，說法亦深入切當，明明白白。據載：五祖法演曾對元靜說：「而今而後，佛祖秘要、諸方關鍵，無逃子掌握矣。」於是名冠寰海。參見《五燈會元》卷十九。❼同範和尚訪之大隨　範和尚，生平不詳。舊說乃指慧洪，字覺範，非是。慧洪於建炎二年在泉州同安去世，晚年無入蜀之行蹤。圓悟歸蜀之時，德洪瀕死或已死矣。此之範和尚，疑指昭覺師範，為大溈慕喆之法嗣。大隨，在四川彭州。❽凡百弛廢　一切法規制度都鬆弛毀壞。凡百，所有一切。❾靜與公為同參道友　元靜與圓悟曾經同在五祖法演門下參學，並承法嗣。同參，同事一師。❿素分　所稟賦之氣質性情。

【語　譯】瞎堂慧遠和尚對或庵師體說：「每個人所稟賦的才能器具，自有大小的差異，的確不是言辭說教可以改變的。所以小的袋子不可以裝下大的物件，短的井繩不能汲取深井之水。貓頭鷹夜間視力極為明亮，可以抓住跳蚤，可以辨別秋毫之末，然而在白天牠瞪大眼睛仍然看不清山丘的形狀。這便是天生稟賦所確定了的。從前南堂元靜繼承五祖法演的法脈，弘揚東山之道，他本人能體悟禪法精微，見解深切明確，毫不含糊。然而應請出世任寺院長老，他的禪寺卻綱紀不振，禪風衰落。圓悟克勤先師歸蜀時，曾經與範和尚一起前往大隨山拜訪他。圓悟克勤親見元靜禪師粗率簡略，凡事馬馬虎虎，諸般寺務都廢弛不振，圓悟克勤也並不提及。返回的路上，範和尚問道：『南堂元靜與您曾是一起參禪的道友，您卻沒有一句話開導他，為甚麼呢？』圓悟克勤回答道：『寺院住持長老統率僧眾，關鍵在於先要樹立禪門的法令制度。法令制度的推行，關鍵在於住持長老的智慧能力。至於能力的有無，要看天生稟賦與平素的積累，豈是幾句話就可以改變的？』範和尚聽後點頭，表示同意。」

瞎堂曰：「學道之士，要先正其心，然後可以正己正物❶。其心既正，則萬物定矣❷，未聞心治而身亂者。佛祖之教，由內及外，自近至遠。聲色惑於外，四肢之疾也。妄情發於內，心腹之疾也。未見心正而不能治物，身正而不能化人。蓋一心為根本，萬物為枝葉。根本壯實，枝葉榮茂。根本枯悴❸，枝葉夭折。善學道者，先治內以敵外，不貪外以害內。故導物要在清心❹，正人固先正己。心正己立，而萬物不從化者，未之有也。」（〈與顏侍郎書〉）

【章旨】修習佛法者要先正其心，然後正己正物，心正身立，萬物自然順從教化。

【注釋】❶要先正其心二句　《大學》曰：「欲修其身者，先正其心，……心正而後身修。」所說與此意通，可互參。❷其心既正二句　其心端正之後，萬物不能擾亂自性，構成誘惑。定，安定。❸枯悴　乾枯；生病。悴，摧殘；疲病之貌。❹導物要在清心　教化眾生萬物，首要在於自心清靜。導，教導。

【語譯】晦堂慧遠禪師說：「學習佛道之人，先要端正其心，然後才可以端正自己的行為，端正外在萬物。只要內心端正了，則外在萬物亦隨之安定了。從未聽說內心端正而行為邪亂的事情。佛祖的教義是由內而至於外，自近而達於遠的。受到外在聲色的迷惑，這只是四肢上的毛病；心中產生妄情邪念，這才是心腹之大患。從未見過自心端正而不能治理外物、立身正直而不能教化眾人的。因為心是人之根本，萬物只是枝葉。根本壯實，自然枝葉繁茂、欣欣向榮；根本枯萎，自然樹枝枯折、樹葉凋零。善於學習佛法者，先治理內心以抵禦外在的誘惑，不貪圖外在的慾念以免戕害內心真如。所以化導萬物首先在於自心清靜，端正他人首先必須端正自身。自己的內心端正了，道德節操樹立了，而萬物不受其教化，這樣的事情是沒有的。」

簡堂行機禪師

【題　解】行機禪師（西元一一一三～一一八〇年），號簡堂，俗姓楊，臺州仙居人。他自幼風姿挺異，才智卓越。二十五歲時棄親出家為僧，前往各地參學。晚依此庵景元，密有契證，得承法嗣。他曾經住饒州莞山十七年，刀耕火種，艱苦備嘗，不以世間榮耀為念，被稱為機道者。丙申三年（西元一一七六年），應請住持江州圓通寺，又遷臺州國清寺、太平隱靜寺等。

行機大力弘揚其師此庵的禪法。他強調真實的參悟，不重口頭的辨說。據載：他一日偶看斫樹倒地，忽然大悟，於是平昔胸中疑團，泮然冰釋。他上堂說法，稱參禪者若是英靈漢「終不向老鼠窟、草窠裏頭出頭沒」；若是根性陋劣，「遇著義學阿師，遞相錮鏴，直饒說得雲興雨現，也是蝦蟆化龍，下梢依舊喫泥喫土」。他要求僧徒不要陷進文字公案的葛藤之中，糾纏不清。他又說：「觀色即空成大智，故不住生死。觀空即色成大悲，故不證涅槃。」提倡不住生死、不證涅槃的大智大悲，顯示了行機禪師積極濟世的人生態度。

行機為人坦蕩自然，有所秉持。初住莞山時，嘗值隆冬雨雪連日，饘粥不繼，他有偈語曰：「地爐無火客囊空，雪似楊花落歲窮。拾得斷麻穿壞衲（一作「衲被蒙頭燒榾柮」），不知身在寂寥中。」然而某次下山途中，遇見貧病而死的窮人，他卻買來棺木幫助安葬，因此受到地方的讚譽。後來行機所到之處，也都保持著這種道德風範。故其同鄉文士吳芾（號湖山居士）有詩贈曰：「紛紛學禪者，腰包競奔走。才能說葛藤，癡意便自負。求其道德尊，如師蓋希有。願傳上乘人，永光臨濟後。」正由於此，他在禪林享有盛名。

有關簡堂行機的法語及事蹟，可參看《嘉泰普燈錄》（卷二〇）、《五燈會元》（卷二〇）、《補續高僧傳》（卷十一）等書。

簡堂機和尚住番陽❶筦山，僅❷二十載，羹藜飯黍，若絕意於榮達。嘗下山，聞路旁哀泣聲，簡堂惻然。逮詢之，一家寒疾，僅亡兩口。貧無斂具，特就市貸棺葬之，鄉人感歎不已。侍郎李公椿年❸謂士大夫曰：「吾鄉機老有道衲子也，加以慈惠及物，筦山安能久處乎！」會樞密汪明遠❹宣撫諸路，達於九江。九江郡守林公叔達虛圓通法席迎之❺。簡堂聞命，乃曰：「吾道之行矣。」即欣然曳杖而來，登座說法曰：「圓通不開生藥鋪❻，單單只賣死貓頭❼。不知那個無思算，喫著通身冷汗流❽。」緇素驚異，法席因茲大振。（《懶庵集》）

【章旨】簡堂行機初住筦山時，生活艱苦，而慈惠愛物，倍受稱頌。後來住持圓通寺，禪風非同凡響，因而法席興盛。

【注釋】❶番陽　即鄱陽，宋設郡，屬饒州。❷僅　幾乎；至也。言其多。杜甫〈泊岳陽城下〉：「山城僅百層。」❸侍郎李公椿年　據載：高宗十二年十一月，以左司郎中李椿年為兩浙轉運副寺；又十四年八月，以李椿年權戶部侍郎，措置經界。參見《宋史》卷一七三。❹樞密汪明遠　汪澈，字明遠，第進士，歷任朝官。他曾經任湖北京西宣諭使，過九江，辟王炎為掾屬，又曾知建康府，尋除樞密使，又知鄂州兼安撫使。他推薦簡堂行機，當即在此期間。參見《宋史》卷三八四。❺九江郡守林公叔達句　林叔達嘗讚美簡堂行機曰「此佛法中津梁也」，故邀迎之為廬山圓通寺住持長老，而主法席。❻圓通不開生藥鋪　意謂自己宣講佛道，不羅列文字公案，如生藥鋪之陳設也。或謂不以小乘法濟渡眾生，亦通。圓通，行機自指。❼單單只賣死貓頭　意謂單指為世人所忽略之無上法門，猶如遭人冷落之死貓頭也。據載：有僧問曹山本寂：「世間甚麼物最貴？」曹山本寂回答：「死貓兒頭最貴。」僧人又問：「為甚麼死貓兒頭最貴？」曹山本寂回答：「無人著價。」後世遂成為禪門之公案。丹霞淳有頌云：「腥臊紅爛不堪親，觸動輕輕血污身。何事杳無人著價，為伊非是世間珍。」天童覺云：「曹山物貨不入行市。仔細看來，一文不值。曹山遇賤則貴，我者裏遇貴則賤，且道還有相違處麼？」報恩秀云：「世尊拈花，俱胝豎指，且道與死貓兒頭是同是別？」參見《宗門拈古彙集》卷三〇。❽不知那個無思算二句　意謂聽講之信眾中，不知何人泯滅榮利算計之心，得以豁然驚醒洞悟，而證得佛法也。那，誰；何。

【語譯】簡堂行機和尚住在饒州鄱陽之莞山，時間幾乎長達二十年。他以野菜羹、黍粟飯度日，生活十分艱苦，對於榮華顯達好似完全未曾想到一樣。有次他下山來，聽到路邊有悲傷哭泣聲，簡堂很是同情。等到詢問之後，才知道悲泣者的家中因為饑寒疾病已經死了兩個人。因為家中太貧窮，無錢購買棺木，死者不能下葬。簡堂得知後，便到街市上借錢買來棺木，幫助將死者安葬。那裏的鄉民對於簡堂的這種行為都感歎佩服，稱讚不已。李椿年侍郎曾經對士大夫說：「我家鄉的行機和尚的確是一位得道的高僧，加之有惻隱之心，慈悲為懷普及於萬物。筦山寺院狹小，他豈會久居於此！」正遇上樞密使汪明遠前往各府縣巡迴視察，他便將簡堂行機的事蹟告訴了九江郡守林公叔達。林郡守便特意空出廬山圓通寺住持的法席，邀請簡堂行機和尚前往就職。簡堂聽到消息後，就說：「我行道弘法的時候到了。」於是他手執錫杖，高興地前往，登座說法道：「圓通長老我不開生藥鋪，單單只賣曹山法師所說的死貓頭。不知何人泯滅算計之心，豁然醒悟後驚得通身冷汗流！」聽講的僧徒信眾對他的法語都驚奇不已，所以法席興盛，聲譽大振。

簡堂曰：「古者修身治心，則與人共其道❶；興事立業，則與人共其功；道成功著，則與人共其名。所以道無不明，功無不成，名無不榮。今人則不然：專己之道❷，惟恐人之勝於己，又不能從善務義以自廣❸也；專己之功，不欲他人有之，又不能任賢與能以自大❹也。是故道不免於蔽，功不免於損，名不免於辱。此古今學者之大分也。」

【章旨】古之學者純公無私，故道無不明，功無不成，名無不榮；今之學者專逞私心，故道有所蔽，功有所損，名有所辱。

【注　釋】❶與人共其道　心中無私念，學道有所感悟，有益於眾，則與人共享之。❷專己之道　以道學為一己之私，不願弘揚於人，用道法為謀私之手段。❸從善務義以自廣　唯善是從，務求道義，以增進自己的學識造詣。自廣，擴大自己的器識。❹任賢與能以自大　任用賢能，擴大自己的實力。與，選拔，通「舉」。自大，壯大、增進自己的力量。

【語　譯】簡堂行機和尚說：「古代的禪師治心修身，努力向道，有所感悟則與人共同分享；若是興起事業，則與人同心協力，以建立功績；學習佛道有所收穫，事業有所成就，則與人共同享有美名。所以那時候，道法明明白白，功業成就卓著，盛名流傳於後世。當今的禪師則不是這樣。他們將道法當作個人的專利，不願與人分享，唯恐別人超過了自己，又不能從善務義以拓展自己的境界。他們將功績據為己有，不想讓別人有建功的機遇，自己又不能選拔任用賢能以壯大自己的力量。所以當今的禪師在道法上則不免有所障蔽不明，在功業上則不免有所缺損不周，在名譽上則不免受人指點非議。這就是古今奉佛學禪者之間巨大的區別。」

簡堂曰：「學道猶如種樹，方榮而伐之，可以給樵薪；將盛而伐之，可以作榱桷❶；稍壯而伐之，可以充楹枋❷；老大而伐之，可以為梁棟。得非取功遠而其利大乎？所以古之人惟其道固大而不狹，其志遠奧而不近，其言崇高而不卑，雖適時齟齬❸，窮於饑寒，殆亡丘壑❹，以其遺風餘烈亙百千年❺，後人猶以為法而傳之。鄉❻使狹道苟容❼，邇志求合❽，卑言事勢❾，其利止榮於一身，安有餘澤溥及於後世❿哉？」（〈與李侍郎二書〉）

【章　旨】禪僧應培養弘大的道體，積累深厚的學養，不謀近功，方能垂法後世，若是貪圖近利，苟且附勢，則只能榮身，不能弘道。

【注　釋】❶榱桷　架屋瓦的木條；椽子。方形的曰桷，圓形的曰椽。❷楹枋　楹柱。楹，廳堂的前柱。❸適時齟齬　不合於時，處境不利，坎坷不遇。齟齬，牙齒不齊，比喻與世俗抵觸。❹殆亡丘壑　在山丘林壑之間，生命遭遇死亡的危險。殆，危險。壑，山谷。❺其遺風餘烈亙百千年　意謂所指古代之高僧大德，其所開創之宗風業績流傳千年，綿綿不斷。餘烈，所留之功業、業績。亙，綿延；貫通。❻鄉　若。通「向」。❼狹道苟容　無弘大抱負，苟且容身於世。狹道，道術淺近狹小。❽邇志求合　志向淺近，只顧眼前，求合於世俗。邇，近。❾卑言事勢　以卑恭的言辭態度奉事權勢者。勢，指官府、權貴。❿餘澤溥及於後世　其言談教化，澤被後世。餘澤，所遺留之恩澤、德化。溥，普遍；廣大。

【語　譯】簡堂行機和尚說：「學習佛法就如栽種樹木的道理相似。在幼木嫩幹剛剛開花時去砍伐，它只可以用作炊爨的柴薪；在樹木稍稍大一點時去砍伐，它可以用作安放屋瓦的椽條；在樹木長大成材後去砍伐，它可以用作廳堂的楹柱；在老木參天時去砍伐，它便可以用作殿堂的棟梁。這豈非取功愈遠，則其效用愈大嗎？所以古代的高僧大德，他們唯求培養道體使之穩固壯大而不狹隘偏小，樹立志氣使之弘遠深沉而不圖近功；發言崇高莊重而不阿世媚俗。因此他們即使遭遇非時，局勢不利，身世坎坷，多歷磨難，乃至於饑寒交迫，因窮困死於山林丘壑間，然而他們所開創的宗風弘業，經歷千百年之後仍流傳不絕，被後人奉為楷模。假若他們當年器度格局狹小，苟且容身於世，追求眼前功利，卑言取悅權勢，則其榮利只能及於自身，怎麼會有德澤深長、普及於後世呢？」

簡堂淳熙五年四月自天台景星巖再赴隱靜❶，給事吳公❷佚老于休休堂，和淵明詩十三篇❸送行。

其一曰：「我自歸林下，已與世相疏。賴有善知識❹，時能過我廬。
伴我說道話，愛我讀佛書。師為巖上去，我亦為膏車❺。便欲展我缽，
隨師同飯蔬。脫此塵俗累，長與巖石俱❻。此巖固高矣，卓出山海圖。
但比吾師高，此巖還不如❼。」

二：「我生山窟裏，終朝面孱顏❽。有巖號景星，欲到知幾年❾？

茲游信奇絕，一覽小眾山。更得師為主，二妙未易言[10]。」

三：「我家湖山上[11]，觸目是林丘。若比茲巖秀，培塿固難儔[12]。雲山千里見，泉石四時流。登臨有如此，何必更他遊[13]？」

四：「我年七十五，木末挂殘陽。縱使身未逝，亦豈能久長？尚冀林間住，與師共末光。孤雲俄暫出，道俗紛蒼黃[14]。」

五：「愛山端有素，拘俗亦可憐。昨守當塗郡，不識隱靜山[15]。羨師來又去，媿我復何言？尚期無久住，歸送我殘年[16]。」

六：「師心如死灰，形亦如槁木[17]。胡為衲子歸，似響答空谷[18]？顧我塵垢身，正待醍醐浴[19]。更願張佛燈，為我代明燭[20]。」

七：「扶疏巖上樹，入夏總成陰。幾年荊棘地，一日成叢林。我方與衲子，共聽海潮音[21]。人生多聚散，離別忽驚心[22]。」

八：「我與師來往，歲月雖未長。相看成二老，風流亦異常。師宴坐巖上，我方為聚糧[23]。倘師能早歸，此樂猶未央[24]。」

九：「紛紛學禪者，腰包競奔走。纔能說葛藤㉕，癡意便自負。求其道德尊，如師蓋希有。願傳上乘人，永光臨濟後㉖。」

十：「吾邑多緇徒，浩浩若雲海。大機久已亡，賴有小機在㉗。仍更與一岑㉘，純全兩無悔。堂堂二老禪，海內共期待㉙。」

十一：「古無住持事，但只傳法旨。有能悟色空，便可超生死。庸僧昧本原，豈識西歸履㉚？買帖坐禪床，佛法將何恃㉛？」

十二：「僧中有高僧，士亦有高士。我雖不為高，心麤能知止㉜。師是個中人，特患不為爾。何幸我與師，俱是鄰家子㉝！」

十三：「師本窮和尚，我亦窮秀才。忍窮心已徹，老肯不歸來！今師雖暫別，泉石莫相猜。應緣聊復我，師豈有心哉㉞？」（〈景星石刻〉）

【章　旨】簡堂行機再赴隱靜之時，湖山居士吳芾賦詩相送，寄託二人學禪悟道之胸次與情誼，並盼簡堂早日歸來。

【注　釋】❶自天台景星巖再赴隱靜　據載：簡堂行機自廬山圓通寺移國清寺，退居景星巖，又還隱靜寺。隱靜寺，在太平府繁昌縣東南二十里，相傳寺為杯度和尚所建。李白有〈送通禪師還南陵隱靜寺〉云：「我聞隱靜寺，山水多奇蹤。巖種朗公橘，門深杯度松。」即此地。❷給事吳公　吳芾，字明可，號湖山居士，臺州仙居人。紹興二年進士，曾任刑部侍郎，遷給事中，改吏部侍郎。他為人剛直，與秦檜為故舊，秦檜專政時他退然如未嘗識。淳熙十年卒，謚曰康肅。有《湖山集》十卷傳世。❸和淵明詩十三篇　題為〈和陶讀山海經十三首韻送機簡堂自景星巖再住隱靜〉，見《湖山集》卷一。❹善知識　能引導共參佛法的師友，知識乃朋友之義。此處指簡堂行機。❺我亦為膏車　我亦將驅車遠行，前來拜訪。膏車，給車軸加油。韓愈〈送李愿歸盤谷序〉：「膏吾車兮秣吾馬，從子于盤兮，終吾生以徜徉。」❻俱　原本作「居」，同韻而訛，或為人臆改。此為和陶詩，用韻與陶詩全同，參見下注。❼此巖還不如　此首和陶潛〈讀山海經〉組詩之第一首，步其原韻，原詩是：「孟夏草木長，繞屋樹扶疏，眾鳥欣有託，吾亦愛吾廬。既耕且已種，時還讀我書。窮巷隔深轍，頗迴故人車。歡然酌春酒，摘我園中蔬。微雨從東來，好風與之俱。泛覽《周王傳》，流觀《山海圖》。俯仰終宇宙，不樂復何如？」❽終朝面孱顏　終日面對高峻陡峭之山巖。原本作「四面是孱顏」，據《四庫全書》本改。孱顏，同「巉巖」。唐李華〈含元殿賦〉：「崢嶸孱顏，下視南山。」❾有巖號景星二句　《四庫全書》本此二句作「獨此巖未到，抱恨知幾年」。❿二妙未易言　意謂山巖景物與寺院長老二者俱卓然超逸，妙不可言。此首和陶潛〈讀山海經〉組詩第二首，原詩是：「玉臺淩霞秀，王母怡妙顏。天地共俱生，不知幾何年！靈化無窮已，館宇非一山。高酣發新謠，寧效俗中言。」⓫我家湖山上　《四庫全書》本此句作「幽棲非不勝」。⓬若比茲巖秀二句　意謂所居處林丘之美與景星巖之高峻奇絕相比，相差甚遠。巖，原作「山」，據《四庫全書》本改。培塿，小山丘。⓭登臨有如此二句　原本作「我今才一到，已勝五湖遊」，茲據《四庫全書》本。此首和陶潛〈讀山海經〉組詩第三首，原詩是：「迢遞槐江嶺，是謂玄圃丘。西南望崑墟，光氣難與儔。亭亭明玕照，落落清瑤流。恨不及周穆，託乘一來遊。」⓮道俗紛蒼黃　原本此句作「遠近駭蒼黃」，茲據《四庫全書》本。此首和陶潛〈讀山海經〉組詩第四首，原詩是：「丹木生何許，迺在密山陽。黃花復朱實，食之壽命長。白玉凝素液，瑾瑜發奇光。豈伊君子寶，見重我軒黃。」⑮昨守當塗郡二句　吳芾曾任太平府地方官，而未造訪隱靜寺，故云。吳芾又有〈寄題隱靜三首〉，其一曰：「五峰雙澗舊標名，我恨當年去不成。卻羨箇中人自在，飽看山色聽泉聲。」其二曰：「向來連歲守江城，到處題詩滿戶庭。獨欠茲山一轉語，倩師與我謝山靈。」與此可互證。⑯歸送我殘年　盼師早日歸來，伴我之殘年。此首和陶潛〈讀山海經〉組詩第五首，原詩是：「翩翩三青鳥，毛色奇可憐。朝為王母使，暮歸三危山。我欲因此鳥，且向王母言：在世無所須，唯酒與長年。」⑰師心如死灰二句　意謂簡堂行機泯滅世情，深入禪定之妙境。語本《莊子・齊物論》：「形固可使如槁木，心固可使如死灰乎？」宋人又用以形容禪法修行之精妙，如蘇軾〈觀妙堂記〉云：「我所居室……沉寂湛然，無有喧爭，嗒然其中，死灰槁木。」⑱似響答空谷　意謂隱靜寺之僧眾有所請求，簡堂立即答應前往，有如空谷迴響隨聲而至。空谷，空寂之山谷。蕭衍〈淨業賦〉：「若空谷之應聲。」⑲顧我塵垢身二句　意謂當念我久歷世俗煩惱之身，而今正待大法洗滌，以歸心清靜之佛門。顧，念。塵垢，煩惱之通稱。醍醐，乳酥奶酪之類，味道甘美，又可作藥，比喻佛法、般若智慧。《涅槃經》卷十四曰：「譬如從牛出乳，從乳出酥，從酪出生蘇，從生蘇出熟蘇，從熟蘇出醍醐。醍醐最上，若有服者，眾病皆除。……佛亦如是。從佛出生十二部經，從十二部經出修多羅，從修多羅出方等經，從方等經出般若波羅蜜，從般若波羅蜜出大涅槃，猶如醍醐。言醍醐者喻於佛性。」⑳更願張佛燈二句　祈望簡堂行機為我闡揚佛法，如同點燃佛燈，照我光明。此首和陶潛〈讀山海經〉組詩第六首，原詩是：「逍遙蕪皋上，杳然望扶木。洪柯百萬尋，森散覆暘谷。靈人侍丹池，朝朝為日浴。神景一登天，何幽不見燭！」㉑海潮音　聲音宏大有如海潮，比喻啟示覺悟、闡揚佛法的聲音。《法華經・觀世音菩薩普門品》：「梵音海潮音，勝彼世間音。是故須常念，念念勿生疑。」㉒離別忽驚心　想到離別，便心神驚動不安。此首和陶潛〈讀山海經〉組詩第七首，原詩是：「粲粲三珠樹，寄生赤水陰。亭亭凌風桂，八幹共成林。靈鳳撫雲舞，神鸞調玉音。雖非世上寶，爰得王母心。」㉓我方為聚糧　我亦將準備食糧，遠行千里相訪。《莊子・逍遙遊》：「適千里者三月聚糧。」㉔此樂猶未央　相聚奉佛學道，其樂無窮。此首和陶潛〈讀山海經〉組詩第八首，原詩是：「自古皆有沒，何人得靈長？不死復不老，萬歲如平常。赤泉給我飲，員丘足我糧。方與三辰游，壽考豈渠央！」㉕葛藤　禪門辨析講說文字公案，語言紛繁，通稱為葛藤。據載：雲居舜老夫，常譏天衣懷說葛藤禪。《叢林盛事》：「禪家者流，凡見說事枝蔓不徑捷者，謂之葛藤。」㉖永光臨濟後　簡堂行機屬南嶽下十六世，是臨濟宗門下之子孫，故云。此首和陶潛〈讀山海經〉組詩第九首，原詩是：「夸父誕宏志，乃與日競走。俱到虞淵下，似若無勝負。神力既殊妙，傾河焉足有？餘迹寄鄧林，功竟在身後。」㉗大機久已亡二句　大機指杭州天龍寺重機明真禪師，小機即簡堂行機。重機是五代禪僧，為玄沙師備之法嗣，臺州人。吳芾有詩〈機簡堂余里人也，在方外三十年未識其面，乾道己丑余帥豫章，乃自圓通來謁，因其歸作詩以送之〉中云：「獨幸里巷間，高僧有二機。大機傳祖印，海內聲名馳。晚歸結草庵，杜門人莫窺。嗟哉已物化，不見三十期。……小機真龍象，方為人天師。宴坐一禪榻，天花零亂飛。」與此意通而語詳，可互參。㉘一岑　指太平府隱靜圓極彥岑禪師，臺城人，雲居法如之弟子。法語參見《五燈會元》卷二〇。㉙堂堂二老禪二句　意謂二老之禪法境界甚高，海內信眾均有殷切的期待。二老，指簡堂行機與圓極彥岑。㉚庸僧昧本原二句　意謂一般庸俗之僧，既不明四大本空、自性在我，如何識得佛祖所傳之妙旨。據傳：禪宗初祖達摩既葬熊耳山。後三歲，魏使宋雲自西域歸，遇達摩於葱嶺，見他手攜隻履翩翩獨逝。宋雲問：「師何往？」達摩答曰：「西天去。」宋雲返朝後，奏明此事。帝令啟壙，內僅存革履一隻。此以西歸履比喻佛祖妙旨。㉛買帖坐禪床二句　意謂當今禪師，或有用金錢財物買通權貴，以書帖請託求得住持長老之職位。如此行徑，則佛法將依賴何人維持弘揚呢？此首和陶潛〈讀山海經〉組詩第十一首，原詩是：「巨危肆威暴，欽駓違帝旨。窫窳強能變，祖江遂獨死。明明上天鑒，為惡不可履。長枯固已劇，鵕鶚豈足恃！」㉜心麤能知止　意謂自己粗知適可而止，不留戀功名富貴。吳芾〈贈簡堂詩〉中有云：「顧我麋鹿姿，久欲脫馽羈。來日寧有幾，擾擾將何為？」則吳氏久有歸隱之志，故云。㉝何幸我與師二句　吳氏自謂少時與簡堂比鄰而居。《湖山集》卷三載〈機簡堂自隱靜歸為萬得主人訪余林下相與道舊因以述懷〉詩云：「惟師與我家，所居共阡陌。少小初無殊，長乃分儒釋。」所說與此意同。此首和陶潛〈讀山海經〉組詩第十二首，原詩是：「鵃鵝見城邑，其國有放士。念彼懷王世，當時數來止。青丘有奇鳥，自言獨見爾。本為迷者生，不以喻君子。」㉞師豈有心哉 此首和陶潛〈讀山海經〉組詩第十三首，原詩是：「巖巖顯朝市，帝者慎用才。何以廢共鯀，重華為之來。仲父獻誠言，姜公乃見猜。臨沒告飢渴，當復何及哉！」

【語 譯】淳熙五年四月，簡堂行機和尚從天台景星巖再赴太平府隱靜寺。此時給事吳公芾已經退休養老於休休堂，他寫了和陶潛詩十三首為簡堂行機送行。

其一曰：「自從退休歸隱林下，我心便與世俗塵務已是相疏。賴有簡堂您這位佛門師友，不時前來訪問我的茅廬。陪著我一起談佛論道，喜愛在一處閱讀佛書。老師您前往高巖禪寺，我亦便驅車前來尋遊。我願手持佛徒的缽盂，與師共度清寂的生活。離棄世俗塵勞的牽累，永遠與山林巖石相伴而居。景星巖固然高聳雲天，卓然記載於山海畫圖。但若比起吾師道德的崇高，景星巖它又算得了甚麼？」

其二曰：「我的家鄉本在群山叢中，整日面對著懸崖巉巖。聽說有座景星高巖，想要前往遊賞的心願已有多年。去後見到山峰果然高峻奇絕，登上去俯視中便小了群山。景星巖如今更有簡堂前來住持，雙重的美好真是妙不可言。」

其三曰：「我家本住在湖山之上，滿目所見皆是樹木蔥蘢山巒起伏。若是比起景星巖的峻峭奇秀，家鄉的山巒只能算是一抔土丘。景星巖上可眺望千里雲山，四時的泉石景物歷歷在目。登臨可以觀賞到如此美景，何必再去到別處行遊！」

其四曰：「我今年已經年屆七十有五，剩餘的光景好似夕陽掛在西邊的樹上。縱使此身尚在人間，人世的歲月又豈能久長？我希望能與吾師同居林下，共同度過生命最後的時光。吾師如今像一片孤雲暫時離山而去，僧徒信眾無不是心情驚惶！」

其五曰：「我的本性一向喜愛山水，受拘於世俗事務真是可憐！我曾經在當塗出任地方長官，竟然從未訪問那裏的隱靜禪院。羨慕您能夠來來去去，慚愧我如今又有何言？還請您去後不要久住，希望早日來歸陪伴我度過殘年。」

其六曰：「吾師如今已是世念泯滅心如死灰，深入禪境修煉得身如槁木。為何接受僧徒之請便要前去，就像回聲即時傳響在空谷。應念及我身沾染了世俗塵垢，正等待吾師用佛法醍醐洗浴。祈請老師為我點燃一盞心中的佛燈，就像明燭照亮我生命的路途。」

其七曰：「景星巖上樹木枝葉扶疏，夏日便長成一片清涼的綠蔭。幾年前這裏還是荊棘遍地，如今卻是一派莊嚴的寶剎禪林。我正要伴隨眾多的僧徒，共聽吾師宣講佛法如海潮之音。人生多有聚合離散，想到此便為之魄動心驚。」

其八曰：「我與老師相互交遊來往，雖然歲月還不算久長。然而彼此相看竟成二老，清風雅韻亦頗不同尋常。吾師安然坐在高巖法席之上，我方要作準備前往探訪。倘若你能夠早早歸來，尚有不盡的歡樂與師共享！」

其九曰：「諸方寺院到處盡是學禪之徒，他們紛紛攜帶背包競相奔走。才能夠人云亦云學說幾句文字公案，便立即一片愚癡而妄心自負。若要他們提升道德人格尊嚴的境界，像簡堂吾師如此行止的實在少有。唯願吾師能傳道於上乘根器之人，發揚臨濟宗風永遠光耀於後。」

其十曰：「我的家鄉佛門師徒極多，浩浩無際匯聚有如雲海。前輩大機和尚去世已久，有賴小機禪師而今尚在！此外還有一位圓極彥岑，他也是道德純粹行止無悔。二位老師禪風都光明盛大，海內信眾共同懷著殷切的期待。」

其十一日：「古代並未設立禪寺住持一職，那時師徒以心印心只傳法旨。若是僧人能體悟色空的道理，便可以證得佛法超脫生死。平庸之徒不能明悟自我的本原，又怎能識得佛祖所傳的奧秘？更有人以財物請託坐上長老的法席，如此風氣則佛法能靠誰維持！」

其十二日：「佛門自有道德純粹的高僧，儒門亦有人格卓傑的高士。我雖然不能夠稱為儒門高士，然而心中還能明白進退行止。吾師不愧是有道高僧，只是你要隱藏形跡無意得名。不知我今生有何緣份，能與老師同鄉比鄰真是幸運！」

其十三日：「吾師本是佛門窮和尚，我也只是一個儒家窮秀才。君子固窮此心早已透徹，年歲已高怎麼會老不歸來？今日與師雖然暫時分別，山水景物不必起心疑猜。應緣而行吾師還要再歸來相伴，不知吾師是否與我同此情懷！」

給事吳公謂簡堂曰：「古人灰心泯智❶于千巖萬壑之間，澗飲木食，若絕意於功名，而一旦奉紫泥之詔❷；韜光匿迹於負舂賤役之下❸，初無念於榮達，而卒當傳燈之列❹。故得之於無心，則其道大、其德宏；計之於有求，則其名卑、其志狹❺。惟師度量凝遠，繼踵古人，乃能棲遲❻於筦山一十七年，遂成叢林良器❼。今之衲子內無所守，外逐紛華，少遠謀，無大體，故不能扶助宗教，所以不逮師遠矣。」（〈高侍者記聞〉）

【章旨】古人無心求榮而道價自高，無意求名而名垂燈錄，故得之無心則其道益大。簡堂行機之行事，亦同此類。

【注釋】❶灰心泯智　泯滅塵心，斷絕世俗之智。智，指俗智，世間的聰明智巧。❷紫泥之詔　指朝廷君主的詔書。古人書信以泥封，泥上蓋印。漢制：天子詔書以紫泥封之，故云。❸韜光匿迹句　意謂隱遁於挑擔負重、踏碓舂糧之類的卑下低賤生活之中。韜光，不顯示才能，收斂起光華。匿迹，使行跡隱藏不露。❹卒當傳燈之列　成為佛門弘法之祖師，而列名燈錄。傳燈，被授以衣鉢，成為傳人。此處用慧能事。慧能在黃梅東山時，曾踏碓舂糧八月有餘。因得五祖弘忍賞識，為之說法並授衣鉢，慧能因此成為禪宗六祖。見《六祖壇經・行由品》。❺計之於有求三句　意謂初始之用心若懷私念，則其得名卑下，志向狹小。計，算計。❻棲遲　棲息、隱遁之意。❼叢林良器　禪林優良人才，卓越之法師。

【語譯】給事吳公芾對簡堂行機說：「古代高隱之士斷絕塵俗欲念，泯滅世間智慧，置身千巖萬壑、崇山密林之中，渴飲山澗水，饑食野樹果，何嘗有意於人間的功名利祿？然而終於有一天得奉天子紫泥之詔的徵召；又有高僧歛藏其光華、隱匿其形跡，置身於挑擔負重、踏碓舂糧之類卑賤的勞務之中，當初對於榮耀顯達毫無繫念之心，然而最終成為一代宗師，得以列名佛門燈錄之上。所以原本無心希求，而終得尊貴顯榮，如此則所證得之道體宏大，所持守之德操崇高；若是初始算計便懷著私心欲求，則得名卑而不高，志向狹而不廣。簡堂老師您的度量淵深，志向遠大，所以能夠追隨古代高僧大德的足跡，棲息隱遁筦山十七年，最後成為佛門優秀卓異之材。當今的僧人內心無所持守，外面追逐繁華，少有遠大謀略，不識禪林大體，因而不能輔助佛教，振興宗門，與吾師相比便差得遠了。」

簡堂曰：「夫人常情，罕能無惑。大抵蔽於所信，阻於所疑❶，忽於所輕，溺於所愛❷。信既偏，則聽言不考其實，遂有過當之言。疑既甚，則雖實而不聽其言，遂有失實之聽。輕其人，則遺其可重之事。愛其事，則存其可棄之人。斯皆苟縱私懷，不稽道理❸，遂忘佛祖之道，失叢林之心。故常情之所輕，乃聖賢之所重。古德云：謀遠者先驗其近，務大者必謹於微。將在博采而審用其中❹，固不在慕高而好異也。」〈與吳給事書〉

【章　旨】禪林長老應當樹立公心，博採眾論，持以中道，不應放縱私情，溺於所愛，因人廢言。

【注釋】❶蔽於所信二句　對於親近的人容易受其蒙蔽，對於有所懷疑的人則容易產生排斥心理，不信其言談行事。阻，拒止。❷忽於所輕二句　忽視身分卑微者，沉溺於所喜愛的事物。溺，沉迷；醉心。❸苟縱私懷二句　苟且放縱，任憑私情，不考慮是否符合道德公理。稽，考察。❹博采而審用其中　廣泛採納眾人意見，認真考察，採取適中態度。中，指中道。不偏不倚。

【語譯】簡堂行機和尚說：「普通常人觸境生情，少有不受外在迷惑的。所受迷惑大抵有四：一是偏信其言而受其蒙蔽，二是疑惑其人而不信其事，三是身分卑微者容易被忽略，四是所愛之事物容易沉迷其間。設若偏聽偏信，就不會去考察其言談的虛實，於是便相信了不恰當的意見。設若對人懷著過份的疑惑，則即使徵實之談也不願相信，於是便有了失實之聽。設若心中輕忽那些地位卑下者，則其人即使有值得重視之事，也會被忽略了。設若沉醉其事，則即使有應當棄置之人，也被存留任用了。如此之苟且任心，放縱私情，不去考察是否符合道理，於是忘記了佛祖的宗旨，失去禪林僧眾的擁戴。所以通常人情容易輕視忽略之處，正是聖賢特別謹慎重視之時。古代高僧大德曾經說道：謀及深遠者先考察其近事，目標遠大者應當謹小慎微。關鍵在於廣泛聽取各種意見，審慎地採取不偏不倚的適中立場，而不在於一味地好高慕遠、追求新異的行為。」

簡堂清明坦夷❶，慈惠及物。衲子稍有詿誤❷，蔽護保惜，以成其德。嘗言：「人誰無過，在改之為美❸。」任鄱陽筦山日，適值隆冬，雨雪連作，饘粥不繼❹，師如不聞見。故有頌曰：「地爐無火客囊空，雪似楊花落歲窮。衲被蒙頭燒榾柮❺，不知身在寂寥中。」平生以道自適，不急于榮名。赴廬山圓通請日，拄杖草屨而已，見者色莊意解❻。九江郡守林公叔達目之曰：「此佛法中津梁❼也。」由是名重四方，其去就真得前輩體格❽。歿之日，雖走使致力，為之涕下。

【章　旨】簡堂行機立身行事，皆以道德自律，平素慈惠及物，愛惜後學，不慕榮華，因此被譽為佛法中之津梁。

【注　釋】❶清明坦夷　神氣清和明朗，胸懷坦蕩，平易近人。坦夷，坦率；平和。❷詿誤　失誤；牽累。特指因事受到連累而惹禍。❸人誰無過二句　《左傳》宣公二年載曰：「人誰無過，過而能改，善莫大焉。」二句意同此。❹饘粥不繼　以稀粥米糊充饑，而難以為繼也。饘，米粥之類。❺衲被蒙頭燒榾柮　破被蒙頭以禦寒，燒榾柮以取暖。衲被，補綴過的破被。榾柮，樹蔸；木疙瘩。此句又作「拾得斷麻穿壞衲」，見《五燈會元》卷二〇。❻見者色莊意解　親眼目見者面露莊敬之色，鄙意頓時消解於無形間。《莊子・田子方》載云：東郭順子「其為人也真，人貌而天虛，緣而葆真，清而容物。物無道，正容以悟之，使人之意也消」。意解本此。❼佛法中津梁　身為法師，繼承佛祖意旨，接引後學，如同人間津梁之渡人。津梁，渡口橋梁。❽去就真得前輩體格　意謂或去或就之際，有前輩高僧之格調風範。體格，體式；風格。

【語　譯】簡堂行機為人神氣清明，胸懷坦蕩，親和平易。他以慈悲之心惠及萬物，若有僧徒因事牽累，或稍有過失而招致禍患，他總是盡力蔽護愛惜，以保全其名譽與品德。他曾經說：「哪一個人沒有過錯，有過錯而能夠改正，就是最好的了。」他住在鄱陽筦山時，有次遇到嚴冬時節，一連許多天雨雪紛飛，以致稀粥米糊度日都維持不下去了。簡堂行機對此卻好像沒有看見一樣。他在一首偈頌中曾寫道：「地爐中無火、客囊裏錢糧空空，雪花紛飛好似楊花飄落在歲時將終。破被蓋頭、室內燒著一塊樹蔸，睡鄉裏不覺得身處寂寥之中。」他平生以佛道自娛自樂，不汲汲於外在的榮名俗利。應請前往廬山圓通寺出任住持長老之時，他只是腳踏草鞋、手拄錫杖而已。當時在場者都覺得鄙俗之意頓時消解無蹤影，目擊而道存，從而顯出莊敬的神情。九江郡守林公叔達評價說：「他是傳揚佛法、普渡眾生的津梁啊！」從此以後簡堂行機便名重四方。在榮名物利當前選擇去就之際，他真是繼承了古代高僧大德的風範。所以當他去世時，即使是他身邊奔走效力的役夫，也為之傷心落淚。

張孝祥侍郎

【題　解】張孝祥（西元一一三二～一一七〇年），字安國，歷陽烏江（今安徽和縣）人。遷居蕪湖，又稱于湖居士。他於紹興二十四年中進士，廷試第一。在朝曾任禮部尚書郎、朝散大夫、中書舍人等職，出任撫州、平江、靜江、潭州、荊南等地地方長官，又曾任建康留守。乾道五年，以顯謨閣直學士致仕。次年病卒，年僅三十九歲。

孝祥為人剛直不阿，且富於意氣。據載：他甫登第，「即上疏言岳飛忠勇，天下共聞，一朝被謗，不旬日而亡，則敵國慶幸而將士解體」，要求朝廷「亟復其爵，厚恤其家，表其忠義，播告中外，俾忠魂瞑目於九原，公道昭明於天下」。他才調超群，其詩清婉而俊逸，又精於翰墨，樂府則追步東坡，在宋代詞壇卓然名家。大抵筆力爽朗自在，而耿介精忠之志、英邁豪特之氣寓焉。

孝祥一代名士，故與當時名僧如萬庵道顏、應庵曇華輩多有交往。他在贈萬庵詩中，曾表白「一夢經年歸去好，宦情全薄此情深」。其文集載〈釋語〉一卷（卷二六），其〈應庵老偈二首〉中云：「涉世須三洗骨，憂時定九回腸。借我昭亭一榻，伴師掃地添香。」宦海心曲，略見彷彿而已。

有《于湖居士文集》（四十卷）。其生平事蹟，見《宋史》（卷三八九）、陸世良〈宣城張氏信譜傳〉等。

侍郎張公孝祥致書謂楓橋演長老❶曰：「從上諸祖無住持事❷，開門受徒，迫不得已。像法衰替❸，乃至有實封❹、投狀買院❺之說，如鄉來楓橋紛紛皆是物❻也。公之出處，人具知之❼，啐啄同時，元不著力❽。有緣即住，緣盡便行。若稗販之輩，欲要此地造地獄業❾，不若兩手分付為佳耳。」（〈寒山寺石刻〉）

【章旨】楓橋宗演禪師不貪榮名利養，出處隨緣，有古代諸祖之風範。

【注釋】❶楓橋演長老　宗演禪師，號遯庵，福州鄭氏子。他初參元枯木，後又追隨妙喜於徑山，並承法嗣。晚年出住常州華藏寺，法席盛於三吳。參見《五燈會元》卷二〇。楓橋，指蘇州寒山寺前之楓橋，即寒山寺。❷從上諸祖無住持事　意謂古代諸祖師弘法之時，無禪院住持之制度。設住持長老統管寺中事務，始於唐代。據載：晦堂祖心嘗云：「馬祖、百丈已前無住持事，道人相求於空閑寂寞之濱而已。」與此意同。見《林間錄》卷上。❸像法衰替　佛法衰敗、沒落。像法，即佛法，參拜佛像，故代稱之。替，衰落；廢棄。❹實封　指實際封有之食邑。唐代所封爵位均無國土，僅為虛封。加實封者，則實際享用所封戶數之租稅。實封本為俗世官場用語，移用於佛門則殊為不倫，故張公諷刺之。❺投狀買院　以請託、行賄的手段，謀得住持長老之職事。狀，指文書、信函。❻鄉來楓橋紛紛皆是物　意謂前此楓橋寺中，來來去去皆是此等人物。鄉來，向來；從前。鄉，通「向」。❼公之出處二句　意謂宗演不求榮達，出處品節超卓，人皆熟知而仰慕之。據載：妙喜去世後，宗演不復出遊，一衲寒暑居住三十年。閩帥趙汝愚請他出任福州秀峰寺住持長老，他堅臥不起。所作疏中有「幽蘭林下，豈無人而不芳；至寶道中，蓋具眼而始識」之句。一時無不高其清節。見《叢林盛事》卷下。❽啐啄同時二句　意謂僧眾後學請求禪師住持說法有如幼雛以嘴吮殼，禪師應請弘道、接引學人有如母雞嚙殼，彼此機緣投合，如同小雞自然孵出，毫不勉強費力。啐，吮、啄之聲。舊注云：「如雞抱卵，小雞欲出，以嘴吮聲曰啐。母雞憶出，以嘴嚙之曰啄。作家機緣相投，見機而解，亦猶是矣。」《碧巖錄》卷一云：「法眼禪師有啐啄同時的機，具啐啄同時的用，方能如此答話。」❾造地獄業　佛法以地獄、餓鬼、畜生為三惡道，生前造作惡業，死後則墮入地獄。

【語　譯】侍郎張公孝祥寫信給楓橋宗演長老，信中道：「從上歷代佛祖弘法之時，並無住持長老之事。後來創建禪院，開門接納僧徒，皆屬不得已而為之。今世佛法衰替，禪林之間乃至有實封、請託、行賄買狀以謀取住持職務之說，如以前楓橋寺中，紛紛都是如此之輩。演公您之或出或處，節操高邁，人所盡知。機緣投合，原本不費心力，有緣即住持弘道，緣盡便拽杖而行。若是操守行品如同商賈稗販之輩，貪戀此地意圖造作地獄之惡業，不若兩手交付他人為佳耳。」

慈受懷深禪師

【題　解】懷深禪師（西元一〇七七～一一三二年），號慈受，俗姓夏，壽春府六安人。他十四歲時祝髮出家，後為雲門宗僧人長蘆崇信之法嗣。他曾住真州資福寺、焦山禪寺，宣和三年奉詔住持洛陽慧林院。靖康之亂後，曾入天台山，再入蔣山。後退居洞庭倉山居顯塵庵，應請為思溪圓覺寺第一祖，因疾而卒。

懷深說禪，倡導學人證得各自心中的「性靈」（實即真如佛性）。他嘗道：「涅槃生死兩般名，正眼觀來一性靈。五蘊山頭雲散後，大千沙界月長明。」他說這一段光明「輝天鑒地，耀古騰今」、「無生死、無去來、無壽夭、無窮通」。這種閃爍著無上菩提的光明，只能有待自心的體悟。他曾經說法云：「不是境，亦非心，喚作佛時也陸沉。箇中本自無階級，切忌無階級處尋。總不尋，過猶深。打破雲門飯袋子，方知赤土是黃金。」

懷深本為雲門宗傳人，然而他的思想並不拘限於宗派。他曾經向臨濟宗楊岐派高僧佛鑒慧懃請益，佛鑒舉出「倩女離魂」故事讓他反覆參究。他於是疑礙消釋，豁然貫通，因呈偈曰：「祇是舊時行履處，等閑舉著便誵訛。夜來一陣狂風起，吹落桃花知幾多？」值世道多故，乃歸心於閑逸，應世以退讓。初有〈訓童行頌〉中云：「莫說他人短與長，說來說去自招殃。若能閉口深藏舌，便是修身第一方。」又有〈退步〉偈云：「萬事無如退步人，孤雲野鶴自由身。松門十里時來往，笑揖峰頭月一輪。」他又兼修淨土宗，據《淨土資糧全集》卷一載云：「懷深禪師得法於長蘆信公，學究三乘，毗尼尤謹，日以淨土為懷。宣和初住慧林，每苦口語人曰：『修行捷徑，莫越淨方。』常建西方道場，集眾念佛，郡民翕然從化，真末世之良導也。」

有《慈受深和尚廣錄》（四卷）行世。其生平及法語，參見《嘉泰普燈錄》（卷九）、《五燈會元》（卷十六）等書。

【校注】「不是境，亦非心，喚作佛時也陸沉。箇中本自無階級，切忌無階級處尋。總不尋，過猶深。打破雲門飯袋子，方知赤土是黃金。」境有相，所以說不是境。心有知，所以說不是心。四大皆空仍未徹頭，因為這個時候，它不為你現前。不為你現前，莊子文學語句叫做「陸沉」。定聚作微塵之時，算得真功夫，生生生不生之時，是實智慧，尋它固然尋不著，若不面向它呢，更不能證得，——不用尋找它，但不可以背向它。不要特別去猜測，「打破雲門飯袋子」有些甚麼秘密，但要信得過五蘊眾生之內，一國盡是黃金。本有佛性，在宇宙他人之中，則為綁死我的木頭樁子，在我把握中，則是揮斥成風，可使皇宮破墮為瓦礫微塵乃至虛空，而此虛空則合作微塵瓦礫而現為一世界。禪宗絕對要求有個踐履處，絕對要求手中永遠有這樣一支杖頭，否則，全然未徹，未徹就是錯的！再重複一次前面提過一句《大般若經》：「能如實見，說名為證，後智通達，說名為得。」請注意所云的「後智通達」，一切禪宗了不起的「魚」，了不起的「杖頭」，正是百分百的「後智通達」！這才是真實不虛的有證有得。「祇是舊時行履處，等閑舉著便誵訛。夜來一陣狂風起，吹落桃花知幾多？」再提一次前面講及馬祖道一回覆他師傅的話：「自從胡亂後，三十年少不得鹽和醬。」這是極恭謹端莊又是絕對自信，並且帶著點幽默的，有關「杖頭」已然熟練的情實，難怪懷讓和尚聽了，即時表示放心。「夜來一陣狂風起」，正是這個「鹽和醬」。六祖，「當下即是」，「言下即當自見」，何等尊嚴！他一整個人就是一整個佛智。

慈受深和尚謂徑山訥和尚❶曰：「二三十年來，禪門蕭索，殆不堪看。諸方長老奔南走北，不知其數，分煙散眾❷，滿目皆是。惟師兄神情不動，坐享安逸。豈可與碌碌者同日而語也！欽歎欽歎。此段因緣，自非道充德實、行解相應❸，豈多得也？更冀勉力誘引後昆❹，使曹源涸而復漲❺，覺樹凋而再春❻，實區區下懷之望也。」（《筆帖》）

【章旨】讚美智訥禪師道德充實，行解相應，希望他更加勉力接引後學，重振禪風。

【注釋】❶徑山訥和尚　臨安府徑山智訥妙空禪師，與慈受懷深同為長蘆崇信之弟子，屬青原下十三世。❷分煙散眾　意謂分灶開伙，各立門戶，以追求名利。《宋史．食貨志》：「分煙析產，典賣割移。」❸道充德實行解相應　佛法道德充實於心，修行與知解內外相應，表裏如一。行解相應，心行相符，內外照應。❹誘引後昆　誘導、接引後學之輩。後昆，後代子孫。❺使曹源涸而復漲　使六祖慧能開創之禪風在衰落之後重獲振興。曹源，指六祖禪法，慧能曾說法於曹溪，故云。❻覺樹凋而再春　使佛法凋零之後，得逢春時，再度欣欣向榮。覺樹，代指佛法。釋迦牟尼在菩提樹下得覺悟佛法，故稱菩提樹為覺樹。

【語譯】慈受懷深和尚對徑山智訥禪師說：「近二、三十年以來，禪門氣象衰颯蕭條，令人不忍寓目。各地禪林寺院長老奔走南北，不計其數；各立門戶，朋比鑽營，滿目都是。唯有師兄你神情泰然，不為所動，自在安逸，以待世變。你的高尚風範與操守，哪裏是碌碌平庸之輩所得同日而語呢！真是值得佩服，令人歎息！這種處世應變的因緣，若非佛法道德充實自心，內外行解真實不二，又豈能多得？希望師兄從今更加努力誘導後學、接引信眾，使曹溪之水在一度乾涸之後重現浩蕩之勢，使佛法菩提之樹在凋零之後再現蔥蘢繁榮之景，這便是我的一片真誠的期望了。」

靈芝元照和尚

【題解】元照和尚（西元一〇四八～一一一六年），字湛然，俗姓唐，浙江餘杭人。他幼年即出家為僧，曾廣泛參學。他後來主修律學，又依從唐代淨土高僧善導之說，持誦阿彌陀佛名號，發願同修淨業。元豐元年，在杭州西湖從廣慈慧才受菩薩戒。此後，他長期住在杭州靈芝崇福寺弘揚律宗，並從事著述。又曾經在明州開元寺築壇依律傳戒。晚號安忍子。去世後，追贈謚號曰大智律師，佛門又稱靈芝律師。

元照曾經博究佛門諸宗要旨，其思想與修持均以戒律為主，又篤意淨土法門。他曾說：「出家之人，若禪若教，以至房居，所習雖殊，未有不登壇受戒者。世多偏學，見學律者薄為小乘，見持戒者斥為執相。而不觀己身削髮染衣，復不思自心登壇納具。且受而不持，雖受何益？」他認為皈依佛門應須有始有終，受戒持守不懈即有始，誓願往生淨土即有終。他認為末法之世，自無道力，須藉彌陀誓願光明攝取之力以自修持，因而淨土法門最是修行徑路。

元照持身極為儉樸，他「六時致禮，晝夜行道，持缽乞食，衣唯大布，食不過中，一缽三衣，囊無長物」。當時人讚美他道：「惟師三千威儀，八萬細行，具足無玷，而每蟬蛻於定慧之表。毗尼藏中真法主子，故能奮數百歲後，直與南山比肩，功實倍之。」然而當紹聖三年（西元一〇九六年），他為了矯正佛門狂躁浮靡的風氣，倡導依照經律修行，特地翻刻唐代僧人慧日的《慈愍文集》，卻被控偽造古人文集，幾至入獄。此事無疑對元照構成了重大的傷害。

元照一生著述甚多。他於律學則有《四分律行事鈔資持記》等，於淨土則有《觀無量壽佛經義疏》等，又有《芝園集》，共計百餘卷。其生平事蹟參見《釋氏稽古錄》（卷四）、《佛祖歷代通載》（卷十九）等書。

靈芝照和尚曰：「讒與謗同邪異邪❶？曰：『讒必假謗而成，蓋有謗而不讒者，未見讒而不謗者也。』夫讒之生也，其始因於憎嫉，而終成於輕信。為之者，諂佞小人也。古之人有輸忠以輔君者，盡孝以事親者，抱義以結友者。雖君臣之相得、父子之相愛、朋友之相親，一日為人所讒，則反目攘臂、擯逐離間❷，至於相視如寇讎，雖在古聖賢所不能免也。然有初不能辯、久而後明者，有生而不能辯、死而後明者，有至死不能辯、終古不能明者，不可勝數矣。

「子游曰：『事君數，斯辱矣；朋友數，斯疏矣❸。』此所以戒人遠讒也。嗚呼，讒與謗不可不察也。且經史載之，不為不明❹。學者覽之，莫不知其非。往往自身陷於讒口，噎鬱至死不能自明者，是必怒受讒者之不察、為讒者之諂佞也。至有群小至其前，復讒於他人，則又聽之以為然。是可謂聰明乎？蓋善為讒者，巧便鬪構❺，迎合蒙蔽，使其瞢然如為鬼所魅❻，至有終身不能察者。孔子曰：『浸潤之譖，膚受之愬❼。』言其浸潤之來，不使人預覺。雖曾參至孝，母必疑其殺人❽；市非林藪，人必疑其有虎❾。間有不行焉者，則謂之明遠君子矣❿。

「予以愚拙疏懶，不喜諂附，安悅於人，遂多為人所讒謗。予聞之，竊自省曰：『彼言果是歟，吾當改過，彼則我師也；彼言果非歟，彼亦徒為耳，焉能涴我哉⓫？』於是耳雖聞之，而口未嘗辯。士君子察不察，在彼才識明不明耳。吾孰能申為枉直，求知於人哉！然且不知久而後明邪，後世而後明邪，終古不明邪？文中子⓬曰：『何以息謗？曰無辯⓭。』吾當事斯語矣。』（《芝園集》）

【章 旨】小人善於以讒言陷害君子，其事或歷久而後明，或身死而自明，或終古不能明；被讒者只應正心以待之，不必言辭辯說。

【注 釋】❶讒與謗同邪異邪　讒與謗同為傷害賢者之惡言，而一為背後之讒毀，一為公開之誹謗，讒言曲隱而謗言顯露，此其同異之大略也。❷反目攘臂擯逐離間　形容受讒言挑動而反目相視、捋衣出臂、憤怒激動，以致受讒毀者遭擯棄、放逐，彼此阻隔。擯逐，指朝臣被貶謫、流放。❸事君數四句　意謂奉侍君王，若屢次進諫而不聽，則當離去，否則將因小人讒害而招致羞辱；對待朋友，若多次進言而不聽，則當停止，否則將遭讒言而被疏遠。以上四句見《論語・里仁》。❹且經史載之二句　《詩・小雅・青蠅》云：「豈弟君子，無信讒言。」又〈十月之交〉云：「無罪無辜，讒口囂囂。」又《史記・趙世家》云：「讒臣在中，主之蠹也。」又〈屈原賈生列傳〉云：「屈平正道直行，竭忠盡智，以事其君，讒人間之，可謂窮矣。」皆經史所載之例。❺巧便鬭構　以花言巧語挑起事端，構結仇怨。巧便，機巧便佞。《詩・小雅・青蠅》云：「讒人罔極，構我二人。」❻瞢然如為鬼所魅　神志昏昧不清，如同為鬼魅所迷惑。瞢然，迷糊；暗昧。❼浸潤之譖膚受之愬　意謂讒言之類如同水之逐漸滲透浸潤，或如皮膚受塵，漸成垢穢，使人不知不覺之間上當受騙。譖，誣陷。膚受，有二解：一曰「皮膚外語，非其內質」，謂表面不實之詞，見《論語・顏淵》何晏《集解》；二曰「肌膚所受，利害切身」，見朱熹《論語集注》。愬，同「訴」。❽雖曾參至孝二句　曾參是孔子的弟子，以孝著稱。據載：他在費地時，費人有與曾參同名同姓者殺人。有人告曾參之母曰：「曾參殺人。」曾母曰：「吾子不殺人。」照常織布，不信此說。有頃焉，人又曰：「曾參殺人。」曾母依舊織布，不為所動。頃之，又一人告之曰：「曾參殺人。」曾母懼，投杼逾牆而走。事見《戰國策・秦策二》。❾市非林藪二句　意謂市井本非山林，無虎出沒，而謊言重複三遍，人便信之。據載：戰國魏臣龐蔥問魏王曰：「今一人言市有虎，王信之乎？」王曰：「否。」龐蔥再問：「二人言市有虎，王信之乎？」王曰：「寡人疑之矣。」龐蔥復問：「三人言市有虎，王信之乎？」

王曰：「寡人信之矣。」龐蔥曰：「夫市之無虎明矣，然三人言而成虎。願王察之矣。」事見《戰國策・魏策二》。❿則謂之明遠君子矣　意謂雖有讒言，而能不為所蔽，就可謂見識明遠的君子了。據載：子張問明，孔子答曰：「浸潤之譖，膚受之愬，不行焉，可謂明也已矣；浸潤之譖，膚受之愬，不行焉，可謂遠也已矣。」語本此。見《論語・顏淵》。⓫焉能浼我哉　意謂不能玷污我之品格。浼，污染；玷污。《孟子・公孫丑上》有云：「爾為爾，我為我，……爾焉能浼我哉！」⓬文中子　隋末學者王通，字仲淹，絳州龍門人。他曾遊長安，後退居河汾，聚徒講學，死後私謚「文中子」。著作有《中說》十卷。⓭何以息謗二句　意謂若有小人誹謗之言，不必辯說，使之自然消歇。二句見《中說・問易》。

【語　譯】靈芝元照和尚說道：「讒害與誹謗相同與不同之處何在呢？回答是：『暗地的讒害一定要借助公開的誹謗才能成功。僅以誹謗而不加讒言的情況是有的，但是未見讒害於人而不加以誹謗的情況。』讒言的發生，其始是因為私心嫉妒，而最終則是因為輕信而得逞。那些散布讒言的，都是諂媚便佞的小人。古人之中有的竭盡忠誠以輔佐君王，有的恪守孝道以奉事雙親，有的懷抱信義以幫助朋友。然而即使君臣間如魚得水，父子間血緣相愛，朋友間親密融洽，若是一旦受人讒害，就會使父子間怒目相對，使朋友間捋起袖子爭鬥不休，使君臣疏離、賢臣遭擯棄斥逐，彼此矛盾重重，甚至相互視為仇敵。以上這些情況，即使在古聖賢那裏也不能避免。然而其中有的是初時無法辯說，時久自然明白的；有的是生前無法辯說，死後自然明白的；有的是終生無法辯說，歷史上也永遠不能明白的。此類的事情真是多得不可勝數。

「子游說：『侍奉君王，若是多次直言進諫而君王不聽，就會招致羞辱；對待朋友，若是多次進言而不納，就會被疏遠。』這就是告誡人們，要留心提防讒言之害。嗚呼，對於讒言與誹謗有不可不認真的考察。這種例子與教訓記載在經典與史籍中，不可謂不明白。學者閱讀之時，沒有人不知道聽信讒言的錯誤。每當人們自己陷於讒言之中，內心憂傷煩悶，誣陷之詞往往至死不能洗刷明白，這時他一定會對聽信讒言者的失察、對於巧言進讒者的諂媚表示憤慨不平。但是，當群小來到他的面前，重又讒毀別人時，他則又輕易聽信這些讒言。這能算得上明察是非嗎？所以出現這種情況，是由於進讒者善於謊言，巧舌如簧，很會挑起爭端、造成矛盾。這些人以阿諛逢迎、多方蒙蔽，使得聽者昏昧不明，好似中了鬼魅的迷惑一樣，甚至有的終身都不能體察到事實的真相。孔子說：『讒毀之言像水一樣逐漸滲透浸潤，虛偽不實之詞像皮膚上的灰塵一樣逐漸成為污垢。』意思是說漸進的讒言使人不容易事先覺察。即使曾參那樣的孝子，當接連三次傳說『曾參殺人』之後，其母親也懷疑是真的了。雖然城市並非深山老林，但是三人都說有虎，聽者也就疑信參半了。偶爾有讒言未能得逞之例，人們就稱許那種能不受讒言蒙蔽者是見識英明、思慮深遠的君子了。

「我因為愚昧笨拙，又稟性疏懶，生平不喜歡投合逢迎以取悅於人，所以時常受到人們的毀謗非議。我聽到之後便暗自想道：如果他的話是對的，我便改正過錯，他就如同是我的師輩；他的話如果不對，他也只能是說說而已，豈能有損我的名聲？因此我雖然聽到了這些讒毀之言，卻從來沒有辯說過甚麼。士人君子能否察見事實的真相，在於他的才識見地是否明白。我豈能去申說其中的是非曲直，以求得別人的了解與認知呢？然而我不知道這些事情是時久而自明呢，是身後才能明白呢，還是歷史上永遠不能明白呢？文中子王通曾經寫道：『怎樣平息毀謗之言呢？就是甚麼也不用辯說。』我將按照他的這番話行事。」

懶庵道樞禪師

【題 解】道樞禪師，俗姓徐，吳興四安人，號懶庵。他是道場居慧的法嗣，初住吉州何山寺，次移常州華藏寺。隆興初，應詔命住持杭州靈隱寺，後退居明教永安蘭若，逍遙自適。淳熙三年（西元一一七六年），因病去世。

道樞在當時享有盛名。據載：孝宗曾經將他召至內殿，問禪道之要旨。他回答說：「此事在陛下堂堂日常應機處，本無知見起滅之勢、聖凡迷悟之別。第護正念，則與道相應。情卻物，則業不能繫。盡去沉掉（疑當作淖，意謂沉溺）之病，自忘問答之意。矧今補處，見在佛般若光明中，何事不成見邪？」他的主旨在於規諫君王時時處處歸於正念，而不要沉浸在物欲之中，要以佛法正念與般若智慧處理日常朝廷政務。他既強調徹悟佛理，也注重日常修行。他嘗示眾曰：「仙人張果老，騎驢穿市過。但聞蹄撥剌，誰知是紙做！」其旨趣，亦是藉仙術而說佛法。

當他辭去靈隱寺職事時，有偈題於壁曰：「雪裏梅花春信息，池中月色夜精神。年來不是無佳趣，莫把家風舉似人！」其禪風與胸次，可以想見彷彿。

有關道樞禪師的生平事蹟，載於《五燈會元》（卷十八）、《續燈正統》（卷七），又參見《叢林盛事》等書。

懶庵樞和尚曰：「學道人當以悟為期，求真善知識決擇之❶。絲頭情見不盡，即是生死根本❷。情見盡處，須究其盡之所以，如人常在家，愁甚麼家中事不辦。溈山云：『今時人雖從緣得一念頓悟自理❸，猶有無始習氣未能頓盡❹。須教渠淨除現業流識❺，即是修也。不是別有行門，令渠趣向❻。』溈山古佛，故能發此語❼。如或不然，眼光落地時未免手腳忙亂，依舊如落湯螃蟹❽也。」

【章　旨】學禪者在頓悟之後，仍須繼續修行，徹底斷除一切世俗情見與種種污染。

【注　釋】❶求真善知識決擇之　求得徹悟真如之佛門師友，為剖析凝滯，相助辨別，克服未盡的習氣。善知識，指能幫助學習、研修佛法之師友。決擇，選擇；剔除。❷絲頭情見不盡二句　意謂有一絲一毫俗情邪見未除盡，即是關係到超脫生死之根本大事。情見，指世俗之情、邪惡之念。❸今時人雖從緣得一念頓悟自理　意謂當今之人雖然依從機緣，得以在一念之間頓悟自身之佛性。自理，自心之佛理、佛性。此句原作「如今初心雖從緣得，一念頓悟自理」。見《五燈會元》卷九「溈山靈祐禪師」下。❹猶有無始習氣未能頓盡　意謂雖然一念頓悟，而無始以來所形成的執著染污及世俗貪、瞋、癡習氣尚未能頓時消除乾淨。此句原作「猶有無始曠劫習氣未能頓淨」，出處同上。❺須教渠淨除現業流識　意謂應須教頓悟者繼續修行，使他完全除盡世俗習氣及種種現實污染。渠，他。現業流識，即溈山所云「許多惡覺情見想習之事」，指現實的誘惑與煩惱。❻不是別有行

門二句　並非別有修行法門，教他另有趨向。趣，同「趨」。此句原作「不可別有法，教渠修行趣向」。❼溈山古佛二句　意謂溈山靈祐禪師本是一尊古佛，故能有此法語。靈祐禪師開創溈仰宗，影響深遠，故云。❽眼光落地時二句　意謂臨死之時，依然大事未了，如同螃蟹落入開水鍋中忙亂不堪。雲門文偃曾云：「時不待人，忽然一日眼光落地，到前頭將甚麼抵擬？莫一似落湯螃蟹，手腳忙亂。」與此意可通，見《五燈會元》卷十五。

【語譯】懶庵道樞和尚說：「學習佛道者應當以證悟真如佛性為目標，要尋得真善知識幫助鑒別、剔除未盡之習氣。若有一絲一毫的世情俗見未曾克服乾淨，便是關係到超脫生死的根本大事。世俗情見剔除乾淨之時，還必須仔細想想其中的因果由來。唐代溈山靈祐禪師曾說：『當今人們雖然依從各自的機緣，得以一念之間頓悟自身本有的佛性，然而還是殘存有長期遺留的習氣未能完全除盡。應須教他進一步將種種流轉不休的現相污染破除乾淨，這就是修行了。並不是別有法門，讓他另有修行的趨向。』溈山靈祐乃是一尊古佛，所以他能說出這種法語。若是不依照此法語修行，只怕雙眼目光落地之時，還是免不了手忙腳亂，依舊如同落在沸湯鍋中的螃蟹一樣。」

【校注】「今時人雖從緣得一念頓悟自理，猶有無始習氣未能頓盡。須教渠淨除現業流識，即是修也。不是別有行門，令渠趣向。」「杖頭」，就是這樣練來的。未徹之時，只消走在正門中，這個把握卻始終在手頭上，直到已徹之後，更不用說了。

懶庵曰：「律中云僧物有四種❶：一者常住常住，二者十方常住，三者現前常住，四者十方現前常住。且常住之物，不可絲毫有犯，其罪非輕。先聖後聖，非不丁寧，往往聞者未必能信，信者未必能行。山僧或出或處，未嘗不以此切切介意，猶恐有所未至。因述偈以自警云：『十方僧物重如山，萬劫千生豈易還？金口共譚❷曾未信，他年爭免鐵城關❸！』『人身難得好思量，頭角生時❹歲月長。堪笑貪他一粒米，等閒失卻半年糧❺。』」

【章　旨】告誡僧人不可侵佔佛門資產，否則將遭受報應，因小而失大。

【注　釋】❶僧物有四種　佛門稱寺院僧眾共有之房舍、土地、樹木、米糧、什物等為常住物，省稱常住。據載：有四種常住，一是常住常住，指眾僧共有之廚庫、寺舍、樹木、田園等，永遠定住一處，不可遷移；二是十方常住，如日常供僧之飲食，屬十方僧共用，故云十方常住；三是現前常住，指現前僧眾所屬之私人用物；四是十方現前常住，如亡僧所遺留可以分配十方現前僧人的佛經、物品之類。見《行事鈔》。❷金口共譚　即前面所云「前聖後聖，非不丁寧」之意。譚，通「談」。❸他年爭免鐵城關　意謂將來難免下地獄之苦也。爭，怎。鐵城，指地獄，傳說地獄四周圍以鐵城。佛籍有《鐵城泥犁經》，泥犁即地獄。❹頭角生時　意謂轉生為畜牲，頭上生角，以償還侵佔常住之債也。❺堪笑貪他一粒米二句　意謂因貪圖小利而失卻大事，實可笑也。韶州文偃禪師有云「圖他一粒米，失卻半年糧」，趙州從諗禪師有云「貪他一粒米，失卻萬年糧」，皆與此意旨相通。

【語　譯】懶庵道樞和尚曾說：「佛門戒律中記載，僧物有四種：一種是常住常住物，二種是十方常住物，三種是現前常住物，四種是十方現前常住物。這些常住之物，不可絲毫有所侵犯，若有侵佔則其罪不輕。前代佛祖及後代高僧大德，對此莫不是反覆叮嚀。然而還是有些僧人充耳不聞，聞而不信，即使相信也未必能遵照奉行。我無論外出或住寺，未嘗不在此事上特別關切、留意，但還是擔心唯恐未能完全符合僧律的要求。所以我口述偈頌二首，用以自我警示，其一曰：『禪林十方僧物事重如山，若有侵佔千秋萬劫豈易償還？佛祖先師反覆告誡仍有人不信，則將來難免墮入地獄受苦受難。』其二曰：『六道之中人身難得應珍重思量，若侵佔常住轉生牲畜歲月漫長。可笑的是有人貪圖一粒米，輕易便丟失了半年的食糧！』」

【校注】「十方僧物重如山，萬劫千生豈易還？金口共譚曾未信，他年爭免鐵城關！」這首詩全是比喻，要點在於他鄭重地提出一個「還」的見地來。的確如此，這個從無始以來生滅積聚而成的報身，五蘊密集，層雲四佈，豈能容易透出清淨毫光來？若這清淨毫光不透出來，那麼，認真的「還」，尚沒有開始呢！

懶庵曰：「《涅槃經》❶云：『若人聞說大涅槃，一句一字不作字相，不作句相，不作聞相，不作佛相，不作說相，如是義者，名無相相❷。』達磨大師航海而來，不立文字者❸，蓋明無相之旨，非達磨自出新意，別立門戶。近世學者不悟斯旨，意謂禪宗別是一種法門。以禪為宗者非其教，以教為宗者非其禪❹。遂成兩家之說，互相詆訾❺，譊譊❻不能自已。噫，所聞淺陋，一至於此！非愚即狂，甚可歎息也❼。」（《心地法門》）

【章　旨】禪宗與教門同為佛家不二之法，二者並無矛盾，不應互相爭執、毀謗。

【注　釋】❶涅槃經　指《大般涅槃經》，有北涼曇無讖所譯四十卷本。經稱釋迦牟尼臨涅槃前所說，以一切眾生皆有佛性、皆能成佛為旨歸，也表現了超越一切語言文字的傾向。❷若人聞說大涅槃八句　意謂聞說《大般涅槃經》，若能超越文字詞句，體悟其精微妙旨，能得如是義者，即名無相相。無相，離一切虛妄之相。無相相，即涅槃相。《大般涅槃經》卷二四〈光明遍照高貴德王菩薩品第十之四〉云：「若有善男子善女人，聞大涅槃，一字一句不作字相，不作句相，不作聞相，不作佛相，不作說相，如是義者，名無相相。以無相相，故得阿耨多羅三藐三菩提。」語即本此。❸達磨大師航海而來二句　指達摩東渡來到中國，提倡不立文字、教外別傳，開創東土禪宗法系之事。❹以禪為宗者非其教二句　意謂尊奉禪宗者批評其他教派，修習佛說經教教派者批評禪宗。漢傳佛教中有宗與教之說，教指以佛教經典立論的宗派，如天台、華嚴、法相宗等。宗則特指教外別傳的禪宗。❺詆訾　誣蔑；毀謗。❻譊譊　喧嚷爭辯不停之聲。❼甚可歎息也　舊注云：「于三百篇之後，出此一篇，收盡從前許多說話，總歸於無相旨中而已。若人知得經意祖意，了了無疑，則三百篇皆為剩語。旨哉言乎！」見《禪林寶訓筆說》。

【語　譯】懶庵道樞和尚說：「《涅槃經》中道：『若是有人聽講大涅槃，其中一句一字都不看作字相，不看作句相，不作聽之相，不作佛之相，不作說之相，若能如此領悟其義旨，便是無相之相，也就是《涅槃經》的真實義理。』當初達摩渡海來到中國，開創不立文字、教外別傳的禪宗，也就是為了宣揚無相之旨。並非達摩別出心裁，有意求新而另立門戶。近代學者不能領悟這一宗旨，他們以為禪宗別是一種法門，於是奉習禪宗者批評研讀佛經的教派，奉習佛經言教者誹謗禪宗。因而分成了禪宗、教門兩家之說，彼此互相詆毀，爭論不休。唉，這些人所見所聞之淺陋，竟至如此地步！他們不是愚昧，就是狂妄，真是令人為之痛心而歎息啊！」

古籍今注新譯叢書

書種最齊全　注譯最精當

哲學類

新譯四書讀本	謝冰瑩等編譯
新譯學庸讀本	王澤應注譯
新譯孝經讀本	賴炎元等注譯
新譯論語新編解義	胡楚生編著
新譯易經讀本	郭建勳注譯
新譯乾坤經傳通釋	黃慶萱著
新譯易經繫辭傳解義	吳　怡著
新譯禮記讀本	姜義華注譯
新譯儀禮讀本	顧寶田等注譯
新譯孔子家語	羊春秋注譯
新譯老子讀本	余培林注譯
新譯帛書老子	趙　鋒注譯
新譯老子解義	吳　怡著
新譯莊子讀本	黃錦鋐注譯
新譯莊子讀本	張松輝注譯
新譯莊子本義	水渭松注譯
新譯莊子內篇解義	吳　怡著
新譯列子讀本	莊萬壽注譯
新譯管子讀本	湯孝純注譯
新譯墨子讀本	李生龍注譯
新譯公孫龍子	丁成泉注譯
新譯晏子春秋	陶梅生注譯
新譯鄧析子	徐忠良注譯
新譯荀子讀本	王忠林注譯
新譯尹文子	徐忠良注譯
新譯尸子讀本	水渭松注譯
新譯鶡冠子	趙鵬團注譯
新譯鬼谷子	王德華等注譯
新譯韓非子	傅武光等注譯
新譯呂氏春秋	朱永嘉等注譯
新譯韓詩外傳	孫立堯注譯
新譯淮南子	熊禮匯注譯
新譯春秋繁露	朱永嘉等注譯
新譯新書讀本	饒東原注譯
新譯新語讀本	王　毅注譯
新譯潛夫論	彭丙成注譯
新譯論衡讀本	蔡鎮楚注譯
新譯申鑒讀本	林家驪等注譯
新譯人物志	吳家駒注譯
新譯張載文選	張金泉注譯

新譯近思錄　張京華注譯
新譯傳習錄　李生龍注譯
新譯呻吟語摘　鄧子勉注譯
新譯明夷待訪錄　李廣柏注譯

【文學類】

新譯詩經讀本　滕志賢注譯
新譯楚辭讀本　林家驪注譯
新譯楚辭讀本　傅錫壬注譯
新譯文心雕龍　羅立乾注譯
新譯六朝文絜　蔣遠橋注譯
新譯世說新語　劉正浩等注譯
新譯昭明文選　周啟成等注譯
新譯古文觀止　謝冰瑩等注譯
新譯古文辭類纂　黃鈞等注譯
新譯樂府詩選　溫洪隆注譯
新譯古詩源　馮保善注譯
新譯千家詩　邱燮友等注譯
新譯詩品讀本　成林等注譯
新譯花間集　朱恒夫注譯
新譯南唐詞　劉慶雲注譯
新譯唐詩三百首　邱燮友注譯
新譯宋詩三百首　陶文鵬注譯

新譯宋詞三百首　汪中注譯
新譯宋詞三百首　劉慶雲注譯
新譯元曲三百首　賴橋本等注譯
新譯明詩三百首　趙伯陶注譯
新譯清詩三百首　王英志注譯
新譯清詞三百首　陳水雲等注譯
新譯唐人絕句選　卞孝萱等注譯
新譯唐才子傳　戴揚本注譯
新譯拾遺記　石磊注譯
新譯搜神記　黃鈞注譯
新譯唐傳奇選　束忱等注譯
新譯宋傳奇小說選　束忱注譯
新譯明傳奇小說選　陳美林等注譯
新譯容齋隨筆選　朱永嘉等注譯
新譯明散文選　周明初注譯
新譯人間詞話　馬自毅注譯
新譯白香詞譜　劉慶雲注譯
新譯幽夢影　馮保善注譯
新譯菜根譚　吳家駒注譯
新譯小窗幽記　馬美信注譯
新譯圍爐夜話　馬美信注譯
新譯郁離子　吳家駒注譯
新譯歷代寓言選　黃瑞雲注譯

新譯賈長沙集　林家驪注譯
新譯揚子雲集　葉幼明注譯
新譯曹子建集　曹海東注譯
新譯建安七子詩文集　韓格平注譯
新譯阮籍詩文集　林家驪注譯
新譯嵇中散集　崔富章注譯
新譯陸機詩文集　王德華注譯
新譯陶淵明集　溫洪隆注譯
新譯江淹集　羅立乾等注譯
新譯庾信詩文選　歸青注譯
新譯初唐四傑詩集　李福標注譯
新譯駱賓王文集　黃清泉注譯
新譯王維詩文集　陳鐵民注譯
新譯孟浩然詩集　楊軍注譯
新譯李白詩全集　郁賢皓注譯
新譯李白文集　郁賢皓注譯
新譯杜甫詩選　張忠綱等注譯
新譯杜詩菁華　林繼中注譯
新譯高適岑參詩選　孫欽善等注譯
新譯昌黎先生文集　周啟成等注譯
新譯劉禹錫詩文選　閻琦注譯
新譯柳宗元文選　卞孝萱等注譯
新譯白居易詩文選　陶敏等注譯

新譯元稹詩文選　郭自虎注譯
新譯李賀詩集　彭國忠注譯
新譯杜牧詩文集　張松輝注譯
新譯李商隱詩選　朱恒夫等注譯
新譯范文正公選集　王興華等注譯
新譯蘇洵文選　羅立剛注譯
新譯蘇軾文選　滕志賢注譯
新譯蘇軾詞選　鄧子勉注譯
新譯蘇轍文選　朱　剛注譯
新譯曾鞏文選　高克勤注譯
新譯王安石文選　沈松勤注譯
新譯唐宋八大家文選　鄧子勉注譯
新譯柳永詞集　侯孝瓊注譯
新譯李清照集　姜漢椿等注譯
新譯陸游詩文集　韓立平注譯
新譯辛棄疾詞選　聶安福注譯
新譯歸有光文選　鄔國平注譯
新譯唐順之詩文選　馬美信注譯
新譯徐渭詩文選　周　群等注譯
新譯薑齋文集　平慧善注譯
新譯顧亭林文集　劉九洲注譯
新譯方苞文選　鄔國平等注譯
新譯袁枚詩文選　王英志注譯
新譯李慈銘詩文選　潘靜如注譯
新譯聊齋誌異全集　袁世碩等注譯
新譯聊齋誌異選　任篤行等注譯
新譯閱微草堂筆記　嚴文儒注譯
新譯浮生六記　馬美信注譯
新譯弘一大師詩詞全編　徐正綸編著

歷史類

新譯史記　韓兆琦注譯
新譯漢書　吳榮曾等注譯
新譯後漢書　魏連科等注譯
新譯三國志　吳樹平等注譯
新譯資治通鑑　張大可等注譯
新譯史記—名篇精選　韓兆琦注譯
新譯尚書讀本　吳　璵注譯
新譯尚書讀本　郭建勳注譯
新譯周禮讀本　賀友齡注譯
新譯逸周書　牛鴻恩注譯
新譯左傳讀本　郁賢皓等注譯
新譯公羊傳　雪　克注譯
新譯穀梁傳　顧寶田注譯
新譯春秋穀梁傳　周　何注譯
新譯戰國策　溫洪隆注譯
新譯國語讀本　易中天注譯
新譯說苑讀本　左松超注譯
新譯說苑讀本　羅少卿注譯
新譯新序讀本　葉幼明注譯
新譯吳越春秋　黃仁生注譯
新譯西京雜記　曹海東注譯
新譯列女傳　黃清泉注譯
新譯越絕書　劉建國注譯
新譯燕丹子　曹海東注譯
新譯東萊博議　李振興等注譯
新譯唐六典　朱永嘉等注譯
新譯唐摭言　姜漢椿注譯

宗教類

新譯金剛經　徐興無注譯
新譯高僧傳　朱恒夫等注譯
新譯碧巖集　吳　平注譯
新譯百喻經　顧寶田注譯
新譯楞嚴經　賴永海等注譯
新譯梵網經　王建光注譯
新譯法句經　劉學軍注譯
新譯六祖壇經　李中華注譯
新譯禪林寶訓　李中華注譯

新譯維摩詰經　陳引馳等注譯
新譯經律異相　顏洽茂注譯
新譯阿彌陀經　蘇樹華注譯
新譯無量壽經　邱高興注譯
新譯無量壽經　蘇樹華注譯
新譯妙法蓮華經　張松輝注譯
新譯景德傳燈錄　顧宏義注譯
新譯大乘起信論　韓廷傑注譯
新譯釋禪波羅蜜　蘇樹華注譯
新譯八識規矩頌　倪梁康注譯
新譯永嘉大師證道歌　蔣九愚注譯
新譯華嚴經入法界品　楊維中注譯
新譯地藏菩薩本願經　李承貴注譯
新譯悟真篇　劉國樑等注譯
新譯无能子　張松輝注譯
新譯坐忘論　張松輝注譯
新譯列仙傳　張金嶺注譯
新譯抱朴子　李中華注譯
新譯神仙傳　周啟成注譯
新譯性命圭旨　傅鳳英注譯
新譯老子想爾注　顧寶田等注譯
新譯周易參同契　劉國樑注譯
新譯道門觀心經　王　卡注譯

新譯養性延命錄　曾召南注譯
新譯樂育堂語錄　戈國龍注譯
新譯冲虛至德真經　張松輝注譯
新譯長春真人西遊記　顧寶田等注譯
新譯黃庭經・陰符經　劉連朋等注譯

軍事類

新譯司馬法　王雲路注譯
新譯尉繚子　張金泉注譯
新譯三略讀本　傅　傑注譯
新譯六韜讀本　鄔錫非注譯
新譯吳子讀本　王雲路注譯
新譯孫子讀本　吳仁傑注譯
新譯李衛公問對　鄔錫非注譯

教育類

新譯爾雅讀本　陳建初等注譯
新譯顏氏家訓　李振興等注譯
新譯聰訓齋語　馮保善注譯
新譯曾文正公家書　湯孝純注譯
新譯三字經　黃沛榮注譯
新譯百家姓　馬自毅等注譯
新譯幼學瓊林　馬自毅注譯

新譯增廣賢文・千字文　馬自毅注譯
新譯格言聯璧　馬自毅注譯

政事類

新譯商君書　貝遠辰注譯
新譯鹽鐵論　盧烈紅注譯
新譯貞觀政要　許道勳注譯

地志類

新譯山海經　楊錫彭注譯
新譯水經注　陳橋驛等注譯
新譯佛國記　楊維中注譯
新譯大唐西域記　陳　飛等注譯
新譯洛陽伽藍記　劉九洲注譯
新譯徐霞客遊記　黃　珅注譯
新譯東京夢華錄　嚴文儒注譯